Springer-Lehrbuch

Christian Katzenmeier · Claudia Achterfeld

Medizinrecht

Casebook

Christian Katzenmeier
Institut für Medizinrecht
Universität zu Köln
Köln, Deutschland

Claudia Achterfeld
Institut für Medizinrecht
Universität zu Köln
Köln, Deutschland

ISSN 0937-7433 ISSN 2512-5214 (electronic)
Springer-Lehrbuch
ISBN 978-3-662-70661-9 ISBN 978-3-662-70662-6 (eBook)
https://doi.org/10.1007/978-3-662-70662-6

Die Deutsche Nationalbibliothek verzeichnet diese Publikation in der Deutschen Nationalbibliografie; detaillierte bibliografische Daten sind im Internet über https://portal.dnb.de abrufbar.

© Der/die Herausgeber bzw. der/die Autor(en), exklusiv lizenziert an Springer-Verlag GmbH, DE, ein Teil von Springer Nature 2025

Das Werk einschließlich aller seiner Teile ist urheberrechtlich geschützt. Jede Verwertung, die nicht ausdrücklich vom Urheberrechtsgesetz zugelassen ist, bedarf der vorherigen Zustimmung des Verlags. Das gilt insbesondere für Vervielfältigungen, Bearbeitungen, Übersetzungen, Mikroverfilmungen und die Einspeicherung und Verarbeitung in elektronischen Systemen.
Die Wiedergabe von allgemein beschreibenden Bezeichnungen, Marken, Unternehmensnamen etc. in diesem Werk bedeutet nicht, dass diese frei durch jede Person benutzt werden dürfen. Die Berechtigung zur Benutzung unterliegt, auch ohne gesonderten Hinweis hierzu, den Regeln des Markenrechts. Die Rechte des/der jeweiligen Zeicheninhaber*in sind zu beachten.
Der Verlag, die Autor*innen und die Herausgeber*innen gehen davon aus, dass die Angaben und Informationen in diesem Werk zum Zeitpunkt der Veröffentlichung vollständig und korrekt sind. Weder der Verlag noch die Autor*innen oder die Herausgeber*innen übernehmen, ausdrücklich oder implizit, Gewähr für den Inhalt des Werkes, etwaige Fehler oder Äußerungen. Der Verlag bleibt im Hinblick auf geografische Zuordnungen und Gebietsbezeichnungen in veröffentlichten Karten und Institutionsadressen neutral.

Springer ist ein Imprint der eingetragenen Gesellschaft Springer-Verlag GmbH, DE und ist ein Teil von Springer Nature.
Die Anschrift der Gesellschaft ist: Heidelberger Platz 3, 14197 Berlin, Germany

Wenn Sie dieses Produkt entsorgen, geben Sie das Papier bitte zum Recycling.

Vorwort

Das Medizinrecht gewinnt in der modernen Gesellschaft immer mehr an Bedeutung, in der Praxis wie in der Theorie. Die Idee eines Casebooks formulierten wir bereits bei Einführung der Schwerpunktbereichsausbildung im Studium der Rechtswissenschaften an den deutschen Universitäten. Seither haben wir viele Veranstaltungen zum Medizin- und Gesundheitsrecht konzipiert, Vorlesungen und Seminare insbesondere an der Universität zu Köln durchgeführt und immer umfangreichere Unterrichtsmaterialien erstellt: Übersichten, Fallblätter, PowerPoint-Präsentationen, Klausuren und Musterlösungen, in Corona-Zeiten auch Podcasts. Damit reifte über die Jahre das Konzept dieses Casebooks, das wir nun präsentieren.

Der Themenbogen ist weit gespannt und doch werden nicht alle Felder des Medizin- und Gesundheitsrechts abgedeckt. Wir haben uns auf die examensrelevanten Themen konzentriert. So dient das Buch nicht nur dem Schwerpunktbereichsstudium, sondern auch der Wiederholung und Vertiefung des Pflichtfachstoffs.

Wer sich durch das ärztliche Berufsrecht, das Gesellschaftsrecht der Heilberufe und das Vertragsarztrecht gearbeitet hat, gelangt zu den Patientenrechten und dem Arztrecht, dem Herzstück des Medizin- und Gesundheitsrechts. Die vielfältigen Rechtsfragen, welche das Arzt-Patient-Verhältnis aufwirft, werden eingehend thematisiert. Dann wenden wir uns dem umfangreichen Pflichtenprogramm der Behandlungsseite zu: Hilfspflicht, Schweigepflicht, Dokumentation und Einsichtsgewähr, Wahrung fachlicher Standards, Aufklärung und Einholung der Einwilligung. Darauf folgen Kapitel zum Arzthaftungsprozess und Alternativen und zum Beweisrecht, abgerundet wird die Fallsammlung durch ein Kapitel zu versicherungsrechtlichen Fragen.

Der Schwerpunkt der Darstellung liegt im Zivilrecht, doch werden auch verfassungs-, berufs-, straf-, sozialversicherungs- und prozessrechtliche Fragestellungen erörtert. Spezielle biomedizinische Themenkomplexe, etwa der Reproduktionsmedizin, hätten den Umfang des Studienbuchs gesprengt.

Zwecks Erzielung eines größtmöglichen Lernerfolgs haben wir folgenden Aufbau gewählt: Zu Beginn eines jeden Kapitels stellen wir unter Grundlagen jeweils Basisinformationen voran. Dann folgen die insgesamt über fünfzig Fälle und Fragestellungen mit Lösungen, zusätzlichen Hinweisen und Merksätzen. Jedes Kapitel schließt mit Wiederholungsfragen zur Lernkontrolle. Am Ende des Buches finden sich noch drei Examensklausuren mit ausführlicher Lösung, ein Glossar erläutert

Fachbegriffe. Gedacht ist das Casebook als Ergänzung zu einem grundlegenden Werk, anhand dessen Interessenten die komplexe Rechtsmaterie lernen, etwa *Laufs/Katzenmeier/Lipp*, Arztrecht.

Die Verfasser danken dem Team des Instituts für Medizinrecht der Universität zu Köln für wertvolle Mitarbeit und Unterstützung, besonders *Dr. Christoph Jansen* und *Marc Castendiek*. Dank gebührt auch *Dr. Brigitte Reschke* vom Springer-Verlag für die wie immer vorzügliche verlegerische Betreuung. Die Leser ermutigen wir zu Hinweisen und Anregungen, die uns ebenso wichtig sind wie die vielen Diskussionen mit unseren Studierenden.

Köln, Deutschland Christian Katzenmeier
Januar 2025 Claudia Achterfeld

Literatur

Achterfeld, Claudia, Aufgabenverteilung im Gesundheitswesen, 2014
Baumgärtel, Gottfried (Begr.)/*Laumen, Hans-Willi/Prütting, Hanns* (Hrsg.), Handbuch der Beweislast, 3 Bde., 4. Aufl. 2019
Beck'scher Online-Kommentar BGB, hrsg. v. *Wolfgang Hau/Roman Poseck*, 74. Ed., Stand: 1.5.2025 (zit.: *Bearbeiter*, in: BeckOK-BGB)
Beck'scher Online-Kommentar Sozialrecht, hrsg. v. *Christian Rolfs/Richard Giesen/Miriam Meßling/Peter Udsching*, 77. Ed., Stand: 1.6.2025 (zit.: *Bearbeiter*, in: BeckOK-SozR)
Becker, Ulrich/Kingreen, Thorsten (Hrsg.), SGB V – Gesetzliche Krankenversicherung, 9. Aufl. 2024
Bergmann, Karl Otto/Pauge, Burkhard/Steinmeyer, Heinz-Dietrich (Hrsg.), Gesamtes Medizinrecht, 4. Aufl. 2024
Deutsch, Erwin/Spickhoff, Andreas, Medizinrecht, 7. Aufl. 2014
Dürig, Günter (Begr.)/*Herzog, Roman/Scholz, Rupert* (Hrsg.), Grundgesetz, 7 Ordner, 104. Lfg., April 2024
Erman, Walter (Begr.), Bürgerliches Gesetzbuch, hrsg. v. *Harm Peter Westermann/Barbara Grunewald/Georg Maier-Reimer*, 2 Bde., 17. Aufl. 2023
Fischer, Thomas, Strafgesetzbuch und Nebengesetze, 72. Aufl. 2025
Frahm, Wolfgang/Walter, Alexander, Arzthaftungsrecht, 7. Aufl. 2020
Francke, Robert/Hart, Dieter, Charta der Patientenrechte, 1999
Frister, Helmut/Lindemann, Michael/Peters, Alexander, Arztstrafrecht, 2011
Grüneberg, Christian (Hrsg.), Bürgerliches Gesetzbuch, 84. Aufl. 2025
Heidelberger Kommentar Arztrecht, Krankenhausrecht, Medizinrecht (HK-AKM), hrsg. v. *Hans-Jürgen Rieger/Franz-Josef Dahm/Christian Katzenmeier/Martin Stellpflug/Ole Ziegler*, 5 Ordner, 100. Lfg., Mai 2025
Hilgendorf, Eric, Einführung in das Medizinstrafrecht, 3. Aufl. 2025
Igl, Gerhard/Welti, Felix (Hrsg.), Gesundheitsrecht, 4. Aufl. 2022
Janda, Constanze, Medizinrecht, 5. Aufl. 2022
Jauernig, Othmar (Begr.), BGB, hrsg. v. *Rolf Stürner*, 19. Aufl. 2023
Katzenmeier, Christian, Arzthaftung, 2002
Katzenmeier, Christian, Rechtsfragen der Digitalisierung des Gesundheitswesens, 2019
Laufs, Adolf (Begr.)/Katzenmeier, Christian/Lipp, Volker, Arztrecht, 8. Aufl. 2021

Laufs, Adolf/Kern, Bern-Rüdiger/Rehborn, Martin (Hrsg.), Handbuch des Arztrechts, 5. Aufl. 2019

Münchener Kommentar zum Bürgerlichen Gesetzbuch, hrsg. v. *Säcker, Franz Jürgen/Rixecker, Roland/Oetker, Hartmut/Limperg, Bettina*, 13 Bde., 9. Aufl. 2021 ff. (zit.: *Bearbeiter*, in: MüKo-BGB)

Münchener Kommentar zum Strafgesetzbuch, hrsg. v. *Volker Erb/Jürgen Schäfer*, 8 Bde., 5. Aufl. 2024 f. (zit.: *Bearbeiter*, in: MüKo-StGB)

Münchener Kommentar zur Zivilprozessordnung, hrsg. v. *Thomas Rauscher/Wolfgang Krüger*, 3 Bde., 7. Aufl. 2025 f. (zit.: *Bearbeiter*, in MüKo-ZPO)

NomosKommentar Bürgerliches Gesetzbuch, hrsg. v. *Barbara Dauner-Lieb/Thomas Heidel/Gerhard Ring*, 6 Bde., 4. Aufl. 2020 ff. (zit.: *Bearbeiter*, in: NK-BGB)

Prütting, Dorothea (Hrsg.), Medizinrecht Kommentar, 6. Aufl. 2022

Prütting, Hanns/Gehrlein, Markus (Hrsg.), Zivilprozessordnung, 16. Aufl. 2024

Prütting, Hanns/Wegen, Gerhard/Weinreich, Gerd (Hrsg.), Bürgerliches Gesetzbuch, 19. Aufl. 2024

Quaas, Michael/Zuck, Rüdiger/Clemens, Thomas, Medizinrecht, 4. Aufl. 2018

Spickhoff, Andreas (Hrsg.), Medizinrecht, 4. Aufl. 2022

Staudinger, Julius von (Begr.), J. von Staudingers Kommentar zum Bürgerlichen Gesetzbuch, 109 Bde., Neubearb. 2020 ff.

Stein, Friedrich/Jonas, Martin (Begr.), Zivilprozessordnung, hrsg. v. *Reinhard Bork/Herbert Roth*, 12 Bde., 23. Aufl. 2014 ff.

Tübinger Kommentar zum Strafgesetzbuch, begr. v. *Schönke, Adolf/Schröder, Horst*, Strafgesetzbuch, 30. Aufl. 2019

Waßmer, Martin Paul, Medizinstrafrecht, 2022

Wenzel, Frank (Hrsg.), Handbuch des Fachanwalts Medizinrecht, 4. Aufl. 2020

Zöller, Richard (Begr.), Zivilprozessordnung, 35. Aufl. 2024

Inhaltsverzeichnis

§ 1: Einführung 1
    Begriff des Medizinrechts 1
    Verrechtlichung der Medizin 1

§ 2: Ärztliches Berufsrecht 3
    Grundlagen 3
        A. Arztberuf als freier Beruf 3
        B. Regelungskompetenzen und Regelwerke 4
            I. Berufszugang 4
            II. Berufsausübung 5
        C. Berufsständische Organisationen 5
            I. Landesärztekammern 5
            II. Bundesärztekammer 6
        D. Berufsgerichtsbarkeit 6
        E. Berufsrechtliche Verfahren 7
    Fall 1: Fortbildung geschwänzt 8
        A. Sachverhalt 8
        B. Lösung 12
        C. Merksätze 17
    Fall 2: Die Würde des Arztes ist unabdingbar – Ruhen der
    Approbation; Unwürdigkeit des Arztes 17
        A. Sachverhalt 17
        B. Lösung 18
        C. Merksätze 23
    Wiederholungsfragen 23

§ 3: Gesellschaftsrecht der Heilberufe 27
    Grundlagen 27
        A. Arztberuf und Kooperation 27
        B. Kooperationsformen 28
            I. Gemeinschaftspraxis 28
            II. Praxisgemeinschaft 28
            III. Medizinische Kooperationsgemeinschaft 29

    IV. Praxisverbund 29
    V. Medizinisches Versorgungszentrum 29
  Fall 1: „Wir-AG"? – Mögliche Gesellschaftsformen für
  Gemeinschaftspraxen 30
    A. Sachverhalt 30
    B. Lösung 30
    C. Merksätze 34
  Fall 2: Man kennt sich, man hilft sich? – Gesellschaftsrecht und
  Berufsrecht; Teil-Berufsausübungsgemeinschaft 34
    A. Sachverhalt 34
    B. Lösung 34
    C. Merksätze 37
  Wiederholungsfragen 38

§ 4: Vertragsarztrecht 41
  Grundlagen 41
    A. GKV-System 41
    B. Vertragsärzte 42
    C. Das „GKV-Viereck" 43
  Fall 1: Masse füllt Kasse – Vertragsärztliche
  Zulassungsvoraussetzungen und -beschränkungen 44
    A. Sachverhalt 44
    B. Lösung 44
    C. Merksätze 45
  Fall 2: Nachfolger gesucht – Praxisveräußerung und
  Nachbesetzungsverfahren 46
    A. Sachverhalt 46
    B. Lösung 46
    C. Merksatz 47
  Fall 3: Fabulanten unerwünscht – Pflichten des Vertragsarztes;
  Behandlungsverweigerung 47
    A. Sachverhalt 47
    B. Lösung 47
    C. Merksatz 48
  Fall 4: In die „Herrenjahre" gekommen? – Pflichten des
  Vertragsarztes; Fortbildung 48
    A. Sachverhalt 48
    B. Lösung 48
    C. Merksatz 49
  Fall 5: Freitag ab eins macht jeder seins – Pflichten des
  Vertragsarztes; Not- und Bereitschaftsdienst 49
    A. Sachverhalt 49
    B. Lösung 49
    C. Merksatz 50

Inhaltsverzeichnis

Fall 6: Über die Schulter geschaut – Vertragsarztrechtliche
Sanktionen bei Pflichtverstößen; Rechtsmittel 50
    A. Sachverhalt 50
    B. Lösung 50
    C. Merksatz 51
Fall 7: Bilanzbuchhaltung für Anfänger – Folgen schwerer
vertragsärztlicher Verfehlungen 51
    A. Sachverhalt 51
    B. Lösung 51
    C. Merksatz 52
Wiederholungsfragen 52

§ 5: Arztrecht und Patientenrechte 55
Grundlagen 55
    A. Patientenrechte 55
    B. Arztrecht 55
Fall 1: Voluntas aut salus aegroti suprema lex? – Selbstbestimmungsrecht
des Patienten 56
    A. Sachverhalt 56
    B. Lösung 56
    C. Merksatz 57
Fall 2: Medicus curat, natura sanat? – Therapiefreiheit des Arztes 58
    A. Sachverhalt 58
    B. Lösung 58
    C. Merksatz 59
Wiederholungsfragen 59

§ 6: Rechtsbeziehungen zwischen Arzt und Patient 61
Das Behandlungsverhältnis – Grundlagen 61
    A. Rechtsnatur 61
    B. Beendigung 62
Fall 1: Umsonst beraten? – Rechtsnatur des Behandlungsverhältnisses;
Zahlungspflicht des Patienten 62
    A. Sachverhalt 62
    B. Lösung 62
    C. Merksätze 64
Fall 2: Behandlung „von Staats wegen"? – Vertragsschluss bei
Behandlung von GKV-Patienten 64
    A. Sachverhalt 64
    B. Lösung 64
    C. Merksatz 66
Fall 3: Schraube locker – Vertragsrechtliche Einordnung ärztlicher
Leistungen 66
    A. Sachverhalt 66
    B. Lösung 67
    C. Merksatz 67

Fall 4: Ihr Honorar für meine Ehre – Ärztliche Geschäftsführung
ohne Auftrag 68
   A. Sachverhalt.. 68
   B. Lösung 68
   C. Merksätze.. 72
Fall 5: Unerhört – Gerichtliche Zuständigkeit für ärztliche
Honorarforderung; Unterschiede zwischen privat und gesetzlich
versicherten Patienten 72
   A. Sachverhalt 72
   B. Lösung 72
   C. Merksätze.. 77
Wiederholungsfragen 78
Parteien des Behandlungsverhältnisses – Grundlagen 81
   A. Ambulante Behandlung 81
   B. Stationäre Behandlung 81
   C. Besonderheiten bei Familienverbünden 82
      I. Behandlung Minderjähriger 82
      II. Mitverpflichtung von Ehegatten 83
      III. Notvertretungsrecht des Ehegatten 83
Fall 6: Einer für alle, alle für einen? – Vertragsschluss mit
Gemeinschaftspraxis; Haftung der GbR-Gesellschafter 84
   A. Sachverhalt 84
   B. Lösung 84
   C. Merksätze.. 89
Fall 7: Liquidationsberechtigung – Vertragsbeziehungen bei
Laborleistungen 89
   A. Sachverhalt 89
   B. Lösung 90
   C. Merksätze.. 92
Fall 8: Kinderkrankheiten – Vertragsbeziehung bei Behandlung
Minderjähriger 92
   A. Sachverhalt 92
   B. Lösung 92
   C. Merksatz 94
Fall 9: Prämature Emanzipation – Abschluss eines
Behandlungsvertrags durch Minderjährigen 94
   A. Sachverhalt 94
   B. Lösung 95
   C. Merksätze.. 97
Fall 10: Facelift auf Pump – Mitverpflichtung von Ehegatten
nach § 1357 Abs. 1 S. 2 BGB; Schönheitsoperationen 97
   A. Sachverhalt 97
   B. Lösung 98
   C. Merksätze.. 100

Fall 11: Immer dieses Kleingedruckte – Krankenhausverträge;
AGB-Kontrolle bei Aufnahmeklauseln; gemeinsame Fehlvorstellung
über Versicherungsschutz 100
    A. Sachverhalt 100
    B. Lösung 101
    C. Merksätze 105
Wiederholungsfragen 105
Pflichten der Vertragsparteien – Grundlagen 110
    A. Pflichten des Behandelnden 110
        I. Vertrags- und Verkehrspflichten 110
        II. Delegation/Substitution ärztlicher Leistungen 111
    B. Pflichten des Patienten 112
Fall 12: Pünktlichkeit ist eine Zier – Nichterscheinen zum
Behandlungstermin 113
    A. Sachverhalt 113
    B. Lösung 113
    C. Merksätze 117
Wiederholungsfragen 118

§ 7: Die ärztliche Hilfspflicht 121
Grundlagen 121
    A. Garantenpflicht 121
    B. Allgemeine Hilfspflicht 121
    C. Sonderkonstellationen 122
Fall 1: Und bist du nicht willig ... – Ablehnung von
Bluttransfusionen aus religiösen Gründen 123
    A. Sachverhalt 123
    B. Lösung 124
    C. Merksätze 128
Fall 2: Tödliches Mitgefühl – Strafbarkeit des Arztes wegen
assistierten Suizids; Recht auf selbstbestimmtes Sterben 128
    A. Sachverhalt 128
    B. Lösung 129
    C. Merksätze 136
Wiederholungsfragen 137

§ 8: Berufsgeheimnis und Dokumentation 141
Grundlagen 141
    A. Dokumentationspflicht 141
        I. Rechtsgrundlagen 141
        II. Zwecke 141
        III. Umfang, Zeitpunkt, Aufbewahrungsfristen 141
        IV. Bedeutung im Haftpflichtprozess 142
        V. EDV-Dokumentation 142

B. Einsichtnahme in die Patientenakte 143
    I. Rechtsgrundlagen 143
    II. Umfang 143
    III. Einsichtsrechte Dritter 143
C. Ärztliche Schweigepflicht 144
    I. Rechtsgrundlagen 144
    II. Umfang 144
    III. Rechtfertigungsgründe 144
Fall 1: Einblick gewünscht – Einsichtnahme in die Behandlungsunterlagen; Anspruch auf Zurverfügungstellung von Kopien 145
    A. Sachverhalt 145
    B. Lösung 145
    C. Merksätze 148
Fall 2: Der Geheimnisüberträger – Ärztliche Schweigepflicht; Rechtfertigung eines Geheimnisbruchs 149
    A. Sachverhalt 149
    B. Lösung 149
    C. Merksatz 152
Fall 3: Was war wohl oder nicht wohl? – Postmortales Einsichtsrecht 153
    A. Sachverhalt 153
    B. Lösung 153
    C. Merksätze 156
Wiederholungsfragen 157

§ 9: Behandlungsfehler und Haftpflicht 159
Grundlagen 159
    A. Vertragliche und deliktische Haftung 159
        I. Rechtsgrundlagen 159
        II. Anspruchskonkurrenz 160
        III. Haftungsbegründende Verhaltensweisen 161
    B. Behandlungsfehler 161
        I. Begriff 161
        II. Maßstab 162
        III. Behandlungsfehler und Fahrlässigkeit 163
        IV. Behandlungsfehlerarten 163
Fall 1: Abgelenkt vom wundersamen Effzeh – Vertragliche und deliktische Arzt- und Krankenhaushaftung; Einstandspflicht für Hilfspersonen 163
    A. Sachverhalt 163
    B. Lösung 164
    C. Merksätze 177

Inhaltsverzeichnis

Fall 2: Lege artis oder lege artificii? – Robodoc –
Standardabweichung; Neulandmethode; Therapiefreiheit 177
    A. Sachverhalt 177
    B. Lösung 178
    C. Merksätze 181
Fall 3: Böses Erwachen – Behandlung mit nicht zugelassenem
Medikament; Individueller Heilversuch 182
    A. Sachverhalt 182
    B. Lösung 182
    C. Merksätze 185
Fall 4: Tödliche Eigeninitiative – Organisationspflichten;
Mitverschulden des Patienten; Ersatzansprüche Dritter bei Tötung 186
    A. Sachverhalt 186
    B. Lösung 186
    C. Merksätze 191
Fall 5: Geteiltes Leid ist doppeltes Leid – Schockschadenersatz
nach Behandlungsfehler; Behandlungsvertrag mit Schutzwirkung
zugunsten Dritter 191
    A. Sachverhalt 192
    B. Lösung 192
    C. Merksätze 197
Wiederholungsfragen 197

§ 10: Aufklärung und Einwilligung 201
Grundlagen 201
    A. Rechtsgrundlagen 201
    B. Fallgruppen 201
    C. Körperverletzungsdoktrin 202
        I. Rechtsprechung 202
        II. Einwilligungserfordernis 203
    D. Modalitäten der Aufklärung 205
    E. Schadensersatzanspruch 208
Fall 1: Ambitionen – Aufklärung und Einwilligung bei minderjährigen,
bewusstlosen oder fremdsprachigen Patienten; Entbehrlichkeit der
Aufklärung 208
    A. Sachverhalt 208
    B. Lösung 209
    C. Merksätze 213
Fall 2: Zirkumzision – Einwilligung Sorgeberechtigter in
medizinisch nicht indizierten Eingriff 214
    A. Sachverhalt 214
    B. Lösung 214
    C. Merksätze 218

Fall 3: Zu Risiken und Nebenwirkungen lesen Sie ... –
Formularaufklärung bei Schönheits-OP 218
    A. Sachverhalt 218
    B. Lösung 219
    C. Merksätze 222
Fall 4: Bekanntmachung von Unbekanntem – Robodoc reloaded –
Aufklärungspflichten bei neuer Behandlungsmethode;
Pflichtwidrigkeitszusammenhang 223
    A. Sachverhalt 223
    B. Lösung 223
    C. Merksätze 226
Fall 5: Nochmals böses Erwachen – Aufklärungspflichten bei
Behandlung mit nicht zugelassenem Medikament; hypothetische
Einwilligung 227
    A. Sachverhalt 227
    B. Lösung 228
    C. Merksätze 232
Fall 6: Chorea Huntington – Recht auf Nichtwissen; prädiktive
Gesundheitsinformation im Familienverband 232
    A. Sachverhalt 232
    B. Lösung 232
    C. Merksätze 236
Wiederholungsfragen 236

§ 11: Arzthaftungsprozess und Alternativen 241
Grundlagen 241
    A. Arzthaftungsprozess 241
        I. Verfahrensgrundsätze des Zivilprozesses 241
        II. Modifikationen der Prozessrechtsregeln 243
        III. Medizinischer Sachverständiger 244
    B. Alternativen zum Arzthaftungsprozess 244
        I. Strafverfahren 244
        II. Außergerichtliche Streitbeilegung 244
Fall 1: Wie du mir ... – Gerichtliche und außergerichtliche
Vorgehensweisen bei Behandlungsfehlerverdacht 246
    A. Sachverhalt 246
    B. Lösung 246
    C. Merksatz 249
Fall 2: Da mihi facta, dabo tibi ius!? – Verfahrensgrundsätze im
Arzthaftungsprozess 249
    A. Sachverhalt 249
    B. Lösung 250
    C. Merksatz 251

Fall 3: Cornix cornici numquam oculos effodit? – Rolle des
medizinischen Sachverständigen; Aufgaben und Funktionen 251
   A. Sachverhalt 251
   B. Lösung 251
   C. Merksatz 252
Wiederholungsfragen 252

§ 12: Beweisrecht 255
   Grundlagen 255
      A. Beweislast 255
      B. Beweismaß 256
      C. Beweislastverteilung im Arzthaftungsprozess 256
      D. Weitere Darlegungs- und Beweiserleichterungen 259
   Fall 1: Was wäre, wenn …? – Beweislastverteilung; grober
   Behandlungsfehler; Befunderhebungsfehler 259
      A. Sachverhalt 260
      B. Lösung 260
      C. Merksätze 265
   Fall 2: Tranfusionsassoziierte Infektion? – Einbeziehung Dritter
   in den Schutzbereich des Behandlungsvertrags; Sekundäre
   Darlegungslast; Anscheinsbeweis 266
      A. Sachverhalt 266
      B. Lösung 266
      C. Merksätze 272
   Fall 3: Unaufgeklärt? – Beweislast bei behaupteter
   Aufklärungspflichtverletzung 272
      A. Sachverhalt 272
      B. Lösung 273
      C. Merksätze 274
   Fall 4: Bereute Einwilligung – Zeitpunkt der Aufklärung;
   Beweislast hinsichtlich der Kausalität eines Aufklärungsfehlers;
   hypothetische Einwilligung 274
      A. Sachverhalt 274
      B. Lösung 275
      C. Merksätze 278
   Wiederholungsfragen 279

§ 13: Versicherungsrechtliche Fragen 281
   Grundlagen 281
      A. Berufshaftpflichtversicherung 281
      B. Krankenversicherung 282
         I. Gesetzliche Krankenversicherung (GKV) 282
         II. Private Krankenversicherung (PKV) 282
         III. Regressansprüche 282

Fall 1: Am falschen Ende gespart – Arzthaftpflichtversicherung;
berufs- und sozialrechtliche Verpflichtungen und Sanktionen 283
    A. Sachverhalt 283
    B. Lösung 284
    C. Merksätze 286
Fall 2: Schuster bleib bei deinen Leisten – (Prozessuale) Stellung
des Arzthaftpflichtversicherers 287
    A. Sachverhalt 287
    B. Lösung 287
    C. Merksatz 290
Fall 3: Wenn zwei sich streiten – Regressansprüche von
Krankenkassen und Krankenversicherern 290
    A. Sachverhalt 290
    B. Lösung 291
    C. Merksätze 294
Fall 4: Wie gewonnen, so zerronnen – Kostenerstattung und
Bereicherungsrecht 294
    A. Sachverhalt 294
    B. Lösung 295
    C. Merksätze 297
Fall 5: Nikolaus komm auch in unser Haus – Anspruch auf
Krankenbehandlung in der GKV; allgemeine Leistungsmaßstäbe
und Sonderkonstellation lebensbedrohlicher Erkrankungen 297
    A. Sachverhalt 297
    B. Lösung 298
    C. Merksätze 301
Wiederholungsfragen 301

§ 14 Klausuren 305
Klausur 1: Neue Behandlungsmethode – Vertragsschluss mit
minderjährigem Patienten; neue Behandlungsmethode; Behandlungs-
und Aufklärungsfehler; Beweislast bzgl. Kausalität; grober
Behandlungsfehler; Befunderhebungsfehler 305
    A. Sachverhalt 305
    B. Lösung 306
Klausur 2: „Kind als Schaden" – Schadensersatz bei Geburt eines
ungewünschten Kindes („wrongful birth"); Differenzhypothese;
Rechtmäßigkeit des Schwangerschaftsabbruchs 319
    A. Sachverhalt 319
    B. Lösung 319

Klausur 3: Aufgeklärt oder nicht? – Haftung in der Gemeinschaftspraxis; Medikament-Beipackzettel und ärztliche Aufklärungspflicht; Einwand hypothetischer Einwilligung 327
    A. Sachverhalt 327
    B. Lösung 328

Glossar 339

§ 1: Einführung

Begriff des Medizinrechts

Das Medizinrecht umfasst die Gesamtheit der Regeln, die sich unmittelbar oder mittelbar auf die Ausübung der Heilkunde beziehen. Dabei werden die Grenzen zwischen den verschiedenen Rechtsgebieten überwunden, das Medizinrecht ist **intradisziplinär**. Zentrale Themenkomplexe sind:

- das **zivilrechtliche Arztrecht** (Schwerpunkt: Behandlungsvertrags- und Deliktsrecht nach BGB)
- das **öffentlich-rechtliche Gesundheitsrecht** (Schwerpunkt: Vertragsarztrecht nach SGB V)
- das **Arzt-Strafrecht** (StGB und strafrechtliche Nebengesetze)
- das **Verfassungsrecht** (GG) **und Berufsrecht** der Heilberufe (Berufszugangsregeln nach BÄO, Berufsausübungsregeln nach den BOÄ).

Das Medizinrecht ist überdies **interdisziplinär**. In der Praxis erfordern adäquate Lösungen oftmals die Berücksichtigung medizinischer, ethischer und zunehmend auch ökonomischer Gesichtspunkte. Das Medizinrecht weist eine Nähe zur Gesundheitspolitik auf und folgt den stetigen (rechts-)politischen Debatten über die grundlegenden Orientierungen moderner Gesellschaften und ihrer Gesundheitssysteme. Diese Anbindung und die rasanten Fortschritte der Medizin führen zu einem beständigen Wandel des Rechtsgebiets, es entwickelt sich dynamisch fort.

Verrechtlichung der Medizin

Bis Ende des 19. Jahrhunderts existierten kaum rechtliche Festlegungen ärztlichen Handelns. Ausgangspunkt der **Verrechtlichung** ist die Entscheidung des Reichsgerichts vom 31. Mai 1894, in welcher das Gericht den ärztlichen Heileingriff als tatbestandsmäßige Körperverletzung qualifizierte (RGSt 25, 375). Seither unterfällt ärztliches Handeln der Beurteilung durch die Gerichte. Daneben markierte die Bismarck'sche Sozialgesetzgebung einen Wendepunkt (Regelung zunächst in der Reichsversicherungsordnung (RVO), die ab dem Jahr 1975 schrittweise durch das Sozialgesetzbuch (SGB) abgelöst wurde). Heute besteht ein dichtes Geflecht von Rechtsnormen, der Alltag in Arztpraxis und Krankenhaus ist juristisch durchnormiert.

Rechtsnormen erfüllen in der Beziehung von Arzt und Patient verschiedene Funktionen: **Patientenschutz und Missbrauchsabwehr, Friedenssicherung, Richtlinienvorgabe und Vertrauensstabilisierung**. Unübersehbar ist der ständig steigende Bedarf an Rechtsregeln. Die Gründe dafür liegen in dem schwindenden Konsens in einer pluralistischen Gesellschaft, in der immer weniger allgemein anerkannte Verhaltensregeln existieren, den erweiterten Handlungsmöglichkeiten und auch Gefahren der naturwissenschaftlich-technischen Medizin, sowie Veränderungen der normativ-kulturellen Rahmenbedingungen, etwa der Expansion des Selbstbestimmungsrechts jedes Einzelnen.

Bei der rechtlichen Beurteilung eines medizinischen Behandlungsgeschehens werden Unterschiede zwischen ärztlichem und juristischem Denken deutlich: **Medizinern** ist traditionell das **Wohl** des Kranken oberstes Gebot (**salus aegroti suprema lex**), **Juristen** hingegen der **Wille** des freien und selbstverantwortlich entscheidenden Menschen (**voluntas aegroti suprema lex**) (näher dazu → § 5, Fall 1).

Eine übermäßige Verrechtlichung trägt die Gefahr einer **Defensivmedizin** in sich. Das bedeutet, dass der Arzt zu wenig tut, weil er nichts mehr wagt, oder zu viel unternimmt – etwa an diagnostischen Maßnahmen –, um sich für alle Fälle abzusichern.

Perspektivisch ist die Entwicklung eines **integrativen Medizinrechts** wichtig, welches sich durch eine inter- und intradisziplinäre Zusammenarbeit der Experten im Dienste der Patienten auszeichnet. Der Weg führt von der Konfrontation über Kommunikation zur Kooperation von Medizin und Recht zwecks Erzielung bestmöglicher Behandlungsbedingungen und Ergebnisse.

Literatur zur Vertiefung: *Laufs/Katzenmeier*, in: Laufs/Katzenmeier/Lipp, Arztrecht, Kap. I; *Katzenmeier*, Verrechtlichung der Medizin, in: Katzenmeier/Bergdolt, Das Bild des Arztes im 21. Jahrhundert, 2009, S. 45–59.

Übersichtsaufsätze: *Hart*, Zur Entwicklung des Medizinhaftungsrechts, MedR 2024, 299–306; *Jung*, Zur Entwicklung des Medizinstrafrechts, JZ 2015, 1113–1121; *Katzenmeier*, Big Data, E-Health, M-Health, KI und Robotik in der Medizin. Digitalisierung des Gesundheitswesens – Herausforderung des Rechts, MedR 2019, 259–271; *Lindner*, Prolegomena zu einer Theorie des Medizinrechts, JZ 2019, 639–648.

§ 2: Ärztliches Berufsrecht

Grundlagen

Das **ärztliche Berufsrecht** enthält Regeln über den Zugang zum Arztberuf und seine Ausübung, zur Aus-, Fort- und Weiterbildung, zum Kammersystem sowie zur Berufsgerichtsbarkeit.

A. Arztberuf als freier Beruf

Der Arztberuf ist ein **„freier Beruf"** (vgl. § 1 Abs. 2 Bundesärzteordnung (BÄO); § 1 Abs. 1 Musterberufsordnung für die in Deutschland tätigen Ärztinnen und Ärzte (MBO-Ä)). Kennzeichnend ist die persönliche, eigenverantwortliche und fachlich unabhängige Erbringung von Dienstleistungen höherer Art im Interesse des einzelnen Menschen und der Bevölkerung.

Maßgebliche **Kriterien** der Freiberuflichkeit sind:

- **Berufsethos**: Integrität, Verantwortungsbewusstsein, Professionalität, keine vorrangige Gewinnerzielungsabsicht (Nicht-Gewerblichkeit).
- Besondere **Vertrauensstellung** (spezifisches Vertrauensverhältnis zwischen Arzt und Patient).
- Persönliche und sachliche Unabhängigkeit und **Weisungsfreiheit** (§ 2 Abs. 1, 4 MBO-Ä); Entscheidungsspielraum im Interesse des Patienten (Therapiefreiheit, dazu → § 5, Fall 2).

Freiberuflichkeit führt nicht zur Freistellung von staatlichem Recht. Einschränkungen sind allerdings insbesondere an **Art. 12 Abs. 1 GG** zu messen.

B. Regelungskompetenzen und Regelwerke

I. Berufszugang

Für die „**Zulassung** zu ärztlichen und anderen Heilberufen" besteht gem. **Art. 74 Abs. 1 Nr. 19 GG** die **konkurrierende Gesetzgebungskompetenz des Bundes.** Der Begriff Zulassung umfasst die Vorschriften, die sich auf Erteilung, Zurücknahme und Verlust der Approbation oder die Befugnis zur Ausübung des ärztlichen Berufs beziehen.[1] Die wesentlichen Regelungen zum Berufszugang finden sich in der **BÄO** und der auf Grundlage des § 4 Abs. 1 BÄO erlassenen Approbationsordnung (**ÄAppO**).[2]

Voraussetzung für die Tätigkeit als Arzt ist die **Approbation** (lat. *approbatio*: Genehmigung). Die Approbation ist auf Antrag durch die Approbationsbehörde[3] zu erteilen, wenn der Antragsteller die Voraussetzungen für diese erfüllt (§ 3 Abs. 1 BÄO). Dazu zählen insbesondere ein erfolgreich abgeschlossenes Medizinstudium und eine praktische Ausbildung. Die Approbationsbehörde kann die Approbation unter den Voraussetzungen der §§ 5, 6 BÄO zurücknehmen, widerrufen oder ihr Ruhen anordnen.

Für das Medizinrecht bedeutsam ist die **konkurrierende Gesetzgebungszuständigkeit des Bundes** (Art. 70, 72 GG) gem. **Art. 74 Abs. 1 GG** insbes. für folgende Gebiete:

- Nr. 1: „das bürgerliche Recht, das Strafrecht, die Gerichtsverfassung, das gerichtliche Verfahren (...)"
- Nr. 12: „(...) die Sozialversicherung (...)"
- Nr. 19: „Maßnahmen gegen gemeingefährliche oder übertragbare Krankheiten bei Menschen und Tieren, Zulassung zu ärztlichen und anderen Heilberufen und zum Heilgewerbe, sowie das Recht des Apothekenwesens, der Arzneien, der Medizinprodukte, der Heilmittel, der Betäubungsmittel und der Gifte"
- Nr. 19a: „die wirtschaftliche Sicherung der Krankenhäuser und die Regelung der Krankenhauspflegesätze"
- Nr. 26: „die medizinisch unterstützte Erzeugung menschlichen Lebens, die Untersuchung und die künstliche Veränderung von Erbinformationen sowie Regelungen zur Transplantation von Organen, Geweben und Zellen".

---

[1] BVerfGE 33, 125 (154 f.) – Facharztbeschluss = NJW 1972, 1504 (1505) m. Bespr. *Starck*, NJW 1972, 1489.
[2] *Haage*, in: Rieger/Dahm/Katzenmeier/Stellpflug/Ziegler, HK-AKM, Nr. 160 (Approbation); Nr. 170 (Approbationsordnung für Ärzte)
[3] Die Approbationsbehörde wird durch die Länder bestimmt (Art. 83, 84 Abs. 1 GG). In NRW ist die Bezirksregierung zuständig, § 1 Abs. 1 Nr. 1, 7 ZustVO HB NRW.

II. Berufsausübung

Für Regelungen betreffend die **Berufsausübung** besteht gem. **Art. 30, 70 Abs. 1 GG** die **Gesetzgebungskompetenz der Länder**. Dazu zählen Regelungen über die Berufspflichten, die Berufsgerichtsbarkeit und zur beruflichen Weiterbildung, insbesondere die Voraussetzungen für eine Facharztanerkennung.[4] Die wesentlichen Regelungen zur Berufsausübung finden sich in den **Kammer- und Heilberufsgesetzen** der Länder.

Die Kammer- und Heilberufsgesetze der Länder enthalten die für die autonome Rechtssetzung berufsständischer Organisationen (hier: der Landesärztekammern) notwendigen Ermächtigungen zum Erlass von **Satzungen** zur Normierung von Berufspflichten (durch die jeweiligen **Berufsordnungen**) und der Grundlagen der Weiterbildung (**Weiterbildungsordnungen**). Die Satzungen sind aufgrund der Genehmigung der staatlichen Aufsichtsbehörde gegenüber den Kammerangehörigen rechtsverbindlich. Die Grenze der Satzungsbefugnis ergibt sich aus dem Wesentlichkeitsgrundsatz, statusbildende sowie grundrechtsrelevante Fragen hat der Gesetzgeber selbst zu regeln.[5]

C. Berufsständische Organisationen

Berufsständische Organisationen sind die 17 Landesärztekammern (je Bundesland eine, zwei in Nordrhein-Westfalen) sowie die Bundesärztekammer.

I. Landesärztekammern

Landesärztekammern (**LÄK**) sind **Selbstverwaltungskörperschaften (juristische Personen) des öffentlichen Rechts**. Sie sind mit der **Wahrnehmung und Regelung der beruflichen Belange** ihrer (Pflicht-)Mitglieder betraut. Dazu gehören etwa die Fortbildung und Beratung der Mitglieder sowie die Einrichtung von Gutachterkommissionen oder Schlichtungsstellen (→ § 11, Grundlagen, B. II. 1.). Zudem belehren die LÄK ihre Mitglieder über Berufspflichten und überwachen deren Einhaltung.

Daneben gehört zu ihren Aufgaben die **Unterstützung des öffentlichen Gesundheitsdienstes**. Die LÄK sollen Gesetzgebungsvorhaben mit ihrem Votum begleiten, haben allerdings **kein allgemeinpolitisches Mandat**. Sie unterliegen der staatlichen Rechtsaufsicht, nicht aber einer Fachaufsicht. Die Aufsichtsbehörde kontrolliert demnach nur, ob die LÄK sich an das Gesetz halten, nicht, ob deren Maßnahmen zweckmäßig sind.

Bei den LÄK bestehen unterschiedlich ausgestaltete **Pflichtmitgliedschaften**,[6] die entweder an die Approbation/Berufserlaubnis oder die Berufsausübung anknüpfen. Das Rechtsverhältnis zwischen LÄK und ihren Mitgliedern ist hoheitlich ausgestaltet.

---

[4] Vgl. BVerfGE 33, 125 – Facharztbeschluss = NJW 1972, 1504.
[5] BVerfGE 33, 125 (156 ff.) – Facharztbeschluss = NJW 1972, 1504 (1507) m. Bespr. *Starck*, NJW 1972, 1489.
[6] Zur Verfassungsmäßigkeit s. BVerfGE 10, 354 = NJW 1960, 619; BVerwGE 39, 100 = NJW 1972, 350.

Qua Ermächtigung durch den Landesgesetzgeber haben die LÄK eine **Rechtssetzungsbefugnis** (→ § 2, Grundlagen, B. II.) (nur) gegenüber ihren Mitgliedern. Das Berufsrecht hat keine Drittwirkung etwa gegenüber Patienten.

II. Bundesärztekammer

Die Bundesärztekammer (**BÄK**) ist die Spitzenorganisation der ärztlichen Selbstverwaltung. In ihr sind die LÄK als Arbeitsgemeinschaft zusammengeschlossen. Die BÄK ist als **nicht eingetragener Verein** (§ 54 S. 1 BGB) organisiert. Sie hat die Aufgabe, für einen Erfahrungsaustausch und eine Abstimmung unter den LÄK sowie möglichst einheitliche Berufspflichten und Standesregelungen zu sorgen.

Die BÄK selbst hat **keine Rechtssetzungsbefugnis**. Der „Deutsche Ärztetag" als Delegiertenkongress der LÄK erlässt Musterbeschlüsse mit dem Ziel einer bundesweiten Einheitlichkeit, insbesondere die **Musterberufsordnung der Ärzteschaft** (**MBO-Ä**). Für die LÄK entfalten diese allerdings keine Bindungswirkung.

D. Berufsgerichtsbarkeit

Die Aufsicht über die Einhaltung der Berufspflichten und die Sanktionierung von Verstößen erfolgt durch die **Berufsgerichtsbarkeit**. Dazu sind Berufsgerichte in den Ländern als **staatliche Gerichte** für ein besonderes Sachgebiet i.S.d. **Art. 101 Abs. 2 GG** eingerichtet. Diese stehen gleichrangig neben der allgemeinen Gerichtsbarkeit.

Die organisatorische Einrichtung der Berufsgerichte unterscheidet sich zwischen den Ländern:

- Mittelbare Staatsgerichtsbarkeit bei den Kammern (Baden-Württemberg, Niedersachsen, Saarland).[7]
- Ansiedelung bei den ordentlichen Gerichten (Bayern, Sachsen).[8]
- Angliederung an VG (Berlin, Bremen, Brandenburg, Hamburg, Hessen, Mecklenburg-Vorpommern, Nordrhein-Westfalen, Rheinland-Pfalz, Schleswig-Holstein, Sachsen-Anhalt, Thüringen).[9]

Sie sind organisatorisch verselbstständigt und entscheiden als eigene Spruchkörper. Davon strikt zu unterscheiden ist die Eingliederung, bei der die Gerichte als Spruch-

---

[7] Baden-Württemberg: § 21 HBKG BW; Niedersachsen: § 67 Abs. 1 NdsHKG; Saarland: § 34 Abs. 1 SaarlHKG.
[8] Bayern: Art. 68 Abs. 2 BayHKaG; Sachsen: § 62 Abs. 2 SächsHBKG.
[9] Berlin: § 67 BlnHKG; Bremen: § 66 Abs. 1 HeilBerG Bremen; Brandenburg: § 60 Abs. 1 BbgHeilBerG; Hamburg: § 5 Abs. 3, 4 Gesetz über die Berufsgerichtsbarkeit der Heilberufe Hamburg; Hessen: § 51 HessHeilBerG; Mecklenburg-Vorpommern: § 65 HeilBerG MV; Nordrhein-Westfalen: § 61 HeilBerG NRW; Rheinland-Pfalz: § 59 Abs. 1 HeilBerG RLP; Schleswig-Holstein: § 59 HBKG SH; Sachsen-Anhalt: § 49 KGHB LSA; Thüringen: § 49 ThürHeilBerG.

Grundlagen

körper der allgemeinen Verwaltungsgerichtsbarkeit entscheiden.[10] § 187 Abs. 1 VwGO eröffnet allein die Möglichkeit einer Angliederung. Bei den Angliederungsvorschriften handelt es sich um abdrängende Sonderzuweisungen. Das Verfahren richtet sich ergänzend zu den Bestimmungen der Heilberufs- und Kammergesetze nach dem Verfahrensrecht der Gerichtsbarkeit, an die die Berufsgerichte angegliedert sind.

Die Berufsgerichtsbarkeit ist darauf ausgerichtet, Ordnung und Integrität innerhalb des ärztlichen Berufsstandes zu gewährleisten. Die Heilberufsgerichte nehmen rechtstechnisch aber keine Aufgaben der Disziplinargerichtsbarkeit i.S.d. § 187 Abs. 1 VwGO wahr.

Die möglichen **Sanktionen** der Berufsgerichte müssen wegen **Art. 103 Abs. 2 GG** gesetzlich festgelegt sein. Hierzu finden sich unterschiedliche Sanktionskataloge in den einzelnen Heilberufs- und Kammergesetzen der Länder. Mögliche Sanktionen sind etwa:

- Warnung
- Verweis
- Erlass von Geldbußen
- Weisung zur Teilnahme an Fortbildungsveranstaltungen zur Qualitätssicherung
- Feststellung zur Ungeeignetheit, Weiterbildungen zu leiten
- Aberkennung der Mitgliedschaft in den Kammerorganen
- Aberkennung des passiven und/oder aktiven Wahlrechts zu den Kammerorganen
- Feststellung der Unwürdigkeit, einen ärztlichen Beruf zu ergreifen

Hingegen sind der Erlass eines Berufsverbots sowie der Entzug der Approbation den **Approbationsbehörden** zugewiesen. Aufgrund der Kompetenzverteilung sind diese dabei auch nicht an die berufsgerichtliche Feststellung der Unwürdigkeit gebunden.

Aufgrund des **disziplinarischen Charakters** können berufsrechtliche Sanktionen ohne Verstoß gegen Art. 103 Abs. 3 GG neben eine strafrechtliche Sanktion treten. Voraussetzung ist ein „**berufsrechtlicher Überhang**", d.h. der disziplinarische Zweck darf nicht bereits durch die Strafe erreicht sein.

E. Berufsrechtliche Verfahren

Das Verfahren bei Verstößen gegen Berufspflichten (teilweise als Berufsvergehen bezeichnet) ist **landesspezifisch** unterschiedlich ausgestaltet. Die Einleitung des Verfahrens erfolgt – bis auf in Baden-Württemberg[11] – stets durch die **zuständige LÄK**.

---

[10] Bei einer Angliederung werden die Spruchkörper „bei den Verwaltungsgerichten gebildet", während bei einer Eingliederung „Aufgaben durch die Verwaltungsgerichte" wahrgenommen werden, vgl. etwa § 61 Abs. 1 HeilBerG NRW im Gegensatz zu § 45 Abs. 1 LDG NRW.

[11] Dort übernimmt ein gesonderter Kammeranwalt (§ 8 BerGerVDV BW) das Ermittlungsverfahren und die Klageerhebung.

In der Mehrzahl der Länder findet ein **duales Verfahren** statt.[12] In diesen Fällen kann die Kammer unter Berücksichtigung der Schwere des Vergehens selbst eine Sanktion (i.d.R. ist eine Rüge vorgesehen) aussprechen oder das Verfahren einstellen. Gegen Sanktionen in diesem **berufsrechtlichen Verfahren** (auch Rügeverfahren genannt) steht den Betroffenen – teils nach einem vorgeschalteten Widerspruchsverfahren – das **berufsgerichtliche Verfahren** vor dem Heilberufsgericht offen.[13] Ist ein berufsrechtliches Verfahren nicht vorgesehen[14] oder das Vergehen schwererer Natur, sodass es einer berufsgerichtlichen Sanktion (→ § 2, Grundlagen, D.) bedarf, leitet die LÄK ohne berufsrechtliches Verfahren direkt ein berufsgerichtliches Verfahren ein.

Kammerangehörige können in allen Ländern mit Ausnahme Baden-Württembergs[15] zudem umgekehrt ein berufsgerichtliches Verfahren anstrengen, „um sich von dem Verdacht eines Berufsvergehens zu reinigen".[16]

Für **Ärzte im Beamtenverhältnis** gelten grds. **beamtenrechtliche Sonderregelungen**.

Literatur zur Vertiefung: *Lipp*, in: Laufs/Katzenmeier/Lipp, Arztrecht, Kap. II.

Fall 1: Fortbildung geschwänzt

Schwerpunkte: Rechtssetzungsbefugnis der Landesärztekammern; berufsrechtliches Verfahren; ärztliche Fortbildungspflicht

A. Sachverhalt

Die deutsche Staatsbürgerin A ist Fachärztin für Allgemeinmedizin in Köln. Durch Zufall erfuhr die zuständige Landesärztekammer (LÄK) Nordrhein (NR), dass A

---

[12] So vorgesehen in Bayern (Art. 38 Abs. 1, 66 Abs. 1 BayHKaG), Berlin (§ 57 Abs. 1 BlnHKG), Bremen (§§ 61a, 62 HeilBerG Bremen), Hamburg (§ 59 HmbKGH, § 58 HmbKGH i.V.m. § 2 Gesetz über die Berufsgerichtsbarkeit der Heilberufe Hamburg), Hessen (§§ 59 Abs. 3, 1, 49 Abs. 1 HessHeilBerG), Mecklenburg-Vorpommern (§ 60 Abs. 1 HeilBerG MV), Niedersachsen (§ 60 Abs. 1 NdsHKG), NRW (§§ 58a, 58d, 58e Abs. 1 HeilBerG NRW), Saarland (§§ 32 Abs. 1, 33 Abs. 1 SaarlHKG), Sachsen (§ 40 S. 1 SächsHBKG), Sachsen-Anhalt (§§ 21 Abs. 1, 46 Abs. 1 KGHB LSA), und Thüringen (§§ 46a Abs. 1, 47 Abs. 1 ThürHeilBerG).

[13] Vgl. etwa § 77 Abs. 1, 3 NdsHKG, § 58e Abs. 4 HeilBerG NRW.

[14] Dies entspricht der Rechtslage in Baden-Württemberg (§ 55 Abs. 1 HBKG BW), Brandenburg (§ 58 Abs. 1 BbgHeilBerG), Rheinland-Pfalz (§ 51 Abs. 1 HeilBerG RLP) und Schleswig-Holstein (§ 55 Abs. 1 HBKG SH).

[15] § 55 Abs. 3 HBKG BW a. F. sah eine entsprechende Regelung vor, wurde aber zum 30.12.2015 mangels praktischer Relevanz gestrichen, s. LT-Drs. 15/7678, S. 47.

[16] So formuliert es § 71 Abs. 2 HeilBerG NRW. S. für Bayern (Art. 77 Abs. 1 Nr. 3 BayHKaG), Berlin (§ 61 Abs. 5 S. 1 BlnHKG), Brandenburg (§ 69 Abs. 2 BbgHeilBerG), Bremen (§ 76 Abs. 2 HeilBerG Bremen), Hamburg (§ 58 HmbKGK i.V.m. § 17 Abs. 4 Gesetz über die Berufsgerichtsbarkeit der Heilberufe Hamburg), Hessen (§ 57 Abs. 1 S. 3 HessHeilBerG), Mecklenburg-Vorpommern (§ 73 Abs. 2 S. 1 HeilBerG MV), Niedersachsen (§ 78 Abs. 1 NdsHKG), Rheinland-Pfalz (§ 76 Abs. 1 Nr. 2 HeilBerG RLP), Saarland (§ 37 SHKG i.V.m. § 8 Abs. 2 Berufsgerichtsordnung Saarland), Sachsen (§ 44 Abs. 1 Nr. 3 SächsHBKG), Sachsen-Anhalt (§ 58 Abs. 4 KGHB LSA), Schleswig-Holstein (§ 65 Abs. 4 HBKG SH) und Thüringen (§ 55 Abs. 3 ThürHeilBerG).

Fall 1: Fortbildung geschwänzt

nur im ersten Jahr ihrer mittlerweile sechsjährigen Tätigkeit 15 Fortbildungsstunden absolviert, i.Ü. nicht an Fortbildungen teilgenommen hatte.

Daraufhin erwog sie, das Verhalten der A zu rügen. Zu diesem Zweck wurde A angehört. A trug vor, im HeilBerG NRW stehe nichts zum Umfang der Fortbildungspflicht. Daher sei es ihr überlassen, in welchem Umfang sie sich fortbilde. Durch ihre regelmäßige Praxiserfahrung sei hinreichend gewährleistet, dass sie die notwendigen Kenntnisse zur Behandlung ihrer Patienten habe.

Der Vorstand der LÄK beschloss daraufhin, das Verhalten der A zu rügen. Ein entsprechender Bescheid, ausgefertigt vom Präsidenten der LÄK, wurde der A mit ordnungsgemäßer Rechtsbehelfsbelehrung zugestellt. Zur Begründung verwies die LÄK dezidiert auf die Vorschriften der Berufsordnung für die nordrheinischen Ärztinnen und Ärzte (BOÄ-NR) sowie die Fortbildungsordnung für die nordrheinischen Ärztinnen und Ärzte (FO-NR).

A meint, dieser Bescheid verletze ihre Berufsfreiheit aus Art. 12 Abs. 1 GG. Die LÄK könne ohnehin schon keine rechtsverbindliche Regelung treffen, die über das HeilBerG NRW hinausgehe. Eine umfangreiche Fortbildungspflicht zu regeln, sei wegen Art. 20 Abs. 3 GG Aufgabe des Landesgesetzgebers. Schließlich wäre ein etwaiger Verstoß gegen die Pflicht verjährt.

Beurteilen Sie die Rechtmäßigkeit des Bescheids.

Beabeitervermerk: Die BOÄ-NR sowie die FO-NR sind formell ordnungsgemäß und wurden von der zuständigen Behörde genehmigt. Vorschriften des SGB V sind nicht anzuwenden. Es ist davon auszugehen, dass Ärzte in den üblichen fünfjährigen Fortbildungszyklen durchschnittlich etwa 150 bis 200 Fortbildungsstunden absolvieren. Das entspricht 250 Fortbildungspunkten i.S.d. § 5 Abs. 2, § 6 FO-NR.

Auf §§ 1, 2, 24, 26, 29, 30, 31, 58a, 58e, 59, 61, 70 HeilBerG NRW, §§ 2, 4 BOÄ-NR, §§ 1, 5 FO-NR wird hingewiesen.

Auszüge aus dem Gesetzestext
§ 1 S. 1 Nr. 1 HeilBerG NRW

Im Land Nordrhein-Westfalen werden als berufliche Vertretungen der Ärztinnen und Ärzte die Ärztekammern Nordrhein und Westfalen-Lippe errichtet.

§ 2 Abs. 1 HeilBerG NRW

Den Kammern gehören alle in § 1 Satz 1 genannten Personen – mit Ausnahme derjenigen, die bei der Aufsichtsbehörde beschäftigt sind – an, die im Land Nordrhein-Westfalen ihren Beruf ausüben oder, falls sie ihren Beruf nicht ausüben, ihren gewöhnlichen Aufenthalt haben.

§ 24 Abs. 1 S. 1 HeilBerG NRW

Der Kammervorstand besteht aus der Präsidentin oder dem Präsidenten, der Vizepräsidentin oder dem Vizepräsidenten und mindestens drei Beisitzerinnen oder Beisitzern.

§ 26 HeilBerG NRW

(1) ¹Die Präsidentin oder der Präsident vertritt die Kammer gerichtlich und außergerichtlich. (…)

(2) Die Präsidentin oder der Präsident erledigt die laufenden Geschäfte der Kammer, führt die Beschlüsse des Kammervorstandes aus, beruft die Sitzungen der Kammerversammlung sowie des Kammervorstandes ein und führt in diesen Sitzungen den Vorsitz.

(…)

§ 29 Abs. 1 HeilBerG NRW

Die Kammerangehörigen sind verpflichtet, ihren Beruf gewissenhaft auszuüben und dem ihnen im Zusammenhang mit dem Beruf entgegengebrachten Vertrauen zu entsprechen.

§ 30 Nr. 1 HeilBerG NRW

Die Kammerangehörigen, die ihren Beruf ausüben, haben insbesondere die Pflicht,

1. sich beruflich fortzubilden und sich dabei über die für ihre Berufsausübung geltenden Bestimmungen zu unterrichten.

§ 31 Abs. 1 HeilBerG NRW

Das Nähere zu § 30 regeln die Berufsordnung und die Notfalldienstordnung.

§ 58a HeilBerG NRW

Verletzen Kammerangehörige ihre Berufspflichten (Berufsvergehen), kann dies im berufsrechtlichen Verfahren durch die Kammern (Rüge gem. § 58e Absatz 1 bis 3, Mahnung der Präsidentin oder des Präsidenten gem. § 58e Absatz 6) oder im berufsgerichtlichen Verfahren (§§ 59 bis 114) geahndet werden.

§ 58e HeilBerG NRW

(1) ¹Der Kammervorstand kann Kammerangehörige wegen eines Berufsvergehens rügen, wenn die Schuld gering ist und der Antrag auf Einleitung eines berufsgerichtlichen Verfahrens nicht erforderlich erscheint.

(…)

(4) ¹Die nach den Absätzen 1 und 3 getroffenen Entscheidungen unterliegen der berufsgerichtlichen Nachprüfung. ²Gegen den Bescheid können Kammerangehörige binnen eines Monats nach Zustellung die Entscheidung des Berufsgerichts beantragen. ³Der Antrag ist schriftlich oder zur Niederschrift beim Berufsgericht für Heilberufe zu stellen. (…)

(…)

(6) Das Recht der Präsidentin oder des Präsidenten, Kammerangehörige abzumahnen, bleibt unberührt.

(7) Für die Verjährung gilt § 59 Absatz 4 entsprechend.

§ 59 HeilBerG NRW

(1) Kammerangehörige (...), die ihre Berufspflichten verletzen, unterliegen der Berufsgerichtsbarkeit.

(...)

(4) ¹Sind seit der Begehung eines Berufsvergehens mehr als fünf Jahre vergangen, so ist der Antrag auf Eröffnung eines berufsgerichtlichen Verfahrens nicht mehr zulässig. (...)

§ 61 Abs. 1 HeilBerG NRW

Für die Landesteile Nordrhein und Westfalen-Lippe wird je ein Berufsgericht für Heilberufe als erste Instanz bei den Verwaltungsgerichten Köln und Münster gebildet.

§ 70 S. 1 HeilBerG NRW

Örtlich zuständig ist das Berufsgericht für Heilberufe für den Bezirk der Kammer, der die Beschuldigten zum Zeitpunkt der Eröffnung des Verfahrens angehören.

§ 2 Abs. 2 BOÄ-NR

¹Ärztinnen und Ärzte haben ihren Beruf gewissenhaft auszuüben und dem ihnen bei ihrer Berufsausübung entgegengebrachten Vertrauen zu entsprechen. ²Sie haben dabei ihr ärztliches Handeln am Wohl des Patienten auszurichten. (...)

§ 4 Abs. 1 BOÄ-NR

Ärztinnen und Ärzte, die ihren Beruf ausüben, sind verpflichtet, sich in dem Umfang beruflich fortzubilden, wie es zur Erhaltung und Entwicklung der zu ihrer Berufsausübung erforderlichen Fachkenntnisse notwendig ist.

§ 1 FO-NR

Die Fortbildung der Ärztinnen und Ärzte dient dem Erhalt und der kontinuierlichen Weiterentwicklung der beruflichen Kompetenz zur Gewährleistung einer hochwertigen Patientenversorgung und Sicherung der Qualität ärztlicher Berufsausübung.

§ 5 FO-NR

(1) Das Fortbildungszertifikat dient dem Nachweis der Erfüllung der Fortbildungspflicht.

(2) Ein Fortbildungszertifikat wird erteilt, wenn die Ärztin oder der Arzt innerhalb eines der Antragstellung vorausgehenden Zeitraums von fünf Jahren Fortbildungsmaßnahmen abgeschlossen hat, welche in der Summe die nach den Bestimmungen des § 6 ermittelte Mindestbewertung von 250 Punkten erreichen.

B. Lösung

Der Bescheid ist rechtswidrig, wenn er nicht die formellen und materiellen Voraussetzungen der Ermächtigungsgrundlage erfüllt.

I. Ermächtigungsgrundlage
Ermächtigungsgrundlage für die Rüge ist § 58e Abs. 1 HeilBerG NRW. Diese Vorschrift ist formell und materiell verfassungsgemäß.

II. Formelle Rechtmäßigkeit
Die Rüge muss formell rechtmäßig sein.

1. Zuständigkeit
Dazu muss sie zunächst vom zuständigen Organ ausgesprochen worden sein. Gem. § 58e Abs. 1 HeilBerG NRW kann „der Kammervorstand" Berufsvergehen eines Kammerangehörigen rügen. Dieser besteht aus dem Präsidenten, dem Vizepräsidenten und mind. drei Beisitzern, § 24 Abs. 1 S. 1 HeilBerG NRW. Hier hat allein der Präsident den Rügebescheid erlassen, obwohl er allein für Abmahnungen ausdrücklich zuständig ist, vgl. § 58e Abs. 6 HeilBerG NRW. Daher könnte der Bescheid formell rechtswidrig sein.

Der Präsident führt indes die Beschlüsse des Kammervorstandes gem. § 26 Abs. 2 HeilBerG NRW aus. Er vertritt die Kammer nach außen, § 26 Abs. 1 HeilBerG NRW. Die Willensbildung selbst hat beim Kammervorstand stattgefunden, sodass das zuständige Organ gehandelt hat.[17]

2. Verfahren
Die gem. § 28 Abs. 1 VwVfG NRW erforderliche Anhörung wurde durchgeführt.

3. Form
Mangels entgegenstehender Angaben ist davon auszugehen, dass der Bescheid formgerecht ist.

4. Zwischenergebnis
Die Rüge ist formell rechtmäßig.

III. Materielle Rechtmäßigkeit
Die Rüge muss materiell rechtmäßig sein. § 58e Abs. 1 HeilBerG NRW setzt voraus, dass A als Kammerangehörige ein Berufsvergehen zur Last zu legen ist, d.h. dass A die ihr obliegenden Berufspflichten schuldhaft verletzt hat. Die in § 58e Abs. 1 HeilBerG NRW genannte geringe Schuld ist dabei keine materielle Rechtmäßigkeitsvoraussetzung. Erlässt die LÄK trotz eines schwerwiegenden Verstoßes nur eine Rüge, läge darin kein Rechtsnachteil für A.[18]

---

[17] Vgl. auch *Willems*, MedR 2010, 770 (771).
[18] *Stephan*, in: Kluth/Böllhoff, Handbuch des Kammerrechts, 3. Aufl. 2020, § 10 Rn. 20; *Willems*, MedR 2010, 770 (775).

Fall 1: Fortbildung geschwänzt

A könnte gegen ihre Fortbildungspflicht sowie gegen die Pflicht zur gewissenhaften Berufsausübung verstoßen haben. Indes spricht das HeilBerG NRW nur davon, dass Kammerangehörige verpflichtet sind, ihren Beruf „gewissenhaft" auszuüben (§ 29 Abs. 1 HeilBerG NRW) und dass sie die Pflicht haben „sich beruflich fortzubilden" (§ 30 Nr. 1 HeilBerG NRW). Eine Konkretisierung erfahren die Vorschriften durch §§ 2 Abs. 2, 4 Abs. 1 BOÄ-NR.

1. Wirksamkeit der BOÄ-NR

Auf die Regelungen in §§ 2 Abs. 2, 4 Abs. 1 BOÄ-NR kann aber nur zurückgegriffen werden, wenn sie für A rechtsverbindlich sind. Bei der BOÄ-NR handelt es sich um eine von der LÄK erlassene und von der zuständigen Aufsichtsbehörde genehmigte Satzung. Zum Erlass dieser Satzung ist die LÄK als Körperschaft des öffentlichen Rechts gem. § 31 Abs. 1 HeilBerG NRW befugt, sodass der Kammer zugehörige Personen an die Satzung gebunden sind. Da A als Ärztin in Köln tätig ist, gehört sie als Pflichtmitglied der Kammer an, §§ 2 Abs. 1, 1 Nr. 1 HeilBerG NRW.

A ist somit grds. an die Vorschriften in §§ 2 Abs. 2, 4 Abs. 1 BOÄ-NR gebunden. Etwas anderes gilt jedoch, wenn die Satzung gegen höherrangiges Recht verstößt.

a. Verstoß gegen Art. 20 Abs. 3 GG

In Betracht kommt zunächst, dass der Landesgesetzgeber nach dem aus Art. 20 Abs. 3 GG abgeleiteten Wesentlichkeitsgrundsatz selbst Art und Umfang der Fortbildung näher regeln müsste. Der Wesentlichkeitsgrundsatz verpflichtet den Gesetzgeber, in grundlegenden normativen Bereichen, zumal im Bereich der Grundrechtsausübung, soweit diese staatlicher Regelung zugänglich ist, alle wesentlichen Entscheidungen selbst zu treffen.[19] Wann es einer Regelung durch den parlamentarischen Gesetzgeber bedarf, lässt sich dabei nur im Blick auf den jeweiligen Sachbereich und auf die Eigenart des betroffenen Regelungsgegenstandes beurteilen.[20] Der Gesetzgeber ist demnach nicht angehalten, sämtliche Details zu regeln. Die Fortbildungsinhalte unterliegen aufgrund der Entwicklung in der Medizin einem dauernden Wandel, auf den der Gesetzgeber nicht ausreichend flexibel und zeitnah reagieren könnte.[21] Er muss daher nur statusrelevante Berufsausübungen selbst regeln. Der Umstand dagegen, dass nähere Regelungen zur Fortbildungspflicht den Kammern überlassen werden, begründet keinen Verstoß gegen den Wesentlichkeitsgrundsatz.

b. Verstoß gegen Art. 12 Abs. 1 GG

Davon unabhängig darf die Fortbildungspflicht nicht gegen Grundrechte verstoßen. In Betracht kommt eine Verletzung der Berufsfreiheit der A aus Art. 12 Abs. 1 GG.

aa. Eröffnung des Schutzbereichs

Dazu muss zunächst der Schutzbereich des Art. 12 Abs. 1 GG eröffnet sein. A ist Deutsche i.S.d. Art. 116 Abs. 1 GG, sodass der persönliche Schutzbereich eröffnet ist.

---

[19] BVerfGE 49, 89 (126 f.) = NJW 1979, 350 (360); BVerfGE 101, 1 (34) = NJW 1999, 3253 (3254).
[20] BVerfGE 161, 299 (349 f.) = NJW 2022, 1999 (2004).
[21] BSG MedR 2015, 831 (833).

In sachlicher Hinsicht gewährleistet Art. 12 Abs. 1 GG das Recht der freien Wahl und Ausübung des Berufs, d.h. dessen Form, Mittel, Umfang und Ausgestaltung. Beruf ist jede auf Dauer angelegte Tätigkeit, die der Schaffung und Erhaltung einer Lebensgrundlage dient oder dazu beiträgt.[22] Dazu zählt die Tätigkeit der A als Ärztin. Der sachliche Schutzbereich ist ebenfalls eröffnet.

bb. Eingriff in den Schutzbereich
Die Fortbildungspflicht muss in den Schutzbereich eingreifen. Ein Eingriff ist jede staatliche Maßnahme, welche dem Einzelnen die Grundrechtsausübung ganz oder teilweise erschwert oder unmöglich macht.[23] Die Fortbildungspflicht untersagt die berufliche Tätigkeit der A nicht insgesamt und beschränkt den Berufszugang als solchen nicht („Ob"), stellt aber Vorgaben zur inhaltlichen Ausgestaltung des Berufs auf („Wie" des Berufs). Es handelt sich somit um eine Berufsausübungsregelung.[24] Mithin liegt ein Eingriff in den Schutzbereich vor.

cc. Verfassungsrechtliche Rechtfertigung
Der Eingriff könnte indes verfassungsrechtlich gerechtfertigt sein. Art. 12 Abs. 1 GG steht unter einem einfachen Gesetzesvorbehalt. Eine Berufsausübungsregelung ist demnach gerechtfertigt, wenn mit dem einschränkenden Gesetz vernünftige Erwägungen des Allgemeinwohls verfolgt werden, für die es kein gleich geeignetes, milderes Mittel gibt und die angemessen i.e.S. sind.[25]

(1) Legitimer Zweck
Die Fortbildungspflicht muss einen legitimen Zweck verfolgen. Legitim ist jeder Zweck, der dem Wohl der Allgemeinheit dient oder für den es einen staatlichen Schutzauftrag gibt.[26] Angesichts des stetigen medizinischen Fortschrittes ist das Wissen des einzelnen Arztes schnell veraltet. Eine Fortbildungspflicht stellt daher sicher, dass Ärzte ihren Beruf gewissenhaft gem. den medizinischen Standards ausüben können. Dies dient einer hochwertigen Patientenversorgung und Sicherung der Qualität ärztlicher Berufsausübung, vgl. auch § 1 Fortbildungsordnung für die nordrheinischen Ärzte. Darin liegt ein legitimer Zweck.

(2) Geeignetheit
Da die Fortbildungspflicht den mit ihr verfolgten Zweck einer qualitativ hochwertigen Patientenversorgung zumindest fördert, indem Ärzte regelmäßig über neue Entwicklungen und Behandlungsmethoden informiert werden, ist sie ein geeignetes Mittel.

---

[22] *Hufen*, Staatsrecht II, 10. Aufl. 2023, § 35 Rn. 6.
[23] *Kingreen/Poscher*, Staatsrecht II, 39. Aufl. 2023, Rn. 339.
[24] Zur Dreistufentheorie im Rahmen der Berufsfreiheit s. BVerfGE 7, 377 (400 ff.) = NJW 1958, 1035 (1036 ff.).
[25] Vgl. *Hufen*, Staatsrecht II, 10. Aufl. 2023, § 9 Rn. 15; § 35 Rn. 30.
[26] Vgl. *Jarass*, in: Jarass/Pieroth, GG, 18. Aufl. 2024, Art. 20 Rn. 116 f.

(3) Erforderlichkeit
Es ist kein milderes, gleich geeignetes Mittel ersichtlich, sodass der Eingriff auch erforderlich ist.

(4) Angemessenheit
Der Eingriff muss schließlich angemessen, d.h. verhältnismäßig im engeren Sinne sein. Der verfolgte Zweck darf nicht außer Verhältnis zur Schwere des Eingriffs stehen.[27] Dabei ist zu berücksichtigen, dass der Staat aufgrund des Schutzauftrages in Art. 2 Abs. 2 S. 1 GG sowie des Sozialstaatsprinzips nach Art. 20 Abs. 1 GG dazu verpflichtet ist, eine funktionsfähige Gesundheitsversorgung der Bevölkerung sicherzustellen.[28] Er muss daher dafür sorgen, dass Akteure des Gesundheitswesens die notwendige Qualifikation für eine patientengerechte Versorgung aufweisen und zeitlebens aufrechterhalten. Die in § 4 BOÄ-NR angeordnete Fortbildungspflicht sieht dabei keine starren Fristen vor, ermöglicht also eine flexible Handhabung im Einzelfall. Zudem trifft sie lediglich Ärzte, die ihren Beruf (aktiv) ausüben. Der Eingriff steht daher nicht außer Verhältnis zu den damit verfolgten Zielen. Folglich ist er angemessen.

(5) Zwischenergebnis
Die Fortbildungspflicht ist mit Art. 12 Abs. 1 GG vereinbar.[29] Sie normiert eine für A verbindliche Fortbildungsverpflichtung.

dd. Zwischenergebnis
Die Fortbildungspflicht ist rechtmäßig.

2. Inhalt der Norm
Der zeitliche Umfang der Fortbildungspflicht wird in der BOÄ-NR nicht näher beschrieben. § 4 Abs. 1 BOÄ-NR bestimmt nur, dass berufstätige Ärzte verpflichtet sind, sich in einem Umfang fortzubilden, wie es zur Erhaltung und Entwicklung der zu ihrer Berufsausübung erforderlichen Fachkenntnisse notwendig ist. Eine Konkretisierung ermöglicht die FO-NR, bei der es sich ebenfalls um eine von der LÄK erlassene und von der zuständigen Aufsichtsbehörde genehmigte, mithin rechtsverbindliche Satzung handelt. Die FO-NR bestimmt, dass ein Fortbildungszertifikat erteilt wird, wenn ein Arzt innerhalb eines der Antragstellung vorausgehenden Zeitraums von fünf Jahren Fortbildungsmaßnahmen abgeschlossen hat, welche in der Summe 250 Fortbildungspunkten erreichen, was etwa 150 bis 200 Fortbildungsstunden entspricht, §§ 5, 6 FO-NR.

A ist seit sechs Jahren ärztlich tätig, während derer sie lediglich im ersten Jahr 15 Fortbildungsstunden absolviert hat. Die ärztliche Fortbildungspflicht knüpft dabei gerade an die Berufstätigkeit an. Daher ist der Einwand, A erhalte das not-

---

[27] *Jarass*, in: Jarass/Pieroth, GG, 18. Aufl. 2024, Art. 20 Rn. 120.
[28] BVerfGE 57, 70 (99) = NJW 1981, 1995 (1997).
[29] Vgl. für § 95d SGB V BSG MedR 2015, 831 (833 f.); 2016, 288 (290); *Ossege*, in: NK-GesR, 2. Aufl. 2018, § 95d SGB V Rn. 8.

wendige Wissen durch die Behandlung ihrer Patienten, unbeachtlich. Es ist nicht ersichtlich, wie eine praktische Patientenversorgung gewährleisten können soll, dass A insbesondere auch von neuen Entwicklungen in ausreichendem Maße Kenntnis erlangt, statt lediglich Routine im Umgang mit potenziell veralteten Methoden zu entwickeln. Indem A in den letzten fünf Jahren keine Fortbildungen besucht hat, hat sie daher in jedem Fall gegen ihre Fortbildungspflicht verstoßen.

3. Verjährung
Der Verstoß könnte allerdings verjährt sein, § 58e Abs. 7 i.V.m. § 59 Abs. 4 S. 1 HeilBerG NRW. Dazu müssen seit der Begehung eines Berufsvergehens mehr als fünf Jahre vergangen sein. Zu berücksichtigen ist jedoch, dass die absolvierten Fortbildungsstunden regelmäßig in einem fünfjährigen Zeitraum absolviert werden. Der Wortlaut der Fortbildungsvorschriften gibt gerade keine starren Fristen vor. Ärzten steht es daher frei, innerhalb dieses Zyklus die Fortbildung zeitlich frei zu gestalten, in einem Jahr also mehr, in einem anderen Jahr weniger Fortbildungsstunden zu absolvieren. Ein solcher Zyklus ist daher für die Beurteilung eines Verstoßes gegen die Fortbildungspflicht zu berücksichtigen. Im ersten Jahr ihrer Berufstätigkeit hatte A noch 15 Fortbildungsstunden absolviert, sich also in einem durchaus sachgerechten Rahmen fortgebildet. Der Verstoß ergibt sich erst durch die kumulierte Betrachtung des gesamten Zyklus. Er ist daher nicht verjährt.

4. Wahl einer zulässigen Rechtsfolge
Die Rüge steht im Ermessen der Kammer („kann"), sodass die Kammer ihr Ermessen entsprechend dem Zweck der Ermächtigung ausüben und die gesetzlichen Grenzen des Ermessens einhalten muss, § 40 VwVfG NRW. Die Kammer hat das ihr eingeräumte Ermessen erkannt (sie „erwog" eine Rüge). Die Ermächtigung bezweckt, dass die Kammer ihrem Auftrag nachkommen kann, die ärztliche Fortbildung zum Zwecke der Patientensicherheit sicherzustellen, vgl. § 6 Abs. 1 Nr. 4, 6 HeilBerG NRW. Die Rüge ist dabei die mildeste Form der Sanktion, die das HeilBerG NRW für einen minderschweren Pflichtenverstoß vorsieht. Demnach sind auch keine Anhaltspunkte ersichtlich, dass die Kammer die gesetzlichen Grenzen des Ermessens überschritten, insbesondere unverhältnismäßig gehandelt hat.

5. Zwischenergebnis
A hat die ihr obliegenden Berufspflichten schuldhaft verletzt. Die Rüge ist ermessensfehlerfrei ergangen. Demnach ist sie materiell rechtmäßig.

IV. Ergebnis
Die Rüge ist rechtmäßig.

Gegen den Bescheid stünde A die Möglichkeit offen, ein sog. Nachprüfungsverfahren gem. § 58e Abs. 4 S. 1 HeilBerG NRW zu beantragen.

C. Merksätze

- Kammerangehörige sind aufgrund der gesetzlichen Satzungsermächtigung in den Heilberufs- und Kammergesetzen grds. an die von den Landesärztekammern erlassenen Berufsordnungen gebunden.
- Verstöße gegen ärztliche Berufspflichten können von den Landesärztekammern durch verschiedene Sanktionsmaßnahmen geahndet werden. Die mildeste Sanktion stellt dabei die Rüge dar.
- Für Vertragsärzte sowie bei diesen oder in einem MVZ angestellte Ärzte regelt § 95d Abs. 1 SGB V eine Fortbildungspflicht mit entsprechender Nachweispflicht sowie Sanktionen bei Verstößen gegen diese Pflichten (→ dazu auch § 4, Fall 4). Für angestellte Ärzte in nach § 108 SGB V zugelassenen Krankenhäusern gelten die auf Grundlage des § 136b SGB V erlassenen Beschlüsse des G-BA. Den Landesärztekammern steht es frei, in ihren Berufsordnungen weitere Regelungen zur Fortbildung für Ärzte vorzusehen.

Fall 2: Die Würde des Arztes ist unabdingbar – Ruhen der Approbation; Unwürdigkeit des Arztes

A. Sachverhalt

A ist Facharzt für Chirurgie in Bonn. Er ist wegen des Verdachts auf gewerbsmäßigen Abrechnungsbetrug in über 300 Fällen und verschiedener Betäubungsmitteldelikte angeklagt. Die Bezirksregierung Köln als zuständige Approbationsbehörde ordnet nach Einholung sämtlicher Informationen und Abwägung der ihr zur Verfügung stehenden Möglichkeiten formell ordnungsgemäß das Ruhen der Approbation wegen Unwürdigkeit an. Zur Begründung stützt sie sich maßgeblich auf die Anklage und den Umstand, dass das Vertrauen der Patienten in eine integre Ärzteschaft erheblich erschüttert wurde und nur durch das Ruhen bis zum Abschluss des Strafverfahrens wiederhergestellt werden könne. Bei einer durchgeführten Hausdurchsuchung des A habe man über 200 Tabletten verschreibungspflichtiger Betäubungsmittel gefunden, die nicht in offiziellen Medikamentenbestellscheinen gelistet seien. Es bestehe der dringende Verdacht, dass A diese Tabletten illegal an Suchtmittelabhängige verkaufe.

A erhob daraufhin form- und fristgerecht Klage vor dem zuständigen VG Köln. Zur Begründung trug er vor, er sei bislang nicht vorbestraft. Auch im jetzigen Strafverfahren sei zwar öffentliche Klage erhoben worden, es gelte aber weiterhin die Unschuldsvermutung. Schließlich sei auch das berufsgerichtliche Verfahren ausgesetzt, dies müsse gleichsam für das Verwaltungsverfahren bzgl. seiner Approbation gelten. Das erst recht, weil doch erst im berufsgerichtlichen Verfahren die Unwürdigkeit zur Ausübung des Berufs festgestellt werde. In jedem Falle sei die Anordnung unverhältnismäßig, da ihm so sein Beruf unmöglich gemacht werde, ohne dass sie zeitlich befristet sei.

Beurteilen Sie die Erfolgsaussichten der Klage. Ein Vorverfahren ist nicht durchzuführen. Der Umstand, dass im Strafverfahren kein vorläufiges Berufsverbot (§ 70 StGB i.V.m. § 132a StPO) erlassen wurde, hat außer Betracht zu bleiben.

Auf §§ 60 und 76 HeilBerG NRW sowie auf § 6 BÄO wird hingewiesen.

Auszüge aus dem Gesetzestext
§ 60 Abs. 1 HeilBerG NRW

Im berufsgerichtlichen Verfahren kann erkannt werden auf:

(…)

Nr. 5: Feststellung der Unwürdigkeit zur Ausübung des Berufs.

§ 76 Abs. 1 S. 1 HeilBerG NRW

Ist gegen die eines Berufsvergehens Beschuldigten wegen desselben Sachverhaltes die öffentliche Klage im strafrechtlichen Verfahren erhoben, so kann ein berufsgerichtliches Verfahren zwar eröffnet werden, es muss aber bis zur Beendigung des strafgerichtlichen Verfahrens ausgesetzt werden.

§ 6 BÄO

(1) Das Ruhen der Approbation kann angeordnet werden, wenn

1. gegen den Arzt wegen des Verdachts einer Straftat, aus der sich seine Unwürdigkeit oder Unzuverlässigkeit zur Ausübung des ärztlichen Berufs ergeben kann, ein Strafverfahren eingeleitet ist,

(…)

(2) Die Anordnung ist aufzuheben, wenn ihre Voraussetzungen nicht mehr vorliegen.

(3) Der Arzt, dessen Approbation ruht, darf den ärztlichen Beruf nicht ausüben.

(4) Die zuständige Behörde kann zulassen, daß die Praxis eines Arztes, dessen Approbation ruht, für einen von ihr zu bestimmenden Zeitraum durch einen anderen Arzt weitergeführt werden kann.

B. Lösung

Die Klage hat Erfolg, wenn sie zulässig und soweit sie begründet ist.

I. Zulässigkeit vor dem VG
Die Klage muss zulässig sein.

1. Verwaltungsrechtsweg
Dazu muss zunächst der Verwaltungsrechtsweg eröffnet sein. Mangels aufdrängender Sonderzuweisung richtet sich dies nach der Generalklausel in § 40 Abs. 1 S. 1 VwGO. Erforderlich ist eine öffentlich-rechtliche Streitigkeit nichtverfassungsrechtlicher Art, für die keine abdrängende Sonderzuweisung besteht.

Eine Streitigkeit ist öffentlich-rechtlich, wenn die streitentscheidenden Normen solche des öffentlichen Rechts sind, d.h. einen Hoheitsträger in dieser Funktion einseitig berechtigen oder verpflichten.[30] Streitentscheidende Norm ist § 6 BÄO. Die Norm ermöglicht der zuständigen Behörde, das Ruhen einer ärztlichen Approbation anzuordnen, berechtigt diese also als Hoheitsträger einseitig. Die Streitigkeit ist demnach öffentlich-rechtlich.

Mangels doppelter Verfassungsunmittelbarkeit, d.h. weil keine Verfassungsorgane oder am Verfassungsleben Beteiligte um die Auslegung von Verfassungsrecht streiten, handelt es sich um eine Streitigkeit nichtverfassungsrechtlicher Art.

Eine abdrängende Sonderzuweisung ist nicht ersichtlich. Damit ist der Verwaltungsrechtsweg gem. § 40 Abs. 1 S. 1 VwGO eröffnet.

2. Statthafte Klageart
Die statthafte Klageart richtet sich nach dem klägerischen Begehren, § 88 VwGO. Die Ruhensanordnung ist ein Verwaltungsakt i.S.d. § 35 S. 1 VwVfG, sodass die Anfechtungsklage nach § 42 Abs. 1 Alt. 1 VwGO die statthafte Klageart ist.

3. Klagebefugnis
A muss klagebefugt sein, § 42 Abs. 2 VwGO. Das ist er, wenn die Möglichkeit besteht, dass A durch die Ruhensanordnung in seinen Rechten verletzt ist. Da er Adressat eines belastenden Verwaltungsaktes ist, ist möglich, dass A in seinen Rechten aus Art. 12 Abs. 1 GG sowie Art. 2 Abs. 1 GG verletzt ist. A ist klagebefugt.

4. Klagegegner
Richtiger Klagegegner ist gem. § 78 Abs. 1 Nr. 1 VwGO der Rechtsträger der handelnden Behörde, mithin das Land Nordrhein-Westfalen.

5. Beteiligten- und Prozessfähigkeit
Die Beteiligten- und Prozessfähigkeit ergibt sich aus §§ 61 Nr. 1, 3, 62 Abs. 1, 3 VwGO.

6. Vorverfahren
Das nach § 68 Abs. 1 S. 1 VwGO grds. erforderliche Vorverfahren ist entbehrlich.[31]

7. Form und Frist
Die Klage wurde form- und fristgerecht nach §§ 74 Abs. 1 S. 2, 81 Abs. 1 VwGO erhoben.

8. Rechtsschutzbedürfnis
Da es keinen schnelleren, einfacheren Weg für A gibt, sein Ziel (Beseitigung des Verwaltungsaktes) zu erreichen, ist er rechtsschutzbedürftig.

---

[30] *Detterbeck*, Allgemeines Verwaltungsrecht, 21. Aufl. 2023, Rn. 1324.
[31] Wäre dies nicht bereits im Bearbeitervermerk erwähnt, ergäbe sich die Entbehrlichkeit des Vorverfahrens aus § 68 Abs. 1 S. 2 Alt. 1 VwGO i.V.m. § 110 Abs. 1 S. 1 JustG NRW.

9. Zwischenergebnis
Die Klage ist zulässig.

II. Begründetheit
Die Klage ist begründet, soweit die Ruhensanordnung rechtswidrig und A dadurch in seinen Rechten verletzt ist, § 113 Abs. 1 S. 1 VwGO.

1. Ermächtigungsgrundlage
Ermächtigungsgrundlage für die Anordnung ist § 6 Abs. 1 BÄO, die formell und materiell verfassungsgemäß ist.

2. Formelle Rechtmäßigkeit
Der Bescheid ist formell rechtmäßig.

3. Materielle Rechtmäßigkeit
Die Ruhensanordnung muss materiell rechtmäßig sein.

a. Vorliegen der Tatbestandsvoraussetzungen
Erforderlich ist, dass gegen A wegen des Verdachts einer Straftat, aus der sich seine Unwürdigkeit oder Unzuverlässigkeit zur Ausübung des ärztlichen Berufs ergeben kann, ein Strafverfahren eingeleitet ist, § 6 Abs. 1 Nr. 1 BÄO.

Fraglich ist zunächst, wie die Einwände des A zur Unschuldsvermutung und zum berufsgerichtlichen Verfahren zu bewerten sind.

Gem. § 76 Abs. 1 S. 1 HeilBerG NRW ist das berufsgerichtliche Verfahren bis zum Abschluss des strafrechtlichen Verfahrens auszusetzen, wenn in diesem bereits öffentliche Klage erhoben wurde. Im berufsgerichtlichen Verfahren selbst wiederum kann die Unwürdigkeit zur Ausübung des Berufs festgestellt werden, § 60 Abs. 1 Nr. 5 HeilBerG NRW. Regelungen über den Berufszugang, zu denen auch die Regelungen zur Entziehung der Berufserlaubnis zählen,[32] unterliegen indes der konkurrierenden Gesetzgebungskompetenz des Bundes, Art. 74 Abs. 1 Nr. 19 GG. Berufsgerichte können daher nicht unmittelbar die Entziehung der Approbation anordnen.[33] Diese Kompetenzverteilung bedingt, dass die Approbationsbehörde nicht an die Feststellung des Berufsgerichts gebunden ist.[34]

Auch eine dem § 76 HeilBerG NRW vergleichbare Vorschrift fehlt in der BÄO. Im Gegenteil ermöglicht § 6 Abs. 1 Nr. 1 BÄO gerade während eines laufenden strafrechtlichen Ermittlungsverfahrens eine Ruhensanordnung. Daher ist für das hiesige Verfahren unerheblich, dass das berufsgerichtliche Verfahren ausgesetzt wurde.

Anders als das Strafverfahren verfolgt die Ruhensanordnung allein **präventive Zwecke** zum Schutz der Patienten und zur Wahrung der Integrität des Berufs-

---

[32] Vgl. BVerfGE 4, 74 (84 f.); 7, 18 (25) = NJW 1957, 1145; 33, 125 (154 f.) = NJW 1972, 1504 (1505) m. Bespr. *Starck*, NJW 1972, 1489.
[33] *Stephan*, in: Kluth/Böllhoff, Handbuch des Kammerrechts, 3. Aufl. 2020, § 10 Rn. 89.
[34] *Kern/Rehborn*, in: Laufs/Kern/Rehborn, Handbuch des Arztrechts, § 17 Rn. 16; *Rehborn*, GesR 2004, 170 (175 f.).

standes.³⁵ Die Wertungen des repressiven Zwecken dienenden Strafrechts sind daher nicht ohne Weiteres übertragbar. Dass A demnach bislang nicht verurteilt wurde und das berufsgerichtliche Verfahren gegen ihn ausgesetzt ist, ist demnach für die materielle Rechtmäßigkeit der Ruhensanordnung grds. unerheblich. Es werden gerade die Fälle erfasst, in denen eine Ungeeignetheit oder Unwürdigkeit zur Ausübung des ärztlichen Berufs (noch) nicht endgültig feststeht.³⁶

Erforderlich ist aber, dass sich aus dem Verdacht der Straftaten, wegen derer ermittelt wird, die Unwürdigkeit oder Unzuverlässigkeit des A zur Ausübung des Arztberufs ergibt. Unwürdigkeit liegt vor, wenn der Arzt aufgrund einer schwerwiegenden Verfehlung nicht mehr das Vertrauen und Ansehen der Bevölkerung genießt, das für seine Tätigkeit unerlässlich ist. Unwürdigkeit bezieht sich auf einen abgeschlossenen Zeitraum in der Vergangenheit. Sie verlangt ein schwerwiegendes Fehlverhalten des Arztes, das bei Würdigung aller Umstände eine weitere Berufsausübung als untragbar erscheinen lässt.³⁷ Die Gründe für die Annahme der Unwürdigkeit oder Unzuverlässigkeit zur Ausübung der ärztlichen Tätigkeit sind nicht auf behandlungsbezogene Arztpflichten beschränkt, sondern können auch in einem Fehlverhalten außerhalb des beruflichen Bereichs liegen.³⁸

Gegen A wird wegen gewerbsmäßigen Abrechnungsbetruges in über 300 Fällen sowie diverser Betäubungsmitteldelikte ermittelt. Sollten sich diese Vermutungen als richtig erweisen, genösse A nicht mehr das in der Bevölkerung notwendige Ansehen und Vertrauen in eine ordnungsgemäße, gewissenhafte Berufsausübung. Es handelt sich nicht um einen Einzelfall, sondern um systematisches Fehlverhalten. Die materiellen Voraussetzungen des § 6 Abs. 1 Nr. 1 BÄO liegen vor.

b. Wahl einer zulässigen Rechtsfolge
Der Bescheid muss ermessensfehlerfrei sein, wobei der nach § 114 S. 1 VwGO eingeschränkte gerichtliche Kontrollmaßstab zu berücksichtigen ist. Indem die Behörde die Informationen und die ihr zur Verfügung stehenden Möglichkeiten berücksichtigt hat, ist sie bei ihrer Entscheidung von einer zutreffenden Tatsachengrundlage ausgegangen und hat das ihr zustehende Ermessen („kann") erkannt. Schließlich darf die Behörde nicht die gesetzlichen Grenzen des Ermessens überschritten haben, insbesondere muss der Verwaltungsakt verhältnismäßig sein.

Die Anordnung könnte bereits deshalb unverhältnismäßig sein, weil sie nicht zeitlich begrenzt ist. § 6 Abs. 2 BÄO regelt indes, dass die Anordnung aufzuheben ist, wenn ihre Voraussetzungen nicht mehr vorliegen. Demnach ist die Behörde angehalten, laufend zu überprüfen, ob die Voraussetzungen der Ruhensanordnung weiterhin vorliegen. Eine zeitliche Befristung ist daher nicht angezeigt. Sie wäre darüber hinaus unpraktikabel, da selten absehbar ist, wann das strafrechtliche Verfahren endet. Eine Unverhältnismäßigkeit allein aus diesem Grunde besteht nicht.

---

³⁵ VG Stuttgart MedR 2000, 142.
³⁶ OVG Münster NJW 2012, 2132 (2133).
³⁷ BVerwG NJW 1999, 3425 (3426); Beispiele aus der Rspr. bei *Rehborn*, in: Laufs/Kern/Rehborn, Handbuch des Arztrechts, § 8 Rn. 47 f.
³⁸ VGH Kassel MedR 1986, 156 (157).

Sie könnte sich aber daraus ergeben, dass A seinen Beruf aufgrund der Ruhensanordnung nicht ausüben darf, § 6 Abs. 3 BÄO. Dies stellt einen erheblichen Eingriff in die Berufsfreiheit des A nach Art. 12 Abs. 1 GG dar, weshalb das vorläufige Berufsverbot mit seinen „irreparablen beruflichen Folgen" an zusätzliche verfassungsrechtliche Vorgaben gebunden ist.[39] Die Tatsachengrundlage ist gerade noch nicht abschließend geklärt, weshalb das Ruhen der Approbation nur angeordnet werden darf, um **konkreten Gefahren** zu begegnen, die bereits im Zwischenzeitraum bis zum Abschluss des Strafverfahrens drohen.[40] Das hängt von den Umständen des Einzelfalles ab. Zu berücksichtigen ist insbesondere, ob es einen tatsächlichen Beleg dafür gibt, dass der Betroffene seine Berufspflichten in nächster Zeit (weiterhin) verletzen wird und welche konkreten Gefahren insoweit drohen.

Bzgl. der A zur Last gelegten Betrugstaten gilt es insoweit zu berücksichtigen, dass diese nicht unmittelbar das Arzt-Patienten-Verhältnis betreffen, also die fachlich-medizinische Kompetenz des A nicht in Frage stellen. Ein etwaig hinter dem Abrechnungsbetrug stehendes System dürfte mit der Aufdeckung endgültig zerschlagen sein, sodass diesbezüglich keine weiteren Schäden dergestalt drohen. Eine allein darauf gestützte Ruhensanordnung dürfte in der Gesamtschau nicht rechtmäßig, weil nicht erforderlich, sein.[41]

Bei A hatte man indes zusätzlich 200 Tabletten verschiedener verschreibungspflichtiger Betäubungsmittel gefunden, bzgl. derer zu befürchten ist, dass sie illegal an Suchtmittelabhängige verkauft werden und dort zu gesundheitlichen Beeinträchtigungen führen können. Die Herkunft dieser Tabletten lässt sich nicht zweifelsfrei klären, sodass nicht auszuschließen ist, dass es künftig zu ähnlichen Funden bei A kommt. Zudem ist in die Betrachtung mit einzustellen, dass mit der Anklage bereits öffentliche Klage erhoben wurde, § 170 Abs. 1 StPO. Gegen A besteht also nicht lediglich ein strafrechtlicher Anfangsverdacht, sondern bereits ein hinreichender Tatverdacht, der eine überwiegende Verurteilungswahrscheinlichkeit voraussetzt. Vor diesem Hintergrund gebührt dem Vertrauen der Bevölkerung in einen integren Berufsstand und dem Schutz der Patienten vor gesundheitlichen Beeinträchtigungen durch eine nicht ordnungsmäßige Gesundheitsversorgung der Vorrang.

Mit entsprechender Argumentation ist sowohl hinsichtlich der Betrugstaten als auch hinsichtlich der Tabletten eine a.A. vertretbar.

Die Ruhensanordnung ist verhältnismäßig und ermessensfehlerfrei ergangen.

---

[39] Vgl. *Schelling*, in: Spickhoff, Medizinrecht, § 6 BÄO Rn. 13 ff.
[40] Vgl. BVerfG NJW 2008, 1369 (1371); BVerwGE 169, 245 (251) = GesR 2021, 105 (107); *Schelling*, in: Spickhoff, Medizinrecht, § 6 BÄO Rn. 13.
[41] Vgl. BVerwGE 169, 245 (253 f.) = GesR 2021, 105 (108); *Schelling*, in: Spickhoff, Medizinrecht, § 6 BÄO Rn. 15.

c. Zwischenergebnis
Die Rüge ist materiell rechtmäßig.

4. Zwischenergebnis
Der Verwaltungsakt ist formell und materiell rechtmäßig und ermessensfehlerfrei. Er verletzt A nicht in seinen Rechten, sodass die Klage unbegründet ist.

III. Ergebnis
Die Klage ist zulässig, aber unbegründet. Sie hat keinen Erfolg.

C. Merksätze

- Bei der Anordnung des Ruhens der Approbation oder deren Entzug handelt es sich um Verwaltungsakte, gegen die dem Arzt die Anfechtungsklage zum VG zusteht.
- Bei der Entscheidung über die Erteilung und Entziehung einer Approbation sowie über deren Ruhen ist die Approbationsbehörde nicht gehalten, das Ergebnis berufsgerichtlicher oder strafrechtlicher Verfahren abzuwarten.
- Das Ruhen der Approbation stellt ein vorläufiges Berufsverbot dar, sodass strenge verfassungsrechtliche Maßstäbe gelten. Daher ist die Anordnung nur möglich, um konkreten Gefahren zu begegnen, die bereits im Zwischenzeitraum bis zum Abschluss des Strafverfahrens drohen.

Wiederholungsfragen

▶ Was kennzeichnet einen freien Beruf?

Kennzeichnend für einen freien Beruf ist die persönliche, eigenverantwortliche und fachlich unabhängige Erbringung von Dienstleistungen höherer Art im Interesse des einzelnen Menschen und der Bevölkerung.

▶ Welche wesentlichen Gesetzgebungskompetenzen bestehen in Bezug auf den Arztberuf?

Für den Zugang zum Arztberuf (Berufswahl) besteht gem. Art. 74 Abs. 1 Nr. 19 GG eine konkurrierende Gesetzgebungskompetenz des Bundes, die dieser durch Erlass der BÄO und ÄApprO ausgeschöpft hat. Die Berufsausübung hingegen unterfällt nicht der Kompetenz des Art. 74 Abs. 1 Nr. 19 GG und obliegt somit nach Art. 30, 70 Abs. 1 GG der Gesetzgebungskompetenz der Länder.

▶ Was versteht man unter einer Approbation?

Die Approbation ist Voraussetzung, um den Arztberuf auszuüben (§ 2 Abs. 1 BÄO). Die Entscheidung über ihre Erteilung sowie deren Ruhen oder Aufhebung richtet sich nach §§ 3 ff. BÄO und obliegt der Approbationsbehörde.

▶ Welche Aufgaben haben die Landesärztekammern?

Die Landesärztekammern sind u.a. mit der Wahrnehmung und Regelung der beruflichen Belange ihrer Mitglieder betraut. Sie beraten ihre Mitglieder, belehren über Berufspflichten und überwachen die Einhaltung dieser Pflichten. Zusätzlich fördern sie den Gesundheitsschutz der Bevölkerung und beraten Politik und Verwaltung in Fragen der Gesundheitspolitik.

▶ Sind Ärzte an von der Landesärztekammer erlassene Satzungen gebunden?

Die Landesärztekammern sind durch die Kammer- und Heilberufsgesetze der Länder zum Erlass von Satzungen ermächtigt. Ärzte sind ihrerseits Pflichtmitglieder in der zuständigen Landesärztekammer und als Mitglieder an die Satzung gebunden. Die Regelungsbefugnis der Landesärztekammern ist jedoch auf die Mitglieder beschränkt, für Dritte entfalten die Satzungen keine Bindungswirkung.

▶ Was ist die Bundesärztekammer?

Die Bundesärztekammer ist die Spitzenorganisation der ärztlichen Selbstverwaltung. In ihr sind die Landesärztekammern als Arbeitsgemeinschaft zusammengeschlossen. Sie ist organisiert als nicht eingetragener Verein (§ 54 Abs. 1 S. 1 BGB), demnach nicht selbst rechtsfähig, insbesondere keine Körperschaft des öffentlichen Rechts.

▶ Welche Rechtsnatur hat die Musterberufsordnung der Ärzteschaft (MBO-Ä)? Für wen ist diese verbindlich?

Die MBO-Ä ist ein von der Bundesärztekammer erlassener Beschluss. Mangels Rechtssetzungsbefugnis der Bundesärztekammer ist sie unverbindlich, sie soll lediglich die Einheitlichkeit der ihrerseits verbindlichen Berufsordnungen der Landesärztekammern fördern.

▶ Welche Aufgabe hat die Berufsgerichtsbarkeit?

Die Berufsgerichtsbarkeit ist eine Disziplinargerichtsbarkeit, die darauf ausgerichtet ist, Ordnung und Integrität innerhalb des ärztlichen Berufsstandes zu gewährleisten

▶ Warum ist die Feststellung in einem berufsgerichtlichen Urteil, dass ein Arzt unwürdig ist, seinen Beruf auszuüben, für die Approbationsbehörde nicht bindend?

Die Unwürdigkeit ist ein Grund, die Approbation zu widerrufen, § 5 Abs. 2 S. 1 i.V.m. § 3 Abs. 1 S. 1 Nr. 2 BÄO. Für Fragen der Berufszulassung, zu der auch die Entziehung der Berufszulassung zählt, hat der Bund von seiner konkurrierenden Gesetzgebungskompetenz Gebrauch gemacht. Die Länder, die die Berufsgerichtsbarkeit regeln, sind daher nicht befugt, Vorschriften in diesem Bereich zu erlassen.

▶ Welchem Ziel dient die ärztliche Fortbildungspflicht?

Angesichts des stetigen medizinischen Fortschrittes ist das Wissen des einzelnen Arztes schnell veraltet. Eine regelmäßige Fortbildung stellt sicher, dass Ärzte ihren Beruf gewissenhaft gem. den aktuellen medizinischen Standards ausüben können. Dies dient einer hochwertigen Patientenversorgung und Sicherung der Qualität ärztlicher Berufsausübung.

▶ Kann aufgrund eines gegen einen Arzt eingeleiteten Strafverfahrens das Ruhen der Approbation angeordnet werden, obwohl der Arzt noch nicht rechtskräftig verurteilt ist?

Ja. § 6 Abs. 1 Nr. 1 BÄO sieht die Möglichkeit der Anordnung des Ruhens der Approbation gerade auch bei laufenden Strafverfahren vor. Aufgrund der präventiven Natur muss das Strafverfahren nicht abgeschlossen sein. Erforderlich ist aber, dass aus dem Verdacht die Unzuverlässigkeit oder Unwürdigkeit zur Ausübung des Arztberufs folgt. Zudem darf die Ruhensanordnung nicht einfach nur aufgrund des Strafverfahrens erfolgen, sondern muss konkreten Gefahren begegnen, die bereits bis zum Abschluss des Strafverfahrens drohen.

▶ Muss eine Anordnung des Ruhens der Approbation zeitlich befristet werden?

Nein. Nach § 6 Abs. 2 BÄO muss die Anordnung aufgehoben werden, wenn ihre Voraussetzungen nicht mehr vorliegen, sodass die Approbationsbehörde ohnehin zur laufenden Überprüfung der Rechtmäßigkeit angehalten ist.

§ 3: Gesellschaftsrecht der Heilberufe

Grundlagen

A. Arztberuf und Kooperation

Der Arztberuf kann **selbstständig**, als **Angestellter** (in einer Arztpraxis gem. § 19 MBO-Ä, einem Krankenhaus oder einem Unternehmen) oder als **Beamter** (z.B. an einer Hochschule oder als Amtsarzt) ausgeübt werden. Dabei ist stets das **ärztliche Berufsrecht** (→ § 2) zu beachten. So setzt etwa die selbstständige, ambulante Tätigkeit außerhalb von Krankenhäusern gem. § 17 MBO-Ä die Niederlassung in einer Praxis (Praxissitz, Abs. 1), die Kenntlichmachung des Sitzes mittels Praxisschild (Abs. 4) sowie die unverzügliche Mitteilung an die Ärztekammer (Abs. 5) voraus.

Das Berufsrecht lässt heute zudem weitgehend **berufliche Kooperationen** zu (§§ 18 ff. MBO-Ä).[1] Diese sind angesichts eines hohen Spezialisierungsgrades der Berufsträger und der zunehmenden Ökonomisierung des Gesundheitswesens längst selbstverständlich geworden. Sie reichen von reiner Organisationsteilung bis hin zu gemeinsamer Berufsausübung. Mögliche Vorteile sind die Nutzung des Know-hows mehrerer Fachrichtungen und ein attraktiveres, wirtschaftliches Auftreten.

Allerdings soll trotz aller Liberalisierung des traditionell **restriktiven ärztlichen Berufsrechts** das Leitbild des freiberuflich tätigen, altruistisch handelnden Arztes nicht gänzlich verloren gehen (vgl. § 18 Abs. 2 MBO-Ä). Dies setzt dem durch das **Gesellschaftsrecht** gewährten Spielraum **Grenzen** (s. nur die berufsrechtlichen Vorbehalte in § 107 Abs. 1 S. 2 a.E. HGB und § 1 Abs. 3 PartGG i.V.m. § 18 Abs. 5 MBO-Ä).

---

[1] Eingehend *Halbe* (Hrsg.), Handbuch Kooperationen im Gesundheitswesen, 68. Lfg. 2025.

B. Kooperationsformen

§ 18 Abs. 1 S. 1 MBO-Ä zählt mögliche Formen ärztlicher Kooperation auf. Dabei handelt es sich um **berufsrechtliche, nicht um gesellschaftsrechtliche Kategorien**.[2] In welcher Gesellschaftsform die Kooperation stattfindet und ob die Gesellschaft Vertragspartner von Patienten und Dritten wird, sind Fragen des Einzelfalles, die nach allgemeinem Zivilrecht zu beantworten sind.

I. Gemeinschaftspraxis

Die Gemeinschaftspraxis („**Berufsausübungsgemeinschaft**" i.S.d. § 18 Abs. 1 S. 1 MBO-Ä) ist die am häufigsten anzutreffende Kooperationsform. Nach der Legaldefinition in § 18 Abs. 2a S. 1 MBO-Ä bezeichnet sie einen Zusammenschluss von Ärztinnen und Ärzten untereinander, mit Ärztegesellschaften oder mit ärztlich geleiteten Medizinischen Versorgungszentren, die den Vorgaben des § 23a Abs. 1 lit. a), b) und d) MBO-Ä entsprechen, oder dieser untereinander zur gemeinsamen Berufsausübung. Eine gemeinsame Berufsausübung setzt gem. § 18 Abs. 2a S. 2 MBO-Ä die auf Dauer angelegte berufliche Zusammenarbeit selbstständiger, freiberuflich tätiger Gesellschafter voraus. Die Zusammenarbeit erfolgt in gemeinsamen Räumen mit gemeinschaftlichen Einrichtungen und mit einer gemeinsamen Büroorganisation und Abrechnung, wobei die einzelnen ärztlichen Leistungen für den jeweiligen Patienten während der Behandlung von einem wie von dem anderen Gesellschafter erbracht werden können.[3] Regelmäßig nehmen alle Gesellschafter an dem unternehmerischen Risiko, den unternehmerischen Entscheidungen und dem gemeinschaftlich erwirtschafteten Gewinn teil (§ 18 Abs. 2a S. 4 MBO-Ä).

Gesellschaftsrechtlich handelt es sich i.d.R. um **Gesellschaften bürgerlichen Rechts** (GbR), wovon auch das Berufsrecht ausgeht, indem es in § 18 Abs. 2a S. 3 MBO-Ä an den Wortlaut des § 705 Abs. 1 BGB anknüpft. Diese Gesellschaften treten nach außen auf (etwa durch das Praxisschild gem. § 17 Abs. 4 MBO-Ä) und sind daher **rechtsfähig** (§§ 705 Abs. 2 Alt. 1, 719 Abs. 1 Hs. 1 BGB). Der behandelnde Arzt tritt gegenüber den Patienten als **Vertreter** (§ 164 BGB) der Gesellschaft auf, sodass der **Vertragsschluss** regelmäßig **mit der GbR** selbst erfolgt.[4]

Neben der GbR sind noch die Partnerschaftsgesellschaft (PartG, im Jahr 1994 für den Zusammenschluss von Angehörigen freier Berufe eingeführt)[5] und auch die Gesellschaft mit beschränkter Haftung (GmbH, s. § 23a Abs. 1 S. 1 MBO-Ä) denkbar, praktisch aber von geringer Bedeutung.

II. Praxisgemeinschaft

Die Praxisgemeinschaft („**Organisationsgemeinschaft**" i.S.d. § 18 Abs. 1 S. 1 MBO-Ä) ist eine weniger enge Form der Zusammenarbeit (z.B. reine

---

[2] *Ratzel*, in: Ratzel/Lippert/Prütting, Komm. MBO-Ä, 8. Aufl. 2022, § 18 Rn. 1 ff.; *Sobotta*, in: Bergmann/Pauge/Steinmeyer, Gesamtes Medizinrecht, § 18 MBO-Ä Rn. 1.
[3] BGHZ 97, 273 (276 f.) = NJW 1986, 2364 = MedR 1986, 321 (322).
[4] *Schäfer/Harf*, MedR 2024, 160 (162).
[5] Durch das Partnerschaftsgesellschaftsgesetz (PartGG) vom 25.07.1994, BGBl. I S. 1744.

„Apparategemeinschaft"). Ihr Zweck ist die gemeinsame Organisation der Praxen bei Wahrung eigenständiger Berufsausübung. Jeder Arzt behält seinen eigenen Patientenstamm und seine eigene Karteiführung.[6]

Auch bei der Praxisgemeinschaft kann es sich um eine **Gesellschaft**, insbesondere eine GbR, handeln. Tritt diese nach dem gemeinsamen Willen der Beteiligten im Verhältnis zu Dritten (Hilfspersonal, Lieferanten etc.) als solche nach außen auf, handelt es sich um eine (rechtsfähige) **Außen-GbR** gem. § 705 Abs. 2 Alt. 1 BGB. Ist von den Gesellschaftern dagegen keinerlei gemeinsame Teilnahme am Rechtsverkehr gewollt, handelt es sich zumindest um eine (nicht rechtsfähige) **Innen-GbR**, die den Ärzten gem. §§ 705 Abs. 2 Alt. 2, 740 ff. BGB zur Ausgestaltung ihres Rechtsverhältnisses untereinander dient.

Charakteristisch für die Praxisgemeinschaft ist, dass sie **gegenüber den Patienten keine außenrechtlichen Beziehungen** unterhält, sodass der **behandelnde Arzt Vertragspartner** des jeweiligen Patienten wird und nicht als Vertreter der Gesellschaft auftritt.

III. Medizinische Kooperationsgemeinschaft

Die Medizinische Kooperationsgemeinschaft (§ 23b MBO-Ä) ist ein Zusammenschluss von Ärzten mit Angehörigen bestimmter **anderer Fachberufe** im Gesundheitswesen (z.B. Zahnärzten, Psychotherapeuten, Sozialpädagogen).

Gem. § 23b Abs. 1 S. 2 MBO-Ä ist eine solche Kooperation in den gleichen Gesellschaftsformen möglich, die auch für eine rein ärztliche Gemeinschaftspraxis infrage kommen, also GbR, PartG und GmbH. Allerdings stellen § 23b Abs. 1 S. 3–5 und Abs. 2 MBO-Ä zusätzliche materielle Voraussetzungen auf, um zu gewährleisten, dass die Kooperation einem medizinischen Zweck dient und die ärztliche Berufsausübung eigenverantwortlich und selbstständig erfolgt.

IV. Praxisverbund

Der Praxisverbund (§ 23d MBO-Ä) ist eine Kooperation **rechtlich selbstständiger Einzelpraxen** zur Verbesserung der Versorgungsqualität. Gem. § 23d Abs. 3 MBO-Ä können auch Krankenhäuser, Vorsorge- oder Rehakliniken einbezogen werden. Es besteht Ähnlichkeit zur Praxisgemeinschaft gem. § 18 Abs. 1 S. 1 MBO-Ä: Die Mitglieder eines Praxisverbundes treten nach außen unabhängig voneinander auf und haften nicht füreinander. Die Behandlungsverträge kommen nur mit dem jeweiligen Mitglied zustande.

V. Medizinisches Versorgungszentrum

Beim Medizinischen Versorgungszentrum (MVZ) handelt es sich weder um eine berufsrechtliche noch um eine gesellschaftsrechtliche Kategorie: Der Begriff entstammt vielmehr dem **Vertragsarztrecht** (→ § 4). Gem. § 95 Abs. 1 S. 1 Var. 2 SGB V nehmen MVZ an der vertragsärztlichen Versorgung teil. Das MVZ ist eine

---

[6] *Kremer*, in: Rieger/Dahm/Katzenmeier/Stellpflug/Ziegler, HK-AKM, Nr. 4270 (Praxisgemeinschaft) Rn. 1.

eigenständige, ärztlich geleitete Einrichtung zur ambulanten Versorgung, in der Ärzte i.d.R. als Angestellte tätig sind (§ 95 Abs. 1 S. 2 SGB V).

Kennzeichnend ist also, dass ärztliche Behandlungstätigkeit und Inhaberschaft der Anteile an der **Trägergesellschaft** (regelmäßig GmbH oder GbR, vgl. § 95 Abs. 1a S. 3 SGB V) auseinanderfallen.[7] Der behandelnde Arzt tritt als Vertreter der Gesellschaft auf, sodass der Vertragsschluss mit der Gesellschaft erfolgt. Die Trägergesellschaft des MVZ kann ihrerseits weitere Kooperationen eingehen, etwa Mitglied in einer Berufsausübungsgemeinschaft sein (s. § 18 Abs. 2a S. 1 MBO-Ä).

Literatur zur Vertiefung: *Katzenmeier*, in: Laufs/Katzenmeier/Lipp, Arztrecht, Kap. XI Rn. 1–7; *Lipp*, in: Laufs/Katzenmeier/Lipp, Arztrecht, Kap. II Rn. 61–67.

Fall 1: „Wir-AG"? – Mögliche Gesellschaftsformen für Gemeinschaftspraxen

A. Sachverhalt

Die Medizinstudentinnen A und B möchten nach Abschluss ihres Medizinstudiums eine orthopädische Gemeinschaftspraxis eröffnen. Sie wollen daher von Ihnen wissen, welche rechtlichen Organisationsformen ihnen hierfür zur Verfügung stehen.

B. Lösung

In Betracht kommt ein Zusammenschluss in Form einer Personengesellschaft oder die Gründung einer Kapitalgesellschaft. Dafür müsste die jeweilige Gesellschaftsform aber für eine ärztliche Gemeinschaftspraxis geeignet sein, was sich nicht nur nach **Gesellschaftsrecht**, sondern auch nach dem **ärztlichen Berufsrecht** bemisst.

I. Organisation als Personengesellschaft
Wollen sich A und B in einer Personengesellschaft zusammenschließen, kommen die Gesellschaft bürgerlichen Rechts (GbR), die Partnerschaftsgesellschaft (PartG) und die Personenhandelsgesellschaften (OHG und KG) in Betracht.

1. Gesellschaft bürgerlichen Rechts (GbR)
Der Zusammenschluss in einer **GbR** (§§ 705 ff. BGB) hat gem. § 705 Abs. 1 BGB drei Voraussetzungen: Den Abschluss eines Gesellschaftsvertrags (1.), die Verfolgung eines gemeinsamen Zwecks (2.) und eine gesellschaftsvertragliche Verpflichtung, diesen Zweck zu fördern (3.).

Zweck des Zusammenschlusses von A und B ist die Erbringung orthopädischer Behandlungen in gemeinsamer Praxis. Auch die stillschweigende Aufnahme der ge-

---

[7] Zu damit einhergehenden Kommerzialisierungstendenzen s. *Katzenmeier*, in: FS Preis, 2021, S. 571 (578).

meinsamen Tätigkeit ist bereits als konkludent abgeschlossener Gesellschaftsvertrag anzusehen, in dem sich A und B zur Förderung dieses gemeinsamen Zwecks verpflichten. Einigen sich A und B also nicht auf eine andere Organisationsform, bildet ihre Gemeinschaftspraxis eine GbR.

Das Berufsrecht verlangt freilich den Abschluss eines schriftlichen Gesellschaftsvertrags (§ 18 Abs. 2a S. 3 MBO-Ä). Dessen Vorlage ist zudem Voraussetzung für die Zulassung der Gemeinschaftspraxis zur vertragsärztlichen Versorgung (dazu → § 4) gem. § 33 Abs. 3 Ärzte-ZV (BSG MedR 2004, 118 (121); zur parallelen Rechtslage bei der PartG s. *Schäfer/Harf*, MedR 2024, 160 (166)). Folglich ist A und B dringend anzuraten, einen schriftlichen Gesellschaftsvertrag abzuschließen.

Merke
Durch das „Gesetz zur Modernisierung des Personengesellschaftsrechts" (MoPeG) v. 10.08.2021, BGBl. I S. 3436, in Kraft getreten am 01.01.2024, wurden die §§ 705 ff. BGB umfassend reformiert (s. dazu den Überblick bei *K. Schmidt*, JuS 2024, 1). Seither ist auch gesetzlich geregelt, dass eine **Außen-GbR** Rechte erwerben und Verbindlichkeiten eingehen kann, also **rechtsfähig** ist, § 705 Abs. 2 Alt. 1 BGB. Bereits vor der Reform war dies anerkanntes Richterrecht (BGHZ 146, 341 = NJW 2001, 1056), welches durch das MoPeG legislativ nachvollzogen wurde.

Tritt die Gemeinschaftspraxis nach außen als solche auf, kommt der **Behandlungsvertrag** folglich nicht mit dem behandelnden Arzt oder mit der Gesamtheit der einzelnen Ärzte, sondern **mit der Gesellschaft** selbst zustande. Der behandelnde Arzt handelt als Vertreter im Namen der Gesellschaft (§§ 720, 164 BGB), was sich gem. § 164 Abs. 1 S. 2 BGB regelmäßig aus den Umständen ergeben wird. Der Gesellschaftsvertrag wird die grds. Gesamtvertretung in der GbR (§ 720 Abs. 1 BGB) für den Kernbereich der ärztlichen Tätigkeit i.d.R. abbedingen (§ 720 Abs. 1 a.E. BGB), um der gem. § 18 Abs. 2a S. 2 MBO-Ä geforderten Selbstständigkeit und Weisungsunabhängigkeit der Mitglieder einer Gemeinschaftspraxis gerecht zu werden (*Schäfer/Harf*, MedR 2024, 160 (162); *Meschke*, MedR 2018, 655 (659)).

Neben der Verpflichtung der Gesellschaft haften die **Gesellschafter** (**Ärzte**) **persönlich** und **gesamtschuldnerisch** gem. § 721 BGB (vormals analog § 128 HGB). Der Innenausgleich richtet sich nach den §§ 421 ff. BGB. Zu Vertragsschluss und Haftung bei der GbR → § 6, Fall 6.

2. Partnerschaftsgesellschaft (PartG)
Daneben besteht mit der **PartG** (§§ 1 ff. PartGG) eine spezielle Personengesellschaftsform für Freiberufler. Ärzte sind nach § 1 Abs. 2 S. 2 Var. 1 PartGG Freiberufler i.S.d. PartGG, sodass ihnen die Gründung einer Partnerschaft nach § 1 Abs. 1 S. 1 PartGG offen steht. Folglich können sich A und B auch in einer Partnerschaft zusammenschließen.

> **Merke**
> Nach § 7 Abs. 1 PartGG wird die Partnerschaft im Verhältnis zu Dritten mit ihrer Eintragung in das Partnerschaftsregister wirksam. Ihre **Rechtsfähigkeit** folgt aus § 1 Abs. 4 PartGG i.V.m. § 705 Abs. 2 Alt. 1 BGB, sodass der Behandlungsvertrag mit der **Partnerschaft** zustande kommt.
>
> Für Verbindlichkeiten der Partnerschaft **haften** den Gläubigern neben dem Vermögen der Partnerschaft die **Partner** als Gesamtschuldner (§ 8 Abs. 1 S. 1 PartGG). Sind nur einzelne Partner mit der Behandlung befasst, haften neben der PartG auch nur sie für den beruflichen Fehler (§ 8 Abs. 2 PartGG).
>
> Die Möglichkeit der Haftungsbeschränkung auf das Vermögen der Partnerschaft (§ 8 Abs. 4 PartGG) steht Ärzten nur in Bayern, Niedersachsen und Baden-Württemberg offen, insofern greift der Vorbehalt des (ärztlichen) Berufsrechts (§ 1 Abs. 3 PartGG). Die Partnerschaft mit beschränkter Berufshaftung (PartGmbB) ist für die ärztliche Gemeinschaftspraxis aber ohnehin kaum relevant, denn eine konkurrierende deliktische Haftung wird von der Beschränkung nicht erfasst.

3. Personenhandelsgesellschaft (OHG und KG)

Die von A und B geplante Gemeinschaftspraxis könnte schließlich als **Personenhandelsgesellschaft** organisiert werden. Der Arztberuf ist indes kein Gewerbe, sondern seiner Natur nach ein freier Beruf (§ 1 Abs. 2 BÄO).[8] Daher kam die Organisation einer Gemeinschaftspraxis als **OHG** (§§ 105 ff. HGB) oder **KG** (§§ 161 ff. HGB) vormals schon gesellschaftsrechtlich nicht in Betracht.

Durch das MoPeG wurden die Personenhandelsgesellschaften allerdings für Freiberufler geöffnet. Nach Maßgabe des § 107 Abs. 1 S. 2 HGB kann eine Gesellschaft seit dem 01.01.2024 auch dann als OHG (und gem. § 161 Abs. 2 HGB auch als (GmbH & Co.) KG) im Handelsregister eingetragen werden, wenn ihr Zweck auf die gemeinsame Ausübung freier Berufe durch ihre Gesellschafter gerichtet ist; allerdings nur, soweit das anwendbare **Berufsrecht** die Eintragung zulässt, § 107 Abs. 1 S. 2 a.E. HGB.

Ein ausdrückliches Verbot ärztlicher Tätigkeit in Form der Personenhandelsgesellschaft findet sich derzeit nur in Bayern (Art. 18 Abs. 1 S. 2 Bay-HKaG) und in Sachsen-Anhalt (§ 23a Abs. 1 S. 1 Hs. 2 BOÄ-LSA). In den Berufsordnungen anderer Bundesländer (etwa § 17 Abs. 2 BOÄ-NR) und auch in der Musterberufsordnung (§§ 1 Abs. 1 S. 2, 18 Abs. 2 S. 1 MBO-Ä) wird allerdings die **Nichtgewerblichkeit** des Arztberufs betont. Es bedürfte daher einer ausdrücklichen Freigabe von Personenhandelsgesellschaften, wie sie für die (gem. § 6 Abs. 2 HGB stets formell gewerbliche) GmbH in § 23a Abs. 1 S. 1 MBO-Ä existiert. Eine solche Freigabe gibt es nicht, sodass davon auszugehen ist, dass ärztliche Personenhandelsgesellschaften bis auf Weiteres berufs-

---

[8] Dazu → § 2, Grundlagen, A.; → § 5, Fall 2, Frage 1.

rechtlich unzulässig sind.[9] Das Berufsrecht steht einem Zusammenschluss von A und B in einer Personenhandelsgesellschaft somit entgegen.

II. Organisation als Kapitalgesellschaft

Fraglich ist, ob sich A und B auch in Form einer **GmbH** zusammenschließen können. Insoweit besteht ein Interessenkonflikt zwischen den Zielen einer Kapitalgesellschaft und dem Wesen des Arztberufs als freier Beruf.[10] Eine Kapitalgesellschaft verfolgt i.d.R. das Ziel der Gewinnmaximierung und haftet nur mit dem Gesellschaftsvermögen, während die Freiberuflichkeit von Altruismus und persönlicher Verantwortung geprägt ist. Der BGH hat die Organisation einer ärztlichen Gemeinschaftspraxis in Form der GmbH angesichts der grundrechtlich verbürgten Berufsfreiheit (Art. 12 Abs. 1, 19 Abs. 3 GG) jedoch grds. zugelassen (vgl. auch § 23a Abs. 1 S. 1 MBO-Ä).[11] Landesrechtliche Verbote existieren nur vereinzelt (so in Bayern, Art. 18 Abs. 1 S. 2 Bay-HKaG).[12] A und B können somit ihre Gemeinschaftspraxis in der Rechtsform einer GmbH betreiben, sofern das einschlägige Landesrecht dies nicht verbietet.

> **Merke**
> Das **ärztliche Berufsrecht** gewährleistet auch (und gerade) bei der Gründung einer Kapitalgesellschaft die selbstständige, eigenverantwortliche Berufsausübung durch die Ärzte-Gesellschafter, vgl. §§ 18 Abs. 2, 23a Abs. 1 MBO-Ä (*Lipp*, in: Laufs/Katzenmeier/Lipp, Arztrecht, Kap. II Rn. 65).
> Begibt sich der Patient bei einer Ärzte-GmbH in Behandlung, so kommt ein **Vertrag** ausschließlich mit dieser, nicht mit dem behandelnden Arzt zustande. **Deliktisch** bleibt es aber bei der persönlichen Einstandspflicht des Schädigers.
> Die praktische Bedeutung der Ärzte-GmbH als Berufsausübungsgemeinschaft ist freilich gering, da sie (mit Ausnahme der MVZ gem. § 95 Abs. 1 S. 1 Var. 2 SGB V) nicht an der vertragsärztlichen Versorgung teilnehmen kann (BSGE 111, 240 = MedR 2014, 421).

III. Ergebnis

A und B können ihre Gemeinschaftspraxis als GbR, als PartG oder als GmbH organisieren. Die seit dem 01.01.2024 gesellschaftsrechtlich denkbaren Rechtsformen der OHG und KG stehen ihnen aufgrund des insoweit vorrangigen ärztlichen Berufsrechts hingegen nicht zur Verfügung.

---

[9] *Schäfer/Harf*, MedR 2024, 160 (161); *Scholz*, in: Spickhoff, Medizinrecht, § 18 MBO-Ä Rn. 8.
[10] Zu Kapitalgesellschaften auf dem Gebiet der Heilkunde s. *Katzenmeier*, MedR 1998, 113.
[11] BGHZ 124, 224 = NJW 1994, 786 = MedR 1994, 152 m. Anm. *Taupitz*.
[12] Für die Verfassungsmäßigkeit eines solchen Verbots BayVerfGH NJW 2000, 3418.

C. Merksätze

- Der Arzt übt einen freien Beruf und kein Gewerbe aus (§ 1 Abs. 2 BÄO). Seit der Reform des Personengesellschaftsrechts stehen die handelsrechtlichen Gesellschaftsformen (OHG, KG) zwar nicht nur Gewerbebetrieben, sondern auch Freiberuflern zur Verfügung. Das ärztliche Berufsrecht steht dem Zusammenschluss in einer Personenhandelsgesellschaft jedoch derzeit entgegen.
- Denkbare Rechtsformen einer Gemeinschaftspraxis sind folglich die GbR, die PartG sowie nach h.M. auch die GmbH. Die überwiegend gewählte Rechtsform einer Gemeinschaftspraxis ist die GbR.

Fall 2: Man kennt sich, man hilft sich? – Gesellschaftsrecht und Berufsrecht; Teil-Berufsausübungsgemeinschaft

A. Sachverhalt

A und B entschließen sich, ihre Gemeinschaftspraxis in der Rechtsform einer GbR zu betreiben und sich in Köln niederzulassen. Zusätzlich soll ihr ehemaliger Kommilitone und Freund C aufgenommen werden. C ist inzwischen Radiologe und soll bei den Patienten der Praxis bildgebende Verfahren wie Röntgen- und MRT-Untersuchungen durchführen. Daher wird im Gesellschaftsvertrag vereinbart, dass A und B ihre Patienten stets an C überweisen, sofern eine radiologische Untersuchung nötig ist. C ist erfreut über das ihm entgegengebrachte Vertrauen und die Aussicht auf zahlreiche neue Patienten. Es sei daher nur fair, dass A und B dafür einen höheren Anteil als er am Gewinn der Gesellschaft erhielten. So wird es vereinbart.

Ist eine GbR wirksam errichtet worden?

Bearbeitervermerk: Vorschriften des StGB sind nicht zu prüfen.

B. Lösung

Die GbR wurde errichtet, wenn ein wirksamer Gesellschaftsvertrag geschlossen wurde, in dem sich die Gesellschafter verpflichten, die Erreichung eines gemeinsamen Zwecks in der durch den Vertrag bestimmten Weise zu fördern, § 705 Abs. 1 BGB.

I. Vertragsschluss

A, B und C haben einen Gesellschaftsvertrag i.S.d. § 705 Abs. 1 BGB durch ihre Einigung gem. §§ 145, 147 BGB abgeschlossen. Der gemeinsame Zweck besteht in der radiologisch unterstützten, orthopädischen Behandlung. A und B verpflichten sich, diesen Zweck durch ihre eigene Behandlungsleistung sowie die Überweisung von Patienten an C zu fördern. Der Beitrag des C besteht in der radiologischen Diagnostik. Der Beitrag eines Gesellschafters kann gem. § 709 Abs. 1 BGB in jeder Förderung des gemeinsamen Zwecks, auch in der Leistung von Diensten, bestehen, sodass es sich um taugliche Beiträge handelt. Die Voraussetzungen des § 705 Abs. 1 BGB sind somit erfüllt.

II. Gesetzliches Verbot gem. § 134 BGB
Der Gesellschaftsvertrag könnte jedoch wegen Verstoßes gegen ein gesetzliches Verbot gem. § 134 BGB nichtig sein. Als Verbotsgesetz kommt § 18 Abs. 1 i.V.m. § 31 Abs. 1 BOÄ-NR in Betracht.

Die §§ 18 und 31 BOÄ-NR sind die landesrechtliche Umsetzung der – rechtlich unverbindlichen, inhaltlich identischen – §§ 18 und 31 MBO-Ä und gelten für die Mitglieder der Landesärztekammer Nordrhein, etwa in Köln. In den Berufsordnungen der anderen Bundesländer finden sich gleichartige Regelungen. Zur Rechtssetzungsbefugnis der Landesärztekammern → § 2, Grundlagen, B. II.; → § 2, Fall 1.

1. Verbotsgesetz
a. Gesetz
Diese berufsrechtlichen Normen müssten Gesetze i.S.v. § 134 BGB sein. Dagegen könnte sprechen, dass es sich bei der Berufsordnung nicht um ein formelles Gesetz, sondern um die Satzung einer Selbstverwaltungskörperschaft (der Landesärztekammer) handelt. Gesetz i.S.d. BGB ist gem. **Art. 2 EGBGB** allerdings **jede Rechtsnorm**, also auch untergesetzliche und landesrechtliche Normen.[13] Hat eine Selbstverwaltungskörperschaft eine öffentlich-rechtliche Rechtssetzungsbefugnis, sind die von ihr erlassenen Normen taugliche Gesetze i.S.v. § 134 BGB.[14]

b. Verbotswirkung
§ 18 Abs. 1 i.V.m. § 31 Abs. 1 BOÄ-NR müssten zudem ein Verbot i.S.v. § 134 BGB aussprechen. Dazu müsste ihre **Auslegung** ergeben, dass sie nicht nur gegen die äußeren Umstände der Vornahme des Rechtsgeschäfts, sondern **gegen das Rechtsgeschäft selbst gerichtet** sind. Dafür spricht insbesondere, wenn sich das Verbot gegen beide Parteien des Rechtsgeschäfts richtet.[15]

Einer Verbotswirkung könnte jedoch entgegenstehen, dass die Rechtssetzungsbefugnis der Kammer sich lediglich auf öffentlich-rechtliche Berufspflichten erstreckt, nicht aber auf die zivilrechtlichen Beziehungen ihrer Mitglieder.[16] Allerdings folgt die zivilrechtliche Verbotswirkung nicht direkt aus der Satzung, sondern

---
[13] BGHZ 205, 117 (142) = NJW 2015, 2248 (2255).
[14] BGH NJW 1986, 2360 (2361) = MedR 1986, 195 (196); *Armbrüster*, in: MüKo-BGB, § 134 Rn. 41; insoweit noch zustimmend *Taupitz*, JZ 1994, 221 (222 ff.).
[15] St. Rspr., etwa BGHZ 88, 240 (242 f.) = NJW 1984, 230 (231).
[16] *Taupitz*, JZ 1994, 221 (224 ff.).

aus § 134 BGB.[17] Es ist daher nicht ausgeschlossen, dass Satzungsverstöße auf diesem Wege zivilrechtliche Wirkungen entfalten.[18]

Gem. § 18 Abs. 1 S. 2 Hs. 1 BOÄ-NR ist es grds. zulässig, eine Berufsausübungsgemeinschaft zu begründen, die auf die Erbringung einzelner Leistungen gerichtet ist (sog. **Teil-Berufsausübungsgemeinschaft**, vgl. § 18 Abs. 1 S. 5 BOÄ-NR). Es ist daher im Ausgangspunkt unschädlich, dass sich der Beitrag des C auf die bildgebende Diagnostik beschränken soll.

Auch gesellschaftsrechtlich sind die Mitglieder der GbR gem. § 709 Abs. 2 BGB nur „im Zweifel" zu gleichen Beiträgen verpflichtet. Im Gesellschaftsvertrag kann also eine andere Aufgabenverteilung festgelegt werden (vgl. § 708 BGB).

Dies gilt gem. § 18 Abs. 1 S. 2 Hs. 2 BOÄ-NR allerdings nur, sofern dies nicht einer Umgehung des **§ 31 BOÄ-NR** dient. Dieser bestimmt in Abs. 1, dass es Ärzten u.a. nicht gestattet ist, für die Zuweisung von Patienten ein Entgelt oder andere Vorteile zu fordern, sich oder Dritten versprechen oder gewähren zu lassen oder selbst zu versprechen oder zu gewähren.

Neben dem **Wortlaut** der Vorschrift („nicht gestattet") und der Tatsache, dass sich das **Verbot an beide Parteien** (Vorteilsgeber sowie Vorteilsnehmer) richtet, spricht ihr **Schutzzweck** für eine zivilrechtliche Verbotswirkung: Der Arzt soll eine Überweisungsentscheidung allein auf medizinische Kriterien stützen und sich dabei am Patientenwohl orientieren. Um dies zu gewährleisten, muss ein Rechtsgeschäft unwirksam sein, das den Arzt bei dieser Entscheidung durch finanzielle Anreize beeinflusst.[19] Es handelt sich bei § 18 Abs. 1 i.V.m. § 31 Abs. 1 BOÄ-NR folglich um ein Verbotsgesetz i.S.v. § 134 BGB.

2. Verstoß gegen das Verbotsgesetz

Der Gesellschaftsvertrag zwischen A, B und C müsste gegen dieses gesetzliche Verbot verstoßen. Ein Verstoß liegt gem. **§ 18 Abs. 1 S. 3 BOÄ-NR** insbesondere vor, wenn der Gewinn ohne Grund in einer Weise verteilt wird, die nicht dem Anteil der persönlich erbrachten Leistungen entspricht.

Die Gewinnverteilung in der GbR ist gem. §§ 709 Abs. 3, 708 BGB grds. vollständig dispositiv. Das ärztliche Berufsrecht schränkt also auch insoweit die gesellschaftsrechtliche Gestaltungsfreiheit ein. Der damit verbundene Eingriff in die ärztliche Berufsfreiheit aus Art. 12 Abs. 1 GG ist durch den legitimen Zweck gerechtfertigt, die ärztliche Unabhängigkeit zu sichern (BGH NJW-RR 2014, 1188 (1189) = MedR 2014, 807 (808)).

Im Gesellschaftsvertrag wurde vereinbart, dass A und B einen höheren Gewinnanteil als C erhalten, weil sie alle Patienten zum Zwecke einer radiologischen Unter-

---

[17] BayObLG MedR 2001, 206 (209 f.).
[18] BGH NJW 1986, 2360 (2361) = MedR 1986, 195 (196); zust. *Armbrüster*, in: MüKo-BGB, § 134 Rn. 41.
[19] BGH NJW 1986, 2360 (2361) = MedR 1986, 195 (196); BGH NJW-RR 2003, 1175 = MedR 2003, 459 (459 f.).

suchung an ihn überweisen. Diese **ungleiche Gewinnverteilung** würde nur dann dem Anteil der persönlich erbrachten Leistungen i.S.v. § 18 Abs. 1 S. 3 BOÄ-NR entsprechen, wenn man die bloße Überweisung an C als eigenständige Leistung ansähe. Jedoch stellt die Anordnung einer Leistung, insbesondere aus dem Bereich der bildgebenden Verfahren, gem. § 18 Abs. 1 S. 4 BOÄ-NR gerade keinen Leistungsanteil in diesem Sinne dar.

Diese Klarstellung in der Berufsordnung war eine Reaktion auf entsprechende Umgehungsmodelle, die eine ungleiche Gewinnverteilung durch die Leistung der bloßen Zuweisung zu rechtfertigen versuchten (vgl. dazu *Halbe/Rothfuß*, in: Halbe, Handbuch Kooperationen im Gesundheitswesen, 2017, A 1100 Rn. 32).

I.Ü. ist ein sachlicher Grund für die ungleiche Gewinnverteilung nicht ersichtlich.

Ein sachlicher Grund kann bspw. in der Erbringung von Beiträgen für die Gesellschaft liegen, die über die ärztliche Tätigkeit hinausgehen – etwa die Zurverfügungstellung von Räumen (*Halbe/Rothfuß*, in: Halbe, Handbuch Kooperationen im Gesundheitswesen, 2017, A 1100 Rn. 35).

Folglich haben sich A und B für die Zuweisung von Patienten ein Entgelt in Gestalt der höheren Gewinnbeteiligung von C versprechen lassen (§ 31 Abs. 1 BOÄ-NR). Es liegt ein beiderseitiger Verstoß gegen das Verbotsgesetz vor.

III. Ergebnis
Der Gesellschaftsvertrag ist gem. § 134 BGB wegen Verstoßes gegen § 18 Abs. 1 i.V.m. § 31 Abs. 1 BOÄ-NR nichtig. Durch den Vertragsschluss wurde folglich keine GbR errichtet.

Praxishinweis

Der Gesellschaftsvertrag wäre gem. § 18 Abs. 1 S. 5 BOÄ-NR ohnehin der Landesärztekammer vorzulegen, die unter Verweis auf drohende **berufsrechtliche Sanktionen** (→ § 2, Grundlagen, D.) zu einer anderen Vertragsgestaltung raten würde.
 Das Verbot der Zuweisung gegen Entgelt gilt ebenso im **Vertragsarztrecht** (vgl. § 33 Abs. 2 S. 3 Ärzte-ZV i.V.m. § 73 Abs. 7 SGB V), sodass auch dessen Sanktionsmöglichkeiten einschlägig sind (s. nur den Überblick bei *Scholz*, in: BeckOK-SozR, § 33 Ärzte-ZV Rn. 38 ff. und allgemein zum Vertragsarztrecht → § 4).
 Derselbe Verstoß kann schließlich auch **strafrechtlich** relevant werden, wenn er die Voraussetzungen der §§ 299a, 299b StGB erfüllt (s. dazu *Tsambikakis/Gierok*, in: Halbe, Handbuch Kooperationen im Gesundheitswesen, 2023, E 2000 Rn. 40 ff.). ◀

C. Merksätze

- Der Gestaltungsspielraum des Gesellschaftsrechts ist durch das ärztliche Berufsrecht eingeschränkt. Einzelne berufsrechtliche Bestimmungen können Verbots-

gesetze i.S.v. § 134 BGB sein. Ob das Berufsrecht zivilrechtliche Wirkungen entfaltet, ist durch Auslegung zu ermitteln.
- Berufsausübungsgemeinschaften sind grds. auch zur Erbringung einzelner Leistungen zulässig (sog. Teil-Berufsausübungsgemeinschaften). Bei ihrer Ausgestaltung ist darauf zu achten, dass die ärztliche Unabhängigkeit nicht eingeschränkt wird (§ 18 Abs. 1 S. 2-4 MBO-Ä). Anderenfalls drohen neben der zivilrechtlichen Unwirksamkeit des Gesellschaftsvertrags zusätzlich berufsrechtliche, vertragsarztrechtliche sowie strafrechtliche Sanktionen.

Wiederholungsfragen

▶ Welche Möglichkeiten der Berufsausübung hat ein Arzt?

Er kann als selbstständiger niedergelassener Arzt in eigener Arztpraxis tätig werden, als Angestellter (z.B. in einer Arztpraxis, in einem Krankenhaus oder einem Unternehmen) oder als Beamter (etwa an einer Hochschule oder als Amts-, Anstalts-, Truppen- oder Polizeiarzt).

▶ Welche Kooperationsformen stehen Ärzten zur gemeinsamen Berufsausübung zur Verfügung?

Mögliche Kooperationsformen zählt § 18 Abs. 1 S. 1 MBO-Ä auf. In Betracht kommen insbesondere: Berufsausübungsgemeinschaft, Organisationsgemeinschaft, Medizinische Kooperationsgemeinschaft, Praxisverbund. Daneben gibt es das Medizinische Versorgungszentrum (MVZ). Letzteres stellt allerdings keine berufsrechtliche Kooperationsform dar, sondern bezeichnet eine Einrichtung, die unter bestimmten Voraussetzungen an der vertragsärztlichen Versorgung teilnimmt (§ 95 SGB V).

▶ Welche Unterschiede gibt es zwischen der Gemeinschaftspraxis (Berufsausübungsgemeinschaft) und der Praxisgemeinschaft (Organisationsgemeinschaft)?

Bei der Gemeinschaftspraxis handelt es sich um einen engen organisatorischen Zusammenschluss mind. zweier Ärzte, die sich zur gemeinsamen Ausübung der ärztlichen Tätigkeit bei Nutzung gemeinsamer Ressourcen verbunden haben. Es handelt sich meist um eine GbR, die nach dem Willen der Ärzte gegenüber den Patienten als solche auftritt. Der Vertragsschluss erfolgt daher regelmäßig mit der Gesellschaft.

In einer Praxisgemeinschaft (Organisationsgemeinschaft) erfolgt hingegen eine weniger enge Zusammenarbeit. Die an der Praxisgemeinschaft beteiligten Ärzte haben jeweils einen eigenen Patientenstamm und führen eine eigene Kartei. Zwar kann es sich auch um eine Gesellschaft, insbesondere eine GbR, handeln. Diese pflegt aber keine außenrechtlichen Beziehungen zu den Patienten. Der Vertragsschluss erfolgt somit jeweils nur mit dem behandelnden Arzt.

▶ Welche Gesellschaftsformen kommen für eine Gemeinschaftspraxis in Betracht?

Die Gemeinschaftspraxis ist überwiegend in der Gesellschaftsform der GbR organisiert. Daneben kommen die PartGG und nach h.M. auch die GmbH in Betracht.

Eine Organisation als Personenhandelsgesellschaft (OHG, KG) war vormals gesellschaftsrechtlich nicht möglich, da der Arztberuf ein freier Beruf ist (§ 1 Abs. 2 BÄO) und die Ärzte somit kein Gewerbe betreiben. Seit dem 01.01.2024 stehen die OHG und KG zwar auch Freiberuflern offen; das ärztliche Berufsrecht steht diesen Gesellschaftsformen allerdings bislang entgegen.

▶ In welchem Verhältnis stehen Gesellschaftsrecht und ärztliches Berufsrecht?

Das Gesellschaftsrecht gewährt grds. große Gestaltungsspielräume. So ist etwa das Recht der GbR gem. § 708 BGB weitgehend dispositiv. Das ärztliche Berufsrecht kann diesen Spielraum aber einschränken. Dies gilt sowohl hinsichtlich der Gesellschaftsform als auch hinsichtlich der Berufsausübung in der Gesellschaft.

▶ Sind Gesellschaftsverträge nichtig, die gegen ärztliches Berufsrecht verstoßen?

Verstöße gegen das Berufsrecht können zur Nichtigkeit von Gesellschaftsverträgen führen, wenn es sich bei der verletzten Norm um ein Verbotsgesetz gem. § 134 BGB handelt. Dies ist nicht pauschal zu beantworten, sondern ist dann der Fall, wenn die Auslegung der berufsrechtlichen Norm ergibt, dass ein Verstoß unmittelbar zivilrechtliche Folgen haben soll. Dabei ist zu berücksichtigen, dass bei derartigen Verstößen auch andere Sanktionsmechanismen zur Verfügung stehen, etwa die Einleitung eines berufsrechtlichen Verfahrens durch die Landesärztekammer.

§ 4: Vertragsarztrecht

Grundlagen

Das Vertragsarztrecht (vormals „Kassenarztrecht") regelt die **Ausübung des Arztberufes im Rahmen der Gesetzlichen Krankenversicherung (GKV)**. Es ist eine Spezialmaterie des Sozialrechts. Das Recht der GKV ist im **Sozialgesetzbuch, Fünftes Buch (SGB V)** normiert. Das SGB V enthält u.a. Vorschriften zu:

- dem versicherten Personenkreis (§§ 5 ff. SGB V)
- den Leistungen der GKV (§§ 11 ff. SGB V)
- den Leistungsbeziehungen zwischen den Krankenkassen und den Leistungserbringern (§§ 69 ff. SGB V, s. dazu unten → § 4, Grundlagen, C.)
- der Organisation der Krankenkassen (§§ 143 ff. SGB V)

Bei der GKV handelt es sich um eine Solidargemeinschaft mit dem Ziel der Schaffung und des Erhalts eines funktionsfähigen Gesundheitssystems und der **Sicherstellung der Gesundheitsversorgung** der Bürger, § 1 S. 1 SGB V. Das hohe Rechtsgut der „Volksgesundheit" stellt zugleich die verfassungsrechtliche Legitimation für **Einschränkungen der ärztlichen Berufsfreiheit nach Art. 12 Abs. 1 GG** dar (z.B. durch Zulassungsbeschränkungen, § 103 SGB V).

A. GKV-System

Ca. 90 % der Bevölkerung sind gesetzlich krankenversichert. Die **Mitgliedschaft** in der **GKV** ist für Arbeiter und Angestellte bis zu einem bestimmten Einkommen **verpflichtend** (vgl. § 6 Abs. 1 Nr. 1, Abs. 6 SGB V). Wer diese Grenze überschreitet, kann eine privatrechtliche Versicherung abschließen (der Vertrag mit dem Versicherer richtet sich dann nach dem VVG, s. dazu → § 13, Grundlagen, B. II.).

Im Rahmen der GKV erfolgt die ärztliche Behandlung durch einen **sog. „Vertragsarzt"**, also einen Arzt, der zur Behandlung von sozialversicherten Patienten zugelassen ist. Es gilt das **Sachleistungsprinzip**, gegen Vorlage der Krankenversicherungskarte erhalten Versicherte die medizinischen Leistungen als Sach- und Dienstleistungen (§§ 2 Abs. 2 S. 1, 15 Abs. 2 SGB V). Der Anspruch des Versicherten richtet sich also gegen seine Krankenkasse, die sich zur Erbringung der geschuldeten Sach- und Dienstleitungen des Vertragsarztes bedient.

Dem Arzt steht kein **Honoraranspruch** unmittelbar gegen den GKV-Patienten zu, sondern sein Vergütungsanspruch richtet sich gem. §§ 82 Abs. 2, 87b Abs. 1 SGB V **gegen die jeweilige Kassenärztliche Vereinigung (KV)**; vgl. auch § 630a Abs. 1 Hs. 2 BGB. Das aus dem Privatversicherungsrecht bekannte Kostenerstattungsprinzip, wonach der Privatversicherte zunächst in Vorleistung tritt und anschließend die Kosten von seiner Krankenversicherung ersetzt bekommt, ist im Recht der GKV die Ausnahme, s. § 13 Abs. 2 SGB V.

Eine KV ist eine Körperschaft des öffentlichen Rechts. Sie ist jedoch keine Selbstverwaltungskörperschaft, sondern hat eine Art „Zwitterstellung" inne: Einerseits dient sie der Interessenvertretung der Vertragsärzte gegenüber den Krankenkassen, andererseits ist sie zuständig für die Überwachung der Einhaltung der vertragsärztlichen Pflichten. Daher wird die KV auch als **parastaatliches Exekutivorgan** bezeichnet. Alle landesärztlichen KVen sind in der Kassenärztlichen Bundesvereinigung (KBV), einem körperschaftlich organisierten Dachverband mit beratender Funktion gegenüber den KVen, zusammengeschlossen.

B. Vertragsärzte

Für die Teilnahme eines Arztes an der vertragsärztlichen Versorgung ist die Erteilung einer **Zulassung nach § 95 Abs. 1 SGB V** durch die KV zwingend erforderlich. Die Zulassung begründet ein **öffentlich-rechtliches Mitgliedschaftsverhältnis** des Arztes in der KV.

Mit der Zulassung geht ein umfangreiches **Pflichtenprogramm** einher. Der Vertragsarzt ist zur **Mitwirkung am Sicherstellungsauftrag** der KV verpflichtet, **§§ 72 ff., 95 SGB V**. Zur flächendeckenden, qualitätsgesicherten Versorgung in der GKV treffen den Vertragsarzt u.a. folgende Pflichten:

- Behandlung sozialversicherter Patienten (Ablehnung nur in Ausnahmefällen, etwa bei mangelhafter Compliance/Adhärenz des Patienten oder bei Überlastung des Arztes)
- Sicherstellung der Erreichbarkeit für die Patienten durch Ankündigung und Abhaltung von Sprechstunden
- Teilnahme am Not- und Bereitschaftsdienst, § 75 Abs. 1b SGB V
- Fortbildung, § 95d SGB V

Verletzt der Vertragsarzt seine Pflichten, kommen **Disziplinarmaßnahmen** der KV gegenüber dem Arzt in Betracht. Dabei kann die KV bei schuldhaften Pflichtverstößen eine Verwarnung oder einen Verweis aussprechen, eine Geldbuße verhängen oder

Grundlagen

das Ruhen der Zulassung anordnen. Ermächtigungsgrundlage dafür ist § 81 Abs. 5 SGB V i.V.m. den Disziplinarordnungen der KV. Bei **gröblicher Pflichtverletzung** droht nach § 95 Abs. 6 SGB V i.V.m. § 27 der Zulassungsverordnung für Vertragsärzte (Ärzte-ZV) der Entzug der Zulassung.

Für **Rechtsmittel** gegen die (Nicht-/Teil-)Zulassung oder mögliche Disziplinarmaßnahmen steht der **Rechtsweg zu den Sozialgerichten** offen.

C. Das „GKV-Viereck"

Der Behandlungsvertrag zwischen Arzt und gesetzlich krankenversichertem Patienten ist eingebettet in ein „subtil organisiertes öffentlich-rechtliches System" der Krankenversorgung nach dem SGB V (BVerfGE 11, 30 = NJW 1960, 715), an dem beteiligt sind: **der GKV-Patient, die Krankenkasse, der Vertragsarzt und die KV**.

- Der Patient hat gegenüber seiner Krankenkasse aus dem **öffentlich-rechtlichen Versicherungsverhältnis** einen Anspruch auf medizinische Versorgung nach dem Sachleistungsprinzip (§§ 2, 27 ff. SGB V).
- Die Verbände der Krankenkassen schließen mit den KVen **öffentlich-rechtliche Gesamtverträge** (§§ 82 ff. SGB V), die den Leistungsrahmen und die Gesamtvergütung regeln (§ 85 SGB V).
- Die KVen haben die kassenärztliche Versorgung sicherzustellen (§ 75 Abs. 1 SGB V). Der von der KV zugelassene Vertragsarzt (§§ 95 ff. SGB V i.V.m. Ärzte-ZV) steht zu dieser in einem **öffentlich-rechtlichen Mitgliedschaftsverhältnis**, d.h. er ist zur Teilnahme an der kassenärztlichen Versorgung berechtigt und verpflichtet (§ 95 Abs. 3 SGB V). Er erhält sein Honorar nach Maßgabe des von der KV festgelegten Verteilungsschlüssels an der Gesamtvergütung (§§ 82 Abs. 2, 87b Abs. 1 SGB V). Der Arzt rechnet also nicht direkt mit dem Patienten ab.

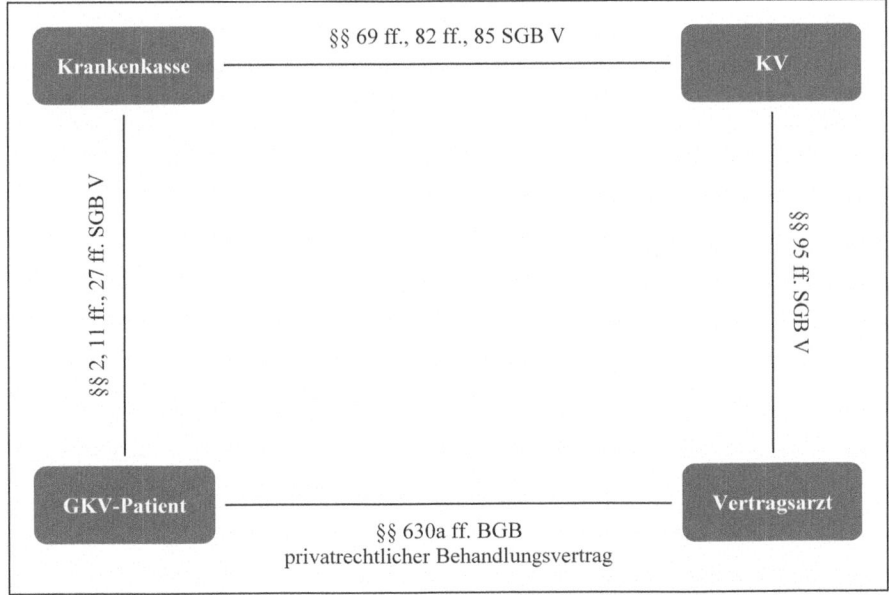

Literatur zur Vertiefung: *Jansen*, Das Recht der Gesetzlichen Krankenversicherung – Eine Einführung, JA 2025, i. Ersch.; *Becker/Kingreen*, SGB V, Beck-Texte im dtv, Einführung, 23. Aufl. 2024; *dies.* (Hrsg.), SGB V – Gesetzliche Krankenversicherung.

Fall 1: Masse füllt Kasse – Vertragsärztliche Zulassungsvoraussetzungen und -beschränkungen

A. Sachverhalt

Die approbierte A, die berechtigt ist, die Facharztbezeichnung „Fachärztin für Allgemeinmedizin" zu führen, betreibt eine hausärztliche Privatpraxis. In dieser will sie künftig nicht mehr nur Privatpatienten, sondern auch „Kassenpatienten" behandeln. Hierfür hat sie bereits eine Eintragung in das Register für Vertragsärzte erwirkt. Hat A damit einen Anspruch auf Zulassung zur vertragsärztlichen Versorgung?

B. Lösung

Die Ausübung des Arztberufs an sich setzt ein abgeschlossenes **Medizinstudium** sowie die Erteilung der **Approbation** als staatliche Berufserlaubnis voraus.[1] Die Abrechnung von Behandlungskosten zulasten der GKV erfordert darüber hinaus eine vertragsärztliche **Zulassung** („Kassenzulassung"). Der damit verbundene Eingriff in die Berufsfreiheit (Art. 12 Abs. 1 GG) wird allgemein als verfassungsgemäß angesehen. Legitimes Ziel ist die Sicherung der finanziellen Stabilität und Funktionsfähigkeit der GKV.[2]

Gem. § 95 Abs. 1 SGB V nehmen nur zugelassene Ärzte an der vertragsärztlichen Versorgung teil. Die formellen und materiellen Zulassungsvoraussetzungen ergeben sich aus §§ 95 Abs. 2, 98 SGB V i.V.m. §§ 1 ff. Ärzte-ZV.

I. Eintragung in Arztregister (§ 95a SGB V)

Um die Zulassung als Vertragsarzt kann sich jeder Arzt bewerben, der seine Eintragung in das Arztregister für Vertragsärzte nachweist. Voraussetzung hierfür ist (neben der Approbation) u.a. eine allgemeinmedizinische Weiterbildung oder Weiterbildung in einem anderen Facharztgebiet. Dies erfüllt die A. Sie hat sich auch bereits in das Arztregister eintragen lassen.

II. Einhaltung der Formalia

Zur Zulassung als Vertragsarzt ist ein schriftlicher, bestimmter Antrag unter Beifügung der notwendigen Unterlagen zu stellen, § 18 Ärzte-ZV. Über den Antrag entscheiden regionale Zulassungsausschüsse, welche von den KVen und den Landesverbänden der Krankenkassen gebildet werden, § 96 SGB V. Seit dem Jahr 2021 haben Bewerber dabei u.a. auch das Bestehen eines ausreichenden Berufshaft-

---

[1] → § 2, Grundlagen, B. I.
[2] BVerfG MedR 2001, 639.

Fall 1: Masse füllt Kasse – Vertragsärztliche Zulassungsvoraussetzungen ...

pflichtversicherungsschutzes durch eine Versicherungsbescheinigung nach § 113 Abs. 2 VVG nachzuweisen (§ 95e Abs. 3 S. 1 Nr. 1 SGB V).[3] Diese Vorgaben muss A einhalten.

III. Keine gesetzlichen Hinderungsgründe
Schließlich dürfen keine Hinderungsgründe der Zulassung der A entgegenstehen:

1. Nichteignung, § 98 Abs. 2 Nr. 10 SGB V i.V.m. §§ 20, 21 Ärzte-ZV
Es sind keine Umstände ersichtlich, die gegen die persönliche Eignung der A sprechen.[4]

2. Zulassungsbeschränkungen, § 103 SGB V (Überversorgung)
Es dürfen ferner keine Zulassungsbeschränkungen bestehen. Ein Landesausschuss der Ärzte und Krankenkassen stellt fest, ob eine Überversorgung (i.S.d. Richtlinien nach § 101 SGB V) vorliegt, und ordnet abhängig vom Versorgungsgrad Zulassungsbeschränkungen an, § 16b Ärzte-ZV. Besteht eine solche Sperre, ist der Zulassungsausschuss an der Erteilung der vertragsärztlichen Zulassung gehindert. Dies wäre für den fraglichen Ort und Zeitpunkt im Bereich der hausärztlichen Versorgung in der Praxis noch festzustellen.

> **Praxishinweis**
>
> In vielen Ballungsgebieten besteht eine **Überversorgung** mit Vertragsärzten, sodass bestimmte Fachgruppen gesperrt werden. Zwar wird für die Zukunft ein Facharztmangel prognostiziert. Dieser betrifft jedoch vor allem den ländlichen Bereich, sodass es schwierig bleiben wird, in Großstädten eine vertragsärztliche Zulassung zu erhalten. ◄

IV. Ergebnis
Wenn A einen förmlichen Antrag stellt und ihrem Begehren keine Hinderungsgründe entgegenstehen, hat sie Anspruch auf Zulassung als Vertragsärztin (gebundene Entscheidung).

C. Merksätze

- Die Zulassung als Vertragsarzt beinhaltet die öffentlich-rechtliche Befugnis, gesetzlich krankenversicherte Patienten gem. den Vorgaben der vertragsärztlichen Versorgung zu behandeln und die ihnen gegenüber erbrachten Leistungen zulasten der GKV abzurechnen.
- Der Erteilung der Zulassung geht ein Verwaltungsverfahren voraus. Der Bewerber muss bestimmte Voraussetzungen erfüllen und es dürfen keine Hinderungsgründe vorliegen.

---

[3] Zur Berufshaftpflichtversicherung → § 13, Grundlagen, A.
[4] S. zu diesem Merkmal auch noch im Hinblick auf den Zulassungsentzug → § 4, Fall 7.

Fall 2: Nachfolger gesucht – Praxisveräußerung und Nachbesetzungsverfahren

A. Sachverhalt

Vertragsarzt V möchte seine Hausarztpraxis aus Altersgründen verkaufen. Die Fachärztin für Allgemeinmedizin A möchte die Praxis übernehmen. Ginge mit der Praxis zugleich der Vertragsarztsitz des V auf A über?

B. Lösung

Der Vertragsarztsitz ist der Ort der Niederlassung als Arzt, für den die Zulassung erteilt wurde. Er ginge nur dann auf A über, wenn dieser Gegenstand der Praxisveräußerung wäre. Ein Praxiskauf ist ein privatrechtlicher **Unternehmenskauf** (Akquisition). Es handelt sich also um eine wirtschaftliche und rechtliche Transaktion, bei der ein Unternehmen als Ganzes übertragen wird. Bestandteil des Unternehmens sind dabei zum einen die Praxiseinrichtung (ggf. Räumlichkeiten, Gerätschaften etc.), zum anderen aber auch der ideelle Wert des Unternehmens (sog. „Goodwill") als immaterieller Vermögensposten.

Die vertragsärztliche Zulassung und die Zuweisung eines Vertragsarztsitzes stellen hingegen **Verwaltungsentscheidungen** dar, die an die jeweilige Person anknüpfen und nicht mit Verkauf auf den Erwerber übergehen. Folglich handelt es sich beim Vertragsarztsitz nicht um einen Gegenstand des Privatrechtsverkehrs, sodass dieser nicht mit der Praxis auf die A übergeht.

> **Praxishinweis**
>
> Die KV muss ein **formelles Nachbesetzungsverfahren** für den Vertragsarztsitz durchführen, § 103 Abs. 3a u. 4 SGB V. Dazu muss sie den Sitz ausschreiben, A kann sich sodann auf die Ausschreibung bewerben. Wollen mehrere Bewerber die ausgeschriebene Praxis fortführen, trifft der Zulassungsausschuss eine Auswahl nach pflichtgemäßem Ermessen, § 103 Abs. 4 S. 4 SGB V. Kriterien sind gem. § 103 Abs. 4 S. 5 SGB V u.a. die berufliche Eignung, das Approbationsalter, die Dauer der ärztlichen Tätigkeit und auch, ob der Bewerber zu dem bisherigen Vertragsarzt in einer besonderen Beziehung stand. ◀

Zusatzfrage: Wie kann A dennoch sicherstellen, dass sie den Kaufpreis nicht bezahlen muss, ohne den Vertragsarztsitz zu erhalten?

Lösung: Bei der **Vertragsgestaltung** ist es wichtig, das öffentlich-rechtliche Nachbesetzungsverfahren mit dem privaten Unternehmenskauf zu koordinieren, etwa indem der Kaufvertrag nur unter der Bedingung (§ 158 BGB) einer bestandskräftigen Zulassung als Vertragsarzt und Zuweisung des Vertragsarztsitzes im Nachbesetzungsverfahren abgeschlossen wird.

C. Merksatz

- Der Praxiskauf ist ein privatrechtlicher Unternehmenskauf. Die vertragsärztliche Zulassung ist aber nicht Gegenstand des veräußerten Unternehmens. Zur Nachbesetzung des Vertragsarztsitzes führt die KV vielmehr ein formelles öffentlich-rechtliches Nachbesetzungsverfahren durch.

Fall 3: Fabulanten unerwünscht – Pflichten des Vertragsarztes; Behandlungsverweigerung

A. Sachverhalt

Allgemeinmedizinerin A hat die Hausarztpraxis des V erworben und sich erfolgreich um den Vertragsarztsitz beworben. Unter den Bestandspatienten befindet sich auch Herr H. A findet den ebenso redseligen wie kerngesunden H äußerst anstrengend und zeitraubend. Zudem ist er ihr auch sonst wenig sympathisch. Kann A die weitere Behandlung des H ablehnen?

B. Lösung

Im Ausgangspunkt gilt auch für die A der Grundsatz der Vertragsfreiheit, sodass sie selbst entscheiden kann, mit wem sie privatrechtliche Behandlungsverträge abschließt. Allerdings unterliegen Vertragsärzte aufgrund des übernommenen Versorgungsauftrags einer öffentlich-rechtlichen **Behandlungsverpflichtung im Hinblick auf sozialversicherte Patienten** (→ § 7, Grundlagen, A). Dies folgt aus dem Sicherstellungsauftrag der KV (§ 75 Abs. 1 SGB V), wobei die Vertragsärzte gem. § 95 Abs. 3 SGB V kraft Mitgliedschaft in der KV zur Teilnahme an der vertragsärztlichen Versorgung verpflichtet sind, was im Einzelnen durch die verbindlichen Regelungen der Bundesmantelverträge, insbesondere den BMV-Ä konkretisiert wird.

> **Merke**
> Das Ob und der Umfang der medizinischen Versorgung stehen nicht im Belieben des Vertragsarztes. Eine Behandlungsverweigerung ist grds. ein schwerwiegender Verstoß gegen die Pflichten aus der vertragsärztlichen Zulassung und rechtfertigt Disziplinarmaßnahmen der KV gegenüber ihrem Mitglied (vgl. § 81 Abs. 5 SGB V). Vertragsärzte haben daher bspw. auch kein Streikrecht (BSGE 122, 112 = MedR 2017, 832).

Nur ausnahmsweise ist der A eine **Behandlungsverweigerung** gestattet. Ein Vertragsarzt darf die Behandlung eines Patienten nur in begründeten Ausnahmefällen ablehnen (§ 13 Abs. 7 S. 3 BMV-Ä). Ausdrücklich geregelt ist nur der Fall, dass ein volljähriger Versicherter vor der Behandlung keine elektronische Gesundheitskarte vorlegt (§ 13 Abs. 7 S. 1 BMV-Ä). Anerkannt ist die Zulässigkeit einer Weigerung überdies etwa bei Überlastung des Arztes, bei einer ungerechtfertigten Überschreitung des Fachgebietes, bei einer Störung des Vertrauensverhältnisses im Verlauf einer Behandlung und bei einem geforderten Hausbesuch außerhalb des üblichen Praxisbereiches. Eine Notfallbehandlung darf nicht abgelehnt werden. Auch Rentabilitätsgesichtspunkte dürfen keine Rolle spielen.

Hier kommt allenfalls ein **gestörtes Vertrauensverhältnis** zwischen A und H in Betracht. Ein solches ist etwa bei unberechtigten Fehlervorwürfen gegenüber dem Arzt oder mangelnder Compliance/Adhärenz des Patienten anzunehmen. Allein die persönliche Abneigung gegenüber dem als anstrengend und wenig sympathisch empfundenen H vermag jedoch keine Ablehnung zu rechtfertigen. A darf dessen Behandlung daher nicht ablehnen.

C. Merksatz

- Vertragsärzte unterliegen im Hinblick auf GKV-Patienten einer Behandlungspflicht. Eine Behandlungsverweigerung ist insofern nur in begründeten Ausnahmefällen möglich.

Fall 4: In die „Herrenjahre" gekommen? – Pflichten des Vertragsarztes; Fortbildung

A. Sachverhalt

Vertragsärztin A ist der Ansicht, während des anstrengenden Studiums genug gelernt zu haben, Fortbildungen hält sie für unnötig. Ist V trotzdem verpflichtet, sich fortzubilden?

B. Lösung

§ 95d SGB V normiert eine **Pflicht zur fachlichen Fortbildung**. Der Vertragsarzt hat sich demnach in dem Umfang fortzubilden, der zur Erhaltung und Fortentwicklung der zur Berufsausübung in der vertragsärztlichen Versorgung erforderlichen Fachkenntnisse notwendig ist. Ein entsprechender Nachweis ist alle fünf Jahre gegenüber der KV zu erbringen. Als Sanktionen drohen Honorarkürzungen bis hin zum Entzug der Zulassung.

A muss sich demnach regelmäßig weiter fortbilden und entsprechende Nachweise einreichen.

Praxishinweis

Fachanwälte müssen gem. § 15 FAO mind. 15 h Fortbildung pro Jahr gegenüber der Rechtsanwaltskammer nachweisen (oder dozieren/publizieren), sonst droht der Entzug des Fachanwaltstitels. § 43a Abs. 8 BRAO sieht eine allgemeine Fortbildungspflicht für Rechtsanwälte vor, Verstöße hiergegen sind aber nicht sanktioniert. ◄

C. Merksatz

- Zu den gesetzlichen Pflichten eines Vertragsarztes gehört auch die regelmäßige Fortbildung.

Fall 5: Freitag ab eins macht jeder seins – Pflichten des Vertragsarztes; Not- und Bereitschaftsdienst

A. Sachverhalt

Vertragsärztin A hat viele zeitaufwendige Hobbies. Abends und am Wochenende möchte sie daher nicht arbeiten. Kann sie gleichwohl hierzu verpflichtet werden?

B. Lösung

Eine Verpflichtung der A könnte sich aus dem Sicherstellungsauftrag der KV ergeben, an dessen Erfüllung sie als Vertragsärztin gem. § 95 Abs. 3 S. 1 SGB V mitwirkt. Der Sicherstellungsauftrag umfasst die **Organisation eines Not- oder Bereitschaftsdienstes** außerhalb der Sprechstundenzeiten, § 75 Abs. 1b S. 1 SGB V (zu unterscheiden vom Rettungsdienst durch Krankenhäuser und Notärzte). Jeder Vertragsarzt ist kraft seiner Mitgliedschaft in einer KV verpflichtet, an dem Notdienst teilzunehmen. Eine entspreche Verpflichtung ergibt sich auch aus dem Berufsrecht (vgl. § 26 MBO-Ä). Näheres regeln die Notdienstordnungen der KVen (und Ärztekammern). Folglich besteht grds. die Verpflichtung der A, in Einzelfällen abends und am Wochenende im Rahmen des Notdienstes zu arbeiten.

Allerdings könnte eine **Ausnahme von der Notdienstverpflichtung** gegeben sein. Diese kommt aus schwerwiegenden Gründen, etwa bei körperlichen Behinderungen, besonders belastenden familiären Pflichten oder bei Ärztinnen während der Schwangerschaft in Betracht.[5] Eine zeitaufwendige Freizeitgestaltung ist demgegenüber kein tragfähiger Ausnahmegrund, sodass A zur Mitwirkung am kassenärztlichen Bereitschaftsdienst verpflichtet bleibt.

---

[5] Vgl. etwa § 3 Abs. 1 der gemeinsamen Notdienstordnung der KV und ÄK Nordrhein.

C. Merksatz

- Mit der Stellung als Vertragsarzt geht grds. die Pflicht zur Mitwirkung am ärztlichen Notdienst einher.

Fall 6: Über die Schulter geschaut – Vertragsarztrechtliche Sanktionen bei Pflichtverstößen; Rechtsmittel

A. Sachverhalt

Vertragsärztin A nimmt es mit den ihr obliegenden Pflichten nicht immer so genau.

a) Hat sie im Falle von Pflichtversäumnissen mit Konsequenzen seitens der KV zu rechnen?

b) Könnte A gegen einen sie belastenden Disziplinarbescheid gerichtlich vorgehen?

B. Lösung

I. Frage a)

Ja. Die Satzungen der KVen bestimmen Voraussetzungen und Verfahren zur Verhängung von Disziplinarmaßnahmen gegen ihre Mitglieder, § 81 Abs. 5 S. 1 SGB V. Die KV ist eine Körperschaft des öffentlichen Rechts (§ 77 Abs. 5 SGB V), sodass die von ihr erlassenen Disziplinarmaßnahmen belastende **Verwaltungsakte i.S.d. § 31 S. 1 SGB X** sind.

Der abschließende Katalog des § 81 Abs. 5 S. 2 SGB V umfasst folgende mögliche Sanktionen: Verwarnung, Verweis, Geldbuße oder Anordnung des Ruhens der Vertragsarztzulassung bis zu zwei Jahren. Die gewählte Sanktion ist abhängig von der Schwere der Verfehlung.

II. Frage b)

In Betracht kommt die Erhebung einer **Klage vor dem SG**.[6] Diese müsste zulässig sein.

1. Rechtswegeröffnung

Die Sozialgerichtsbarkeit ist kraft ausdrücklicher Zuweisung zuständig für öffentlich-rechtliche Streitigkeiten (vgl. § 40 VwGO) in Angelegenheiten der Sozialversicherung. In Angelegenheiten der GKV, also auch für die Klage gegen einen Disziplinarbescheid der KV, ist der Sozialrechtsweg nach § 51 Abs. 1 Nr. 2 SGG eröffnet.

---

[6] Zur Einführung in das sozialgerichtliche Verfahren s. *Harks*, JuS 2021, 511 ff., auch zum einstweiligen Rechtsschutz nach § 86a, b SGG.

2. Zuständigkeit
Sachlich zuständig ist gem. § 8 SGG das SG. Die örtliche Zuständigkeit richtet sich nach dem Sitz der jeweiligen KV, § 57a Abs. 2 SGG.

3. Statthafte Klageart
Die statthafte Klageart richtet sich nach dem Begehren des Klägers, vgl. § 123 SGG. Eine Anfechtungsklage nach § 54 Abs. 1 S. 1 Alt. 1 SGG ist statthaft, soweit A die Aufhebung eines Verwaltungsaktes begehrt. Der Disziplinarbescheid einer KV ist ein Verwaltungsakt (s.o.). Die **Anfechtungsklage** ist mithin statthaft.

4. Vorverfahren und Klagefrist
Ein Vorverfahren (Widerspruch bei der KV) findet nach § 78 Abs. 1 S. 2 Nr. 1 SGG i.V.m. § 81 Abs. 5 S. 4 SGB V nicht statt. Die Klagefrist beträgt einen Monat nach Bekanntgabe des Bescheids, § 87 Abs. 1 SGG.

5. Ergebnis
Eine könnte gegen einen Disziplinarbescheid in zulässiger Weise Klage vor dem SG erheben. Bei entsprechendem Ausgang des erstinstanzlichen Verfahrens besteht ggf. die Möglichkeit einer Berufung zum LSG und einer Revision zum BSG.

C. Merksatz

- Verstöße gegen die vertragsärztlichen Pflichten können von der KV sanktioniert werden. Der Vertragsarzt kann sich dagegen mit einer Klage bei den Sozialgerichten wehren.

Fall 7: Bilanzbuchhaltung für Anfänger – Folgen schwerer vertragsärztlicher Verfehlungen

A. Sachverhalt

Allgemeinmedizinerin A, die einen luxuriösen Lebenswandel pflegt, hat in ihrer neuen Rolle als Vertragsärztin über mehrere Quartale in großem Umfang nicht erbrachte Leistungen abgerechnet. Kann A die vertragsärztliche Zulassung wieder entzogen werden?

B. Lösung

I. Gesetzliche Voraussetzungen eines Entzugs der vertragsärztlichen Zulassung

§ 95 Abs. 6 S. 1 SGB V sieht u.a. für den Fall einer gröblichen Verletzung vertragsärztlicher Pflichten den Entzug der vertragsärztlichen Zulassung vor. Auf ein Verschulden des Arztes kommt es dabei nicht an, da die Zulassungsentziehung (anders als Disziplinarmaßnahmen) **keinen Sanktionscharakter** hat. Sie dient vielmehr dazu, das System der vertragsärztlichen Versorgung vor Störungen zu bewahren und funktionsfähig zu erhalten.

Vor diesem Hintergrund ist eine Pflichtverletzung dann als gröblich zu bewerten, wenn ihretwegen die Entziehung zur Sicherung der vertragsärztlichen Versorgung notwendig ist.[7] Dies ist bei systematischen Abrechnungsmanipulationen auf den ersten Blick gegeben. Dem Wortlaut des § 95 Abs. 6 S. 1 SGB V nach ist der A demnach ohne Weiteres die Zulassung zu entziehen.

II. Verfassungskonforme Auslegung
BVerfG und BSG[8] legen indes die Norm vor dem Hintergrund der **ärztlichen Berufsfreiheit** (Art. 12 Abs. 1 GG) verfassungskonform dahingehend aus, dass ein Entzug der Zulassung nur dann gerechtfertigt ist, wenn aus der Pflichtverletzung zugleich die Nichteignung zur Ausübung der vertragsärztlichen Tätigkeit resultiert, infolge des Verstoßes also das Vertrauensverhältnis zwischen Arzt und KV so gestört ist, dass eine Zusammenarbeit unzumutbar erscheint.

A hat bewusst und wiederholt sowie in erheblichem Ausmaß nicht erbrachte Leistungen abgerechnet. Es handelt sich insbesondere nicht um ein bloßes Missverständnis hinsichtlich der komplexen Liquidationsregeln. Daher erscheint die weitere Zusammenarbeit mit A zum Schutz des vertragsärztlichen Systems nicht mehr zumutbar.[9] Die Entziehung erweist sich auch als verhältnismäßig. A ist folglich die Zulassung zu entziehen.

C. Merksatz

- Die vertragsärztliche Zulassung kann bei schweren Verfehlungen des Arztes entzogen werden. Aus verfassungsrechtlichen Gründen muss aus der Pflichtverletzung zugleich die Nichteignung zur Ausübung der vertragsärztlichen Tätigkeit resultieren und der Entzug verhältnismäßig sein.

Wiederholungsfragen

▶ In welcher Rechtsbeziehung steht der GKV-Patient zu seinem (Vertrags-)Arzt und zu seiner Krankenkasse? Welche Ansprüche kann er hieraus jeweils ableiten?

Zwischen GKV-Patient und Vertragsarzt wird nach ganz h.M. (→ § 6, Fall 2) ein privatrechtlicher Behandlungsvertrag i.S.d. § 630a BGB geschlossen. Der Vertrags-

---

[7] St. Rspr., etwa BSGE 112, 90 = MedR 2013, 461.
[8] BVerfGE 69, 233 = NJW 1985, 2187; BSGE 66, 6 = NJW 1990, 1556.
[9] Vgl. zu einem ähnlich gelagerten Sachverhalt BSGE 73, 234 = NJW 1995, 1636.

arzt schuldet dem Patienten hieraus die versprochene Behandlung gem. den fachlichen Standards.

Zwischen GKV-Patient und Krankenkasse besteht ein öffentlich-rechtliches Versicherungsverhältnis. Hieraus steht dem Patienten ein Anspruch auf medizinische Versorgung nach dem Sachleistungsprinzip zu, §§ 2, 11, 27 ff. SGB V.

▶ Steht dem Vertragsarzt ein Honoraranspruch gegen den GKV-Patienten zu?

Nein, dem Vertragsarzt steht grds. kein Honoraranspruch unmittelbar gegen den GKV-Patienten zu. Vielmehr richtet sich sein Vergütungsanspruch gem. §§ 82 Abs. 2, 87b Abs. 1 SGB V gegen die Kassenärztliche Vereinigung, vgl. auch § 630a Abs. 1 Hs. 2 BGB. Anders ist dies, soweit Arzt und Patient über die gesetzlichen Versicherungsleistungen hinaus die Erbringung individueller Gesundheitsleistungen vereinbaren.

▶ Wozu ist der Vertragsarzt mit seiner Zulassung verpflichtet?

Mit der vertragsärztlichen Zulassung gem. § 95 Abs. 1 SGB V ist der Vertragsarzt zur Mitwirkung am Sicherstellungsauftrag der Kassenärztlichen Vereinigung verpflichtet, §§ 72 ff., 95 SGB V. Konkrete Verpflichtungen des Vertragsarztes, die sich hieraus ergeben, sind u.a. die Verpflichtung zur Behandlung sozialversicherter Patienten, die Sicherstellung der Erreichbarkeit für Patienten durch Sprechstunden, die Teilnahme am Not- und Bereitschaftsdienst (§ 75 Abs. 1b SGB V) sowie eine Fortbildungsverpflichtung (§ 95d SGB V).

▶ Mit welchen Folgen hat der Vertragsarzt zu rechnen, wenn er gegen vertragsärztliche Pflichten verstößt? Wie kann er sich hiergegen wehren?

Die Satzungen der KVen sehen für den Fall der schuldhaften Verletzung vertragsärztlicher Pflichten Voraussetzungen und Verfahren zur Verhängung von Disziplinarmaßnahmen vor, § 81 Abs. 5 S. 1 SGB V. Möglich sind etwa Verwarnung, Verweis, Geldbuße oder die Anordnung des Ruhens der Zulassung. Gegen einen entsprechenden Verwaltungsakt kann der Vertragsarzt im Wege der Anfechtungsklage vor dem SG vorgehen.

Zu beachten ist, dass es sich beim Entzug der vertragsärztlichen Zulassung gem. § 95 Abs. 6 SGB V i.V.m. § 27 der Zulassungsverordnung für Vertragsärzte nicht um eine Disziplinarmaßnahme handelt. Sie dient dem Schutz des Systems der vertragsärztlichen Versorgung, erfordert daher (anders als Disziplinarmaßnahmen) kein Verschulden des Arztes.

▶ Was ist beim Entzug der vertragsärztlichen Zulassung gem. § 95 Abs. 6 S. 1 SGB V zu beachten?

Der Zulassungsentzug stellt einen tiefgreifenden Eingriff in die Berufsfreiheit des betroffenen Arztes dar. Die Vorschrift des § 95 Abs. 6 S. 1 SGB V ist daher im Lichte des Art. 12 Abs. 1 GG verfassungskonform auszulegen. Dies bedeutet, dass (über den Wortlaut der Norm hinaus) ein Entzug der Zulassung nur dann rechtmäßig ist, wenn aus der Pflichtverletzung des Arztes zugleich seine Nichteignung zur Ausübung der vertragsärztlichen Tätigkeit resultiert. Dies ist der Fall, wenn angesichts der Pflichtverletzung das Vertrauensverhältnis zwischen Arzt und Kassenärztlicher Vereinigung so gestört ist, dass eine Zusammenarbeit unzumutbar ist.

▶ Gehen die vertragsärztliche Zulassung sowie der Vertragsarztsitz beim privatrechtlichen Praxiskauf auf den Erwerber über?

Da sie keine Gegenstände des Unternehmens sind, gehen vertragsärztliche Zulassung und Vertragsarztsitz beim Praxiskauf nicht auf den Erwerber über. Vielmehr muss die KV – falls beantragt (§ 103 Abs. 4 S. 1 SGB V) – den Vertragsarztsitz ausschreiben und ein formelles Nachbesetzungsverfahren durchführen. Auch der vertragsärztlichen Zulassung nach § 95 Abs. 1 SGB V geht ein Verwaltungsverfahren voraus, in welchem bestimmte Anforderungen an die Person des Bewerbers sowie das Nichtbestehen von Hinderungsgründen geprüft werden.

▶ Wie lässt sich verhindern, dass es zu einem Praxiskauf mit entsprechender Zahlungspflicht des Käufers kommt, ohne dass er den Vertragsarztsitz erhält?

Dies ist durch entsprechende Vertragsgestaltung zu erreichen. Der Kaufvertrag ist unter der Bedingung (§ 158 BGB) einer bestandskräftigen Zulassung zu schließen.

§ 5: Arztrecht und Patientenrechte

Grundlagen

A. Patientenrechte

Der Begriff **Patientenrechte** umfasst die Rechte des Patienten gegenüber dem behandelnden Arzt und anderen Gesundheitsfachberufen, dem Krankenhaus sowie den Leistungsträgern im Gesundheitswesen (z.B. Krankenkassen). Unterschieden werden individuelle und kollektive Patientenrechte.[1] Kollektive Patientenrechte sind gerichtet auf eine Beteiligung an Kommunikations- und Entscheidungsprozessen im Medizin- und Gesundheitssystem.[2] Zu den individuellen Patientenrechten gehört namentlich das Recht auf:

- **Behandlung** entspr. den fachlichen Standards (vgl. § 630a BGB; → § 9)
- **Selbstbestimmung** durch Aufklärung und Einwilligung (vgl. §§ 630d, 630e BGB; → § 10)
- **Information** (vgl. § 630c BGB; → § 10)
- Dokumentation und Einsichtsgewähr (vgl. §§ 630f, 630g BGB; → § 8)
- Verschwiegenheit (§ 9 MBO-Ä; → § 8)
- Unterstützung bei Behandlungsfehlerverdacht (§ 66 SGB V; → § 11)

B. Arztrecht

Der Begriff **Arztrecht** meint demgegenüber nicht etwa das Recht des Arztes gegenüber seinen Patienten, sondern kennzeichnet die Pflichten, die dem Arzt zur

---

[1] *Hart*, in: Rieger/Dahm/Katzenmeier/Stellpflug/Ziegler, HK-AKM, Nr. 4015 (Patientenrechte); *Francke/Hart*, Charta der Patientenrechte, 1999.
[2] *Francke/Hart*, Bürgerbeteiligung im Gesundheitswesen, 2001.

Wahrung der Interessen und der Sicherheit des Kranken obliegen. Der Begriff bezeichnet daher das Recht, das bei der ärztlichen Berufsausübung gilt. Wesentlicher Leitgedanke und Kernstück der ärztlichen Profession ist dabei die ärztliche **Therapiefreiheit**.[3] Diese umfasst drei Elemente:

- Der Arzt hat frei über das „Ob" der Behandlung zu entscheiden.
- Kein Arzt darf zur Anwendung bestimmter Therapien gezwungen werden.
- Die Methodenwahl ist Sache des behandelnden Arztes (im Zusammenwirken mit dem informierten Patienten).

Das **Arzt-Patient-Verhältnis** entsteht durch die tatsächliche Behandlungsübernahme. Damit einher geht meist der Abschluss eines Behandlungsvertrags nach den §§ 630a ff. BGB (→ § 6, Das Behandlungsverhältnis – Grundlagen, A.). Eine Besonderheit des Behandlungsvertrags ist, dass kein klassischer Interessengegensatz austariert wird. So ist die Therapiefreiheit kein Privileg des Arztes, sondern ein **fremdnütziges Recht**, das gerade der Wahrung der Patientenautonomie dient.

Literatur zur Vertiefung: Zum Selbstbestimmungsrecht *Katzenmeier*, in: Laufs/Katzenmeier/Lipp, Arztrecht, Kap. V, A.; zur Therapiefreiheit: ebd., Kap. X, E.

Fall 1: Voluntas aut salus aegroti suprema lex? – Selbstbestimmungsrecht des Patienten

A. Sachverhalt

Patientin P lebt seit einem Unfall in frühester Kindheit damit, dass ihr linker Ellenbogen nur eingeschränkt beweglich ist. Als sie sich bei einem neuerlichen Verkehrsunfall einen komplizierten Bruch des linken Unterarmknochens zuzieht, bietet ihr die Chirurgin C an, bei dieser Gelegenheit auch die Versteifung zu richten. P lehnt dies ab, da sie sich an die Einschränkung gewöhnt hat und sie im Alltag dadurch nicht gestört wird. Darf C die P trotzdem während der gewünschten Arm-OP am Ellenbogen operieren, wenn C auch angesichts des geringen Aufwands von einer Verbesserung der Lebensqualität überzeugt ist?

B. Lösung

Eine Befugnis zur Operation könnte sich für C aus dem **ärztlichen Heilauftrag** ergeben. Nach traditionellem (Selbst-)Verständnis ist es das vornehmste Recht und die wesentliche Pflicht des Arztes, den kranken Menschen nach Möglichkeit von seinem Leiden zu befreien. Der Eingriff führt nach Einschätzung der C zur Verbes-

---

[3] *Laufs*, NJW 1997, 1609; *Katzenmeier*, in: Laufs/Katzenmeier/Lipp, Arztrecht, Kap. X Rn. 85.

serung der Lebensqualität der P, sodass der ärztliche Heilauftrag eine Befugnis zur Operation nahelegt.

> Aus ärztlicher Sicht gilt die Maxime **„salus aegroti suprema lex"** („Das Wohl des Patienten ist oberstes Gesetz").

Der ärztliche Heilauftrag muss freilich stets mit dem **Selbstbestimmungsrecht des Patienten** in Einklang gebracht werden. Der Arzt darf nur mit Einwilligung des aufgeklärten Patienten handeln (sog. **„informed consent"**, vgl. §§ 630d, 630e BGB).[4] Dies folgt aus den Verfassungsprinzipien, die zum Schutz der Würde, der Freiheit des Menschen, sowie des Rechts auf Leben und körperliche Unversehrtheit verpflichten, Art. 1 Abs. 1, Art. 2 Abs. 1 sowie Art. 2 Abs. 2 S. 1 GG.[5] Diese Grundrechte sind im zivilrechtlichen Behandlungsverhältnis zwar nicht unmittelbar anwendbar, strahlen aber im Wege der mittelbaren Drittwirkung[6] in dieses aus. Ein Veto des Patienten muss der Arzt daher selbst bei großer Unvernunft respektieren, nachdem er versucht hat, Einsicht in das Notwendige zu wecken.

> Von Rechts wegen gilt die Maxime **„voluntas aegroti suprema lex"** („Der Wille des Patienten ist oberstes Gesetz").

P hat die Behandlung abgelehnt, C darf sie deshalb trotz der geringen Eingriffsintensität und der Aussicht auf eine verbesserte Lebensqualität nicht am Ellenbogen operieren.

C. Merksatz

- Der ärztliche Heilauftrag findet seine Grenze im Selbstbestimmungsrecht des Patienten. Eine Behandlung ist daher grds. nur mit Einwilligung des aufgeklärten Patienten („informed consent") zulässig.

---

[4] Dazu und auch zur Haftung bei Verstößen → § 10.
[5] BVerfGE 52, 131 (173) = NJW 1979, 1925 (1930 f.); *Katzenmeier*, in: Laufs/Katzenmeier/Lipp, Arztrecht, Kap. V Rn. 5 ff.
[6] Grundlegend BVerfGE 7, 198 = NJW 1958, 257.

Fall 2: Medicus curat, natura sanat? – Therapiefreiheit des Arztes

A. Sachverhalt

Patientin P wendet sich wegen anhaltender Rückenprobleme an den Orthopäden O. In der Facharztpraxis des O, der ein Freund alternativer Heilverfahren ist, arbeitet auch die A als angestellte Ärztin. A behandelt die ihr von O zugewiesene P zunächst nach klassischer Schulmedizin.

Frage 1: Nachdem sich keine Besserung einstellt, weist O die A an, bei P bestimmte osteopathische und chiropraktische Handgriffe anzuwenden. Muss A der Weisung Folge leisten?

Frage 2: O übernimmt die Behandlung der P. Anzeichen, dass Ursache der Rückenprobleme eine neurologische Erkrankung ist, nimmt er wahr, geht ihnen jedoch nicht weiter nach. Stattdessen behandelt er die P mittels Akupunktur an Füßen, Händen und Ohren – eine wissenschaftlich nicht anerkannte Methode, für deren Wirksamkeit es keinen Anhalt gibt. Darf er das?

B. Lösung

I. Frage 1
Eine Verpflichtung der A, der Weisung Folge zu leisten, könnte sich im Rahmen eines Arbeitsverhältnisses nach § 611a BGB aus § 106 GewO ergeben. Nach dieser Vorschrift steht O als Arbeitgeber grds. ein **Direktions- und Weisungsrecht** zu. Dieses Weisungsrecht wird jedoch durch den Arbeitsvertrag, Betriebsvereinbarungen, Tarifverträge, gesetzliche Vorschriften sowie die Grenzen des billigen Ermessens begrenzt (§ 106 S. 1 GewO).

Aus der Auslegung des Arbeitsvertrags zwischen O und A könnte sich ein weisungsfreier Raum ergeben, innerhalb dessen O nicht zur Weisung berechtigt ist.[7] Zu beachten sind ärztliche Berufsregeln und das ärztliche Berufsethos. Gem. § 1 Abs. 2 BÄO und § 2 Abs. 1 MBO-Ä handelt es sich beim Arztberuf um einen **freien Beruf**,[8] innerhalb dessen Ärzte keine mit ihren Aufgaben unvereinbare Weisungen befolgen dürfen. Hieraus ergibt sich auch die Therapiefreiheit des Arztes, die u.a. die Freiheit der Methodenwahl umfasst. Vor diesem Hintergrund ist der Arbeitsvertrag zwischen O und A dahingehend auszulegen, dass O kein Weisungsrecht zur Anwendung bestimmter Behandlungsmethoden zusteht.

Die Anordnung des O bzgl. der Methodenwahl überschreitet das ihm zustehende Weisungsrecht, sodass A dieser nicht Folge leisten muss.

---

[7] Zum weisungsfreien Bereich s. *Preis*, in: Erfurter Kommentar zum Arbeitsrecht, 24. Aufl. 2024, § 106 GewO Rn. 9.

[8] → § 2, Grundlagen, A.

> Für die Freiheit begründeter Methodenwahl sprechen insbesondere drei Gründe: der medizinische Fortschritt, die Individualität des Behandlungsgeschehens und die Patientenautonomie (dazu *Katzenmeier*, in: Laufs/Katzenmeier/Lipp, Arztrecht, Kap. X Rn. 89 ff.).

II. Frage 2

O dürfte P mittels Akupunktur behandeln, wenn die Wahl dieser Methode von seiner Therapiefreiheit gedeckt wäre. Dabei muss der Arzt grds. **nicht stets den sichersten Weg** wählen. Seine Aufgabe ist nicht eine Risikominimierung um jeden Preis, sondern die Chancenoptimierung. Ein **höheres Risiko** muss jedoch in den Umständen des Einzelfalls eine **konkrete Rechtfertigung** finden.[9]

Grenzen ergeben sich vor allem aus objektiven Sorgfaltsanforderungen. Die gebotene Sorgfalt wird durch den **fachlichen Standard** bestimmt, § 630a Abs. 2 BGB. Dieser repräsentiert den jeweiligen Stand wissenschaftlicher Erkenntnisse und der ärztlichen Erfahrung, der zur Erreichung des ärztlichen Behandlungsziels erforderlich ist und sich in der Erprobung bewährt hat.[10]

Die Behandlung eines neurologischen Leidens mittels Akupunktur, deren Wirksamkeit nicht nachgewiesen oder anerkannt ist, entspricht nicht dem fachlichen Standard und damit nicht der gebotenen Sorgfalt. Mit der Wahl dieser Methode hat O folglich die Grenzen der Therapiefreiheit überschritten, sodass er P nicht entsprechend behandeln darf.

C. Merksatz

- Der behandelnde Arzt ist in der Methodenwahl grds. frei, er unterliegt keinen Weisungen. Die Therapiefreiheit steht ihm nicht zuletzt im Interesse der Patientenautonomie zu.

Wiederholungsfragen

▶ Was verbirgt sich hinter dem lateinischen Satz „*salus aegroti suprema lex*"? Gilt dieser uneingeschränkt?

Die Formel („Das Wohl des Patienten ist oberstes Gesetz") verweist auf den klassischen ärztlichen Heilauftrag. Der Arzt hat indes stets das Selbstbestimmungsrecht des Patienten zu achten („voluntas aegroti suprema lex" – „Der Wille ...").

---

[9] St. Rspr., s. nur BGHZ 172, 254 (257 ff.) = NJW 2007, 2774 = MedR 2008, 87 (88) m. Anm. *Spickhoff*; *Mansel*, in: Jauernig, BGB, § 630a Rn. 20; im Einzelnen → § 9.
[10] Näher zum Standardbegriff → § 9, Grundlagen, B. II.

▶ Was bedeutet der Begriff „informed consent"?

Das Schlagwort beschreibt die Einwilligung des Patienten in die Behandlung nach erfolgter Aufklärung durch den Arzt (vgl. §§ 630d, e BGB, dazu → § 10) als grds. Voraussetzung rechtmäßigen ärztlichen Handelns.

▶ Welche Elemente kennzeichnen die ärztliche Therapiefreiheit?

Die ärztliche Therapiefreiheit besagt zunächst, dass der Arzt über das Stattfinden einer Behandlung entscheidet. Zudem kann der Arzt nicht zur Anwendung bestimmter Methoden gezwungen werden, vielmehr wählt er (im Zusammenwirken mit dem informierten Patienten) die konkrete Behandlungsmethode. Insgesamt kann der Arzt so frei über das „Ob" und „Wie" der Behandlung entscheiden.

▶ Warum gilt der Grundsatz der ärztlichen Therapiefreiheit?

Für die ärztliche Therapiefreiheit sprechen vor allem der medizinische Fortschritt, die Besonderheiten des Einzelfalls und der Wille des Kranken. Die Therapiefreiheit ist ein fremdnütziges Recht.

§ 6: Rechtsbeziehungen zwischen Arzt und Patient

Das Behandlungsverhältnis – Grundlagen

A. Rechtsnatur

Der Behandelnde und der Patient schließen einen **privatrechtlichen Behandlungsvertrag, §§ 630a ff. BGB**. Das gilt nicht nur bei privat Krankenversicherten (PKV-Patient), sondern ebenso für gesetzlich Krankenversicherte (GKV-Patienten). Dies entspricht der h.M. im Zivilrecht (sog. **Vertragskonzeption**); dagegen geht eine im Sozialrecht vertretene Ansicht wegen des subtil organisierten öffentlich-rechtlichen Systems der Krankenversicherung (dazu → § 4, Grundlagen, C.) von einem rein sozialrechtlichen Verhältnis aus (sog. **Versorgungskonzeption**).

Der Behandlungsvertrag ist eine **besondere Form des Dienstvertrags**. Der Behandelnde schuldet nur das **fachgerechte Bemühen** um die Gesundung. Den Behandlungserfolg kann er nicht garantieren, da die Heilung des Patienten nicht nur von der Tätigkeit des Behandelnden, sondern auch von den Unberechenbarkeiten des menschlichen Organismus abhängt.

Bei der ärztlichen Behandlung handelt es sich um **höhere Dienste**, die der Patient dem Behandelnden aufgrund besonderen Vertrauens überträgt. § 627 BGB ist über § 630b BGB anwendbar.

> **Beachte**
> Rein technische Anfertigungen unterfallen dem **Werkvertragsrecht** (§§ 631 ff. BGB), soweit ein konkret umschriebener Erfolg vereinbart ist, der von dem Heilbemühen unterschieden werden kann (z.B. technische Anfertigung von Prothesen oder Erbringung von Laborleistungen).

B. Beendigung

Ein Behandlungsvertrag **endet** durch folgende Ereignisse:

- Vertragserfüllung, z.B. Heilung des Kranken (Regelfall)
- Zeitablauf (Sonderfall, §§ 630b, 620 Abs. 1 BGB)
- Tod des Patienten oder des Behandelnden
- privatautonome Aufhebung des Behandlungsvertrags (i.d.R. bei Überweisung)

Die **Kündigung des Behandlungsvertrags** ist wegen §§ 630b, 627 Abs. 1 BGB grds. jederzeit mit sofortiger Wirkung möglich. Folgende Einschränkungen gelten:

- Kündigung durch den Behandelnden: § 323c Abs. 1 StGB und § 7 Abs. 2 S. 2 MBO-Ä (dazu → § 7, Grundlagen, A.); zudem besteht bei Kündigung zur Unzeit ggf. eine Schadensersatzpflicht nach § 627 Abs. 2 S. 2 BGB (Ausnahme: wichtiger Grund, § 626 BGB).
- Kündigung durch den Patienten: bei GKV-Patienten besteht ggf. eine Pflicht zur persönlichen Aufbringung der Mehrkosten, § 76 Abs. 2, 3 SGB V.[1]

Literatur zur Vertiefung: *Lipp*, in: Laufs/Katzenmeier/Lipp, Arztrecht, Kap. III Rn. 1–2, 26–33, 50–58; *Katzenmeier*, NJW 2013, 817.

Fall 1: Umsonst beraten? – Rechtsnatur des Behandlungsverhältnisses; Zahlungspflicht des Patienten

A. Sachverhalt

Privatpatient P sucht wegen einer anhaltenden Bronchitis Arzt A auf. Dieser verordnet ihm mehrere Medikamente. Als P die Rechnung des A erhält, entschließt er sich, diese nicht zu begleichen. Er meint, nicht die Behandlung des A und die verordneten Arzneimittel hätten zu seiner Genesung beigetragen, diese beruhe vielmehr auf der treuen Fürsorge seiner Ehefrau. Hat A einen Anspruch auf Zahlung des (angemessenen) Rechnungsbetrages?

B. Lösung

A könnte ein Anspruch gegen P auf Zahlung des Rechnungsbetrages aus einem Behandlungsvertrag gem. § 630a Abs. 1 BGB zustehen.

---

[1] Zu den Möglichkeiten einer vertraglichen Einschränkung der Kündigungsmöglichkeit → § 6, Fall 12.

I. Vertragsschluss
A und P müssten einen Behandlungsvertrag geschlossen haben. Dafür bedarf es zweier übereinstimmender und mit Bezug aufeinander abgegebener Willenserklärungen, §§ 145, 147 BGB. P hat sich bei A in Behandlung begeben und damit ein konkludentes Angebot auf Abschluss eines Behandlungsvertrags abgegeben, das A durch die Übernahme der Behandlung angenommen hat.[2]

II. Inhalt des Vertrags
Damit eine Zahlungspflicht des P besteht, müsste eine Vergütungsabrede begründet worden sein. Zwar fehlt es an einer ausdrücklichen Vergütungsabrede, gem. §§ 630b, 612 Abs. 1 BGB gilt aber für Fachärzte eine Vergütung im Behandlungsvertrag aber als stillschweigend vereinbart.

> § 630b BGB verweist für das Behandlungsverhältnis auf die Regelungen über das Dienstverhältnis, das kein Arbeitsverhältnis i.S.d. § 622 BGB ist. Es gelten damit die §§ 611 ff. BGB, soweit nicht in den §§ 630a ff. BGB etwas anderes bestimmt ist.

Die Höhe der Vergütung bestimmt sich gem. §§ 630b, 612 Abs. 2 Alt. 1 BGB nach der Gebührenordnung für Ärzte (GOÄ), die eine taxmäßige Vergütung enthält.

> Die **Gebührenordnung für Ärzte (GOÄ)** ist die Abrechnungsgrundlage für **Privatversicherte**, bei zahnärztlicher Behandlung existiert die Gebührenordnung für Zahnärzte (GOZ). Bei **gesetzlich Krankenversicherten** ist der **Einheitliche Bewertungsmaßstab (EBM)** als Abrechnungsverzeichnis heranzuziehen.

Somit besteht eine Vergütungspflicht des P in der nach der GOÄ vorgesehenen Höhe.

III. Fälligkeit der Vergütung
Seinen Vergütungsanspruch kann A jedoch erst nach Fälligkeit der Vergütung geltend machen. Aufgrund der Rechtsnatur des Behandlungsvertrags als besonderer Dienstvertrag ist die Fälligkeit der Vergütung nicht davon abhängig, ob ein Behandlungserfolg eingetreten ist und ob die ärztliche Tätigkeit dafür kausal ist. Es spielt daher für die Fälligkeit des Vergütungsanspruchs keine Rolle, ob die Genesung des P lediglich auf der Fürsorge seiner Ehefrau beruht. Allerdings setzt die Fälligkeit

---

[2] Der konkludente Vertragsschluss ist in der Praxis die Regel, s. dazu *Lipp*, in: Laufs/Katzenmeier/Lipp, Arztrecht, Kap. III Rn. 20.

nach §§ 630b, 614 S. 1 BGB voraus, dass die ärztlichen Dienste bereits erbracht wurden. Gem. § 12 Abs. 1 GOÄ muss A dem privat versicherten P zudem eine Rechnung erteilt haben. Die ärztliche Behandlung des P ist abgeschlossen, zudem hat A dem P eine Rechnung zukommen lassen. Der Vergütungsanspruch des A ist somit fällig.

IV. Ergebnis
A steht ein Anspruch gegen P auf Zahlung des Rechnungsbetrags aus dem Behandlungsvertrag gem. § 630a Abs. 1 BGB zu.

C. Merksätze

- Beim Behandlungsvertrag handelt es sich um einen speziellen Dienstvertrag. Eine Vergütung ist daher unabhängig vom Eintritt des Behandlungserfolges geschuldet.
- Auch wenn zwischen Privatpatient und Arzt keine Vergütungsabrede erfolgt (Regelfall), muss der Privatpatient nach Erhalt der Rechnung die Gebühr nach der GOÄ entrichten.

Fall 2: Behandlung „von Staats wegen"? – Vertragsschluss bei Behandlung von GKV-Patienten

A. Sachverhalt

Patient P ist gesetzlich krankenversichert. Kommt zwischen Arzt A und P ein zivilrechtlicher Behandlungsvertrag zustande, wenn P den zur vertragsärztlichen Versorgung zugelassenen A wegen seiner Magenschmerzen aufsucht?

B. Lösung

Ein Behandlungsvertrag zwischen P und A setzt zwei auf den Abschluss eines solchen gerichtete, inhaltlich übereinstimmende und mit Bezug aufeinander abgegebene Willenserklärungen voraus, vgl. §§ 145, 147 BGB. P hat A zur Versorgung seiner Magenschmerzen aufgesucht, worin ein Antrag nach § 145 BGB liegen könnte. Indes ist fraglich, ob P dadurch einen privatrechtlichen Vertrag mit A schließen wollte. Hierfür ist die Erklärung des P gem. §§ 133, 157 BGB vom Empfängerhorizont auszulegen.

Gegen einen Willen zum Abschluss eines privatrechtlichen Vertrags spricht, dass nach dem SGB V ein „subtil organisiertes öffentlich-rechtliches System" der Krankenversorgung[3] besteht. Vertreter der sog. **„Versorgungskonzeption"** argumentieren, ein gesetzlich versicherter Patient, der einem Arzt vor der Behandlung

---

[3] BVerfGE 11, 30 = NJW 1960, 715; s. bereits → § 4, Grundlagen, C.

seine Krankenversichertenkarte aushändigt, gehe davon aus, die ärztliche Leistung bereits durch seinen Krankenkassenbeitrag erkauft und somit einen Behandlungsanspruch erworben zu haben (vgl. §§ 2 Abs. 2 S. 1, 15 Abs. 2 SGB V). Der GKV-Patient wolle somit keinen zivilrechtlichen Vertrag schließen, der ihm keinen zusätzlichen Anspruch bringe. Auch der Vertragsarzt[4] gehe davon aus, mit der Behandlung seine aus der Mitgliedschaft in der Kassenärztlichen Vereinigung resultierende Pflicht zur Teilnahme an der vertragsärztlichen Versorgung nach §§ 72 ff., 95 SGB V zu erfüllen, weshalb auch er keinen Willen zum Abschluss eines Behandlungsvertrags habe. Der Wille von Arzt und Patient sei somit lediglich auf die Realisierung bestehender öffentlich-rechtlicher Ansprüche, nicht aber auf den Abschluss eines zivilrechtlichen Vertrags gerichtet, sodass P mit dem Aufsuchen des A kein Angebot abgegeben hätte.[5] Gestützt sieht sich diese Ansicht durch § 76 Abs. 4 SGB V: Die dort normierte Verpflichtung des Behandelnden zur Sorgfalt nach den Vorschriften des bürgerlichen Vertragsrechts wäre überflüssig, wenn zwischen A und P ohnehin ein zivilrechtlicher Vertrag geschlossen würde.[6]

Hingegen spricht für den Willen zum Abschluss eines zivilrechtlichen Behandlungsvertrags, dass der Vertragsarzt dem Patienten nicht als Vertreter der Kassenärztlichen Vereinigung oder der Krankenversicherung, vielmehr als Selbstständiger, gegenübertritt. Vertreter der sog. **„Vertragskonzeption"** weisen darauf hin, dass erst der Abschluss eines Vertrags eine individuelle Gestaltung des Arzt-Patienten-Verhältnisses ermöglicht. Auf diese Weise kann der Therapiefreiheit des Arztes[7] und dem Selbstbestimmungsrecht des Patienten[8] am besten Rechnung getragen werden. Suchte P den A als Privatpatient auf, wäre sein Verhalten unstreitig als Antrag auf Abschluss eines Behandlungsvertrags auszulegen.[9] Die Funktion der Gesetzlichen Krankenversicherung würde überbewertet, wandelte man allein aufgrund des Versicherungsstatus des P das Verhältnis zweier Privatpersonen in ein öffentlich-rechtliches Verhältnis um. Überdies wird die Annahme eines privatrechtlichen Vertrags durch den Wortlaut des Gesetzes bestätigt, das mit der Zahlungsverpflichtung eines Dritten in § 630a Abs. 1 a.E. gerade die Gesetzliche Krankenversicherung in Bezug nimmt.[10] Diese im Vergleich zu § 76 Abs. 4 SGB V jüngere Vorschrift wäre obsolet, würde man dem Verhalten des P keinen Willen zum Abschluss eines zivilrechtlichen Behandlungsvertrags beimessen. § 76 Abs. 4 SGB V entfaltet mithin lediglich klarstellende Wirkung.[11]

---

[4] Zur Begrifflichkeit → § 4, Grundlagen, B.
[5] So BSGE 33, 158 (160 f.) = NJW 1972, 359 (360); *Hauck*, SGb 2014, 8 (11 f.); *Steinmeyer*, in: Bergmann/Pauge/Steinmeyer, Gesamtes Medizinrecht, § 76 SGB V Rn. 13.
[6] Vgl. BSGE 59, 172 (177) = NJW 1986, 1574 (1576).
[7] Dazu → § 5, Grundlagen, B.; → § 5, Fall 2.
[8] Dazu → § 5, Fall 1.
[9] → § 6, Fall 1.
[10] BT-Drs. 17/10488, S. 18 f.; *Lipp*, in: Laufs/Katzenmeier, Lipp, Arztrecht, Kap. III Rn. 1.
[11] BT-Drs. 1/3904, S. 20; *Katzenmeier*, Arzthaftung, S. 98.

Die Auslegung nach §§ 133, 157 BGB ergibt somit, dass P einen Antrag auf Abschluss eines privatrechtlichen Behandlungsvertrags abgibt, indem er A aufsucht.[12] Nimmt A diese Erklärung an, indem er etwa die Behandlung zusagt oder durchführt, kommt zwischen P und A ein Behandlungsvertrag zustande.

> **Beachte**
> Ob die **Behandlung von Kassenpatienten** als privatrechtlich (Vertragskonzeption) oder sozialrechtlich (Versorgungskonzeption) einzuordnen ist, war insbesondere vor Inkrafttreten des Patientenrechtegesetzes zwischen **Zivilrecht und Sozialrecht** hoch umstritten. Durch die §§ 630a ff. BGB hat sich das Meinungsbild in Richtung einer privatrechtlichen Lösung verschoben, gleichwohl wird die Versorgungskonzeption weiterhin vertreten. Der Streit zeigt exemplarisch die Divergenzen, die sich aus den unterschiedlichen Blickwinkeln der Teilrechtsgebiete ergeben können.
>
> Das erzielte Ergebnis ist insbesondere **prozessual** von Bedeutung. Folgt man der Versorgungskonzeption, so müssten Streitigkeiten zwischen Arzt und Patient vor den Sozialgerichten ausgetragen werden. Auf Grundlage der Vertragskonzeption sind hingegen die Zivilgerichte zuständig.
>
> Die Darstellung folgt im Weiteren der im Zivilrecht ganz herrschenden und inzwischen auch im Sozialrecht zunehmend vertretenen Vertragskonzeption.

C. Merksatz

- Kassenpatienten schließen ebenso wie Privatpatienten einen zivilrechtlicher Behandlungsvertrag mit dem Arzt. Aus dem Behandlungsverhältnis resultierende Streitigkeiten zwischen Arzt und Patient unterfallen der Zuständigkeit der Zivilgerichte.

Fall 3: Schraube locker – Vertragsrechtliche Einordnung ärztlicher Leistungen

A. Sachverhalt

Orthopäde A, u.a. spezialisiert auf die Herstellung und Anpassung von Prothesen, fertigt eine neue Armprothese für Patienten P an. Diese lockert sich aufgrund eines

---

[12] So auch etwa BGHZ 76, 259 (261) = NJW 1980, 1452 (1453); BGHZ 163, 42 (46) = NJW 2005, 2069 (2070) = JZ 2005, 949 m. Anm. *Katzenmeier*; *Mansel*, in: Jauernig, BGB, Vor § 630a Rn. 5; *Katzenmeier*, Arzthaftung, S. 95 ff. m.w.N. auch zu den genannten Argumenten; *Lipp*, in: Laufs/Katzenmeier/Lipp, Arztrecht, Kap. III Rn. 1 m.w.N.; aus dem Sozialrecht s. nur *Lang*, in: Becker/Kingreen, SGB V, § 76 Rn. 26.

Konstruktionsfehlers jedoch regelmäßig. Kann P – der ansonsten sehr zufrieden mit der Betreuung durch A ist – verlangen, dass die Prothese nachgebessert wird?

B. Lösung

P könnte ein Anspruch gegen A auf Nachbesserung der Prothese aus §§ 631, 633, 634 Nr. 1, 635 Abs. 1 Alt. 1 BGB zustehen.

I. Werkvertrag
Dafür müsste zwischen P und A ein Werkvertrag gem. § 631 BGB bestehen. Der Arztvertrag ist grds. als besonderer Dienstvertrag einzuordnen. Anders wäre dies zu beurteilen, wenn eine rein technische Leistung mit konkreter Erfolgsbeschreibung vereinbart und somit ein spezieller Erfolg geschuldet ist. Für die Abgrenzung ist insoweit auf die genaue Tätigkeit abzustellen. P und A haben sich über die **Anfertigung** einer Armprothese verständigt. Es ist die Herstellung eines von den Unwägbarkeiten des menschlichen Organismus unabhängigen Gegenstands und damit ein konkreter Erfolg geschuldet. Zwischen P und A besteht ein Werkvertrag gem. § 631 BGB.

> Da bei der Abgrenzung zwischen Behandlungs- und Werkvertrag stets auf die **genaue Tätigkeit** abzustellen ist, würde sich etwa die **Eingliederung** der Prothese wieder nach Behandlungsvertragsrecht richten. S. dazu BGHZ 63, 306 (309) = NJW 1975, 305 (306); *Lipp*, in: Laufs/Katzenmeier/Lipp, Arztrecht, Kap. III Rn. 28.

II. Mangel
Die Prothese müsste mangelhaft i.S.d. § 633 BGB sein. Anhaltspunkte für eine Beschaffenheitsvereinbarung nach § 633 Abs. 2 S. 1 BGB sind nicht ersichtlich, auch eignet sich die Prothese zur vertraglich vorausgesetzten Verwendung nach § 633 Abs. 2 S. 2 Nr. 1 BGB. Allerdings lockert sich die Prothese regelmäßig, sodass sie nicht der üblichen Beschaffenheit entspricht. Folglich liegt ein Sachmangel nach § 633 Abs. 2 S. 2 Nr. 2 BGB vor.

III. Ergebnis
P steht gegen A ein Anspruch auf Nachbesserung der Prothese aus §§ 631, 633, 634 Nr. 1, 635 Abs. 1 Alt. 1 BGB zu.

C. Merksatz

- Schuldet ein Arzt eine rein technische Leistung mit einer konkreten Erfolgsbeschreibung, liegt ein Werkvertrag vor. In diesem Fall ist der Arzt im Falle eines Mangels zur Nacherfüllung verpflichtet.

Fall 4: Ihr Honorar für meine Ehre – Ärztliche Geschäftsführung ohne Auftrag

A. Sachverhalt

Infolge eines schweren Verkehrsunfalls liegt P bewusstlos und blutend am Straßenrand. Kurze Zeit später passiert Arzt A die Unfallstelle. Er eilt zur Hilfe. Danach verlangt A von P Ersatz für das Verbandsmaterial, Ersatz der Kosten für die Reinigung des bei seinem Einsatz verschmutzten Anzugs sowie Vergütung seiner Tätigkeit. Zu Recht?

B. Lösung

I. § 630a Abs. 1 BGB
P war bei Vertragsschluss bewusstlos, sodass er keine Willenserklärung abgeben konnte, § 105 Abs. 2 BGB. Ansprüche des A aus einem Behandlungsvertrag gem. § 630a Abs. 1 BGB gegen P scheiden daher aus.

II. §§ 677, 683 S. 1, 670 BGB
A könnte jedoch ein Anspruch gegen P auf Ersatz der Kosten für das Verbandsmaterial, die Reinigung seines Anzugs sowie auf Vergütung seiner Tätigkeit aus §§ 677, 683 S. 1, 670 BGB zustehen.

1. Geschäftsführung
Tatsächliches Handeln genügt für die Geschäftsführung, sodass A mit der Behandlung des P ein Geschäft geführt hat.

2. Fremdheit des Geschäfts
Die Behandlung des P müsste für A ein fremdes Geschäft gewesen sein. Die Versorgung von Verletzungen stellt ein Geschäft des Verletzten dar, sodass es sich für A um ein objektiv fremdes Geschäft handelte.

3. Fremdgeschäftsführungswille
Der Fremdgeschäftsführungswille wird bei einem objektiv fremden Geschäft vermutet. Entgegenstehende Anhaltspunkte sind nicht ersichtlich.

4. Ohne Auftrag oder sonstige Berechtigung
Ein Behandlungsvertrag bestand nicht, sodass A ohne Auftrag oder sonstige Berechtigung tätig wurde.

> **Merke**
> § 323c Abs. 1 StGB schließt die Anwendung der §§ 677 ff. BGB nicht aus. Gerade dem in Unglücksfällen Hilfeleistenden soll ein Aufwendungsersatzanspruch zustehen können.

5. Berechtigung der Geschäftsführung
Die Geschäftsführung müsste auch dem Willen des P entsprochen haben, § 683 S. 1 BGB. Einen wirklichen Willen konnte der bewusstlose P nicht äußern. Folglich ist auf seinen mutmaßlichen Willen abzustellen, der i.d.R. seinem objektiven Interesse entspricht. Eine ärztliche Behandlung war für den bewusstlosen und blutenden P objektiv nützlich, sodass die Geschäftsführung durch A dem mutmaßlichen Willen des P entsprach.

6. Rechtsfolge: Ersatz der Aufwendungen, § 670 BGB
In der Rechtsfolge ist A berechtigt, Ersatz seiner Aufwendungen gem. § 670 BGB zu verlangen.[13] Aufwendungen sind **freiwillige Vermögensopfer**.

a. Kosten für Verbandsmaterial
Das Verbandsmaterial hat A freiwillig aufgewandt, um P zu behandeln, sodass es sich um Aufwendungen handelt. A steht insoweit ein Ersatzanspruch zu.

b. Kosten für Reinigung des Anzugs
Für einen weitergehenden Ersatzanspruch müssten auch die Kosten für die Reinigung des Anzugs Aufwendungen darstellen. Die Verschmutzung des Anzugs hat A jedoch nicht freiwillig herbeigeführt, vielmehr handelt es sich hierbei um ein unfreiwilliges Vermögensopfer, also einen Schaden. Schäden unterfallen grds. nicht dem Aufwendungsersatzanspruch nach §§ 683 S. 1, 670 BGB, sondern sind nur im Rahmen – regelmäßig verschuldensabhängiger – Schadensersatzansprüche zu ersetzen. Bzgl. des Anzugs könnte aber anderes gelten.

Nach einem weiten Verständnis des Aufwendungsbegriffs in § 670 BGB sind alle Vermögensopfer erfasst, die mit der übernommenen Geschäftsführung in enger Verbindung stehen (sog. **risikotypische Begleitschäden**).[14] Begründen lässt sich dies damit, dass A die schadensgeneigte Tätigkeit und damit das Schadensrisiko freiwillig übernommen hat. Die Verschmutzung des Anzugs steht in einem engen Zusammenhang mit der Hilfeleistung für P, sodass demnach auch die Reinigungskosten als Aufwendungen i.S.d. §§ 683 S. 1, 670 BGB anzusehen wären.

Auch kann man es als unbillig erachten, einen fremdnützig und unentgeltlich tätigen Beauftragten die typischerweise mit der Auftragserfüllung verbundenen Schäden tragen zu lassen. Die Interessenlage bei risikotypischen Begleitschäden ist danach derjenigen bei Aufwendungen vergleichbar, sodass eine analoge Anwendung von § 670 BGB gerechtfertigt wäre.[15]

Schließlich könnte § 716 Abs. 1 BGB ein allgemeines Prinzip entnommen werden, wonach die Risiken einer schadensgeneigten Tätigkeit im fremden Interesse

---

[13] Zum Umfang des Aufwendungsersatzanspruchs s. *Lipp*, in: Laufs/Katzenmeier, Lipp, Arztrecht, Kap. III Rn. 56; *Katzenmeier*, in: BeckOK-BGB, § 630a Rn. 51.
[14] BGHZ 33, 251 (257) = NJW 1961, 359 (360) (zu Gesundheitsschäden); *Looschelders*, Schuldrecht BT, 19. Aufl. 2024, § 43 Rn. 31.
[15] *Schäfer*, in: MüKo-BGB, § 683 Rn. 41.

dem Geschäftsherrn zuzurechnen sind.[16] Demnach wäre das Risiko, dass bei der Hilfeleistung für P das Eigentum des A geschädigt wird, dem P zuzurechnen.

Sind die dogmatischen Begründungsansätze auch unterschiedlich, so besteht im Ergebnis Einigkeit: Die Reinigungskosten sind vom Aufwendungsersatzanspruch des A gegen P umfasst.

c. Vergütung der Tätigkeit
Einer Vergütung für die ärztliche Tätigkeit steht grds. entgegen, dass § 683 S. 1 BGB auf das Auftragsrecht verweist („wie ein Beauftragter"). Der Auftrag ist **unentgeltlich**, daher ist auch im Rahmen der GoA grds. keine Vergütung geschuldet.

Anders als im Auftrag fehlt es in Fällen der GoA aber typischerweise an einer Abrede über die Unentgeltlichkeit. Vielmehr kann der Geschäftsherr gerade nicht erwarten, dass ihm eine typischerweise entgeltliche Leistung unentgeltlich erbracht wird. § 683 S. 1 BGB enthält in dieser Hinsicht eine planwidrige Regelungslücke.[17]

Zur Lückenschließung könnte auf die Auslegung des Begriffs der „Verwendungen" in § 994 BGB zurückgegriffen werden, nach der auch der Einsatz von Arbeitskraft als ersatzfähige Verwendung betrachtet wird.[18] Dafür spricht, dass die wesentliche Restriktion des GoA-Anspruchs bereits durch das Erfordernis der Übereinstimmung der Geschäftsführung mit dem Willen und Interesse des Geschäftsherrn erfolgt; eine professionellen Standards nicht genügende Leistung wird dem Willen und Interesse des Geschäftsherrn kaum entsprechen.[19] Allerdings wird oftmals auch die Übernahme der Geschäftsführung durch Laien förderlich sein und somit dem Willen und Interesse des Geschäftsherrn entsprechen, während dieser allenfalls für professionelle Hilfeleistung ein Entgelt zu zahlen bereit ist.[20]

Methodisch vorzugswürdig ist ein Analogieschluss zu **§ 1877 Abs. 3 BGB**. Diese Vorschrift regelt die Vergütungserwartung des Betreuers, der ebenso wie ein Geschäftsführer ohne Auftrag im öffentlichen Interesse und (wegen § 1876 S. 1 BGB) grds. unentgeltlich tätig wird. Nach § 1877 Abs. 3 BGB zählen zu den Aufwendungen die zum Gewerbe oder Beruf des Betreuers gehörenden Dienste. Analog § 1877 Abs. 3 BGB sind damit im Rahmen des § 683 S. 1 BGB solche Dienste zu vergüten, die zum Gewerbe oder Beruf des Geschäftsführers gehören.[21]

A ist Arzt, sodass die medizinische Versorgung grds. zu seiner beruflichen Tätigkeit gehört und zu vergüten wäre. Indes wird A nicht in seiner Eigenschaft **als Arzt an den Unfallort gerufen**, sondern leistet als zufällig vor Ort anwesender Passant Unfallhilfe. In einer derartigen Notfallsituation kann P von A mangels Ausstattung

---

[16] *Mansel*, in: Jauernig, BGB, § 670 Rn. 9, § 683 Rn. 7; *Medicus/Petersen*, Bürgerliches Recht, 29. Aufl. 2023, Rn. 429.
[17] *Brox/Walker*, Besonderes Schuldrecht, 48. Aufl. 2024, § 36 Rn. 54; *Schäfer*, in: MüKo-BGB, § 683 Rn. 37.
[18] BGHZ 131, 220 (225 f.) = NJW 1996, 921 (922 f.).
[19] *Dornis*, in: Erman, BGB, § 683 Rn. 15.
[20] *Schäfer*, in: MüKo-BGB, § 683 Rn. 38.
[21] BGH NJW 1971, 609 (612); 2015, 1020; *Schäfer*, in: MüKo-BGB, § 683 Rn. 38.

nicht die Einhaltung professioneller Standards erwarten. A ist auch nicht notärztlich tätig, die Tätigkeit als Ersthelfer am Unfallort gehört somit gerade nicht zu seinem Beruf. Wird die konkrete Hilfeleistung des A nicht von seiner generellen beruflichen Tätigkeit umfasst, so ist sie nicht analog § 1877 Abs. 3 BGB zu vergüten.[22]

> **Merke**
> Mit der Vergütungsfrage korrespondiert die **Haftungsfrage**: Ausgebildete Notfallmediziner, deren Dienste zu vergüten sind, haften nach allgemeinen Maßstäben; als **professionelle Nothelfer** können sie sich auch nicht auf das Haftungsprivileg des § 680 BGB berufen.
> Ein bloß **zufällig am Unfallort** anwesender Arzt kann sich hingegen – wie jeder private Unfallhelfer – auf das Haftungsprivileg des § 680 BGB berufen, auch finden gegen ihn die arzthaftungsrechtlichen Sonderregeln wie die Beweislastumkehr nach § 630h Abs. 5 S. 1 BGB (dazu → § 12, Fall 1) keine Anwendung (OLG München NJW 2006, 1883 (1885 f.) = MedR 2006, 478 (480 f.); dazu *H. Roth*, NJW 2006, 2814 (2815 f.); *Katzenmeier*, in: Beck OK-BGB, § 630a Rn. 53).

7. Anspruchsausschluss nach § 241a Abs. 1 Alt. 2 BGB

Der Anspruch des A könnte nach § 241a Abs. 1 Alt. 2 BGB insgesamt ausgeschlossen sein. Danach wird durch die Erbringung von Leistungen durch einen Unternehmer an einen Verbraucher ein Anspruch gegen den Verbraucher nicht begründet, wenn der Verbraucher die Leistungen nicht bestellt hat. A ist als Arzt Unternehmer i.S.d. § 14 BGB, P Verbraucher nach § 13 BGB. P hat die Leistung des A auch nicht bestellt, sodass der Anspruch nach § 241a Abs. 1 Alt. 2 BGB ausgeschlossen erscheint.

§ 241a Abs. 1 BGB dient jedoch dazu, vor der wettbewerbswidrigen Anbahnung eines Vertrags zu schützen.[23] Einer berechtigten Geschäftsführung ohne Auftrag fehlt jedoch jeglicher belästigende vertriebsbezogene Charakter, sodass der dem § 241a Abs. 1 BGB zugrunde liegende Wettbewerbsschutzgedanke nicht einschlägig ist. Insoweit ist eine **teleologische Reduktion** der Vorschrift geboten,[24] sodass § 241a Abs. 1 BGB nicht zur Anwendung gelangt und der Anspruch des A nicht ausgeschlossen ist.

III. Ergebnis

A steht ein Anspruch gegen P auf Ersatz der Kosten für das Verbandsmaterial und die Reinigung seines Anzugs aus §§ 677, 683 S. 1, 670 BGB zu. Eine Vergütung für die Behandlung kann A hingegen nicht verlangen.

---

[22] Vgl. *Lipp*, in: Laufs/Katzenmeier/Lipp, Arztrecht, Kap. III Rn. 56; a. A. *Schäfer*, in: MüKo-BGB, § 683 Rn. 39.
[23] BT-Drs. 14/2658, S. 46.
[24] *Mansel*, in: Jauernig, BGB, § 241a Rn. 2; im Wege der Auslegung *Thole*, in: BeckOGK-BGB, § 677 Rn. 54.

C. Merksätze

- Hilft ein Arzt in einer akuten Notsituation, so kann er zumeist einen Aufwendungsersatzanspruch aus Geschäftsführung ohne Auftrag geltend machen.
- Der Anspruch auf Aufwendungsersatz nach §§ 683 S. 1, 670 BGB umfasst auch in untrennbarem Zusammenhang mit der Geschäftsführung stehende Schäden.
- Eine Tätigkeitsvergütung wird im Rahmen des Aufwendungsersatzanspruchs nach §§ 683 S. 1, 670 BGB nur gewährt, wenn die Tätigkeit zum Gewerbe oder Beruf des Geschäftsführers gehört. Bei Ärzten ist auf die konkrete Behandlung abzustellen. Besteht ein Vergütungsanspruch, treffen den Arzt bei einem Fehler spiegelbildlich die arzthaftungsrechtlichen Sonderregeln.
- Der Ausschlussgrund aus § 241a Abs. 1 BGB ist auf Fälle der berechtigten Geschäftsführung ohne Auftrag nicht anzuwenden und steht Ansprüchen des in einem Notfall helfenden Arztes nicht entgegen.

Fall 5: Unerhört – Gerichtliche Zuständigkeit für ärztliche Honorarforderung; Unterschiede zwischen privat und gesetzlich versicherten Patienten

A. Sachverhalt

A, der in Köln eine Einzelpraxis betreibt, hat den Privatpatienten P aus Düsseldorf wegen eines Ohrenleidens behandelt. Als dieser die (angemessene) Rechnung i.H.v. 260 € auch nach mehrfacher Mahnung nicht begleicht, stattdessen die Forderung bestreitet, erhebt A anwaltlich vertreten Klage auf Zahlung vor dem AG Köln. Mit Aussicht auf Erfolg?

Abwandlung
Wie muss A vorgehen, wenn er keine Vergütung für die Behandlung des Kassenpatienten P erhalten hat?

B. Lösung

I. Ausgangsfall
Die Klage des A gegen P hat Erfolg, wenn sie zulässig und soweit sie begründet ist.

1. Zulässigkeit
Die Klage müsste zunächst zulässig sein.

a. Zivilrechtsweg
Die Honorarforderung eines Arztes gegen einen **Privatpatienten** ist ein privatrechtlicher Anspruch, sodass es sich um eine bürgerlich-rechtliche Streitigkeit handelt. Der Zivilrechtsweg ist somit gem. § 13 GVG eröffnet.

b. Zuständigkeit des AG Köln
Das AG Köln müsste für die Streitigkeit zwischen A und P auch zuständig sein.

aa. Sachliche Zuständigkeit
Die sachliche Zuständigkeit bestimmt sich nach § 1 ZPO i.V.m. §§ 23, 71 GVG. Danach sind die AG bei einem Streitwert von bis 5000 Euro zuständig, also auch für die von A klageweise geltend gemachte Zahlung i.H.v. 260 €.

> **Beachte**
> Ab dem 1.1.2026 sollen nach § 71 Abs. 2 Nr. 9 GVG n.F. in „Streitigkeiten aus Heilbehandlungen" die Landgerichte ohne Rücksicht auf den Wert des Streitgegenstandes ausschließlich zuständig sein (Art. 1 des RegE eines Gesetzes zur Änderung des Zuständigkeitsstreitwerts der Amtsgerichte, zum Ausbau der Spezialisierung der Justiz in Zivilsachen sowie zur Änderung weiterer prozessualer Regelungen, BT-Drs. 20/13251).

bb. Örtliche Zuständigkeit
Das AG in Köln müsste auch örtlich zuständig sein. Dafür müsste nach §§ 12 ff. ZPO ein Gerichtsstand in Köln begründet sein.

(1) Ausschließlicher Gerichtsstand
Ein ausschließlicher Gerichtsstand ist nicht ersichtlich.

(2) Allgemeiner Gerichtsstand, §§ 12, 13 ZPO
Der allgemeine Gerichtsstand liegt nach §§ 12, 13 ZPO am Wohnsitz des Beklagten. Der beklagte P wohnt in Düsseldorf, sodass insoweit die Zuständigkeit des AG Düsseldorf begründet wäre.

(3) Besonderer Gerichtsstand des Erfüllungsorts, § 29 Abs. 1 ZPO
Allerdings könnte in Köln der besondere Gerichtsstand des Erfüllungsorts nach § 29 Abs. 1 ZPO begründet sein. Als Erfüllungsort ist dabei der Leistungsort nach **§§ 269, 270 BGB** anzusehen. Entscheidend ist, wo die **Leistungshandlung** zu erbringen ist; auf den Ort des Leistungserfolgs kommt es nicht an. Dieser Ort ist bei gegenseitigen Verträgen für jede Pflicht gesondert zu bestimmen.[25] Somit ist auf den Leistungsort der Zahlungspflicht des P abzustellen.

Der Erfüllungsort liegt grds. am Wohnsitz des Schuldners, hier also am Wohnsitz des P in Düsseldorf, § 269 Abs. 1 BGB. Nichts anderes ergibt sich aus § 270 Abs. 1 BGB, wonach P das geschuldete Geld auf seine Gefahr und Kosten an den Wohnsitz des Gläubigers zu übermitteln hat. Hierbei handelt es sich um eine bloße Gefahrtragungsregel, die den Leistungsort unberührt lässt, § 270 Abs. 4 BGB.[26] Grds. ist Erfüllungsort somit Düsseldorf.

---

[25] *Wern*, in: Prütting/Gehrlein, ZPO, § 29 Rn. 13.
[26] BGHZ 212, 140 (143) = NJW 2017, 1596 (1597).

> **Merke**
> Bei der Zahlungsverpflichtung handelt es sich um eine **qualifizierte Schickschuld** (vgl. *Krüger*, in: MüKo-BGB, § 270 Rn. 17). Zwar wird in Hinblick auf die Gefahrtragung nach der Zahlungsverzugsrichtlinie (dazu EuGH NJW 2008, 1935) mitunter von einer modifizierten Bringschuld ausgegangen (etwa *Grüneberg*, in: Grüneberg, BGB, § 270 Rn. 1), eine solche Auslegung ist durch die Zahlungsverzugsrichtlinie aber nicht geboten (vgl. *Looschelders*, Schuldrecht AT, 21. Aufl. 2023, § 12 Rn. 20).
>
> Auf die **gerichtliche Zuständigkeit** hat dieser materiell-rechtliche Streit **keine Auswirkungen**, da auch die abweichende Ansicht für den Erfüllungsort i.S.d. § 29 Abs. 1 ZPO die Regel des § 270 Abs. 4 BGB zur Anwendung bringen will (*Grüneberg*, in: Grüneberg, BGB, § 270 Rn. 1). § 270 Abs. 1 BGB ist eine bloße Gefahrtragungsregel und vermag dieses Ergebnis nicht zu ändern.

Es könnte jedoch ein **einheitlicher Erfüllungsort** am Ort der vertragscharakteristischen Leistung anzunehmen sein. Die Rspr. erkennt dies in Fällen an, in denen es „zum Zweck einer einheitlichen Abwicklung geboten erscheint".[27]

Gegen diese sog. **Schwerpunkttheorie** lässt sich einwenden, dass es mit § 269 Abs. 1 BGB nicht vereinbar ist, bei gegenseitigen Verträgen generell von einem einheitlichen Erfüllungsort auszugehen.[28] Zudem darf das ausdifferenzierte Zuständigkeitssystem der ZPO nicht durch reine Zweckmäßigkeitserwägungen unterlaufen werden.

Die Rspr. aber bezieht sich auf die „Natur des Schuldverhältnisses" (§ 269 Abs. 1 BGB). Wenn die Parteien dem Schuldverhältnis einen eindeutigen Schwerpunkt verleihen, dann erscheine eine vollständige Abwicklung ihrer beiderseitigen Verpflichtungen an diesem Ort interessengerecht.

> **Beachte**
> Ein **einheitlicher Erfüllungsort** wird etwa bei Bauverträgen angenommen, bei denen der Besteller seine Mitwirkungspflichten und die Abnahmepflicht typischerweise am Ort des Bauwerks erfüllen muss (BGH NJW 1986, 935). Gleiches gilt für Bargeschäfte des täglichen Lebens, die typischerweise sofort vollständig erfüllt werden (BGH NJW-RR 2003, 192 (193)).
>
> Im Behandlungsvertragsrecht hat der BGH für Krankenhausbehandlungen einen einheitlichen Erfüllungsort angenommen und dies auf die Mitwirkungs-

---

[27] Nachweise bei *Roth*, in: Stein/Jonas, ZPO, § 29 Rn. 44; *Patzina*, in: MüKo-ZPO, § 29 Rn. 24; *Wern*, in: Prütting/Gehrlein, ZPO, § 29 Rn. 14.
[28] *Heinrich*, in: Musielak/Voit, ZPO, 21. Aufl. 2024, § 29 Rn. 17.

> pflichten des Patienten gestützt (BGH NJW 2012, 860 (861) = MedR 2014, 755 (757) m. krit. Anm. *Katzenmeier/Reisewitz*), hinsichtlich ambulanter Behandlungen bei niedergelassenen Ärzten fehlt es bislang an höchstrichterlicher Rspr.
> Bei Rechtsberatungen, die von Anwälten – ebenfalls freiberuflich in einer Niederlassung – erbracht werden, wird ein von den Gerichten vormals bejahter einheitlicher Erfüllungsort am Sitz der Kanzlei mittlerweile abgelehnt (BGHZ 157, 20 (24 ff.) = NJW 2004, 54 (55)).

I.S.d. Schwerpunkttheorie ließe sich argumentieren: Im Rahmen eines Behandlungsvertrags sollen Arzt und Patient nach § 630c Abs. 1 BGB zur Durchführung der Behandlung zusammenwirken, diese Mitwirkungsobliegenheit des Patienten ist am Ort der Behandlung zu erfüllen. Die Durchführung des Vertrags ist somit eng an die Anwesenheit des Patienten am Behandlungsort gebunden, woraus sich eine besondere Beziehung des Vertragsverhältnisses zu diesem Ort ergibt. Mithin ist bei Behandlungsverträgen von einem einheitlichen Erfüllungsort am Ort der Behandlung auszugehen.[29]

Hält man die Schwerpunkttheorie für anwendbar, dann ist nicht nur bzgl. der Pflicht des A zu fachgerechter Behandlung, sondern auch bzgl. der Zahlungspflicht des P der besondere Gesichtsstand des Erfüllungsortes nach § 29 Abs. 1 ZPO in Köln begründet.

(4) Ergebnis zur örtlichen Zuständigkeit
Gerichtsstände sind sowohl in Düsseldorf (§§ 12, 13 ZPO) als auch in Köln (§ 29 Abs. 1 ZPO) begründet. Unter mehreren zuständigen Gerichten hat der Kläger nach § 35 ZPO die Wahl, diese hat A mit der Klageerhebung in Köln ausgeübt.

cc. Ergebnis zur Zuständigkeit
Das AG Köln ist für die Streitigkeit zwischen A und P zuständig.

c. Weitere Sachurteilsvoraussetzungen
A und P sind jeweils nach § 50 ZPO i.V.m. § 1 BGB rechtsfähig und nach § 51 Abs. 1 ZPO prozessfähig. Bzgl. der streitgegenstandsbezogenen Sachurteilsvoraussetzungen bestehen keine Bedenken.

d. Ergebnis zur Zulässigkeit
Die Klage des A gegen P ist zulässig.

---

[29] So zum Krankenhausvertrag BGH NJW 2012, 860 (861) = MedR 2014, 755 (757) m. krit. Anm. *Katzenmeier/Reisewitz*; OLG Düsseldorf MedR 2005, 410 (zur zahnärztlichen Behandlung); a. A. KG MedR 2011, 815 (817 f.) m. Anm. *Kerwer/Voit*; LG Mainz NJW 2003, 1612 f.

Das Landesrecht kann bei vermögensrechtlichen Streitigkeiten vor dem AG bis einschließlich 750 € als zusätzliche Sachurteilsvoraussetzung ein vorgeschaltetes **obligatorisches Schlichtungsverfahren** vorsehen, § 15a Abs. 1 S. 1 Nr. 1 EGZPO. Von der Ermächtigung hat derzeit kein Bundesland (mehr) Gebrauch gemacht (dazu *Gruber*, in: MüKo-ZPO, § 15a EGZPO Rn. 22).

2. Begründetheit

Die Klage des A gegen P müsste auch begründet sein. Ein Anspruch des A gegen P auf Zahlung des Behandlungshonorars folgt aus dem geschlossenen Behandlungsvertrag gem. § 630a Abs. 1 BGB,[30] sodass die Klage des A begründet ist.

3. Ergebnis

Die Klage des A gegen P ist zulässig und begründet und hat daher Erfolg.

II. Abwandlung

Fraglich ist, welcher Rechtsweg bei verweigerter Vergütung für die Behandlung des **Kassenpatienten** zu beschreiten ist.

1. Rechtswegeröffnung

Damit der Zivilrechtsweg eröffnet ist, müsste die Streitigkeiten über die Vergütung für die Behandlung eines Kassenpatienten eine bürgerlich-rechtliche Streitigkeit darstellen, § 13 GVG. Die Abgrenzung von bürgerlich-rechtlichen Streitigkeiten und öffentlich-rechtlichen Streitigkeiten richtet sich nach der Rechtsnatur der streitentscheidenden Norm. Öffentlich-rechtlich sind Normen, die lediglich Hoheitsträger berechtigen oder verpflichten.[31]

Bei der Behandlung eines Kassenpatienten erlangt der Arzt keinen Entgeltanspruch gegen den Patienten aus § 630a Abs. 1 BGB, sondern einen **Honoraranspruch gegen die Kassenärztliche Vereinigung** nach Maßgabe der §§ 82 Abs. 2, 87b Abs. 1 SGB V,[32] den diese durch Erlass eines Honorarbescheids erfüllt. Die streitentscheidenden Normen der §§ 82 Abs. 2, 87b Abs. 1 SGB V verpflichten dabei lediglich die Kassenärztliche Vereinigung als Trägerin öffentlicher Gewalt, sodass es sich beim Streit um einen Honorarbescheid um eine **öffentlich-rechtliche Streitigkeit** handelt. Der Zivilrechtsweg ist damit für Honorarstreitigkeiten bei Kassenpatienten nicht eröffnet. Vielmehr handelt es sich um eine öffentlich-rechtliche Streitigkeit, für die nach § 51 Abs. 1 Nr. 2 SGG der **Sozialrechtsweg** eröffnet ist.[33] A sollte seine Forderung daher nicht zivilrechtlich einklagen, sondern auf dem Sozialrechtsweg geltend machen.

Sollte der Arzt beim Zivilgericht klagen, so wird dieses die Klage infolge der Rechtswegunzuständigkeit nach § 17a Abs. 2 GVG von Amts wegen an das zuständige Gericht des zulässigen Rechtswegs, hier also das SG Düsseldorf, verweisen.

---

[30] Dazu → § 6, Fall 1.

[31] Dazu *Detterbeck*, Allgemeines Verwaltungsrecht, 21. Aufl. 2023, Rn. 1324.

[32] Näher zum Abrechnungssystem der gesetzlichen Krankenversicherung (GKV-Viereck) → § 4, Grundlagen, C.

[33] Einführung in das sozialgerichtliche Verfahren bei *Harks*, JuS 2021, 511.

2. Zuständigkeit

Sachlich zuständig ist nach § 8 SGG das SG. Die örtliche Zuständigkeit richtet sich nach dem Sitz der Kassenärztlichen Vereinigung, § 57a Abs. 2 SGG. Die für A zuständige KV Nordrhein hat ihren Sitz in Düsseldorf, sodass das SG Düsseldorf zuständig ist.

3. Statthafte Klageart

Sodann ist die statthafte Klageart zu bestimmen. Diese richtet sich nach dem Begehren des Klägers, vgl. § 123 SGG. Eine Anfechtungsklage nach § 54 Abs. 1 Alt. 1 SGG wäre statthaft, wenn A die Aufhebung eines Verwaltungsaktes begehren würde. Beim Honorarbescheid handelt es sich um einen Verwaltungsakt gem. § 31 SGB X. Allerdings begehrt A nicht bloß die Aufhebung des falschen Honorarbescheids, sondern auch die Auszahlung des korrekten Honorars, für dessen Gewähr der KV Nordrhein kein Ermessen zusteht. Für derartige Fälle ist im Sozialverfahrensrecht die kombinierte Anfechtungs- und Leistungsklage nach § 54 Abs. 1, 4 SGG statthaft.[34]

4. Vorverfahren

Zudem müsste A das Vorverfahren einhalten. Nach § 78 Abs. 1 S. 1 SGG bedarf es im Sozialgerichtsverfahren eines Widerspruchs, ehe die Anfechtungsklage erhoben werden kann, diese Vorschrift erfasst auch mit einer weiteren Klageart verbundene Anfechtungsklagen.[35] Vor einer kombinierten Anfechtungs- und Leistungsklage müsste A also entsprechend § 84 Abs. 1 SGG binnen einen Monats nach Bekanntgabe Widerspruch bei der KV Nordrhein einlegen und das Widerspruchsverfahren durchlaufen.

5. Ergebnis

A muss seinen Honoraranspruch für die Vergütung des Kassenpatienten P im Wege des Widerspruchs nach § 84 Abs. 1 SGG gegenüber der KV Nordrhein geltend machen. Wird der Widerspruch abgelehnt, muss A eine kombinierte Anfechtungs- und Leistungsklage vor dem zuständigen SG Düsseldorf erheben.

C. Merksätze

- Streitigkeiten zwischen Ärzten und Privatpatienten unterfallen stets der Zivilgerichtsbarkeit. Erstinstanzlich zuständig sind meist die LG wegen des hohen Streitwerts. Aufgrund der engen Verknüpfung der Vertragsdurchführung an den Behandlungsort kann auch für die Zahlungsverpflichtung des Patienten ein einheitlicher Erfüllungsort am Behandlungsort angenommen werden (str.).
- Bei der Behandlung von Kassenpatienten sind Streitigkeiten innerhalb der öffentlich-rechtlich strukturierten Ebenen der Krankenversorgung vor den Sozialgerichten auszutragen.

---

[34] *Harks*, JuS 2021, 511 (512); *Mink*, in: BeckOK-SozR, § 54 SGG Rn. 21. Es handelt sich insoweit um eine Besonderheit im Vergleich zum Verwaltungsprozessrecht, in dem eine Verpflichtungsklage statthaft wäre.

[35] *Binder*, in: Berchtold, SGG, 6. Aufl. 2021, § 78 Rn. 5; BSGE 3, 293 (LS 2, 297).

Wiederholungsfragen

▶ Muss der Patient den Arzt auch dann vergüten, wenn der erwünschte Heilungserfolg trotz fachgerechter Behandlung ausgeblieben ist?

Ja. Der Behandlungsvertrag ist ein besonderer Dienstvertrag. Der Behandelnde schuldet nur das fachgerechte Bemühen um Gesundung, da der Behandlungserfolg nicht nur von seiner ärztlichen Tätigkeit, sondern auch von den Unwägbarkeiten des menschlichen Organismus abhängt. Da auch bei fachgerechter Behandlung ein Erfolg nicht sichergestellt werden kann, kann der Arzt keine Erfolgsgarantie übernehmen und ist auch bei Ausbleiben des Behandlungserfolgs für seine Bemühungen zu vergüten.

▶ Ist die Vereinbarung der Leistung ärztlicher Maßnahmen gegen Entgelt immer als besonderer Dienstvertrag zu qualifizieren?

Nein. Eine werkvertragliche Qualifikation ist geboten, wenn kein Heilbemühen, sondern ein konkret umschriebener Erfolg vereinbart ist. Das ist insbesondere bei rein technischen Anfertigungen der Fall. Beispiele sind die Herstellung und Lieferung von Prothesen, Korsetts oder Schuheinlagen sowie Laborleistungen.

▶ Kann der Arzt vom (Privat-)Patienten auch dann eine Vergütung verlangen, wenn sich beide vor Behandlungsbeginn nicht über eine Vergütung verständigt haben?

Ja. Über § 630b BGB kommt § 612 BGB zur Anwendung, sodass eine Vergütung als stillschweigend vereinbart gilt. Die Höhe bestimmt sich gem. § 612 Abs. 2 Alt. 1 BGB nach der Gebührenordnung für Ärzte (GOÄ), die eine taxmäßige Vergütung darstellt.

▶ Welcher Voraussetzungen bedarf es, damit der Vergütungsanspruch des Arztes gegen den Privatpatienten fällig wird?

Infolge der §§ 630b, 614 S. 1 BGB ist der Arzt vorleistungspflichtig. Bevor er eine Vergütung erhält, muss er daher die ärztlichen Dienste erbracht haben. Ergänzend bestimmt § 12 GOÄ, dass der Arzt dem Privatpatienten zur Fälligkeit der Vergütung eine Rechnung erteilen muss.

▶ Kann sich der Patient von einem Behandlungsvertrag lösen? Falls ja, muss er eine Frist beachten?

Bei der ärztlichen Behandlung handelt es sich um höhere Dienste, die aufgrund besonderen Vertrauens übertragen werden. Der Patient kann den Behandlungsvertrag daher nach §§ 630b, 627 Abs. 1 BGB jederzeit auch ohne Angabe von Gründen fristlos kündigen.

▶ Kann sich der Arzt von einem Behandlungsvertrag lösen? Falls ja, muss er eine Frist beachten?

Auch dem Arzt ist die fristlose Kündigung ohne Angabe von Gründen nach §§ 630b, 627 Abs. 1 BGB möglich. Das bedeutet, dass auch eine Kündigung zur Unzeit grds. wirksam ist, sie kann aber nach § 627 Abs. 2 S. 2 BGB zu einer Schadensersatzpflicht führen. Eine Einschränkung des ärztlichen Kündigungsrechts folgt jedoch aus § 323c Abs. 1 StGB und dem ärztlichen Berufsrecht: Der Arzt darf nicht kündigen, wenn ein Notfall vorliegt und durch die Kündigung Leben oder Gesundheit des Patienten gefährdet würden.

▶ Ein gesetzlich krankenversicherter Patient einigt sich mit dem Arzt über die Erbringung einer medizinischen Behandlung. Kommt ein zivilrechtlicher Behandlungsvertrag zustande?

Im Sozialrecht wurde vor Einführung der §§ 630a ff. BGB wegen des „subtil organisierten öffentlich-rechtlichen Systems" der Krankenversorgung davon ausgegangen, dass zwischen Arzt und gesetzlich krankenversichertem Patienten nur sozialrechtliche Beziehungen bestehen (Versorgungskonzeption), heute ist diese Ansicht auch im Sozialrecht umstritten. Mit der h.M. im Zivilrecht ist davon auszugehen, dass auch zwischen GKV-Patienten und Arzt ein zivilrechtlicher Behandlungsvertrag zustande kommt (Vertragskonzeption). Dafür spricht insbesondere, dass die §§ 630a ff. BGB nicht nach der Versicherungsart differenzieren.

▶ Kommt zwischen einem bewusstlosen Patienten und einem zufällig anwesenden Arzt im Zeitpunkt der Erstversorgung ein privatrechtlicher Behandlungsvertrag zustande?

Nein. Bewusstlose können nach § 105 Abs. 2 BGB keine Willenserklärung abgeben. Auch aus der Ersten Hilfe durch den Arzt kann kein Rückschluss darauf gezogen werden, ob sich der Arzt zur Weiterbehandlung verpflichten will. Den Parteien ist es daher lediglich möglich, den Vertragsschluss nach Wiedererlangung des Bewusstseins nachzuholen.

▶ Kann ein im Notfall helfender Arzt auch Ansprüche aus GoA geltend machen, obwohl er nach § 323c Abs. 1 StGB zur Hilfeleistung verpflichtet ist?

Ja. § 323c Abs. 1 StGB steht einer berechtigten GoA nicht entgegen. Gerade in Fällen allgemeiner Not ist die Anwendung der §§ 677 ff. BGB besonders geboten, sodass eine straf- oder berufsrechtliche Hilfspflicht Ansprüche aus GoA nicht ausschließt.

▶ Steht einem im Notfall helfenden Arzt nach §§ 677, 683 S. 1, 670 BGB auch ein Anspruch auf Ersatz erlittener Schäden zu?

Schäden sind als unfreiwillige Vermögensopfer gerade keine Aufwendungen. Im Rahmen des § 670 BGB sind sie jedoch Aufwendungen gleichzusetzen, wenn sie untrennbar mit der Geschäftsführung verbunden sind und sich in ihnen ein typisches

Risiko der Geschäftsführung realisiert, hierfür werden verschiedene dogmatische Begründungen angeführt. Man spricht in diesem Fall von risikotypischen Begleitschäden, die nach § 670 BGB ersetzt werden.

▶ Kann ein im Notfall helfender Arzt eine Vergütung für die Notfallbehandlung verlangen?

Der Auftrag ist grds. unentgeltlich, bei einer GoA fehlt es aber an einer Abrede bzgl. der Unentgeltlichkeit. Analog § 1877 Abs. 3 BGB gelten solche Dienste als Aufwendungen, die zum Gewerbe oder Beruf des Geschäftsführers gehören. Für Ärzte ist hierbei auf die konkrete Behandlung abzustellen, eine Vergütung steht lediglich professionell in der Notfallbehandlung tätigen Ärzten zu.

▶ Notarzt A behandelt in einem Rettungseinsatz den bewusstlosen Patienten P. Dabei beschädigt er bei der Hilfeleistung leicht fahrlässig die Brille des P. Kann P von A Ersatz der Reparaturkosten verlangen?

Ja, Ansprüche des P ergeben sich aus §§ 677, 280 Abs. 1 BGB sowie aus § 823 Abs. 1 BGB. Es könnte allenfalls an eine Haftungsprivilegierung nach § 680 BGB gedacht werden. Diese Norm ist jedoch teleologisch zu reduzieren, sie ist dann nicht anwendbar, wenn es sich bei dem Geschäftsführer um einen professionellen Nothelfer handelt.

▶ Ärztin A aus Hamburg hat die urlaubsbedingt im Norden befindliche Privatpatientin P aus Passau wegen eines Schnupfens behandelt. P weigert sich nun, die Rechnung zu zahlen. Kann A die Behandlungskosten in Hamburg einklagen?

Eine Klage in Hamburg ist zulässig, wenn dort ein Gerichtsstand eröffnet ist. Allgemeiner Gerichtsstand ist nach §§ 12, 13 ZPO Passau. In Betracht kommt Hamburg als besonderer Gerichtsstand nach § 29 Abs. 1 ZPO, wenn man für den Behandlungsvertrag einen einheitlichen Erfüllungsort anerkennt.

▶ Wie kann A gerichtlich vorgehen, wenn es sich bei P um eine Kassenpatientin handelt?

Bei Kassenpatienten erlangt die Ärztin einen Honoraranspruch gegen die Kassenärztliche Vereinigung (im Fall der A: die Kassenärztliche Vereinigung Hamburg). Für diesen Honoraranspruch ist nach § 51 Abs. 1 Nr. 2 SGG der Sozialrechtsweg eröffnet. A müsste daher zunächst einen Widerspruch einlegen (§ 78 Abs. 1 S. 1 SGG), ehe sie eine kombinierte Anfechtungs- und Leistungsklage nach § 54 Abs. 1, 4 SGG vor dem SG Hamburg erheben kann.

Parteien des Behandlungsverhältnisses – Grundlagen

A. Ambulante Behandlung

Privatpatienten schließen einen privatrechtlichen Vertrag mit dem Behandelnden ab. Aus dem Vertrag werden grds. allein die Vertragspartner berechtigt und verpflichtet.
  Kassenpatienten schließen nach h.M. **ebenfalls einen privatrechtlichen Vertrag** mit dem Behandelnden ab (Vertragskonzeption, dazu → § 6, Fall 2). Damit bestehen für Kassenpatienten im Wesentlichen die gleichen Rechte wie für Privatpatienten. Besonderheiten:

- Geltung des sozialrechtlichen **Wirtschaftlichkeitsgebots:** Nach § 12 Abs. 1 SGB V müssen die Leistungen ausreichend, zweckmäßig und wirtschaftlich sein, sie dürfen das Maß des Notwendigen nicht überschreiten.
- Honorierung: Der Arzt erwirbt **keinen Honoraranspruch gegen den Kassenpatienten**, sondern einen Anspruch gegen die Kassenärztliche Vereinigung (dazu → § 6, Fall 5, Abwandlung).

B. Stationäre Behandlung

Der **Krankenhausvertrag** ist seiner Rechtsnatur nach ein Behandlungsvertrag gem. § 630a BGB, in dem sich der Krankenhausträger zu medizinisch gebotenen Leistungen verpflichtet. In der Praxis haben sich drei verschiedene Vertragsformen herausgebildet:[36]

Einheitlicher (totaler) Krankenhausvertrag (Regelform)
Der Krankenhausträger wird **alleiniger Vertragspartner** des Patienten und schuldet als Behandelnder i.S.d. § 630a Abs. 1 BGB sämtliche ärztlichen und nichtärztlichen Leistungen.

- Kassenpatient: Drei-Parteien-Beziehung zwischen Kassenpatient, Krankenkasse und Krankenhausträger.
- Privatpatient: Zwei-Parteien-Beziehung zwischen Krankenhausträger und Patient.

Gespaltener Arzt-Krankenhaus-Vertrag (Hauptfall: Belegarztvertrag)[37]
Der Patient schließt zwei Verträge:

- Vertrag mit dem **Krankenhausträger** über pflegerische und medizinische Betreuung mit Ausnahme der ärztlichen Behandlung.
- Vertrag mit dem (eigens liquidationsberechtigten) **Arzt** über die ärztliche Behandlung.

---

[36] Dazu *Katzenmeier*, in: BeckOK-BGB, § 630a Rn. 75 ff.; *Lipp*, in: Laufs/Katzenmeier/Lipp, Arztrecht, Kap. III Rn. 8 ff.
[37] Dazu → § 9, Fall 1, Frage 4.

Totaler Krankenhausvertrag mit Arztzusatzvertrag
Der Patient schließt zwei Verträge:

- Vertrag mit dem **Krankenhausträger** über umfassende ärztliche und nichtärztliche Leistungen (entspr. einheitlichem Krankenhausvertrag).
- Vertrag mit dem (eigens liquidationsberechtigten) **Arzt** über persönliche Erbringung ärztlicher Leistungen (die Verpflichtung besteht neben der des Krankenhausträgers).

Werden besonders berechenbare ärztlicher Leistungen (Wahlleistungen, § 17 KHEntgG) in Anspruch genommen, ist im Zweifel kein gespaltener Arzt-Krankenhaus-Vertrag, sondern ein totaler Krankenhausvertrag mit Arztzusatzvertrag anzunehmen. Der Patient will mit seinem Antrag auf Gewährung von Wahlleistungen besondere ärztliche Leistungen nur „hinzukaufen", nicht aber den Krankenhausträger aus der Verantwortung entlassen.[38]

C. Besonderheiten bei Familienverbünden

I. Behandlung Minderjähriger

Aus der elterlichen Sorge (§ 1626 Abs. 1 BGB) folgt die Pflicht, kranken Kindern eine Behandlung zu verschaffen. Der Vertragsschluss erfolgt daher üblicherweise durch **beide Sorgeberechtigten** (regelmäßig: Eltern) im eigenen Namen, aber zugunsten des Kindes (§§ 630a, 328 BGB).[39]

Erscheint **nur einer von zwei Sorgeberechtigten** in der Arztpraxis, ist an eine Stellvertretung (§§ 164 ff. BGB) für den anderen Sorgeberechtigten oder bei miteinander verheirateten Sorgeberechtigten an eine Mitverpflichtung nach § 1357 Abs. 1 S. 2 BGB zu denken.

Erscheint **nur der Minderjährige** in der Arztpraxis, kommt ein Vertragsschluss mit den Sorgeberechtigten in Betracht, wenn der Minderjährige in Stellvertretung (§§ 164 ff. BGB, insbesondere § 165 BGB) oder Botenschaft gehandelt hat. Regelmäßig aber schließt der allein erscheinende Minderjährige den Behandlungsvertrag im eigenen Namen, in diesem Fall finden die §§ 106 ff. BGB Anwendung:

- **Privatpatient**: Ein Behandlungsvertrag ist wegen der den Privatpatienten treffenden Vergütungspflicht nicht lediglich rechtlich vorteilhaft gem. § 107 Alt. 1 BGB, es bedarf daher der Zustimmung (§§ 182 ff. BGB) der Sorgeberechtigten.

---

[38] BGHZ 95, 63 (LS 1, 67 f.) = NJW 1985, 2189 (2190) = MedR 1986, 137 (139) m. zust. Anm. *Uhlenbruck*; *Katzenmeier*, in: BeckOK-BGB, § 630a Rn. 81.
[39] Zu privat krankenversicherten Kindern BGHZ 89, 263 (266) = NJW 1984, 1400 = MedR 1984, 143 f.; zu gesetzlich krankenversicherten Kindern BGH NJW 2022, 2269 (2270) m. zust. Anm. *Voß* = MedR 2023, 45 (46) m. zust. Bespr. *Katzenmeier/Castendiek*, MedR 2023, 37; Überblick bei *Katzenmeier*, in: BeckOK-BGB, § 630a Rn. 88.

- **Kassenpatient**: Es besteht keine Zahlungspflicht des Patienten (→ § 4, Grundlagen, A.)., daher ist der Behandlungsvertrag lediglich rechtlich vorteilhaft i.S.d. § 107 Alt. 1 BGB (str.). Für die Wirksamkeit verlangt die überwiegende Auffassung aber wenigstens die sozialrechtliche Handlungsfähigkeit (§ 36 Abs. 1 S. 1 SGB I) des Minderjährigen.

II. Mitverpflichtung von Ehegatten
Der Abschluss eines Behandlungsvertrags gehört zu den Geschäften zur Deckung des Lebensbedarfs, unterfällt daher § 1357 Abs. 1 S. 2 BGB. Für die Frage der Angemessenheit ist zu unterscheiden:

- **Medizinisch indizierte und unaufschiebbare Eingriffe**: Diese sind unabhängig von den Kosten stets angemessen.
  Bei Überschreitung der finanziellen Leistungsfähigkeit der Familie kann die Mitverpflichtung des Ehegatten trotzdem ausgeschlossen sein, da „sich aus den Umständen etwas anderes ergibt" (§ 1357 Abs. 1 S. 2 BGB).
- **Andere Maßnahmen** (z.B. Wahlleistungen, aufschiebbare Eingriffe oder nicht indizierte Eingriffe): Einzelfallbetrachtung des nach außen tretenden (str.) Lebenszuschnitts der Ehegatten.

III. Notvertretungsrecht des Ehegatten
Ist ein Ehegatte bewusstlos oder derart erkrankt, dass er seine Angelegenheiten der Gesundheitssorge rechtlich nicht besorgen kann, steht dem anderen Ehegatten nach Maßgabe des **§ 1358 BGB** ein **Notvertretungsrecht** zu. Dieses umfasst folgende Maßnahmen:

- Einwilligung oder deren Verweigerung für Untersuchungen des Gesundheitszustandes, Heilbehandlungen oder ärztliche Eingriffe
- Entgegennahme ärztlicher Aufklärungen
- Abschluss und Durchsetzung von Behandlungsverträgen, Krankenhausverträgen und Verträgen über eilige Maßnahmen der Rehabilitation und Pflege
- Entscheidung über freiheitsentziehende Maßnahmen i.S.d. § 1831 Abs. 4 BGB, sofern deren Dauer im Einzelfall sechs Wochen nicht übersteigt
- Geltendmachung von Ansprüchen, die dem vertretenen Ehegatten aus Anlass der Erkrankung gegenüber Dritten zustehen sowie deren Abtretung an Leistungserbringer

Das Notvertretungsrecht ist auf **sechs Monate begrenzt**. Es endet früher, wenn die zu Grunde liegende Notlage des Ehegatten endet oder soweit ein Betreuer bestellt wird (s. § 1358 Abs. 3 Nrn. 3, 4 BGB).

Literatur zur Vertiefung: *Katzenmeier*, in: BeckOK-BGB, § 630a Rn. 72–100; *Lipp*, in Laufs/Katzenmeier/Lipp, Arztrecht, Kap. III Rn. 3–19, 39–41.

Fall 6: Einer für alle, alle für einen? – Vertragsschluss mit Gemeinschaftspraxis; Haftung der GbR-Gesellschafter

A. Sachverhalt

P sucht die durch Praxisschild ausgewiesene „orthopädische Gemeinschaftspraxis Dres. Albrecht, Brummschneider, Chorsänger GbR" auf, um sich von seinen Rückenschmerzen befreien zu lassen. Vom einzelvertretungsberechtigten Dr. Albrecht (A) wird er fehlerhaft behandelt und hierdurch in seiner körperlichen Integrität beeinträchtigt.

Frage 1: Kann P von der GbR Ersatz des ihm entstandenen Schadens verlangen?

Frage 2: Steht P ein Anspruch gegen Dr. Brummschneider (B) zu?

B. Lösung

I. Frage 1
1. §§ 630a Abs. 1, 280 Abs. 1 BGB
P könnte ein Anspruch gegen die GbR auf Ersatz des ihm entstandenen Schadens gem. §§ 630a Abs. 1, 280 Abs. 1 BGB zustehen.

a. Schuldverhältnis
Hierfür müsste P einen wirksamen Behandlungsvertrag mit der GbR geschlossen haben.

aa. Rechtsfähigkeit der GbR
Dies setzt zunächst voraus, dass die GbR als solche Vertragspartnerin des P sein kann. Eine GbR ist keine juristische Person, aber nach **§ 705 Abs. 2 Alt. 1 BGB** rechtsfähig, wenn sie nach dem gemeinsamen Willen der Gesellschafter am Rechtsverkehr teilnehmen soll. Die „orthopädische Gemeinschaftspraxis Dres. Albrecht, Brummschneider, Chorsänger GbR" nimmt nach dem gemeinsamen Willen der Gesellschafter A, B und C am Rechtsverkehr teil und ist mithin nach § 705 Abs. 2 Alt. 1 BGB rechtsfähig. Sie kann somit als GbR Vertragspartnerin eines Behandlungsvertrags sein.

bb. Vertragsschluss
Für den Abschluss eines Behandlungsvertrags bedarf es übereinstimmender und mit Bezug aufeinander abgegebener Willenserklärungen von der GbR und P, §§ 145, 147 BGB.

(1) Willenserklärung der GbR
Zunächst müsste die GbR eine entsprechende Willenserklärung abgegeben haben. Die GbR ist selbst nicht handlungsfähig, sodass sie zur Begründung einer Verbind-

lichkeit wirksam vertreten werden muss. In Betracht kommt eine **Vertretung durch A, §§ 720, 164 BGB**. Dazu müsste A eine Willenserklärung im Namen der GbR mit Vertretungsmacht abgegeben haben. A hat die Behandlung des P übernommen und jedenfalls damit konkludent eine auf Abschluss eines Behandlungsvertrags gerichtete Willenserklärung abgegeben.[40] A war auch einzelvertretungsberechtigt, handelte mithin mit Vertretungsmacht.

A müsste die Willenserklärung auch im Namen der GbR abgegeben haben. A und P haben sich nicht ausdrücklich verständigt, dass der Vertrag mit der GbR zustande kommen soll. Gem. § 164 Abs. 1 S. 2 BGB kann sich das Handeln in fremdem Namen aber auch aus den Umständen ergeben. A, B und C sind gegenüber P als Gemeinschaftspraxis aufgetreten und haben ein gemeinschaftliches Leistungsangebot unterbreitet. Für P war erkennbar, dass die angebotenen ärztlichen Leistungen auf dem Gebiet der Orthopädie von jedem der Gesellschafter in gleicher Weise erbracht werden können, die Gemeinschaftspraxis stellte sich aus seiner Sicht als Einheit dar. Nach §§ 133, 157 BGB ist auf die Verständnismöglichkeit des P abzustellen, der die Erklärung des A somit als Erklärung im Namen der GbR verstehen musste.[41]

Die GbR hat, nach §§ 720, 164 BGB vertreten durch A, eine auf Abschluss eines Behandlungsvertrags mit P gerichtete Willenserklärung abgegeben.

(2) Willenserklärung des P
P müsste seinerseits eine auf Abschluss eines Behandlungsvertrags mit der GbR gerichtete Willenserklärung abgegeben haben. P hat keine ausdrückliche Erklärung abgegeben, sondern sich schlicht in Behandlung begeben. Darin könne einerseits ein Wille zum Vertragsschluss nur mit A persönlich liegen. Andererseits könnte der Wille des P darauf gerichtet gewesen sein, über die GbR alle Ärzte zu berechtigen und verpflichten. Der Erklärungsgehalt von Ps Verhalten ist mittels Auslegung gem. §§ 133, 157 BGB zu bestimmen.

P hat die Vorteile der Gemeinschaftspraxis – wie etwa die Gelegenheit kollegialer Besprechungen und die gesteigerten Möglichkeiten der personellen und apparativen Ausstattung – bewusst in Anspruch genommen. Zu diesen Vorteilen gehört auch, dass bei Verhinderung eines Arztes ein anderer Arzt-Gesellschafter die Behandlung vornehmen kann. A konnte daher davon ausgehen, dass P nicht einen bestimmten Arzt allein, sondern alle in der Praxis zusammengeschlossenen Ärzte mit den medizinischen Leistungen betrauen will.[42] P hat somit eine auf Abschluss eines Behandlungsvertrags mit der GbR gerichtete Willenserklärung abgegeben.

---

[40] Zum konkludenten Abschluss eines Behandlungsvertrags → § 6, Fall 1.
[41] Vgl. BGHZ 97, 273 (277 ff.) = NJW 1986, 2364 (2365) = MedR 1986, 321 (322 f.); BGHZ 142, 126 (137) = NJW 1999, 2731 (2734) = MedR 1999, 561 (565).
[42] Vgl. BGHZ 97, 273 (277 f.) = NJW 1986, 2364 (2365) = MedR 1986, 321 (322 f.); BGHZ 142, 126 (136) = NJW 1999, 2731 (2734) = MedR 1999, 561 (565).

Im Falle der Verhinderung des primär behandelnden Arztes ist in einer Gemeinschaftspraxis jederzeit der **Eintritt eines Vertreters** möglich, ohne dass Kassenpatienten insoweit eine Überweisung benötigen (BGHZ 97, 273 (277 f.) = NJW 1986, 2364 (2365) = MedR 1986, 321 (322 f.); BGHZ 142, 126 (136) = NJW 1999, 2731 (2734) = MedR 1999, 561 (566)). Im Eintritt eines Vertreters kommt zum Ausdruck, dass die Leistungen von jedem Gesellschafter der GbR in gleicher Weise erbracht werden. Ein Vertreter kann auch tätig werden, wenn der Patient zu Beginn der Behandlung den behandelnden Arzt gewählt hat. Wurde ausdrücklich vereinbart, dass die Behandlung nur durch einen spezifischen Arzt erfolgen soll, ist der Eintritt eines Vertreters hingegen ausgeschlossen.

cc. Zwischenergebnis
P hat mit der GbR, vertreten nach §§ 720, 164 BGB durch A, einen Behandlungsvertrag geschlossen.

b. Pflichtverletzung
Die „orthopädische Gemeinschaftspraxis Dres. Albrecht, Brummschneider, Chorsänger GbR" müsste eine Pflicht aus dem Behandlungsvertrag verletzt haben. Eine Pflichtverletzung kommt nur durch das individuelle Verhalten des A in Betracht. A hat den P fehlerhaft behandelt und damit eine Pflicht aus dem Behandlungsvertrag verletzt. Dieser Behandlungsfehler des Gesellschafters A ist der GbR **analog § 31 BGB** zuzurechnen.[43]

c. Rechtsgutsverletzung und objektive Zurechnung
Infolge der Pflichtverletzung des A ist P in seiner körperlichen Integrität beeinträchtigt worden.[44]

d. Vertretenmüssen
Die GbR müsste die Pflichtverletzung gem. § 276 Abs. 1. S. 1 BGB auch zu vertreten haben. Das wird nach § 280 Abs. 1 S. 2 BGB vermutet.[45] Die GbR hat nichts zu ihrer Entlastung vorgetragen.

e. Schaden
P ist ein Schaden entstanden, von dessen Zurechenbarkeit und Ersatzfähigkeit mangels gegenteiliger Anhaltspunkte auszugehen ist.

f. Ergebnis
P steht gegen die GbR ein Anspruch auf Ersatz des ihm entstandenen Schadens gem. §§ 630a Abs. 1, 280 Abs. 1 BGB zu.

---

[43] Vgl. *Schäfer*, in: MüKo-BGB, § 705 Rn. 199; zur analogen Anwendung des § 31 BGB auf die GbR schon vor dem MoPeG s. BGHZ 154, 88 (93 ff.) = NJW 2003, 1445 (1446 f.) = MedR 2003, 632 (633) m. Anm. *Walter*.

[44] Zur Prüfung des Merkmals Rechtsgutsverletzung im Rahmen des § 280 Abs. 1 BGB aufgrund der „Strukturgleichheit" mit der deliktischen Haftung im Arzthaftungsrecht s. → § 9, Grundlagen, A. I.

[45] Dazu noch → § 12, Grundlagen, C.

2. § 831 Abs. 1 S. 1 BGB
Ein Anspruch des P gegen die GbR aus § 831 Abs. 1 S. 1 BGB würde voraussetzen, dass A Verrichtungsgehilfe ist. Verrichtungsgehilfe ist, wem mit Wissen und Wollen des Geschäftsherrn in dessen Interesse eine Tätigkeit übertragen worden ist und der von Weisungen des Geschäftsherrn abhängig ist.[46] Als Gesellschafter der GbR ist A nicht weisungsgebunden und somit kein Verrichtungsgehilfe der GbR. Ein Anspruch des P gegen die GbR aus § 831 Abs. 1 S. 1 BGB scheidet daher aus.

3. § 823 Abs. 1 BGB
Ein Anspruch des P gegen die GbR auf Ersatz des ihm entstandenen Schadens könnte sich auch aus § 823 Abs. 1 BGB ergeben. Durch die Fehlbehandlung des P hat A dessen Körper widerrechtlich und zumindest fahrlässig verletzt. Dieses deliktische Verhalten des Gesellschafters A ist der GbR **analog § 31 BGB** zuzurechnen.[47] Folglich besteht ein Anspruch des P gegen die GbR auf Ersatz des ihm entstandenen, ersatzfähigen Schadens aus § 823 Abs. 1 BGB.

4. § 823 Abs. 2 BGB i.V.m. § 229 StGB
A hat fahrlässig die körperliche Integrität des P verletzt, dieses Verhalten ist der GbR analog § 31 BGB zuzurechnen. Ein Anspruch des P gegen die GbR ergibt sich somit auch aus § 823 Abs. 2 BGB i.V.m. § 229 StGB.

II. Frage 2
1. §§ 630a Abs. 1, 280 Abs. 1 BGB i.V.m. § 721 BGB
P könnte ein Anspruch gegen B auf Ersatz des ihm entstandenen Schadens gem. §§ 630a Abs. 1, 280 Abs. 1 BGB i.V.m. **§ 721 BGB** zustehen. Nach § 721 BGB haften die Gesellschafter einer rechtsfähigen GbR für die Verbindlichkeiten der Gesellschaft den Gläubigern als Gesamtschuldner persönlich.[48] Hierfür bedarf es einer bestehenden rechtsfähigen GbR, einer diese treffende Verbindlichkeit sowie der Gesellschafterstellung des B bei Begründung der Verbindlichkeit.

a. Bestehen einer GbR
Die „orthopädische Gemeinschaftspraxis Dres. Albrecht, Brummschneider, Chorsänger GbR" ist eine nach § 705 Abs. 2 Alt. 1 BGB rechtsfähige GbR.

---

[46] RGZ 92, 345 (346); *Brox/Walker*, Besonderes Schuldrecht, 48. Aufl. 2024, § 48 Rn. 3; *Katzenmeier*, in: NK-BGB, § 823 Rn. 14.

[47] Zur analogen Anwendung von § 31 BGB auf deliktische Ansprüche s. BGHZ 154, 88 (93 ff.) = NJW 2003, 1445 (1446 f.) = MedR 2003, 632 (633); *Schäfer*, in: MüKo-BGB, § 705 Rn. 200.

[48] Zu den Voraussetzungen im Einzelnen *Schäfer*, in: MüKo-BGB, § 721 Rn. 11 ff. Vor dem 1.1.2024 wurde dieses Ergebnis mit einer Analogie zu § 128 HGB a.F. (heute § 126 HGB) begründet, s. dazu nur BGHZ 146, 341 (358) = NJW 2001, 1056 (1061) = JZ 2001, 655 (660) m. Anm. *Wiedemann*.

b. Verbindlichkeit der GbR
Die GbR ist P aus §§ 630a Abs. 1, 280 Abs. 1 BGB zum Schadensersatz verpflichtet.

c. Gesellschafterstellung des B
Die Schadensersatzpflicht der GbR wurde begründet, als A den P falsch behandelte und hierdurch in seiner körperlichen Integrität verletzte. Zu diesem nach § 728b Abs. 1 S. 2 BGB maßgeblichen Zeitpunkt war B Gesellschafter der „orthopädische Gemeinschaftspraxis Dres. Albrecht, Brummschneider, Chorsänger GbR".

d. Ergebnis
P steht gegen B ein Anspruch auf Ersatz des ihm entstandenen Schadens gem. § 823 Abs. 1 i.V.m. § 721 BGB zu.

2. § 823 Abs. 1 i.V.m. § 721 BGB
P könnte auch ein Anspruch gegen B auf Ersatz des ihm entstandenen Schadens gem. § 823 Abs. 1 i.V.m. § 721 BGB zustehen.

a. Bestehen einer GbR
Die „orthopädische Gemeinschaftspraxis Dres. Albrecht, Brummschneider, Chorsänger GbR" ist eine nach § 705 Abs. 2 Alt. 1 BGB rechtsfähige GbR.

b. Verbindlichkeit der GbR
Die GbR ist P aus § 823 Abs. 1 BGB zum Schadensersatz verpflichtet. Diese deliktische Verbindlichkeit wird von § 721 BGB ebenfalls erfasst.[49]

c. Gesellschafterstellung des B
Als A P falsch behandelte und hierdurch in seiner körperlichen Integrität verletzte, war B Gesellschafter der „orthopädische Gemeinschaftspraxis Dres. Albrecht, Brummschneider, Chorsänger GbR".

d. Ergebnis
P hat gegen B einen Anspruch auf Ersatz des ihm entstandenen Schadens gem. § 823 Abs. 1 i.V.m. § 721 BGB.

3. § 823 Abs. 2 BGB i.V.m. § 229 StGB i.V.m. § 721 BGB
Ein inhaltsgleicher Anspruch folgt für P gegen B aus § 823 Abs. 2 BGB i.V.m. § 229 StGB i.V.m. § 721 BGB.

---

[49] BT-Drs. 19/27635, S. 166; *Schäfer*, in: MüKo-BGB, § 721 Rn. 13, auch m.w.N. zum Streitstand für vor dem 1.1.2024 begründete Verbindlichkeiten. Zur Rspr. unter der früheren Rechtslage s. nur BGHZ 154, 88 (94 f.) = NJW 2003, 1445 (1446 f.) = MedR 2003, 632 (633) m. Anm. *Walter*.

> **Praxishinweis**
>
> Für eine **Zwangsvollstreckung in das Privatvermögen eines Gesellschafters** ist ein Titel gegen diesen erforderlich. Aus einem Urteil gegen die Gesellschaft kann nur in das Vermögen der Gesellschaft vollstreckt werden, § 722 Abs. 2 BGB (vor dem 1.1.2024 wurde § 129 Abs. 4 HGB a.F., heute § 129 Abs. 2 HGB, analog herangezogen). Es empfiehlt sich daher, neben der Gesellschaft auch die – nach § 721 BGB akzessorisch haftenden – Gesellschafter zu verklagen. ◄

C. Merksätze

- Begibt sich ein Patient in die Behandlung einer als GbR organisierten Gemeinschaftspraxis, kommt der Vertrag mit der GbR selbst zustande. Der die Behandlung durchführende Arzt handelt zugleich als Vertreter im Namen der Gemeinschaftspraxis (§§ 720, 164 BGB).
- Ein Behandlungsfehler des Arzt-Gesellschafters ist der als GbR organisierten Gemeinschaftspraxis analog § 31 BGB zuzurechnen.
- Die Gesellschafter einer rechtsfähigen GbR haften für Verbindlichkeiten der Gesellschaft den Gläubigern gem. § 721 BGB als Gesamtschuldner persönlich. Dies gilt sowohl für rechtsgeschäftlich als auch für gesetzlich begründete Verbindlichkeiten.

Fall 7: Liquidationsberechtigung – Vertragsbeziehungen bei Laborleistungen

In Anlehnung an BGHZ 184, 61

A. Sachverhalt

Privatpatient P begab sich in die Behandlung seines Hausarztes A. Dieser entnahm eine Gewebeprobe, um eine medizinisch indizierte Laboruntersuchung durchzuführen. Da A über kein eigenes Labor verfügt, veranlasste er die Untersuchung der Gewebeprobe bei Arzt A2, der die Untersuchung durchführte.

A2 verlangt nunmehr Zahlung von A, alternativ von P. Beide weigern sich, den verlangten Betrag zu zahlen. P meint, er habe dem A keine Vollmacht erteilt, eine Laboruntersuchung anderweitig in Auftrag zu geben. Er sei vielmehr davon ausgegangen, der A selbst werde die Untersuchung durchführen.

Kann A2 von A oder P Zahlung verlangen?

B. Lösung

I. Ansprüche gegen A

A2 könnte ein Anspruch gegen A auf Zahlung aus einem geschlossenen Werkvertrag gem. §§ 631, 632, 641 BGB zustehen.

1. Vertragsschluss

A2 und A müssten einen Werkvertrag gem. § 631 BGB geschlossen haben. Der Arztvertrag ist grds. ein Behandlungsvertrag gem. § 630a BGB und damit ein besonderer Dienstvertrag. Ist jedoch eine rein technische Leistung mit konkreter Erfolgsbeschreibung vereinbart und somit ein spezieller Erfolg geschuldet, kommt mit dem Arzt ein Werkvertrag zustande. Für die Abgrenzung ist insoweit auf die genaue Tätigkeit abzustellen.[50] A2 soll die ihm übergebene Gewebeprobe im Labor untersuchen und schuldet somit das Untersuchungsergebnis als Erfolg. Die Labortätigkeit des A2 ist mithin als Werkvertrag gem. § 631 BGB einzuordnen.[51]

Für den Abschluss eines solchen Werkvertrags bedürfte es aber zweier übereinstimmender und mit Bezug aufeinander abgegebener Willenserklärungen, §§ 145, 147 BGB. Ein Angebot nach § 145 BGB könnte bereits in der Übersendung der Gewebeprobe zu sehen sein. Dies wäre jedoch nur der Fall, wenn die Übersendung der Gewebeprobe bei der gebotenen Auslegung nach §§ 133, 157 BGB als Willenserklärung des A im eigenen Namen zu sehen wäre. Dagegen spricht bereits, dass A **kein eigenes Interesse** an der Untersuchung der Gewebeprobe hatte, diese dient vielmehr allein der weiteren Behandlung des P. Diese Umstände waren für A2 auch erkennbar. Dieser geht als Laborarzt davon aus, dass A sich nicht selbst ihm gegenüber verpflichten, sondern als Stellvertreter für P handeln wollte.[52] Von dem gem. §§ 133, 157 BGB maßgeblichen Empfängerhorizont des A2 fehlt es somit an einer im eigenen Namen abgegebenen Willenserklärung des A.

Ihren Anfang nahm diese Rspr. bei Laborleistungen für Kassenpatienten (BGHZ 142, 126 (133 ff.) = NJW 1999, 2731 (2733) = MedR 1999, 561 (563 f.)). Es bestehen jedoch keine signifikanten Interessenunterschiede zur Behandlung von Privatpatienten, sodass BGHZ 184, 61 (66 ff.) = NJW 2010, 1200 (1201) = MedR 2010, 559 (561) diese Rspr. zurecht auf Privatpatienten erstreckt hat.

2. Ergebnis

A2 steht kein Anspruch gegen A auf Zahlung aus einem geschlossenen Werkvertrag gem. §§ 631, 632, 641 BGB zu.

II. Ansprüche gegen P

A2 könnte ein Anspruch gegen P auf Zahlung könnte sich aus einem geschlossenen Werkvertrag gem. §§ 631, 632, 641 BGB zustehen.

---

[50] → § 6, Fall 3.
[51] Vgl. *Katzenmeier*, in: BeckOK-BGB, § 630a Rn. 24; s. auch → § 6, Das Behandlungsverhältnis – Grundlagen, A.
[52] Vgl. BGHZ 184, 61 (66 ff.) = NJW 2010, 1200 (1201) = MedR 2010, 559 (560 f.) = JZ 2010, 466 (467 f.); *Lipp*, in: Laufs/Katzenmeier/Lipp, Arztrecht, Kap. III Rn. 3.

1. Vertragsschluss
Für einen Vertragsschluss müssten zwei übereinstimmende, mit Bezug aufeinander abgegebene Willenserklärungen von A2 und P vorliegen.

P selbst hat keine Willenserklärung abgegeben. P könnte jedoch beim Vertragsschluss nach § 164 Abs. 1 BGB **durch A vertreten** worden sein. Indem A die Gewebeprobe an das Labor von A2 schickte, gab er eine eigene Willenserklärung ab. Diese Willenserklärung erfolgte nach dem nach §§ 133, 157 BGB maßgeblichen Verständnis des A2 auch im Namen des P.

A müsste ferner mit Vertretungsmacht gehandelt haben. Ausdrücklich hat P dem A keine Vertretungsmacht erteilt. Indes ist für medizinisch notwendige Laboruntersuchungen von einer **konkludent erteilten Innenvollmacht** (vgl. §§ 166 Abs. 2 S. 1, 167 Abs. 1 Alt. 1 BGB) auszugehen.[53] Ein schutzwürdiges Interesse des P, dass die Laboruntersuchung von seinem Arzt und nicht in einem fremden Labor durchgeführt wird, ist nicht ersichtlich. Daher steht der wirksamen Bevollmächtigung auch nicht entgegen, dass P davon ausging, A werde die Laboruntersuchung selbst durchführen. Die Gewebeuntersuchung war auch medizinisch indiziert, sodass A sich im Rahmen seiner Vertretungsmacht bewegte.

> In BGHZ 184, 61 (71) = NJW 2010, 1200 (1202) = MedR 2010, 559 (562) = JZ 2010, 466 (469) m. Anm. *Spickhoff* wurde gleichzeitig klargestellt, dass der Patient bei medizinisch nicht indizierten Leistungen keine Vergütung schuldet. Wurden diese vom behandelnden Arzt veranlasst, kommen Schadensersatzansprüche des Laborarztes gegen den behandelnden Arzt aus § 179 Abs. 1 BGB und §§ 311 Abs. 3, 241 Abs. 2 BGB in Betracht.

A hat somit namens des P ein Angebot abgegeben, das A2 durch die Durchführung der Laboruntersuchung nach § 147 BGB angenommen hat. Der Zugang der Annahme war nach § 151 BGB entbehrlich. Somit haben A2 und P einen wirksamen Werkvertrag geschlossen.

2. Fälligkeit
P hat die Gewebeuntersuchung auch nach § 640 Abs. 1 BGB abgenommen, sodass der Zahlungsanspruch von A2 nach § 641 Abs. 1 BGB fällig ist.

3. Ergebnis
A2 steht ein Anspruch gegen P auf Zahlung aus einem geschlossenen Werkvertrag gem. §§ 631, 632, 641 BGB zu.

---

[53] BGHZ 184, 61 (70) = NJW 2010, 1200 (1202) = MedR 2010, 559 (562) = JZ 2010, 466 (468) m. Anm. *Spickhoff*; *Lipp*, in: Laufs/Katzenmeier/Lipp, Arztrecht, Kap. III Rn. 3.

C. Merksätze

- Gibt der behandelnde Arzt die Laboruntersuchung an einen Laborarzt weiter, so kann sich der Laborarzt bzgl. seiner Vergütung an den Patienten (bei Kassenpatienten: an die Kassenärztliche Vereinigung) halten.
- Einer Stellvertretung des Patienten durch den behandelnden Arzt steht nicht entgegen, dass der Patient vom Tätigwerden eines Laborarztes nichts wusste.
- Die Vertretungsmacht des behandelnden Arztes ist auf medizinisch indizierte Laborleistungen begrenzt. Bei medizinisch nicht indizierten Laborleistungen steht dem Laborarzt folglich kein Vergütungsanspruch gegen den Patienten zu. Hingegen können ihm Schadensersatzansprüche gegen den behandelnden Arzt zustehen, falls dieser die Laborleistung veranlasst hat.

Fall 8: Kinderkrankheiten – Vertragsbeziehung bei Behandlung Minderjähriger

A. Sachverhalt

Die privat krankenversicherte Mutter M, die die elterliche Sorge alleine ausübt, kommt mit ihrem kranken 6-jährigen Sohn S, der ebenfalls privat krankenversichert ist, zu Kinderärztin A. Kann A im Anschluss an die Behandlung des S von diesem oder von M eine angemessene Vergütung verlangen?

B. Lösung

I. Ansprüche gegen S
A könnte ein Anspruch gegen S auf Zahlung des Rechnungsbetrages aus einem Behandlungsvertrag gem. § 630a Abs. 1 BGB zustehen.

1. Vertragsschluss
Dafür müssten A und S einen Behandlungsvertrag i.S.d. § 630a BGB geschlossen haben. Dazu bedarf es zweier übereinstimmender und mit Bezug aufeinander abgegebener Willenserklärungen, vgl. §§ 145, 147 BGB.

Zunächst müsste S eine auf Abschluss eines Behandlungsvertrags gerichtete Willenserklärung abgegeben haben. S ist nach § 104 Nr. 1 BGB **geschäftsunfähig**, eine von ihm selbst abgegebene Willenserklärung wäre nach § 105 Abs. 1 BGB nichtig. S kann somit keine eigene wirksame Willenserklärung abgegeben haben.

Allerdings könnte S beim Abschluss des Behandlungsvertrags nach § 164 Abs. 1 BGB durch M vertreten worden sein. Dafür müsste M eine eigene Willenserklärung im Namen des S abgegeben und mit Vertretungsmacht gehandelt haben. Indem M den S zur Behandlung bei A gebracht hat, hat sie jedenfalls konkludent eine auf Abschluss eines Behandlungsvertrags gerichtete Willenserklärung abgegeben.[54] Als allein sorgeberechtigter Elternteil des S verfügte M nach §§ 1626 Abs. 1, 1629 Abs. 1 S. 1, 3 BGB auch über eine Vertretungsmacht.

M müsste die Willenserklärung auch im Namen des S abgegeben haben. Dies kann sich sowohl ausdrücklich als auch aus den Umständen ergeben, § 164 Abs. 1 S. 2 BGB, insoweit ist gem. §§ 133, 157 BGB der Empfängerhorizont maßgeblich. Ausdrücklich handelte M nicht im Namen des S, in Betracht kommt lediglich eine konkludente Stellvertretung. M ist allerdings nach § 1626 Abs. 1, 2 Alt. 1 BGB zur Personensorge verpflichtet. Aus dieser erwächst ihr die Pflicht, S eine Behandlung zu verschaffen.[55] Im Regelfall will daher ein Personensorgeberechtigter selbst Vertragspartner des Arztes werden.[56] Die Umstände sprechen somit **nicht für eine konkludente Stellvertretung**. A fasst die verkehrsübliche Erklärung der M daher nicht als Vertretung des S auf. M hat stattdessen eine Willenserklärung im eigenen Namen abgegeben, indem sie S zur Behandlung bei A gebracht hat.

Mithin fehlt es an einer auf Abschluss eines Behandlungsvertrags gerichteten Willenserklärung des S, sodass zwischen A und S kein Behandlungsvertrag zustande gekommen ist.

2. Ergebnis
A steht gegen S kein Anspruch auf Zahlung des Rechnungsbetrages aus einem Behandlungsvertrag gem. § 630a Abs. 1 BGB zu.

II. Ansprüche gegen M
A könnte aber ein Anspruch gegen M auf Zahlung des Rechnungsbetrages aus einem Behandlungsvertrag gem. § 630a Abs. 1 BGB zustehen.

1. Vertragsschluss
Dafür müssten A und M einen Behandlungsvertrag geschlossen haben. Indem M den S zur Behandlung bei A gebracht hat, hat sie im eigenen Namen ein Angebot auf Abschluss eines Behandlungsvertrags abgegeben. A hat dieses spätestens durch die Behandlung des S konkludent angenommen,[57] sodass A und M einen Behandlungsvertrag geschlossen haben.[58]

---

[54] → § 6, Fall 1.
[55] *Huber*, in: MüKo-BGB, § 1626 Rn. 34; vgl. *Lipp*, in: Laufs/Katzenmeier/Lipp, Arztrecht, Kap. III Rn. 15.
[56] *Mansel*, in: Jauernig, BGB, § 630a Rn. 3; *Katzenmeier*, in: BeckOK-BGB, § 630a Rn. 88 f.; *Lipp*, in: Laufs/Katzenmeier/Lipp, Arztrecht, Kap. III Rn. 15.
[57] Vgl. → § 6, Fall 1.
[58] Nach dem Wortlaut des § 630a Abs.1 BGB ist dann M als Vertragspartner „Patient"; dazu *Hebecker/Lutzi*, MedR 2015, 17 ff.; *Mansel*, in: Jauernig, BGB, § 630a Rn. 3.

> **Merke**
> Der Behandlungsvertrag zwischen Sorgeberechtigtem und Arzt stellt regelmäßig einen **Vertrag zugunsten Dritter nach § 328 BGB** dar. Das Kind wird als begünstigter Dritter berechtigt, ohne dass ihm Pflichten auferlegt werden. Die vertraglichen Pflichten des Arztes erweitern sich durch die Einordnung als Vertrag zugunsten Dritter nicht (BGHZ 89, 263 (266 f.) = NJW 1984, 1400 = MedR 1984, 143 f.).
>
> **Gesetzlich krankenversicherten Kindern** kommen in der Familienversicherung eigene, von den Sorgeberechtigten unabhängige Leistungsansprüche gegen den Krankenversicherer zu. Gleichwohl sind die für privat versicherte Kinder geltenden Maßstäbe zum Vertragsschluss entsprechend anwendbar, sodass zwischen Sorgeberechtigtem und Arzt ein Vertrag zugunsten des Kindes zustande kommt (BGH NJW 2022, 2269 (2270) m. zust. Anm. *Voß* = MedR 2023, 45 (46) m. zust. Bespr. *Katzenmeier/Castendiek*, MedR 2023, 37).

2. Fälligkeit

A hat seine ärztlichen Dienste erbracht, sodass der Anspruch nach §§ 630b, 614 S. 1 BGB grds. fällig ist. § 12 Abs. 1 GOÄ setzt für die Fälligkeit des Zahlungsanspruchs gegen einen privat krankenversicherten Patienten zudem eine Rechnungserteilung voraus.[59] Eine Rechnungserteilung von A an M muss noch erfolgen, damit der Anspruch des A fällig ist.

3. Ergebnis

A steht ein Anspruch gegen M auf Zahlung des Rechnungsbetrags aus dem Behandlungsverhältnis gem. § 630a Abs. 1 BGB zu, sobald er M eine Rechnung erteilt.

C. Merksatz

- Kommen Sorgeberechtigte mit ihrem Kind in die Sprechstunde, so schließen sie im Regelfall im eigenen Namen einen Behandlungsvertrag ab, aus dem das Kind nach § 328 BGB berechtigt wird.

Fall 9: Prämature Emanzipation – Abschluss eines Behandlungsvertrags durch Minderjährigen

A. Sachverhalt

Die privat versicherte 15-jährige P hat ihren ersten Freund und ist „schwer verliebt". Da ihre sorgeberechtigten Eltern recht konservativ sind, erzählt sie ihnen nichts von

---

[59] S. dazu → § 6, Fall 1.

Fall 9: Prämature Emanzipation – Abschluss eines Behandlungsvertrags durch ... 95

ihrer Beziehung und verschweigt ihnen auch ihren Besuch bei der Gynäkologin A, bei der sie sich ein Kontrazeptivum verschreiben lässt.

Frage 1: Kann A von P eine Vergütung verlangen?

Frage 2: Kommt zwischen A und P ein wirksamer Behandlungsvertrag zustande, wenn P gesetzlich versichert ist?

B. Lösung

I. Frage 1
A könnte ein Anspruch gegen P auf angemessene Vergütung aus einem Behandlungsvertrag gem. § 630a Abs. 1 BGB zustehen.

1. Vertragsschluss
Dafür müssten A und P einen wirksamen Behandlungsvertrag geschlossen haben. Dafür bedürfte es zweier übereinstimmender und mit Bezug aufeinander abgegebener Willenserklärungen, vgl. §§ 145, 147 BGB.

Indem P die A zum Erhalt eines Kontrazeptivums aufgesucht hat, hat sie jedenfalls konkludent ein Angebot nach § 145 BGB auf Abschluss eines Behandlungsvertrags abgegeben.[60] Der Wirksamkeit des Angebots könnte allerdings die nach §§ 106, 2 BGB **beschränkte Geschäftsfähigkeit** der P entgegenstehen. Der Abschluss eines Behandlungsvertrags ist gem. § 630a Abs. 1 BGB mit einer **Zahlungsverpflichtung** für P verbunden, sodass es sich nicht um ein lediglich rechtlich vorteilhaftes Geschäft i.S.d. § 107 Alt. 1 BGB handelt. Eine Einwilligung der sorgeberechtigten Eltern nach §§ 107 Alt. 2, 183 BGB scheidet schon mangels Kenntnis aus.

Die Wirksamkeit des Angebots der P könnte jedoch aus § 110 BGB folgen. Selbst wenn P die Vergütung der A vollständig aus ihr überlassenen Mitteln bewirkt, ist jedoch zu berücksichtigen, dass § 110 BGB einen Spezialfall der Einwilligung darstellt. Er erfasst daher nur solche Verträge des Minderjährigen, zu deren Durchführung die Sorgeberechtigten die Geldmittel überlassen haben.[61] Es ist nicht davon auszugehen, dass die konservativen Eltern der P Taschengeld überlassen haben, um ein Kontrazeptivum zu erwerben. Eine Wirksamkeit nach § 110 BGB scheidet aus, die Willenserklärung der P ist schwebend unwirksam.

Auch eine Genehmigung nach §§ 108 Abs. 1, 184 Abs. 1 BGB wurde nicht erteilt, sodass das Angebot der P als unwirksam anzusehen ist. A und P haben somit keinen wirksamen Behandlungsvertrag geschlossen.

---

[60] → § 6, Fall 1.
[61] *Lipp*, in: Laufs/Katzenmeier/Lipp, Arztrecht, Kap. III Rn. 19.

> Bei **zweckdienlichen und gefahrlosen Eingriffen** sind die Sorgeberechtigten aufgrund ihrer elterlichen Sorge verpflichtet, dem Abschluss des Behandlungsvertrags zuzustimmen. Die Verschreibung eines Kontrazeptivums ist aufgrund der Nebenwirkungen jedoch kein gefahrloser Eingriff, sodass im Fall keine Zustimmungspflicht besteht.

2. Ergebnis
A hat keinen Anspruch gegen P auf angemessene Vergütung aus dem Behandlungsvertrag gem. § 630a Abs. 1 BGB.

II. Frage 2
P und A können nur dann einen wirksamen Behandlungsvertrag schließen, wenn die nach §§ 106, 2 BGB beschränkte Geschäftsfähigkeit der P der Wirksamkeit ihrer Willenserklärung nicht entgegensteht. Dies wäre der Fall, sofern es sich bei dem Angebot auf Abschluss des Behandlungsvertrags um ein lediglich rechtlich vorteilhaftes Geschäft nach § 107 Alt. 1 BGB handelt.

Zur Zahlung der geschuldeten Vergütung ist nicht die gesetzlich versicherte P verpflichtet, sondern die Kassenärztliche Vereinigung, § 630a Abs. 1 Hs. 2 BGB.[62] Insofern besteht kein rechtlicher Nachteil für P. Es könnte aufgrund der mit dem Abschluss eines Behandlungsvertrags verbundenen Nebenpflichten von einem rechtlich nachteiligen Geschäft ausgegangen werden.[63] Diese sind jedoch als bloße Obliegenheiten oder lediglich mittelbare Nachteile zu qualifizieren und stehen einer Einordnung des Behandlungsvertrags als **lediglich rechtlich vorteilhaft** nach h.M. nicht entgegen.[64]

Einschränkend könnte jedoch die **sozialrechtliche Handlungsfähigkeit** nach **§ 36 Abs. 1 S. 1 SGB I** verlangt werden, die mit Vollendung des 15. Lebensjahres eintritt und zur Entgegennahme von Leistungen der Gesetzlichen Krankenversicherung erforderlich ist.[65] Gegen ein solches zusätzliches Erfordernis spräche insbesondere ein abschließender Regelungscharakter der §§ 104 ff. BGB.[66] P hat das 15. Lebensjahr vollendet und die sozialrechtliche Handlungsfähigkeit erlangt, sodass ihre Willenserklärung selbst nach der engeren Ansicht wirksam ist.

Das Angebot der P auf Abschluss des Behandlungsvertrags ist lediglich rechtlich vorteilhaft, ihre Willenserklärung nach § 107 Alt. 1 BGB wirksam. Nimmt A dieses

---

[62] → § 4, Grundlagen, A.
[63] Vgl. *Lipp*, in: Laufs/Katzenmeier/Lipp, Arztrecht, Kap. III Rn. 19; zu den Nebenpflichten des Patienten → § 6, Pflichten der Vertragsparteien – Grundlagen, B.
[64] *Mansel*, in: Jauernig, BGB, § 107 Rn. 3; *Spickhoff*, FamRZ 2018, 412 (416); *Lauf/Birck*, NJW 2018, 2230 (2232 f.).
[65] *Gutmann*, in: Staudinger, BGB, § 630a Rn. 97 f.; *Lipp*, in: Lauf/Katzenmeier/Lipp, Arztrecht, Kap. III Rn. 19.
[66] *Lauf/Birck*, NJW 2018, 2230 (2231).

Angebot durch Verschreiben des Kontrazeptivums konkludent an, kommt zwischen P und A ein wirksamer Behandlungsvertrag zustande.

> **Beachte**
> Der Arzt ist jedoch nach § 36 Abs. 1 S. 2 SGB I verpflichtet, die **Sorgeberechtigten über die Behandlung zu informieren**. Diese Regelung gerät in Konflikt zur ärztlichen Schweigepflicht, die grds. auch gegenüber den Sorgeberechtigten besteht (→ § 8, Grundlagen, C. II.).
> Nach § 36 Abs. 2 S. 1 SGB I können die Sorgeberechtigten zudem die **sozialrechtliche Handlungsfähigkeit einschränken**, auch wenn der Minderjährige das 15. Lebensjahr vollendet hat. Nach der Ansicht, die eine sozialrechtliche Handlungsfähigkeit fordert, wäre in der Folge auch ein geschlossener Behandlungsvertrag nicht wirksam (dazu *Gutmann*, in: Staudinger, BGB, § 630a Rn. 97).

C. Merksätze

- Privat krankenversicherten Minderjährigen ist es nicht möglich, einen Behandlungsvertrag ohne Zustimmung der Sorgeberechtigten abzuschließen.
- Für gesetzlich krankenversicherte Minderjährige ist der Abschluss eines Behandlungsvertrags nach überwiegender Ansicht lediglich rechtlich vorteilhaft, sodass die beschränkte Geschäftsfähigkeit nach §§ 106, 2 BGB der Wirksamkeit des Behandlungsvertrags nicht entgegensteht. Einschränkend wird aber die sozialrechtlichen Handlungsfähigkeit nach § 36 Abs. 1 S. 1 SGB I verlangt. Diese tritt grds. mit Vollendung des 15. Lebensjahres ein, kann aber von den Sorgeberechtigten weiter eingeschränkt werden.

Fall 10: Facelift auf Pump – Mitverpflichtung von Ehegatten nach § 1357 Abs. 1 S. 2 BGB; Schönheitsoperationen

A. Sachverhalt

M leidet darunter, dass sich sein Aussehen immer mehr seinem fortgeschrittenen Alter anpasst. Er verspürt den Wunsch nach einem Facelifting. Seine Ehefrau F ist der Auffassung, dass sich vergangene Zeiten nicht durch Schönheitsoperationen zurückholen lassen, sie möchte das Geld lieber für den lang ersehnten Hauskauf sparen. Von seinem Wunsch nach ewiger Jugend getrieben, sucht M schließlich den Schönheitschirurgen A auf und lässt den Eingriff durchführen, ohne sich vorher mit F darüber verständigt zu haben. Da M vermögenslos ist, wendet sich A wegen seines Honorars an die sparsame und daher vermögende F. Mit Aussicht auf Erfolg?

B. Lösung

I. § 630a Abs. 1 BGB
A könnte ein Anspruch gegen F auf Zahlung seines Honorars aus einem Behandlungsvertrag gem. § 630a Abs. 1 BGB zustehen.

1. Vertragsschluss
Dazu müsste zwischen F und A ein Behandlungsvertrag gem. § 630a BGB geschlossen worden sein. Zweifel daran könnten sich aufgrund der geschuldeten Leistung, eines Faceliftings, ergeben. Ist ein konkreter Erfolg geschuldet, so ist der Vertrag als Werkvertrag zu qualifizieren.[67] Im Rahmen eines Faceliftings könnte angenommen werden, dass der Behandelnde für den Behandlungserfolg einstehen muss und es sich daher um einen Werkvertrag gem. § 631 BGB handelt.[68] Allerdings kann der Behandelnde auch bei medizinisch nicht indizierten kosmetischen Eingriffen im Regelfall den Erfolg nicht versprechen, auch diese erfolgen daher meist auf Grundlage eines Behandlungsvertrags gem. § 630a BGB.[69] Der Vertragstypus setzt eine medizinische Indikation nicht voraus.[70]

F hat jedoch keine auf Abschluss eines Behandlungsvertrags gerichtete Willenserklärung abgegeben. Ein Vertrag über das Facelifting ist nur zwischen M und A zustande gekommen. F ist nicht Vertragspartnerin des zwischen M und A geschlossenen Behandlungsvertrags.

2. Ergebnis
Zwischen F und A besteht kein Behandlungsvertrag, sodass A kein Anspruch gegen F auf Zahlung seines Honorars gem. § 630a Abs. 1 BGB zusteht.

II. § 630a Abs. 1 i.V.m. § 1357 Abs. 1 S. 2 BGB
A könnte aber ein Anspruch gegen F auf Zahlung seines Honorars gem. § 630a Abs. 1 i.V.m. **§ 1357 Abs. 1 S. 2 BGB** zustehen. Dafür müsste F nach § 1357 Abs. 1 S. 2 BGB aus dem zwischen A und M geschlossenen Behandlungsvertrag mitverpflichtet sein.

1. Wirksame Ehe
F und M waren bei Vertragsschluss verheiratet.

2. Kein Getrenntleben
F und M lebten zum Zeitpunkt des Vertragsschlusses nicht getrennt, § 1357 Abs. 3 i.V.m. § 1567 Abs. 1 BGB.

---

[67] → § 6, Fall 3.
[68] Vgl. *Busche*, in: MüKo-BGB, § 631 Rn. 125.
[69] BT-Drs. 17/10488, S. 17; *Katzenmeier*, in: BeckOK-BGB, § 630a Rn. 25.
[70] *Mansel*, in: Jauernig, BGB, § 630a Rn. 5; *Katzenmeier*, in: BeckOK-BGB, § 630a Rn. 27 f.

3. Geschäft zur Deckung des Lebensbedarfs
Der von M geschlossene Vertrag müsste der Deckung des Lebensbedarfs dienen. § 1357 Abs. 1 S. 2 BGB ist nicht auf Geschäfte des täglichen Lebens begrenzt, sondern umfasst den gesamten **unterhaltsrechtlichen Bedarf**. Dazu zählen grds. auch ärztliche Behandlungen.[71]

4. Angemessenheit
Der von M geschlossene Vertrag müsste auch **angemessen** sein. Angemessen sind solche Rechtsgeschäfte, die nach dem äußerlich erkennbaren Lebensstandard der Ehegatten von einem Ehegatten üblicherweise ohne Konsultation des anderen abgeschlossen werden.[72] Ärztliche Behandlungen sind ohne Rücksicht auf ihre Kosten angemessen, wenn es sich um medizinisch indizierte und unaufschiebbare Eingriffe handelt.[73]

Auch wenn medizinisch indizierte und unaufschiebbare Eingriffe unabhängig von ihren Kosten angemessen sind, so begründet eine mit hohen Kosten verbundene Behandlung unterhaltsrechtlich doch einen **Sonderbedarf** (§ 1360a Abs. 3 i.V.m. § 1613 Abs. 2 Nr. 1 BGB), für den die Unterhaltspflicht durch die Leistungsfähigkeit des Unterhaltspflichtigen begrenzt wird. Übersteigen die Kosten die **finanzielle Leistungsfähigkeit** der Familie, soll vor diesem Hintergrund eine Mitverpflichtung nach § 1357 Abs. 1 S. 2 BGB ausscheiden, da sich „aus den Umständen etwas anderes ergibt" (BGHZ 116, 184 (LS 2, 188 f.) = NJW 1992, 909 (910) = JZ 1992, 586 (587) m. Anm. *Henrich*).

Das Facelifting bei M war medizinisch nicht indiziert. Über einen so gewichtigen und nicht indizierten Eingriff hätten sich die Ehegatten abstimmen müssen, nur dann könnte eine Einstandspflicht des anderen Ehegatten bejaht werden.[74] M hat das Facelifting nicht mit F besprochen.

5. Ergebnis
F ist nicht nach § 1357 Abs. 1 S. 2 BGB aus dem zwischen A und M geschlossenen Behandlungsvertrag mitverpflichtet, sodass A kein Anspruch gegen F auf Zahlung seines Honorars gem. § 630a Abs. 1 Hs. 2 i.V.m. § 1357 Abs. 1 S. 2 BGB zusteht.

III. §§ 677, 683 S. 1, 670 BGB
A könnte gegen F ein Anspruch auf Zahlung des Honorars aus §§ 677, 683 S. 1, 670 BGB zustehen. A hat mit dem Facelifting ein Geschäft des M und nicht der F geführt, überdies widersprach die Geschäftsführung dem Willen der F. A steht daher kein Anspruch gegen F aus §§ 677, 683 S. 1, 670 BGB zu.

---

[71] BGHZ 94, 1 (6) = NJW 1985, 1394 (1395) = MedR 1986, 142 (144); *D. Schwab*, in: FS Dose, 2022, S. 455 (458 ff.); *Katzenmeier*, in: BeckOK-BGB, § 630a Rn. 98.
[72] *Roth*, in: MüKo-BGB, § 1357 Rn. 20 f.
[73] BGHZ 116, 184 (LS 1, 187) = NJW 1992, 909 (910) = JZ 1992, 586 m. Anm. *Henrich*.
[74] *Katzenmeier*, in: BeckOK-BGB, § 630a Rn. 98; *Lipp*, in: Laufs/Katzenmeier/Lipp, Arztrecht, Kap. III Rn. 17; vgl. BGHZ 94, 1 (9 f.) = NJW 1985, 1394 (1396) = MedR 1986, 142 (145).

IV. § 812 Abs. 1 S. 1 Alt. 2 BGB

A könnte gegen F ein Anspruch auf Zahlung des Honorars aus § 812 Abs. 1 S. 1 Alt. 2 BGB in Form der Verwendungskondiktion zustehen. Dafür müsste F etwas erlangt haben, wobei „etwas" jeglichen vermögenswerten Vorteil umfasst. In Betracht käme die Befreiung der F von ihrer Unterhaltsverbindlichkeit gegenüber M. Der nach § 1360 BGB geschuldete Unterhalt umfasst nach § 1360a Abs. 1 BGB auch die Befriedigung der persönlichen Bedürfnisse. Ein Facelifting geht jedoch darüber hinaus und ist vom Unterhaltsanspruch des M nicht erfasst. Mangels Verbindlichkeit gegenüber M hat F keine Befreiung von einer Unterhaltsverbindlichkeit erlangt, A steht kein Anspruch gegen F auf Zahlung des Honorars aus § 812 Abs. 1 S. 1 Alt. 2 BGB zu.

C. Merksätze

- Verträge über Schönheitsoperationen sind grds. ebenfalls als Behandlungsverträge i.S.d. § 630a BGB einzuordnen.
- Bei medizinisch indizierten und unaufschiebbaren ärztlichen Behandlungen eines Ehegatten wird der andere Ehegatte grds. nach § 1357 Abs. 1 S. 2 BGB mitverpflichtet. Eine Ausnahme gilt nur, wenn die Kosten die finanzielle Leistungsfähigkeit der Familie deutlich übersteigen, vgl. § 1357 Abs. 1 S. 2 BGB a.E.
- Bei sonstigen medizinischen Eingriffen wie aufschiebbaren Eingriffen, medizinisch nicht indizierten Behandlungen oder Wahlleistungsvereinbarungen wird der Ehegatte nur dann nach § 1357 Abs. 1 S. 2 BGB mitverpflichtet, wenn die Ehegatten sich vorher hierüber verständigt haben.

Fall 11: Immer dieses Kleingedruckte – Krankenhausverträge; AGB-Kontrolle bei Aufnahmeklauseln; gemeinsame Fehlvorstellung über Versicherungsschutz

In Anlehnung an BGHZ 163, 42

A. Sachverhalt

M ließ ihre minderjährige Tochter T im Krankenhaus K behandeln. Bei der Aufnahme gab sie an, für die T bestehe Krankenversicherungsschutz. Sie unterschrieb zudem den regelmäßig von der K verwendeten vorformulierten Krankenhausvertrag, in dem sie die Gewährung von Regelleistungen für die T beantragte sowie die Allgemeinen Geschäftsbedingungen und den Pflegekostentarif in der jeweils gültigen Fassung anerkannte. Die AGB der K, deren Kenntnisnahme der M möglich war, enthielten einen Passus, wonach ein Kassenpatient, der Leistungen des Krankenhauses in Anspruch nimmt, die nicht durch die Kostenübernahme einer Krankenkasse gedeckt sind, als Selbstzahler zur Entrichtung des Entgelts verpflichtet ist. Im Folgenden stellte sich heraus, dass die T entgegen den Vorstellungen der M nicht gesetzlich krankenversichert war. Kann K von M die Entrichtung des Entgelts für den Krankenhausaufenthalt der T verlangen?

B. Lösung

K könnte ein Anspruch gegen M auf Zahlung eines Entgelts für den Krankenhausaufenthalt der T aus einem Behandlungsvertrag gem. § 630a Abs. 1 BGB zustehen.

I. Vertragsschluss
K und M haben einen Krankenhausaufnahmevertrag geschlossen. Dieser stellt einen Behandlungsvertrag nach §§ 630a ff. BGB dar.[75] Bei der gebotenen Auslegung der Willenserklärungen nach §§ 133, 157 BGB ist davon auszugehen, dass M selbst Partei des Behandlungsvertrags werden will, auch wenn die Behandlung der T zu Gute kommt.[76] Zwischen K und M besteht ein Behandlungsvertrag.

II. Bestehen eines Vergütungsanspruchs
Aus diesem Behandlungsvertrag müsste aber auch ein Vergütungsanspruch folgen.

1. Geschlossener Vertrag
Ein Vergütungsanspruch folgt aus dem Behandlungsvertrag nur, soweit nicht ein Dritter zur Zahlung verpflichtet ist, § 630a Abs. 1 Hs. 2 BGB. Bei Kassenpatienten rechnen die Krankenhäuser die allgemeinen Krankenhauskosten direkt mit der gesetzlichen Krankenversicherung ab.[77] Das Abrechnungsverhältnis ist abgekoppelt vom Behandlungsverhältnis zu betrachten, sodass sich bereits das Angebot des K lediglich auf eine stationäre Behandlung ohne Vergütungsanspruch richtete.[78] Somit ergibt sich aus dem Behandlungsvertrag zunächst kein Vergütungsanspruch.

2. Berücksichtigung der Aufnahmeklausel
M könnte jedoch nach der **Aufnahmeklausel** in den AGB der K als Selbstzahlerin zur Vergütung verpflichtet sein. Dies setzt voraus, dass die Aufnahmeklausel einer **AGB-Kontrolle** nach Maßgabe der §§ 305 ff. BGB standhält.

a. Einbeziehungskontrolle
Die Aufnahmeklausel müsste zunächst wirksam in den Vertrag einbezogen sein. M war es möglich, die AGB zur Kenntnis zu nehmen, sie wurde bei Vertragsschluss auf das Bestehen der AGB hingewiesen und hat sich mit deren Geltung einverstan-

---

[75] → § 6, Parteien des Behandlungsvertrags – Grundlagen, B.
[76] → § 6, Fall 8.
[77] § 109 Abs. 4 S. 3 SGB V i.V.m. § 7 S. 1 KHEntgG und § 17b KHG.
[78] Vgl. BGHZ 163, 42 (46) = NJW 2005, 2069 (2070) = MedR 2005, 714 (715) = JZ 2005, 949 m. zust. Anm. *Katzenmeier*.

den erklärt, sodass die Voraussetzungen des § 305 Abs. 2 BGB erfüllt sind. Eine entgegenstehende Individualabrede nach § 305b BGB ist nicht ersichtlich.

Der Einbeziehung könnte allerdings entgegenstehen, dass es sich bei der Aufnahmeklausel um eine für den Patienten überraschende Klausel gem. **§ 305c Abs. 1 BGB** handelt. Ein Kassenpatient geht regelmäßig davon aus, dass die Krankenkasse seine Behandlungskosten übernehmen wird, und zieht nicht in Erwägung, für eine Krankenhausbehandlung selbst in Anspruch genommen zu werden.[79] Auch einem Kassenpatienten dürfte aber bewusst sein, dass eine ärztliche Behandlung nicht ohne Vergütung erfolgt, dies legen auch §§ 630b, 612 Abs. 1 BGB nahe. Es gehört zu seiner Sphäre, den Versicherungsschutz zu überprüfen und Vorsorge zur Kostenübernahme durch eine Krankenversicherung zu treffen. Ohne eine solche Vorsorge muss der Kassenpatient damit rechnen, mangels anderer Kostenschuldner selbst zur Zahlung des Behandlungshonorars herangezogen zu werden.[80] Die Aufnahmeklausel ist mithin keine überraschende Klausel gem. § 305c Abs. 1 BGB und wurde wirksam in den Vertrag einbezogen.

Das OLG Koblenz nahm als Berufungsinstanz noch eine überraschende Klausel an. BGHZ 163, 42 (47) = NJW 2005, 2069 (2070) = MedR 2005, 714 (715) = JZ 2005, 949 f. setzt sich damit nicht auseinander, sondern geht direkt auf die Auslegung der Klausel ein. Die Ausführungen des BGH sind an dieser Stelle unvollständig.

b. Auslegungsstation

Ehe eine Inhaltskontrolle stattfinden kann, muss die Aufnahmeklausel ausgelegt werden. Auslegungszweifel gehen zulasten des K als Verwender, **§ 305c Abs. 2 BGB**. Nach dem Wortlaut der Klausel wird „ein Kassenpatient, der Leistungen des Krankenhauses in Anspruch nimmt, die nicht durch die Kostenübernahme einer Krankenkasse gedeckt sind, als Selbstzahler zur Entrichtung des Entgelts verpflichtet". Das lässt sich so verstehen, dass ein Kassenpatient das Honorar auch dann persönlich schuldet, wenn kein Versicherungsschutz besteht.[81] In diesem Fall begründete die Klausel einen Honoraranspruch des K.

Der Wortlaut der Klausel kann aber auch dahingehend verstanden werden, dass eine persönliche Vergütungspflicht des Kassenpatienten lediglich für Wahlleistungen und Leistungen außerhalb des GKV-Katalogs begründet werden soll, aber keine Regelung für das irrtumsbedingte Fehlen von Versicherungsschutz trifft.[82] Bei diesem Verständnis begründet die Aufnahmeklausel keine Zahlungspflicht für Patienten, die irrig vom Bestehen eines gesetzlichen Krankenversicherungsschutz ausgehen und Kassenleistungen in Anspruch nehmen. Folglich ergäbe sich aus der Aufnahmeklausel kein Anspruch des K gegen M.

---

[79] OLG Köln VersR 1987, 792.
[80] Vgl. OLG Saarbrücken NJW 2001, 1798 (1799) = MedR 2001, 141 (142); in der Risikozuweisung auch BGHZ 163, 42 (49) = NJW 2005, 2069 (2071) = MedR 2005, 714 (716) = JZ 2005, 949 (950) m. Anm. *Katzenmeier*.
[81] Dafür *Katzenmeier*, JZ 2005, 951 (953).
[82] BGHZ 163, 42 (47) = NJW 2005, 2069 (2070) = MedR 2005, 714 (715) = JZ 2005, 949 f. m. Anm. *Katzenmeier*.

Es handelt sich um eine **mehrdeutige Klausel**, Zweifel gehen nach § 305c Abs. 2 BGB zulasten des Verwenders. Mithin ist die zweite, für K nachteilige Auslegung zu Grunde zu legen. Aus der Klausel folgt kein Anspruch des K gegen M, einer Inhaltskontrolle bedarf es vor diesem Hintergrund nicht.

> **Praxishinweis**
>
> Es handelt sich um einen Sonderfall der AGB-Kontrolle. Bestehen zwei vertretbare Deutungsmöglichkeiten, von denen eine zur Nichtanwendbarkeit der Klausel führt, kann eine Inhaltskontrolle unterbleiben.
>
> In den meisten anderen Fällen werden hingegen beide Deutungen zur Anwendbarkeit der Klausel führen. Dann ist zunächst die dem Verwender günstigere Auslegungsvariante zu unterstellen (**kundenfeindliche Auslegung**), um die AGB-Klausel einer möglichst strengen Inhaltskontrolle nach §§ 307 ff. BGB zu unterziehen. Hält die Klausel auch in dieser Auslegung der Inhaltskontrolle stand, ist in der konkreten Anwendung die dem Verwender ungünstigste Auslegungsvariante zu unterstellen (**kundenfreundliche Auslegung**). ◄

c. Ergebnis
M ist auch unter Berücksichtigung der Aufnahmeklausel in den AGB nicht als Selbstzahlerin zur Vergütung verpflichtet.

3. Ergänzende Vertragsauslegung
Eine Vergütungspflicht der M könnte sich im Wege einer ergänzenden Vertragsauslegung ergeben. Notwendig wäre eine planwidrige Regelungslücke im Vertrag zwischen M und K. M hat angegeben, dass für die T gesetzlicher Krankenversicherungsschutz bestehe. Die Parteien haben sich somit über die Frage der Kostentragung geeinigt und insoweit festgelegt, dass M keine persönliche Zahlungspflicht treffen soll. Aufgrund dieser vertraglichen Regelung ist für eine ergänzende Vertragsauslegung kein Raum.[83]

4. Störung der Geschäftsgrundlage, § 313 Abs. 1, 2 BGB
Letztlich könnte eine Vergütungspflicht auch aus einer nach § 313 Abs. 1, 2 BGB gebotenen Vertragsanpassung folgen.

Zunächst müsste eine **Geschäftsgrundlage** bestehen. Geschäftsgrundlage sind die bei Abschluss des Vertrags zutage getretenen, dem anderen Teil erkennbar gewordenen und von ihm nicht beanstandeten Vorstellungen der einen Partei oder die gemeinsamen Vorstellungen beider Parteien von dem Vorhandensein oder dem Eintritt bestimmter Umstände, sofern der Geschäftswille der Parteien auf dieser Vorstellung aufbaut.[84] Sowohl M als auch K gingen bei Vertragsschluss davon aus, dass für die T Krankenversicherungsschutz bestehe. Diesen Umstand machten sie zur Geschäftsgrundlage des geschlossenen Krankenhausvertrags.

---
[83] Vgl. BGHZ 163, 42 (47 f.) = NJW 2005, 2069 (2070) = MedR 2005, 714 (715).
[84] BGH NJW 1951, 836 f.; 2024, 2828 (2829); *Lorenz*, in: BeckOK-BGB, § 313 Rn. 4.

Gem. § 313 Abs. 1 BGB müssten sich Umstände, die Grundlage des Vertrags geworden sind, nach Vertragsschluss schwerwiegend verändert haben, zudem müssten K und M den Vertrag nicht oder mit anderem Inhalt geschlossen haben, wenn sie diese Veränderung vorausgesehen hätten. Der angenommene Krankenversicherungsschutz der T bestand von Anfang an nicht. Ein solcher Irrtum über wesentliche Vorstellungen, die zur Grundlage des Vertrags geworden sind, steht nach **§ 313 Abs. 2 BGB** der späteren Veränderung der Umstände gleich. Für beide Parteien war die Vorstellung, dass T Krankenversicherungsschutz genieße, für den Vertragsabschluss wesentlich. Es kann auch davon ausgegangen werden, dass K und M den Krankenhausvertrag in Kenntnis der wahren Umstände nicht in dieser Form geschlossen hätten.

Das Festhalten am Vertrag müsste für eine Partei unzumutbar sein. Hierzu ist insbesondere die vertragliche und gesetzliche Risikoverteilung heranzuziehen.[85] Würde am Vertrag festgehalten, hätte K die Behandlung der T ohne korrespondierenden Entgeltanspruch erbracht.[86] Dieses Ergebnis widerspricht der Wertung der §§ 630b, 612 Abs. 1 BGB und dem Charakter des Behandlungsvertrags als entgeltlichem Vertrag. Überdies obliegt es grds. nicht dem Krankenhausträger, sondern dem Patienten, für bestehenden Krankenversicherungsschutz zu sorgen. Der Patient kann bei der Versicherung nachfragen, ob Versicherungsschutz besteht. Hingegen kann der Krankenhausträger auch dann auf die Angaben des Patienten vertrauen, wenn er zur Verwaltungsvereinfachung selbst die Kostenübernahmeerklärung der Krankenkasse einholt.[87] Ein Festhalten am unveränderten Vertrag ist K somit unzumutbar.

Nach § 313 Abs. 1, 2 BGB ist somit eine **Vertragsanpassung** geboten, die dazu führt, dass M für den Krankenhausaufenthalt der T das übliche Entgelt zu entrichten hat.

Das **Ergebnis der Vertragsanpassung** beruht üblicherweise auf einer umfassenden Abwägung der Interessen der Beteiligten, sodass auch die finanzielle Lage der M zu berücksichtigen wäre. BGHZ 163, 42 (50) = NJW 2005, 2069 (2071) = MedR 2005, 714 (716) hat jedoch klargestellt, dass im Rahmen der Krankenhausbehandlung kein Raum für eine solche Interessenabwägung besteht. Grund dafür sind das **umfassende staatliche Preisrecht** nach §§ 7 f. BPflV und die Pflicht des Krankenhauses zu einer einheitlichen Preisberechnung nach § 17 Abs. 1 S. 1 KHG. Daher ist unabhängig von den individuellen Vermögensverhältnissen stets die **übliche Vergütung** geschuldet.

---

[85] *Looschelders*, Schuldrecht AT, 21. Aufl. 2023, § 37 Rn. 15.
[86] Grund hierfür ist die Abkoppelung des Abrechnungsverhältnisses beim GKV-Patienten, s.o. → B. II. 1.
[87] BGHZ 163, 42 (49 f.) = NJW 2005, 2069 (2071) = MedR 2005, 714 (716) = JZ 2005, 949 (950) m. zust. Anm. *Katzenmeier*.

5. Ergebnis
Aus dem zwischen K und M geschlossenen Behandlungsvertrag ergibt sich kein Vergütungsanspruch. Allerdings ist der Vertrag nach § 313 Abs. 1, 2 BGB in einer Weise anzupassen, dass M das übliche Entgelt für den Krankenhausaufenthalt der T zu entrichten hat.

III. Ergebnis
K steht ein Anspruch gegen M auf Zahlung eines Entgelts für den Krankenhausaufenthalt der T aus dem angepassten Behandlungsvertrag gem. § 630a Abs. 1 i.V.m. § 313 Abs. 1, 2 BGB zu.

C. Merksätze

- Eine AGB-Klausel, nach der Kassenpatienten, die Leistungen des Krankenhauses in Anspruch nehmen, die nicht durch die Kostenübernahme einer Krankenkasse gedeckt sind, als Selbstzahler zur Entrichtung des Entgelts verpflichtet werden, erfasst wegen ihrer Mehrdeutigkeit nach § 305c Abs. 2 BGB nur Wahlleistungen oder Leistungen außerhalb des GKV-Katalogs. Bei gänzlichem Fehlen des Krankenversicherungsschutzes greift sie nicht ein (str.).
- Eine gemeinsame Fehlvorstellung von Patient und Behandelndem über das Bestehen von Krankenversicherungsschutz begründet eine Störung der Geschäftsgrundlage gem. § 313 Abs. 1, 2 BGB, die eine Vertragsanpassung gebietet.
- Wird ein Krankenhausvertrag wegen eines Irrtums über den Krankenversicherungsschutz nach § 313 Abs. 1, 2 BGB angepasst, so ist bei der Rechtsfolge kein Raum für individuelle Zumutbarkeitserwägungen. Dem Krankenhaus steht stattdessen die nach § 9 ff. BPflV zu ermittelnde Vergütung für die Krankenhausleistungen zu.

Wiederholungsfragen

▷ Mit wem kommt der Behandlungsvertrag zustande, wenn sich ein Patient bei der „Gemeinschaftspraxis Dres. A und B GbR" in Behandlung begibt?

Die Gemeinschaftspraxis nimmt nach dem Willen der Gesellschafter A und B am Rechtsverkehr teil. Sie ist somit nach § 705 Abs. 2 Alt. 1 BGB selbst rechtsfähig und kann Vertragspartnerin eines Behandlungsvertrags sein. A und B treten als Gemeinschaftspraxis auf und unterbreiten ein gemeinsames Leistungsangebot, das sie grds. beide in gleicher Weise erbringen können. Daher ist ihre Behandlungstätigkeit regelmäßig so auszulegen, dass sie als Vertreter im Namen der Gemeinschaftspraxis handeln. Ebenso nimmt der Patient die Vorteile dieser Gemeinschaftspraxis wie etwa die Gelegenheit kollegialer Besprechungen, gesteigerte Möglichkeiten der personellen und apparativen Ausstattung und die jederzeitige Eintrittsmöglichkeit des anderen Arzt-Gesellschafters als Vertreter bewusst in Anspruch. Es ist daher auch davon auszugehen, dass der Patient einen Behandlungsvertrag mit der Gemeinschaftspraxis schließen will. Somit kommt der Behandlungsvertrag zwischen dem Patienten und der als GbR organisierten Gemeinschaftspraxis zustande.

▶ Gegen welche Anspruchsschuldner kann ein Patient vorgehen, der in einer als GbR organisierten Gemeinschaftspraxis fehlerhaft behandelt und dadurch in seiner körperlichen Integrität beeinträchtigt wird?

Der Patient kann wegen der Beeinträchtigung seiner körperlichen Integrität stets gegen den ihn fehlerhaft Behandelnden persönlich aus § 823 Abs. 1 BGB sowie § 823 Abs. 2 BGB i.V.m. § 229 StGB vorgehen. Ein Behandlungsvertrag besteht mit der Gemeinschaftspraxis, sodass das Verhalten des Behandelnden dieser analog § 31 BGB (bei Organstellung des Behandelnden) oder nach § 278 BGB (bei fehlender Organstellung des Behandelnden) zuzurechnen ist. Die Gemeinschaftspraxis haftet somit stets aus §§ 630a Abs. 1, 280 Abs. 1 BGB. Hat der Behandelnde, etwa als einzelvertretungsberechtigter Arzt-Gesellschafter, eine Organstellung inne, ist sein Verhalten der Gemeinschaftspraxis auch deliktisch analog § 31 BGB zuzurechnen, sodass diese auch nach § 823 Abs. 1 BGB und § 823 Abs. 2 BGB i.V.m. § 229 StGB haftet. Schließlich müssen die Gesellschafter für Verbindlichkeiten der Gemeinschaftspraxis gem. § 721 BGB als Gesamtschuldner persönlich einstehen, sodass sie jeweils zumindest aus §§ 630a Abs. 1, 280 Abs. 1 i.V.m. § 721 BGB haften. Hatte der Behandelnde eine Organstellung inne, tritt daneben noch eine Haftung aus § 823 Abs. 1 i.V.m. § 721 BGB sowie § 823 Abs. 2 BGB i.V.m. § 229 StGB i.V.m. § 721 BGB. Im Ergebnis kann der Patient somit nach seiner Wahl gegen den Behandelnden, die Gemeinschaftspraxis und alle Gesellschafter der Praxis persönlich vorgehen.

▶ Wer ist typischerweise Kostenschuldner einer Laborärztin, die von anderen Ärzten zugesandte Gewebeproben untersucht?

Nach §§ 133, 157 BGB ist die Verständnismöglichkeit der Laborärztin als Erklärungsempfängerin maßgeblich. Diese wird die ärztliche Einsendung einer Gewebeprobe in ein Labor regelmäßig dahingehend verstehen, dass der Arzt nicht im eigenen Namen, sondern nach § 164 Abs. 1 BGB als Stellvertreter des jeweiligen Patienten tätig wird. Kostenschuldner einer Laborärztin ist daher i.d.R. der Patient, nicht aber der übersendende Arzt.

▶ Ist es erforderlich, dass ein Patient den behandelnden Arzt ausdrücklich zur Einsendung von Gewebeproben in Labore von Dritten ermächtigt?

Nein. Bei Abschluss des Behandlungsvertrags erteilt der Patient dem Arzt konkludent eine Innenvollmacht (§§ 166 Abs. 2 S. 1, 167 Abs. 1 Alt. 1 BGB), medizinisch notwendige Laboruntersuchungen durchführen zu lassen und im Namen des Patienten in Auftrag zu geben. Aufgrund dieser konkludenten Vollmacht ist der Arzt auch dann zur Vertretung des Patienten berechtigt, wenn keine ausdrückliche Ermächtigung besteht. Diese konkludente Vollmacht gilt auch dann, wenn der Patient im konkreten Fall nichts von der Beauftragung des Labors weiß.

▶ Wer wird im Regelfall Vertragspartner des mit einem Kinderarzt geschlossenen Behandlungsvertrags?

Bei der Behandlung eines Kindes geben die Sorgeberechtigten im Regelfall eine Willenserklärung im eigenen Namen ab, sodass sie auch selbst Vertragspartner des Kinderarztes werden. Es handelt sich hierbei um einen Vertrag zugunsten Dritter (§ 328 BGB), der das Kind als Dritten begünstigt.

▶ Wer wird Vertragspartner, wenn nur einer von zwei Sorgeberechtigten bei der kinderärztlichen Behandlung anwesend ist?

Grds. kann nur der anwesende Sorgeberechtigte eine Willenserklärung abgeben, sodass auch nur dieser zum Vertragspartner wird. Allerdings ist es möglich, dass der andere Sorgeberechtigte im Wege der Stellvertretung (§§ 164 ff. BGB) ebenfalls Vertragspartner wird, bei miteinander verheirateten Sorgeberechtigten kommt auch eine Mitverpflichtung nach § 1357 Abs. 1 S. 2 BGB in Betracht.

▶ Können beschränkt geschäftsfähige Minderjährige auch ohne Kenntnis der Sorgeberechtigten einen wirksamen Behandlungsvertrag schließen?

Für nach §§ 106, 2 BGB beschränkt geschäftsfähige Privatpatienten ist der Behandlungsvertrag wegen der enthaltenen Zahlungsverpflichtung nicht lediglich rechtlich vorteilhaft i.S.d. § 107 Alt. 1 BGB, sodass diese ohne Zustimmung der Sorgeberechtigten keinen wirksamen Behandlungsvertrag schließen können. Gesetzlich Versicherte werden hingegen nicht selbst zur Zahlung des Honorars verpflichtet, sodass der Behandlungsvertrag für sie nach überwiegender Meinung lediglich rechtlich vorteilhaft ist. Damit ein von einem beschränkt geschäftsfähigen Kassenpatienten geschlossener Behandlungsvertrag wirksam ist, wird einschränkend aber die sozialrechtliche Handlungsfähigkeit nach § 36 Abs. 1 S. 1 SGB I verlangt.

▶ Wann ist ein Minderjähriger sozialrechtlich handlungsfähig?

Die sozialrechtliche Handlungsfähigkeit besteht nach § 36 Abs. 1 S. 1 SGB I mit Vollendung des 15. Lebensjahres. Die Sorgeberechtigten können allerdings die sozialrechtliche Handlungsfähigkeit Minderjähriger nach § 36 Abs. 2 S. 1 SGB I auch über das vollendete 15. Lebensjahr hinaus einschränken.

▶ Unterfallen auch medizinisch nicht indizierte Schönheitsoperationen den §§ 630a ff. BGB?

Ja, die §§ 630a ff. BGB gelten auch für medizinisch nicht indizierte Eingriffe. Zwar kommt auch ein Werkvertrag gem. § 631 BGB in Betracht. Doch kann der Behandelnde auch bei einer Schönheitsoperation regelmäßig nicht den Erfolg des Eingriffs versprechen. Somit unterfallen auch Schönheitsoperationen dem Behandlungsvertragsrecht der §§ 630a ff. BGB.

▶ Unter welchen Voraussetzungen wird ein Ehegatte nach § 1357 Abs. 1 S. 2 BGB verpflichtet, die Kosten für die Behandlung des anderen Ehegatten zu tragen?

Eine ärztliche Behandlung dient stets der Deckung des Lebensbedarfs und wird somit grds. von § 1357 Abs. 1 S. 2 BGB erfasst. Sie ist allerdings nur „angemessen", wenn es sich um einen geringen Eingriff handelt, bei dem eine Konsultation zwischen den Ehegatten üblicherweise nicht zu erwarten ist. Zudem sind medizinisch indizierte und unaufschiebbare Eingriffe stets und ohne Rücksicht auf die Kosten als „angemessen" zu werten. Übersteigt ein solcher Eingriff jedoch die finanzielle Leistungsfähigkeit der Familie, sprechen die objektiven Umstände gegen eine Einbeziehung des Ehegatten, sodass § 1357 Abs. 1 S. 2 BGB ausscheidet.

▶ Welche Arten des Krankenhausvertrags gibt es?

Man unterscheidet insgesamt drei Arten des Krankenhausvertrags, nämlich den einheitlichen (totalen) Krankenhausvertrag als Regelform sowie den gespaltenen Arzt-Krankenhaus-Vertrag und den totalen Krankenhausvertrag mit Arztzusatzvertrag als Ausnahmefälle des Krankenhausvertrags.

▶ Wer sind die Vertragsparteien beim einheitlichen (totalen) Krankenhausvertrag, welche Leistungen sind geschuldet?

Vertragsparteien des einheitlichen (totalen) Krankenhausvertrags sind nur der Krankenhausträger und der Patient. Der Krankenhausträger schuldet dem Patienten sämtliche ärztlichen und nichtärztlichen Leistungen.

▶ Wer sind die Vertragsparteien beim gespaltenen Arzt-Krankenhaus-Vertrag, welche Leistungen sind geschuldet?

Beim gespaltenen Arzt-Krankenhaus-Vertrag kommt es zu zwei Vertragsschlüssen. Mit dem Krankenhausträger schließt der Patient einen Vertrag, der den Krankenhausträger zur pflegerischen und medizinischen Betreuung, aber nicht zur ärztlichen Behandlung verpflichtet. Daneben schließt der Patient mit dem Arzt einen eigenständigen Vertrag über die ärztliche Behandlung.

Wiederholungsfragen

▶ Wer sind die Vertragsparteien beim totalen Krankenhausvertrag mit Arztzusatzvertrag, welche Leistungen sind geschuldet?

Beim totalen Krankenhausvertrag mit Arztzusatzvertrag kommt es auch zu zwei Vertragsschlüssen. Der Krankenhausträger schuldet gegenüber dem Patienten wie beim totalen Krankenhausvertrag sämtliche ärztlichen und nichtärztlichen Leistungen. Daneben wird der Arzt in einem eigenständigen Vertrag zur persönlichen Erbringung der ärztlichen Leistungen verpflichtet.

▶ Krankenhaus K verwendet in seinen AGB folgende Klausel: „Ein Kassenpatient, der Leistungen des K in Anspruch nimmt, welche nicht durch die Kostenübernahme seiner Krankenkasse gedeckt sind, wird als Selbstzahler zur Entrichtung des Entgelts für die Leistung verpflichtet." Ist diese AGB-Klausel wirksam?

Die Klausel könnte bereits als überraschende Klausel nach § 305c Abs. 1 BGB nicht in den Vertrag einbezogen worden sein. Dagegen spricht aber, dass es dem Patienten obliegt, den eigenen Versicherungsschutz zu überprüfen und die Kostenübernahme durch eine Krankenkasse sicherzustellen und er nicht von der Kostenfreiheit einer Behandlung ausgehen kann. Allerdings bleibt bei Auslegung der Klausel unklar, ob diese nur für Wahlleistungsvereinbarungen und Leistungen außerhalb des GKV-Katalogs gelten oder auch eine Zahlungspflicht bei gänzlich fehlendem Versicherungsschutz begründen soll. Nach der Auslegungsregel des § 305c Abs. 2 BGB ist die Klausel daher nur für Wahlleistungsvereinbarungen und Leistungen außerhalb des GKV-Katalogs wirksam, bei gänzlich fehlendem Versicherungsschutz gelangt sie hingegen nicht zur Anwendung.

▶ Wie kann das Krankenhaus gleichwohl zu einem Vergütungsanspruch gelangen, wenn sie mit einem angeblichen Kassenpatienten einen Vertrag schließt, der in Wirklichkeit aber nicht krankenversichert war?

Der Krankenversicherungsschutz ist ein wesentlicher Umstand, der zur Grundlage des Vertrags geworden ist. Ein beiderseitiger Irrtum über das Bestehen von Krankenversicherungsschutz führt mithin zum Wegfall der Geschäftsgrundlage nach § 313 Abs. 2 BGB. Dem Krankenhaus ist es unzumutbar, die Behandlung ohne Vergütung vorzunehmen, es muss auch nicht den Krankenversicherungsschutz des Patienten in Erfahrung bringen. Vielmehr obliegt die Überprüfung des Versicherungsschutzes dem Patienten. Es kann somit im Wege der Vertragsanpassung nach § 313 Abs. 1, 2 BGB ein Vergütungsanspruch des Krankenhauses begründet werden.

Pflichten der Vertragsparteien – Grundlagen

A. Pflichten des Behandelnden

I. Vertrags- und Verkehrspflichten

Die **Pflichten des Behandelnden** sind vertraglich in §§ 630a ff. BGB geregelt, im Rahmen der deliktischen Haftung sind sie gleichermaßen als Verkehrspflichten i.S.d. § 823 Abs. 1 BGB anerkannt (und dort von der Rspr. ursprünglich entwickelt). Behandelnde treffen u.a. folgende Pflichten:

Behandlung des Patienten entsprechend den fachlichen Standards, **§ 630a Abs. 2 BGB**. Zur Behandlung gehören (→ § 9, Grundlagen, B. IV.):

- Anamnese (Erfragung medizinisch potenziell relevanter Informationen)
- Befunderhebung (Untersuchung des Patienten)
- Diagnose, Indikationsstellung
- Therapie (medizinische Behandlung im eigentlichen Sinne)
- Organisation des Behandlungsgeschehens
- Nachsorge und Kontrolle

Die Sorgfaltspflichten umfassen das gesamte Behandlungsgeschehen, damit korrespondiert ein weiter Behandlungsfehlerbegriff: In allen Behandlungsstadien kann dem Behandelnden ein Fehler unterlaufen und seine Haftung begründen (dazu → § 9, Grundlagen, B.).

Information des Patienten über:

- Wesentliche Behandlungsumstände, **§ 630c Abs. 2 S. 1 BGB** (vormals sog. „**therapeutische Aufklärung**" oder „**Sicherungsaufklärung**", sie ist kein Bestandteil der Aufklärungspflicht, sondern Teil der ordnungsgemäßen medizinischen Behandlung).
- Behandlungsfehler bei Nachfrage des Patienten oder zur Abwendung gesundheitlicher Gefahren, **§ 630c Abs. 2 S. 2 BGB** (sog. „**Fehleroffenbarungspflicht**").
- Vom Patienten zu tragende Kosten, **§ 630c Abs. 3 BGB** (vormals sog. „**wirtschaftliche Aufklärung**", doch auch sie ist kein Bestandteil der Aufklärungspflicht).

Aufklärung des Patienten, **§ 630e BGB**, und Einholung der **Einwilligung**, **§ 630d BGB**. Die Selbstbestimmungsaufklärung (betreffend Diagnose, Verlauf und Risiken einer Behandlung) ist Grundlage einer wirksamen Einwilligung des Patienten (dazu → § 10).

Dokumentation der Behandlung, **§ 630f BGB**. Auf Verlangen des Patienten ist ihm unverzüglich **Einsicht in die Patientenakte** zu gewähren, **§ 630g BGB** (dazu → § 8, Grundlagen, A., B.).

Verschwiegenheit über die Behandlung, § 9 Abs. 1 MBO-Ä (dazu → § 8, Grundlagen, C.).

Weitere (Neben-)Pflichten etwa die Einhaltung fester Bestelltermine.

II. Delegation/Substitution ärztlicher Leistungen

Aus §§ 630b, 613 BGB folgt für den Arzt der **Grundsatz persönlicher Leistungserbringung**. Seine Hauptpflichten hat der Arzt grds. persönlich zu erfüllen, da die „Ausübung der Heilkunde" Ärzten vorbehalten ist (sog. Arztvorbehalt, § 1 Abs. 1 HeilprG; s. auch §§ 15 Abs. 1 S. 1, 28 Abs. 1 SGB V; § 32 Ärzte-ZV; § 15 Abs. 1 BMV-Ärzte; § 4 Abs. 2 GOÄ).

Der Arzt muss aber nicht alle Pflichten eigenhändig erbringen, ggf. besteht eine Möglichkeit der **Delegation**. Hilfeleistungen dürfen in bestimmtem Umfang durch andere Personen erbracht werden, wenn sie vom Arzt im Einzelfall angeordnet und von ihm verantwortet werden.

Der Kreis der delegationsfähigen Aufgaben ist gesetzlich nicht geregelt. Die Zulässigkeit einer Delegation im konkreten Fall hängt im Wesentlichen von **der Art der Leistung, der Schwere der Krankheit und der Qualifikation des Personals** ab. Abstrakt-generelle Rechtsregeln sind in diesem Bereich nur bedingt möglich.[88] Konsens besteht, dass es einen **Kernbereich ärztlicher Tätigkeiten** gibt, der nicht delegierbar ist. Darunter fallen solche Tätigkeiten, die aufgrund ihrer Schwierigkeit, Gefährlichkeit oder Unvorhersehbarkeit etwaiger Reaktionen **ärztliches Fachwissen** erfordern.[89] Zu dem nicht übertragbaren Kernbereich werden danach u.a. Anamnese, Untersuchung, Diagnose, Entscheidung über Therapie und Durchführung invasiver Maßnahmen sowie operative Eingriffe einschließlich der Anästhesie gezählt, sowie die Aufklärung und Beratung des Patienten.[90] Für die ambulante vertragsärztliche Versorgung haben KBV und GKV-Spitzenverband auf Grundlage von § 28 Abs. 1 S. 3 SGB V eine Vereinbarung über die Delegation ärztlicher Leistungen geschlossen, die im Sinne einer Orientierung der Handelnden u.a. einen Beispielkatalog delegationsfähiger Leistungen enthält (Anlage 24 zum BMV-Ä).[91]

Nach dem Pflegeweiterentwicklungsgesetz[92] wird die **Substitution ärztlicher Leistungen** durch nichtärztliches Personal in Modellvorhaben ermöglicht (§ 63 Abs. 3c SGB V). Bei der Substitution werden Leistungen von Rechts wegen nichtärztlichen Berufsgruppen zugewiesen, diese können die Leistungen ohne Anordnung und Überwachung eines Arztes ausführen.

---

[88] Grdl. *Achterfeld*, Aufgabenverteilung im Gesundheitswesen, 2014.
[89] BGH NJW 1975, 2245 (2246); OLG Dresden MedR 2009, 410 (411); LSG Baden-Württemberg, Urt. v. 1.9.2004 – 15 KA 3947/03, juris Rn. 36.
[90] *Katzenmeier*, in: Laufs/Katzenmeier/Lipp, Arztrecht, Kap. X Rn. 58; *Achterfeld*, Aufgabenverteilung im Gesundheitswesen, 2014, S. 45. Zur Delegation der Patientenaufklärung *Katzenmeier/Achterfeld*, in: FS Bergmann, 2016, S. 89 ff.
[91] Vereinbarung über die Delegation ärztlicher Leistungen an nichtärztliches Personal in der ambulanten vertragsärztlichen Versorgung gemäß § 28 Abs. 1 S. 3 SGB V vom 1.10.2013, Stand: 1.1.2015.
[92] Gesetz zur strukturellen Weiterentwicklung der Pflegeversicherung (Pflege-Weiterentwicklungsgesetz) v. 28.5.2008, BGBl. I S. 874.

Die vom G-BA erlassene **Heilkundeübertragungsrichtlinie**[93] legt im Einzelnen fest, welche Aufgaben an Berufsangehörige der Kranken- und Altenpflege übertragen werden können. Erfasst sind bspw. die Versorgung chronischer Wunden oder Infusionstherapien.

Diese Entwicklung wird von den Pflegeberufen begrüßt. BÄK und KBV hingegen sprechen sich nachdrücklich gegen eine Substitution aus, da sie Qualitätseinbußen in der medizinischen Versorgung befürchten. Ferner besteht die Gefahr, dass nichtärztliche Berufsgruppen mangels Letztverantwortung eines Arztes in die Haftung geraten.

B. Pflichten des Patienten

Neben den umfangreichen Pflichten des Arztes erwachsen aus dem Behandlungsvertrag auch **Pflichten für den Patienten**, etwa:

Gewährung der vereinbarten Vergütung, § 630a Abs. 1 BGB
- **Privatpatient:** Zahlung des vereinbarten Entgelts (§ 630a Abs. 1 BGB). Ohne ausdrückliche Vereinbarung über die Entgelthöhe bestimmt diese sich nach §§ 630b, 612 Abs. 2 Alt. 1 BGB i.V.m. der GOÄ (→ § 6, Fall 1).
- **Kassenpatient:** Wegen der Abkoppelung des Abrechnungsverhältnisses vom Behandlungsverhältnis keine Zahlungspflicht (zum Abrechnungssystem → § 4, Grundlagen, C.), sondern Pflicht zur Mitwirkung an der Bereitstellung des Honorars durch den Sozialversicherungsträger, d.h. Entrichtung des Krankenkassenbeitrags.[94]

Eine persönliche Vergütung kann geschuldet sein, soweit der Kassenpatient **Individuelle Gesundheitsleistungen** (IGeL) in Anspruch nimmt, die nicht im GKV-Katalog enthalten sind (z.B. best. Vorsorgeuntersuchungen, Reisemedizin).[95]

Duldungspflichten nach speziellen gesetzlichen Vorschriften
- z.B. § 30 IfSG (Quarantäne), § 81a StPO (körperliche Untersuchung bei Beschuldigten) oder § 101 StVollzG (Zwangsmaßnahmen der Gesundheitsfürsorge für Inhaftierte).
- Daneben auch § 62 SGB I für ärztliche und psychologische Untersuchungen bei Entscheidungen über Sozialleistungen.

Weitere (Neben-)Pflichten, etwa die Einhaltung fester Bestelltermine (dazu → § 6, Fall 12)

Nach § 630c Abs. 1 BGB sollen Behandelnder und Patient zur Durchführung der Behandlung zusammenwirken, d.h. der Patient soll **ärztliche Ratschläge und Empfehlungen befolgen**, etwa die Therapievorgaben nicht missachten oder die verschriebenen

---

[93] Richtlinie über die Festlegung ärztlicher Tätigkeiten zur Übertragung auf Berufsangehörige der Alten- und Krankenpflege zur selbstständigen Ausübung von Heilkunde im Rahmen von Modellvorhaben nach § 63 Abs. 3c SGB V v. 20.10.2011, BAnz. Nr. 46 (S. 1128) v. 21.3.2012.
[94] Zu Entgeltfragen der medizinischen Behandlung *Katzenmeier/Voigt*, in: FS Meincke, 2015, S. 175 ff.
[95] *Steinhilper/Schiller*, in: Rieger/Dahm/Katzenmeier/Stellpflug/Ziegler, HK-AKM, Nr. 2595 (IGeL); *Voigt*, Individuelle Gesundheitsleistungen, 2013.

Medikamente einnehmen (sog. Compliance/Adhärenz). § 630c Abs. 1 BGB begründet keine Rechtspflicht des Patienten, sondern eine bloße **Obliegenheit**. Ein Verstoß kann im Schadensersatzrecht ein Mitverschulden begründen (§ 254 Abs. 1 BGB).[96]

Literatur zur Vertiefung: *Lipp*, in: Laufs/Katzenmeier, Lipp, Arztrecht, Kap. III Rn. 34–49; *Katzenmeier*, in: Laufs/Katzenmeier/Lipp, Arztrecht, Kap. X Rn. 57–64.

Fall 12: Pünktlichkeit ist eine Zier – Nichterscheinen zum Behandlungstermin

A. Sachverhalt

Der niedergelassene Handchirurg A betreibt eine reine Bestellpraxis. Die Privatpatientin P war zu ihrer für den 10.8. von 14 bis 16 Uhr vorgesehenen Rizarthroseoperation nicht erschienen. Erst am nächsten Tag eröffnet P dem A, sie sei wegen eines Gerichtstermins verhindert gewesen. Ohnehin habe sie an einer Rizarthroseoperation kein Interesse mehr. A ist der Ansicht, ihm stehe gleichwohl der vereinbarte Honoraranspruch zu, zumindest aber ein Anspruch auf Schadensersatz, weil er den frei gewordenen Termin nicht anderweitig gewinnbringend habe nutzen können. Im Rahmen der Erstvorstellung habe er P einen Anamnesebogen vorgelegt. Dieser habe u.a. den Hinweis enthalten, dass Terminabsagen aufgrund des Bestellsystems spätestens 48 Stunden vorher mitzuteilen seien, andernfalls entstehe eine Ausfallgebühr. Welche Ansprüche stehen A gegen P zu?

B. Lösung

I. § 630a Abs. 1 BGB

A könnte ein Anspruch gegen P auf Zahlung des Rechnungsbetrages aus einem Behandlungsvertrag gem. § 630a Abs. 1 BGB zustehen.

A und P haben durch die fixe Terminvereinbarung einen Behandlungsvertrag geschlossen, sodass nach §§ 630b, 612 Abs. 2 Alt. 1 BGB grds. eine Vergütungspflicht der P besteht. Allerdings wird dieser Vergütungsanspruch gem. §§ 630b, 614 S. 1 BGB erst **nach Leistung der ärztlichen Dienste fällig**. A hat die vereinbarte Behandlung nicht erbracht, sodass der Vergütungsanspruch nicht fällig ist.

A steht gegen P somit kein Anspruch auf Zahlung des Rechnungsbetrages aus dem geschlossenen Behandlungsvertrag gem. § 630a Abs. 1 BGB zu.

II. § 630a Abs. 1 i.V.m. §§ 630b, 615 S. 1 BGB

A könnte ein Anspruch gegen P auf Zahlung des Rechnungsbetrages gem. § 630a Abs. 1 i.V.m. §§ 630b, **615 S. 1 BGB** zustehen.[97]

---

[96] *Mansel*, in: Jauernig, BGB, § 630c Rn. 2; *Katzenmeier*, in: BeckOK-BGB, § 630c Rn. 2, 5.
[97] § 615 BGB ist keine eigenständige Anspruchsgrundlage, die Norm erhält den Erfüllungsanspruch auf die dienstvertraglich geschuldete Vergütung.

Zwischen A und P besteht ein Behandlungsvertrag und damit eine grds. Vergütungspflicht nach §§ 630b, 612 Abs. 2 Alt. 1 BGB. Damit die Vergütung nach §§ 630b, 615 S. 1 BGB auch ohne erbrachte ärztliche Leistung geschuldet ist, müsste sich P gem. §§ 293 ff. BGB im Annahmeverzug befinden.

1. Leistungsberechtigung
Dazu müsste A am 10.8. um 14 Uhr zunächst berechtigt gewesen sein, die Behandlungsleistung zu erbringen. Mit dem Eintritt der Leistungszeit war A grds. zur Leistungserbringung berechtigt, § 271 Abs. 2 BGB.

Die Leistungsberechtigung könnte nach § 275 Abs. 1 BGB ausgeschlossen sein, wenn die ärztliche Behandlung mit Nichterscheinen der P unmöglich geworden wäre, sodass A sie nicht mehr erbringen konnte. Eine Unmöglichkeit wäre insbesondere anzunehmen, wenn die ärztliche Behandlung eine absolute Fixschuld darstellen würde.[98] Eine ärztliche Behandlung wird mit Verstreichen der Leistungszeit nicht vollkommen sinnlos, sondern kann nachgeholt werden. Sie stellt daher keine absolute Fixschuld dar. Folglich war die Behandlung auch nicht nach § 275 Abs. 1 BGB unmöglich, sodass die Leistungsberechtigung des A trotz Nichterscheinen der P fortbestand.

A wäre ebenfalls nicht mehr zur Leistung berechtigt, wenn P den Behandlungsvertrag **wirksam gekündigt** hätte. Die ärztliche Behandlung ist ein Dienst höherer Art, sodass die Patientin nach §§ 630b, 627 Abs. 1 BGB jederzeit zur Kündigung berechtigt ist.[99] Eine Kündigung könnte allein im Nichterscheinen zum Termin gesehen werden. Dieses kann jedoch auch andere Gründe als das fehlende Interesse an der ärztlichen Behandlung haben. Gem. §§ 133, 157 BGB sind die Verständnismöglichkeiten des A wesentlich, der das Nichterscheinen aus diesem Grund nicht als Kündigungserklärung verstehen musste.[100] P hatte den Behandlungsvertrag am 10.8. um 14 Uhr nicht wirksam gekündigt, sodass A zur Leistung berechtigt war. Die spätere Kündigung der P steht einem Annahmeverzug nicht entgegen.

> **Beachte**
> Grds. ist es dem Patienten unbenommen, den Behandlungsvertrag nach §§ 630b, 627 Abs. 1 BGB auch wenige Minuten vor einem Termin zu **kündigen**. Strittig ist, inwieweit dieses Recht durch einen Hinweis im Anamnesebogen eingeschränkt werden kann (für eine Einschränkungsmöglichkeit etwa *Schrader*, JuS 2010, 326 (331 f.); dagegen AG München MedR 2017, 325 (327); diff. *Katzenmeier/Castendiek*, MedR 2023, 37 (38)).
> Hätte sich P innerhalb der 48-Stunden-Frist mit A auf eine **Terminverlegung** verständigt, wäre die Erfüllbarkeit der Leistung verschoben worden und P befände sich nicht im Annahmeverzug. Schadensersatzansprüche des A blieben infolge des Hinweises im Anamnesebogen dadurch unberührt (OLG Stuttgart MedR 2007, 546 (548)).

---

[98] Zum Begriff der absoluten Fixschuld s. *Medicus/Lorenz*, Schuldrecht AT, 22. Aufl. 2021, § 34 Rn. 13 f.
[99] *Lipp*, in: Laufs/Katzenmeier/Lipp, Arztrecht, Kap. III Rn. 31, s. auch → § 6, Das Behandlungsverhältnis – Grundlagen, B.
[100] *Katzenmeier/Castendiek*, MedR 2023, 37; *Muthorst*, ZGS 2009, 409 (412).

2. Leistungsfähigkeit, § 297 BGB
Anhaltspunkte für ein Unvermögen der A, die Behandlungsleistung am 10.8. um 14 Uhr zu erbringen, bestehen nicht.

3. Angebot der A
A müsste P die Behandlungsleistung auch angeboten haben. A hat ihre Leistung weder tatsächlich (§ 294 BGB) noch wörtlich (§ 295 BGB) angeboten. Allerdings könnte das Angebot nach § 296 S. 1 BGB entbehrlich sein, wenn es einer kalendermäßig bestimmten Mitwirkungshandlung der P bedürfte und P diese nicht rechtzeitig vorgenommen hätte. Für die Behandlung hätte P am 10.8. um 14 Uhr in der Praxis der A erscheinen müssen, was sie nicht getan hat. Das Angebot wäre aber nur entbehrlich, wenn die Terminvereinbarung eine **kalendermäßige Bestimmung der Leistungszeit** nach § 296 S. 1 BGB darstellt.

Dagegen könnte vorgebracht werden, dass die Vereinbarung eines Behandlungstermins die Leistungszeit nicht fixiere, sondern lediglich organisatorischer Natur sei und der Sicherung eines geordneten Behandlungsablaufs diene. Ferner ist der Patient nach §§ 621 Nr. 5, 627 Abs. 1 BGB jederzeit zur Kündigung berechtigt, das Risiko eines kurzfristigen Terminausfalls lässt sich daher beim Arzt verorten.[101]

Um die Verbindlichkeit einer Terminvereinbarung zu beurteilen, sind allerdings stets die Umstände des Einzelfalls maßgeblich.[102] A betreibt eine reine Bestellpraxis, in der Termine üblicherweise exklusiv für einen Patienten reserviert werden. A kann daher bei Nichterscheinen nicht ohne Weiteres andere Patienten behandeln. Auf diese Praxis der Terminvergabe wurde P wurde im Anamnesebogen ausdrücklich hingewiesen und angehalten, einen Termin rechtzeitig abzusagen. Vor diesem Hintergrund kann eine verbindliche Terminvereinbarung angenommen werden, sodass von einer kalendermäßigen Bestimmung der Leistungszeit auszugehen ist.

Folglich war ein Angebot der A nach § 296 Abs. 1 BGB entbehrlich. P ist in Annahmeverzug geraten, indem sie nicht zum vereinbarten Termin erschienen ist.

4. Ergebnis
A steht ein Anspruch gegen P auf Zahlung des Rechnungsbetrages aus dem geschlossenen Behandlungsvertrag gem. § 630a Abs. 1 i.V.m. §§ 630b, 615 S. 1 BGB zu.

> Nimmt man einen Annahmeverzug an, besteht ein Zahlungsanspruch des Arztes auch gegenüber nicht erschienenen **Kassenpatienten**. Die Krankenkassen übernehmen nur die Kosten für tatsächlich durchgeführte Behandlungen, Leistungsstörungen richten sich nach Privatrecht (BGH NJW 2022, 2269 (2271) = MedR 2023, 45 (47) m. zust. Bespr. *Katzenmeier/Castendiek*, MedR 2023, 37 (38)).

---

[101] LG München II NJW 1984, 671 = MedR 1986, 45 f. m. abl. Anm. *Uhlenbruck*; LG Heilbronn NZS 1993, 424; grds. auch LG Hannover NJW 2000, 1799 (1800).
[102] BGH NJW 2022, 2269 (2271) m. Anm. *Voß* = MedR 2023, 45 (47) m. zust. Bespr. *Katzenmeier/Castendiek*, MedR 2023, 37 f.; zur Anwendbarkeit von § 296 S. 1 BGB auf Arzttermine *Katzenmeier*, in: BeckOK-BGB, § 630b Rn. 11.

III. §§ 630a Abs. 1, 280 Abs. 1 BGB
A könnte ein Anspruch gegen P auf Schadensersatz aus dem Behandlungsvertrag gem. §§ 630a Abs. 1, 280 Abs. 1 BGB zustehen.

1. Schuldverhältnis
Zwischen A und P bestand ein wirksamer Behandlungsvertrag gem. § 630a BGB.

2. Pflichtverletzung
P müsste eine Pflicht aus dem Behandlungsvertrag verletzt haben. P ist nicht zum vereinbarten Behandlungstermin erschienen. Den Patienten trifft grds. nur eine **Obliegenheit** zur Mitwirkung an der Behandlung, deren Verletzung nicht zu Schadensersatzansprüchen führt.[103] Bei P war allerdings eine umfangreichere Behandlung vorgesehen, die insgesamt zwei Stunden in Anspruch nehmen sollte. Um im Falle einer Absage umdisponieren zu können, hatte A ein erhebliches Interesse, frühzeitig über Verhinderungen informiert zu werden. Dies hatte er P im Anamnesebogen auch mitgeteilt. Vor diesem Hintergrund kann eine Rechtspflicht der P angenommen werden, den Termin im Falle der Verhinderung rechtzeitig abzusagen.[104] Indem P zur Behandlung nicht erschien, hat sie diese Pflicht aus dem Behandlungsvertrag verletzt.

> Die **Pflicht zur rechtzeitigen Absage** besteht bei umfangreichen Behandlungen auch ohne den Hinweis im Anamnesebogen. Auf die AGB-rechtliche Wirksamkeit dieses Hinweises kommt es für die Falllösung daher nicht an. Der Hinweis dürfte allerdings weder gegen § 309 Nr. 5, 6 BGB noch gegen § 308 Nr. 7a BGB noch gegen § 307 Abs. 2 S. 1 BGB verstoßen (*Schrader*, JuS 2010, 327 (331 f.)). **Unzulässig** wäre es hingegen, in AGB eine **Schadensersatzverpflichtung ohne Verschulden** zu begründen.

3. Vertretenmüssen
Gerichtstermine stehen mehr als 48 Stunden vorher fest, der Termin war P auch bekannt, sodass diese rechtzeitig hätte absagen können. P hat ihre Pflichtverletzung somit nach §§ 276 Abs. 1 S. 1, 280 Abs. 1 S. 2 BGB zu vertreten.

4. Schaden
A konnte den Termin nicht anderweitig vergeben. Ihm ist ein Schaden entstanden (§ 252 BGB), von dessen Zurechenbarkeit und Ersatzfähigkeit mangels gegenteiliger Anhaltspunkte auszugehen ist.

---

[103] *Schrader*, JuS 2010, 327 (330); zu § 630c Abs. 1 BGB *Katzenmeier*, in: BeckOK-BGB, § 630c Rn. 2.
[104] Vgl. OLG Stuttgart MedR 2007, 546 (548); *Katzenmeier*, in: BeckOK-BGB, § 630a Rn. 143; *Katzenmeier/Castendiek*, MedR 2023, 37 (39).

> **Beachte**
> Der Schaden bestimmt sich nach der **Differenzhypothese** (Vergleich des tatsächlichen Kausalverlaufs mit dem hypothetischen Kausalverlauf) und umfasst nach § 252 BGB den **entgangenen Gewinn**. Zur Schadensbestimmung ist also darauf abzustellen, welche Einnahmen A erzielt hätte, wenn P den Termin rechtzeitig, d.h. 48 Stunden vorher, abgesagt hätte.
>   A muss im Zweifelsfall **substanziiert darlegen und beweisen**, dass er bei rechtzeitiger Absage der P einen anderen Patienten hätte behandeln können, dies aber wegen fehlender (oder zu kurzfristiger) Absage nicht möglich war. Eine Bestellpraxis hat lange Vorlaufzeiten bei der Terminvergabe, sodass der Arzt oft **auf kurzfristige Absagen nicht mehr reagieren** kann. Aus diesem Grund gestaltet sich der Schadensnachweis schwierig. Auch wenn die Möglichkeit zur Behandlung eines anderen Patienten hinreichend bewiesen wird, darf nicht einfach auf den durchschnittlichen Umsatz pro Stunde abgestellt werden, da dieser gerade durch die aufwändigen, langfristig geplanten Behandlungen beeinflusst wird (OLG Stuttgart MedR 2007, 546 (548 f.)).
>   Wird der Schaden durch ein **Ausfallhonorar** nach Maßgabe des § 615 S. 1 BGB kompensiert, kommt dem Schadensersatzanspruch keine praktische Relevanz mehr zu (*Katzenmeier/Castendiek*, MedR 2023, 37 (39)).

5. Ergebnis

A steht gegen P somit ein Anspruch auf Schadensersatz aus dem Behandlungsvertrag gem. §§ 630a Abs. 1, 280 Abs. 1 BGB zu.

C. Merksätze

- Das bloße Nichterscheinen zu einer ärztlichen Behandlung kann nicht als – jederzeit mögliche – Kündigungserklärung des Patienten verstanden werden.
- Ein Patient, der einen abgesprochenen Arzttermin nicht wahrnimmt oder nicht rechtzeitig absagt, kann gem. §§ 293 ff. BGB in Annahmeverzug geraten. Maßgeblich hierfür ist eine Auslegung der Terminabsprache anhand der Umstände des Einzelfalls.
- Vereinbaren Arzt und Patient einen mehrstündigen Behandlungstermin, währenddessen keine anderen Behandlungen möglich sind, besteht für den Patienten eine vertragliche Nebenpflicht, den Termin rechtzeitig abzusagen. Hat der Patient eine verspätete oder fehlende Absage zu vertreten, steht dem Arzt ein Schadensersatzanspruch zu. Dessen Geltendmachung ist jedoch mit Beweisproblemen hinsichtlich der Schadenshöhe verbunden.

Wiederholungsfragen

▶ Welche Pflichten treffen den Arzt als Behandelnden?

Die ärztlichen Pflichten sind in §§ 630a ff. BGB geregelt. Die Hauptpflicht des Arztes ist es, den Patienten entsprechend der fachlichen Standards zu behandeln (§ 630a Abs. 1 S. 2 BGB). Daneben muss er den Patienten umfassend informieren (§ 630c Abs. 2, 3 BGB), die Einwilligung des aufgeklärten Patienten einholen (§§ 630d, 630e BGB) sowie die Behandlung ordnungsgemäß dokumentieren und dem Patienten auf Verlangen Einsicht zu gewähren (§§ 630f, 630g BGB). Zentral ist überdies die den Arzt treffende Schweigepflicht (§ 9 Abs. 1 MBO-Ä).

▶ Was versteht man unter dem weiten Behandlungsfehlerbegriff?

Er besagt, dass dem Arzt in allen Behandlungsstadien ein Behandlungsfehler unterlaufen kann. Seine Pflicht zur Behandlung entsprechend den fachlichen Standards beginnt mit der Anamnese und reicht über die Therapie bis zur Nachsorge und Kontrolle.

▶ Welche Informationspflichten sind gesetzlich normiert?

Der Arzt muss den Patienten über die wesentlichen Behandlungsumstände informieren (§ 630c Abs. 2 S. 1 BGB: „Sicherungsaufklärung", diese Pflicht ist von der Selbstbestimmungsaufklärung nach § 630e BGB zu unterscheiden). Daneben muss der Arzt den Patienten auf Nachfrage oder zur Abwendung gesundheitlicher Gefahren über Behandlungsfehler informieren (§ 630c Abs. 2 S. 2 BGB: „Fehleroffenbarung"). Schließlich trifft den Arzt eine Pflicht, den Patienten über die von ihm selbst zu tragenden Kosten zu informieren (§ 630c Abs. 3 BGB: „wirtschaftliche Aufklärung").

▶ Unter welchen Umständen darf ein Arzt ärztliche Leistungen an nichtärztliches Personal delegieren? Welche Leistungen sind delegationsfähig?

Der Arzt darf Leistungen an nichtärztliches Personal delegieren, indem er dies im Einzelfall anordnet und die Durchführung weiterhin verantwortet. Die Delegationsfähigkeit ist jeweils im Einzelfall zu bestimmen, sie orientiert sich im Wesentlichen an der Art der Leistung, der Schwere der Krankheit und der Qualifikation des Personals. Leistungen aus dem Kernbereich der ärztlichen Tätigkeit dürfen nicht auf nichtärztliches Personal delegiert werden.

▶ Was versteht man unter der Substitution ärztlicher Leistungen?

Von einer Substitution ärztlicher Leistungen spricht man, wenn die Vornahme bestimmter Leistungen von Rechts wegen nichtärztlichen Berufsgruppen zugewiesen wird, sodass diese Berufsgruppen die Leistungen auch ohne Anordnung und Überwachung eines Arztes eigenverantwortlich erbringen können.

▶ **Welche Pflichten treffen einen Patienten im Behandlungsvertrag?**

Den Patienten trifft die Hauptpflicht, dem Arzt das Honorar zu zahlen (§ 630a Abs. 1 BGB). Bei Kassenpatienten beschränkt sich diese Pflicht grds. auf die Mitwirkung an der Bereitstellung des Honorars durch den Sozialversicherungsträger, d.h. auf die Entrichtung des Krankenkassenbeitrags. Soweit der Kassenpatient Individuelle Gesundheitsleistungen (IGeL) in Anspruch nimmt, schuldet er allerdings persönlich die ärztliche Vergütung. Ferner ist der Patient in bestimmten Fällen durch gesetzliche Vorschriften verpflichtet, ärztliche Eingriffe zu dulden. Die in § 630c Abs. 1 BGB normierte Mitwirkung des Patienten (Compliance/Adhärenz) stellt hingegen eine bloße Obliegenheit dar, sie umfasst insbesondere die Befolgung ärztlicher Anordnungen.

▶ **Kann eine Kündigung des Behandlungsvertrags bereits darin gesehen werden, dass ein Patient nicht zur vereinbarten Behandlung erscheint?**

Nein. Gem. §§ 133, 157 BGB ist auf die Verständnismöglichkeiten des Arztes abzustellen. Dieser kann regelmäßig nicht erkennen, ob der Patient aufgrund eines Kündigungswillens oder aus anderen (Hinderungs-)Gründen nicht erscheint. Folglich ist das bloße Nichterscheinen noch nicht als Kündigungserklärung auszulegen.

▶ **Gerät ein Patient, der nicht zur ärztlichen Behandlung erscheint, in Annahmeverzug?**

Eine Auffassung geht davon aus, dass die ärztliche Terminvereinbarung nur organisatorischen Zwecken, insbesondere der Sicherung eines geordneten Behandlungsverlaufs diene. Schon wegen der jederzeitigen Kündigungsmöglichkeit des Patienten könne nicht von einem verbindlichen Termin ausgegangen werden. Auf Grundlage dieser Auffassung begründet das Nichterscheinen keinen Annahmeverzug.

Eine besondere Bindung des Arztes an den Termin, sodass dieser in der vorgesehenen Zeit keine anderen Patienten behandeln kann, spricht dagegen für eine verbindliche Terminvereinbarung. In einem solchen Fall liegt ein Annahmeverzug des nicht erscheinenden Patienten nahe. Dies gilt insbesondere, wenn der Arzt den Patienten vor der Behandlung auf seine Art der Terminorganisation hinweist.

▶ **Ist ein Patient verpflichtet, einen Arzttermin rechtzeitig abzusagen?**

Grds. nicht. Die ärztliche Behandlung beruht auf einem besonderen Vertrauensverhältnis, den Patienten trifft anstelle einer einklagbaren Mitwirkungspflicht lediglich eine Mitwirkungsobliegenheit. Kann der Patient aber erkennen, dass der Arzt eine mehrstündige Behandlung geplant und sich exklusiv Zeit für ihn genommen hat, sodass der Arzt in der Zwischenzeit keine weiteren Patienten empfangen kann, ist nach Abwägung der beiderseitigen Interessen von einer Pflicht des Patienten zur rechtzeitigen Absage auszugehen. Ein Verstoß gegen diese Pflicht kann einen Schadensersatzanspruch des Arztes gegen den Patienten aus §§ 630a, 280 Abs. 1 BGB begründen.

▶ Kann zur Berechnung eines dem Arzt zustehenden Schadensersatzanspruchs wegen Terminsäumnis des Patienten der durchschnittliche Stundensatz zugrunde gelegt werden?

Nein. Der Arzt muss seinen entgangenen Gewinn substantiiert darlegen und beweisen. Dies erfordert zum einen die überzeugende Erklärung, dass bei rechtzeitiger Absage die Behandlung eines anderen Patienten noch möglich gewesen wäre. Zum anderen ist zu berücksichtigen, dass der Umsatz gerade durch aufwändige und langfristig geplante Behandlungen steigt und dass der Arzt bei einer (hypothetischen) kurzfristig anberaumten Behandlung eines anderen Patienten womöglich nur einen Teil seines durchschnittlichen Stundenhonorars erwirtschaftet hätte.

§ 7: Die ärztliche Hilfspflicht

Grundlagen

A. Garantenpflicht

Ärzte trifft **keine generelle Behandlungspflicht**. Sie sind – von Notfällen oder besonderen rechtlichen Verpflichtungen abgesehen – frei, eine Behandlung abzulehnen, **§ 7 Abs. 2 S. 2 MBO-Ä**. Anderes gilt für Vertragsärzte gegenüber gesetzlich krankenversicherten Patienten, da sie zur Mitwirkung am Sicherstellungsauftrag der KV verpflichtet sind (§§ 72 ff., 95 SGB V; vgl. → § 4, Grundlagen, B. und § 4, Fall 3).

Unter bestimmten Umständen kann der Arzt aufgrund einer **Garantenstellung** zur ärztlichen Hilfe verpflichtet sein. Eine solche Garantenstellung kann bei Nichtvornahme der gebotenen Handlung zu einer Strafbarkeit wegen eines unechten Unterlassungsdelikts (§ 13 StGB) und zu zivilrechtlicher Haftung führen.

Eine Garantenstellung kann sich ergeben:

- Aus freiwilliger Übernahme der Behandlung des Patienten (**Beschützergarant**). Entscheidend ist die tatsächliche Übernahme der Behandlung, nicht die Wirksamkeit eines zivilrechtlichen Vertrags.
- Aus der Verantwortlichkeit für bestimmte Gefahrenquellen (**Überwachergarant**), etwa bei gefährlichen Praxisabläufen und -gegebenheiten.
- Aus vorangehendem pflichtwidrigem Vorverhalten (**Ingerenz**), insbesondere bei vorhergehender fehlerhafter Behandlung.

B. Allgemeine Hilfspflicht

§ 323c Abs. 1 StGB normiert eine **allgemeine Hilfspflicht** für jedermann. Bestraft wird, wer bei Unglücksfällen oder gemeiner Gefahr oder Not nicht Hilfe leistet, obwohl dies erforderlich und dem Betreffenden den Umständen nach zuzumuten ist. Aus § 323c Abs. 1 StGB ergibt sich **keine erweiterte Berufspflicht**. Die erhöhte Leistungsfähigkeit des Arztes bestimmt jedoch das Ausmaß der möglichen Hilfeleistung.

Ein **Unglücksfall** i.S.d. § 323c Abs. 1 StGB ist ein plötzlich eintretendes Ereignis, das erhebliche Gefahren für Menschen oder Sachen herbeiführt oder herbeizuführen droht. Krankheiten sind keine Unglücksfälle, wohl aber plötzliche Verschlimmerungen derselben.

Ob und in welchem Umfang eine Hilfeleistung **erforderlich** ist, beurteilt sich aus ex ante-Sicht eines objektiven Beobachters; nur von vornherein aussichtslose Maßnahmen sind nicht erforderlich. § 323c Abs. 1 StGB ist gerade kein Erfolgsdelikt, es kommt also nicht darauf an, ob die Hilfsmaßnahmen tatsächlich den Erfolg noch hätten verhindern können.

C. Sonderkonstellationen

Auch bei bestehender Garantenstellung kann die daraus resultierende Behandlungspflicht des Arztes unter verschiedenen Gesichtspunkten **begrenzt** sein, etwa in folgenden Fallgruppen:

Schwerstgeschädigte Neugeborene
Hat eine Schwangere sich in die Betreuung eines Arztes begeben, trifft diesen eine Beschützergarantenstellung sowohl hinsichtlich der Gesundheit der Schwangeren als auch des zu gebärenden Kindes. Dementsprechend trifft den Arzt im Ausgangspunkt eine Behandlungspflicht auch bzgl. des Neugeborenen. Dies gilt aufgrund der Gleichwertigkeit eines jeden menschlichen Lebens auch gegenüber schwerstgeschädigten Neugeborenen.

Unstreitig ist zudem, dass direkte Sterbehilfe, also der aktive, gezielte Eingriff zur Verkürzung des Lebens ohne Zusammenhang mit einer medizinischen Behandlung, nicht zulässig ist. Neugeborene genießen ab dem Beginn der Geburt (bei natürlicher Geburt mit Einsetzen der Eröffnungswehen, bei einer Sectio mit Eröffnung des Uterus) vollständigen strafrechtlichen Lebensschutz (§§ 211 ff. StGB).[1]

In der Rspr. ist aber auch anerkannt, dass „keine [Lebenserhaltungspflicht] um jeden Preis"[2] besteht. Dieser für Fälle des freiverantwortlichen Suizides entwickelte Leitsatz steht in den hier diskutierten Fallkonstellationen aber mit dem Grundsatz der Gleichwertigkeit eines jeden menschlichen Lebens in einem Spannungsfeld, welches durch eine an der Achtung des Lebens und der Menschenwürde ausgerichtete Einzelfallentscheidung von Seiten des Arztes aufgelöst werden muss.[3]

---
[1] Vgl. BGHSt 65, 163 = NJW 2021, 645 = MedR 2021, 643.
[2] BGHSt 32, 367 (379 f.) = NJW 1984, 2639 (2642) = MedR 1985, 40 (43).
[3] Eine rechtliche Orientierungshilfe bieten die Einbecker Empfehlungen der Deutschen Gesellschaft für Medizinrecht (DGMR) zu den Grenzen ärztlicher Behandlungspflicht bei schwerstgeschädigten Neugeborenen, Revidierte Fassung 1992, abgedruckt in MedR 1992, 206.

Ablehnung von Bluttransfusionen aus Glaubens- oder Gewissensgründen
Es besteht ein Spannungsfeld zwischen dem Gebot des Lebensschutzes und den Berufspflichten des Arztes einerseits und dem Selbstbestimmungsrecht des Patienten andererseits (→ § 7, Fall 1).

Freiverantwortlicher Suizid
Es besteht ein Spannungsfeld zwischen der Hilfspflicht des Arztes einerseits und dem Selbstbestimmungsrecht des Patienten andererseits (→ § 7, Fall 2).

Literatur zur Vertiefung: *Lipp*, in: Laufs/Katzenmeier/Lipp, Arztrecht, Kap. IV sowie Kap. VI Rn. 187–195.

Fall 1: Und bist du nicht willig ... – Ablehnung von Bluttransfusionen aus religiösen Gründen

In Anlehnung an OLG München MedR 2003, 174

A. Sachverhalt

Patientin P ist Angehörige der Zeugen Jehovas, einer Religionsgemeinschaft, die aus verschiedenen Bibelversen das Verbot des Empfangs von fremdem Blut ableitet. P begab sich zur Durchführung einer nicht unbedingt sofort notwendigen Mandeloperation ins Krankenhaus und wurde dort vom angestellten Chirurgen A behandelt. Vor dem Eingriff unterzeichnete P nach ordnungsgemäßer Aufklärung eine Einverständniserklärung. Hierbei gab sie an, den Zeugen Jehovas anzugehören und fügte der Einverständniserklärung einen Zusatz bei, in dem sie auch für den Fall des Eintritts von Bewusstlosigkeit und Lebensgefahr eine Bluttransfusion untersagte. A versicherte, dass so operiert werde, dass eine Bluttransfusion intraoperativ mit an Sicherheit grenzender Wahrscheinlichkeit nicht notwendig werde. Eine Bluttransfusion wurde während der Operation nicht gegeben. Am Tag nach der Mandeloperation wurde P aufgrund einer Sepsis bewusstlos. Sie konnte nur mit Hilfe von Bluttransfusionen gerettet werden. A wandte sich daher an das Familiengericht, das den Ehemann der P als vorläufigen Betreuer bestellte. Dieser willigte in die Bluttransfusion ein. Laut Sachverständigengutachten war die Gabe der Transfusionen unter medizinischen Gesichtspunkten vital indiziert und erfolgte ohne körperliche Beeinträchtigungen über den noch von der Operation vorhandenen Venenzugang. P verlangt dennoch Schmerzensgeld von A, da er gegen ihren ausdrücklich erklärten Willen eine Fremdbluttransfusion vorgenommen habe. Zu Recht?

B. Lösung

I. §§ 630a Abs. 1, 280 Abs. 1 BGB

P hat keinen Vertrag direkt mit dem Arzt, sondern mit dem Krankenhausträger geschlossen (totaler Krankenhausvertrag).[4] Ein vertraglicher Anspruch gegen A scheidet daher aus.

II. § 823 Abs. 1 BGB

P könnte gegen A ein Anspruch auf Schmerzensgeld aus § 823 Abs. 1 BGB zustehen.

1. Rechtsgutsverletzung

P müsste eine Rechts- oder Rechtsgutverletzung i.S.d. § 823 Abs. 1 BGB erlitten haben. Die Bluttransfusionen erfolgten ohne körperliche Beeinträchtigungen, sodass eine Verletzung von Körper und Gesundheit ausscheidet. In Betracht kommt jedoch eine Verletzung des allgemeinen Persönlichkeitsrechts, welches ein „sonstiges Recht" i.S.d. § 823 Abs. 1 BGB darstellt.

Im BGB ist das **allgemeine Persönlichkeitsrecht** nicht ausdrücklich als Recht normiert, welches einen Anspruch aus § 823 Abs. 1 BGB auslösen kann. Die Rspr. hat jedoch angesichts eines vertieften Verständnisses von Bedeutung und Schutzbedürftigkeit der Person einerseits und der gesteigerten Verletzungsmöglichkeiten andererseits den enumerativen Schutz einzelner Persönlichkeitsgüter als zu eng erachtet. Darauf aufbauend hat sie unmittelbar aus Art. 1 und 2 Abs. 1 GG einen umfassenden Persönlichkeitsschutz entwickelt und das allgemeine Persönlichkeitsrecht als **„sonstiges Recht" i.S.d. § 823 Abs. 1 BGB** anerkannt. Dieses bildet heute einen festen Bestandteil der Privatrechtsordnung.

Der **Ersatz immateriellen Schadens** wegen einer Verletzung des allgemeinen Persönlichkeitsrechts bereitet zusätzliche Schwierigkeiten. Gem. § 253 Abs. 1 BGB kann wegen eines immateriellen Schadens Entschädigung in Geld nur in den durch das Gesetz bestimmten Fällen gefordert werden. Eine solche Bestimmung findet sich in **§ 253 Abs. 2 BGB**, das „sonstige Recht" ist dort aber nicht genannt. Gleichwohl gewährt die Rspr. auch bei Verletzung des allgemeinen Persönlichkeitsrechts Ersatz immateriellen Schadens, weil der Schutz ansonsten unvollständig wäre. Sie knüpft den Anspruch an zwei Voraussetzungen: die Persönlichkeitsrechtsverletzung muss schwerwiegend sein und sie darf nicht auf andere Weise befriedigend ausgeglichen werden können (st. Rspr. seit BGHZ 26, 349 = NJW 1958, 827).

---

[4] S. → § 6, Parteien des Behandlungsvertrags – Grundlagen, B.

Das allgemeine Persönlichkeitsrecht der P müsste verletzt worden sein. Aufgrund des weiten, nicht klar umrissenen Schutzbereichs ist dies anhand einer **umfassenden Güter- und Interessenabwägung** im Einzelfall festzustellen.[5]

> Das allgemeine Persönlichkeitsrecht ist ein **Rahmenrecht** und als solches von generalklauselartiger Weite. Im Rahmen der Anspruchsprüfung ist nicht streng zwischen Tatbestand und Rechtswidrigkeit zu trennen, vielmehr ist die Frage nach dem Vorliegen einer rechtswidrigen Beeinträchtigung anhand einer **umfassenden, am Einzelfall orientierten Interessen- und Güterabwägung** zu beantworten. Bei der Abwägung sind sämtliche Belange beider Beteiligten zu berücksichtigen, etwa die Motivation des Verletzers, die Schwere des Eingriffs (insbesondere die betroffene Sphäre des Persönlichkeitsrechts) oder ein etwaiges Vorverhalten des Verletzten. Auch Grundrechte, die mittelbare Drittwirkung zwischen Privaten entfalten, können bei der Abwägung Berücksichtigung finden.

Bei ärztlichen Behandlungsmaßnahmen ist die Interessen- und Güterabwägung aufgrund der besonderen Bedeutung des **Selbstbestimmungsrechts des Patienten** vorgezeichnet. Hieraus folgt, dass eine ärztliche Behandlungsmaßnahme grds. nur dann rechtmäßig ist, wenn sie durch eine auf einer ordnungsgemäßen Aufklärung beruhenden Einwilligung des Betroffenen gedeckt ist.[6] Nur wenn eine solche nicht eingeholt werden kann, ist auf die Einschätzung durch andere Personen zurückzugreifen.

Dabei umfasst das Selbstbestimmungsrecht auch die Freiheit des Individuums, unvernünftige Entscheidungen zu treffen;[7] der einwilligungsfähige Patient darf seine Einwilligung auch aus irrationalen Gründen verweigern.[8] Lehnt der Patient eine Behandlungsmaßnahme aus religiösen Gründen ab, liegt in der Verweigerung zudem die Ausübung des Grundrechts auf Religionsfreiheit aus Art. 4 Abs. 1, 2 GG. Hiernach hat der Einzelne das Recht, sein gesamtes Verhalten an den Lehren seines Glaubens auszurichten und seiner inneren Glaubensüberzeugung gem. zu handeln.[9] Aus beidem folgt, dass sich der Arzt im Falle der Verweigerung der Einwilligung in eine Bluttransfusion grds. hieran zu halten hat, mag dies medizinisch auch unvernünftig sein und der Patient sich damit in Lebensgefahr begeben.[10]

---

[5] St. Rspr. seit BGHZ 13, 334 (338) = NJW 1954, 1404 (1405).
[6] Dazu → § 10, Grundlagen, C. II.
[7] S. etwa BVerfGE 128, 282 (304) = NJW 2011, 2113 (2115).
[8] *Gutmann*, in: Staudinger, BGB, Einleitung zu §§ 630a ff. Rn. 13 ff.
[9] BVerfGE 32, 98 (106) = NJW 1972, 327 (329).
[10] EGMR, Urt. v. 17.9.2024 – 15541/20; so auch OLG München MedR 2003, 174 (176); *Bender*, in: Rieger/Dahm/Katzenmeier/Stellpflug/Ziegler, HK-AKM, Nr. 5705 (Zeugen Jehovas).

Indem A bei der P trotz der ihm bekannten Verweigerung von Bluttransfusionen eine solche durchführte, handelte er gegen den vor der Bewusstlosigkeit ausdrücklich kundgegebenen Willen der P, sodass eine rechtswidrige Beeinträchtigung des allgemeinen Persönlichkeitsrechts naheliegt.

Die Verweigerung der Einwilligung führt allerdings nur zur Rechtswidrigkeit der Bluttransfusion, wenn sie sich auch auf diese bezog. P begab sich zur Durchführung einer Mandeloperation ins Krankenhaus und verweigerte in Bezug auf diese die Transfusion von Fremdblut. Hieran hielt sich der Behandelnde. Die Bluttransfusion fand erst am nächsten Tag statt, an welchem die P aufgrund einer Sepsis bewusstlos wurde und infolgedessen eine Bluttransfusion vital indiziert war. Zu diesem Zeitpunkt war die Operation bereits abgeschlossen. Es handelt sich hierbei um eine **neue Behandlungssituation**, in welcher es nicht mehr auf die vorherige Verweigerung der Einwilligung durch P ankam, sondern das Vorliegen einer Einwilligung neu beurteilt werden muss (a.A. gut vertretbar).

Das OLG München differenziert danach, ob die Verabreichung einer Bluttransfusion von vornherein indiziert war oder ob sie erst später notwendig wurde. War die Transfusion **von vornherein indiziert** und der Arzt greift intraoperativ trotzdem zur Blutkonserve, handelt er **rechtswidrig**. Wurde die Transfusion dagegen **erst später notwendig**, ist eine **Rechtfertigung möglich**. Das OLG führt zur Begründung aus: „Dem vertrauenswürdigen, christlichen Grundsätzen verpflichteten Arzt kann […] nicht die Pflicht auferlegt sein, sich bereits im Zeitpunkt der Aufnahme einer sich als unproblematisch darstellenden Behandlung mit dem Gedanken an einen bei Verwirklichung der schlimmsten drohenden, aber keineswegs erwarteten Risiken bei dann untersagter Bluttransfusion ohne Not eintretenden letalen Ausgang der Behandlung oder Operation abzufinden und später ggf. danach zu handeln" (OLG München MedR 2003, 174 (176)).

P war infolge ihrer Bewusstlosigkeit zu diesem Zeitpunkt einwilligungsunfähig. Gem. § 630d Abs. 1 S. 2 BGB ist bei Einwilligungsunfähigkeit des Patienten die Einwilligung eines hierzu Berechtigten einzuholen, soweit nicht eine Patientenverfügung nach § 1827 Abs. 1 S. 1 BGB die Maßnahme gestattet oder untersagt. Mangels Vorliegens einer Patientenverfügung hat A sich an das Familiengericht gewandt, das den Ehemann der P als vorläufigen Betreuer bestellte. Gem. §§ 1821, 1823 BGB ist der Betreuer gesetzlicher Vertreter des Betreuten und damit „Berechtigter" i.S.d. § 630d Abs. 1 S. 2 BGB. Da dieser seine Einwilligung erteilte, handelte A rechtmäßig.

Die Differenzierung zwischen der ursprünglichen und der erst zum Zeitpunkt der Bewusstlosigkeit auftretenden Indikation ist in der Literatur als **künstliche Aufspaltung** eines einheitlichen Behandlungsgeschehens kritisiert worden. Zudem wurde eingewandt, dass ein Arzt, der die Behandlung trotz Kennt-

> nis des Patientenvetos in Bezug auf die Gabe von Bluttransfusionen nicht von vornherein ablehnt, sich nicht später unter Hinweis auf sein Gewissen über das Selbstbestimmungsrecht des Patienten hinwegsetzen könne (s. *Bender*, MedR 2003, 179 f.).

Sieht man eine neue Behandlungssituation gegeben, dann hat A mit der Bluttransfusion zur Behandlung der Sepsis nicht das allgemeine Persönlichkeitsrecht der P verletzt.

Ansonsten stellt sich die Frage nach dem **Verschulden** des A. Dieses könnte aufgrund **Unzumutbarkeit normgemäßen Verhaltens** ausscheiden. Ebenso wie dem Patienten ist auch dem Arzt eine Gewissensentscheidung zuzubilligen. Vor dem Hintergrund, dass A zum einen als Arzt angehalten war, das Leben der P zu retten und zum anderen der rechtliche Betreuer der P in die Bluttransfusion eingewilligt hat, war es dem A unzumutbar, P ohne weitere Behandlung sterben zu lassen. Selbst im Falle einer rechtswidrigen Verletzung des allgemeinen Persönlichkeitsrechts wäre dem A demnach zumindest kein Verschuldensvorwurf zu machen.[11]

So befand das entscheidende Gericht: „Bei der Vornahme einer Transfusion gegen den präoperativ eindeutig erklärten Willen des Patienten steht in der intraoperativen und postoperativen Notsituation [über] Leben oder Tod **Gewissensentscheidung gegen Gewissensentscheidung**. Hier ist dem Arzt die nämliche Gewissensentscheidung zuzubilligen, wie sie dem Patienten gewährt wird" (OLG München MedR 2003, 174 (178)).

2. Ergebnis
P steht kein Anspruch gegen A auf Schmerzensgeld gem. §§ 823 Abs. 1 BGB zu.

> Besonderheiten ergeben sich, wenn die Eltern eine medizinisch indizierte **Bluttransfusion zugunsten ihres Kindes** verweigern: Grds. steht den Eltern das Entscheidungsrecht zu, da die elterliche Sorge nach §§ 1626, 1629 BGB auch die Personensorge umfasst. Im Fall der Verweigerung von medizinisch indizierten Bluttransfusionen ist jedoch ein **Missbrauch der elterlichen Sorge** anzunehmen. Der Arzt muss das Familiengericht anrufen, welches sodann eine Entscheidung gem. § 1666 BGB entsprechend dem Kindeswohl trifft. Die Entscheidung des Familiengerichts ersetzt nach § 1666 Abs. 3 Nr. 5 BGB die Erklärung der Eltern. So wird im Ergebnis sichergestellt, dass das Recht des Kindes auf Leben und körperliche Unversehrtheit aus Art. 2 Abs. 2 GG dem elterlichen Erziehungsrecht aus Art. 6 Abs. 1 GG vorgeht.

---

[11] So OLG München MedR 2003, 174 (178); auch insoweit ist eine a. A. gut vertretbar, vgl. etwa *Bender*, MedR 2003, 179 (180).

C. Merksätze

- Aus dem Selbstbestimmungsrecht des Patienten folgt, dass eine nicht konsentierte Behandlungsmaßnahme rechtswidrig ist, selbst wenn diese vital indiziert ist.
- Hat ein Arzt die Behandlung eines Patienten übernommen, welcher eine Fremdbluttransfusion verweigert, und war eine solche bereits bei Übernahme der Behandlung indiziert, handelt der Arzt rechtswidrig, wenn er die Transfusion vornimmt.
- Besteht dagegen bei Übernahme der Behandlung noch keine solche Indikation, entsteht aber später eine neue Behandlungssituation mit der Notwendigkeit einer Transfusion, dann ist der Arzt nicht an die ursprüngliche Willensbekundung gebunden, sondern es muss der Patientenwille neu ermittelt werden.
- Verweigern Eltern eine medizinisch indizierte Bluttransfusion zugunsten ihres Kindes, handelt es sich um einen Missbrauch der elterlichen Sorge. In diesem Fall muss das Familiengericht angerufen und eine Entscheidung nach § 1666 BGB ersucht werden.

Fall 2: Tödliches Mitgefühl – Strafbarkeit des Arztes wegen assistierten Suizids; Recht auf selbstbestimmtes Sterben

In Anlehnung an BGHSt 64, 135

A. Sachverhalt

Die 44-jährige P litt seit ihrem 16. Lebensjahr an einem nicht lebensbedrohlichen, aber starke krampfartige Schmerzen verursachenden Reizdarmsyndrom sowie weiteren körperlichen und psychischen Beeinträchtigungen. Eine Besserung ihres Gesundheitszustands konnte sie auch durch das Ausschöpfen zahlreicher klassischer und alternativer Behandlungsmöglichkeiten nicht erlangen. Da ihr das Leben unter diesen Umständen nicht mehr lebenswert erschien, wandte sie sich eines Tages mit der Bitte an den Allgemeinmediziner A, ihren Hausarzt, sie bei ihrer Selbsttötung zu unterstützen. A gab dieser Bitte nach, weil ihm die lange Kranken- und Leidensgeschichte sowie die erfolglosen Therapieversuche bekannt waren und er der Überzeugung war, dass ein Arzt eine Patientin, die er über Jahre behandelt hat, auch in einer solchen Situation nicht allein lassen dürfe. Er verschaffte der P auf ihre Bitte das Medikament Luminal. Während seines letzten Hausbesuchs bei P traf er diese zur Selbsttötung fest entschlossen an. Die P übergab dem A ihre Wohnungsschlüssel und bat ihn, sie nach der Einnahme der Tabletten zu Hause zu betreuen und den Leichenschauschein auszufüllen.

Einen Tag später nahm P bei klarem Verstand und in dem vollen Bewusstsein, was sie tat, eine Überdosis des Medikaments Luminal, welches der A ihr verschafft hatte, ein. Hierüber informierte sie den A, wie vereinbart, per Kurznachricht. Wenig später begab A sich in die Wohnung der P und fand diese bereits in einem komatösen Zustand vor. Zu diesem Zeitpunkt war A sich nicht sicher, hielt es allerdings für möglich, dass der Tod der P noch hätte verhindert werden können. Da er sich dem Sterbewunsch der P verpflichtet fühlte, unternahm er aber keine Rettungsversuche, sondern prüfte lediglich Puls, Pupillenreflexe und Atmung. Er wartete neben der P, bis er deren Tod feststellen konnte. P starb aufgrund der Überdosis Luminal.

Es lässt sich nicht klären, ob das Leben der P bei sofortiger Verbringung auf die Intensivstation eines Krankenhauses oder durch andere Rettungsmaßnahmen hätte verlängert oder gerettet werden können. Wie hat sich A strafbar gemacht?

B. Lösung

I. Strafbarkeit des A gem. § 212 Abs. 1 StGB

A könnte sich wegen Totschlags gem. § 212 Abs. 1 StGB strafbar gemacht haben, indem er der P das Medikament Luminal verschaffte. Allerdings hat P ihren Sterbewunsch mehrfach und auch gegenüber A ausdrücklich geäußert, sodass § 216 Abs. 1 StGB als **speziellerer Tatbestand** zu prüfen ist. Eine Strafbarkeit des A gem. § 212 Abs. 1 StGB scheidet daher aus.[12]

II. Strafbarkeit des A gem. § 216 Abs. 1 StGB

A könnte sich wegen Tötung auf Verlangen gem. § 216 Abs. 1 StGB strafbar gemacht haben, indem er der P das Medikament Luminal verschaffte.

P ist tot, sodass der Taterfolg eingetreten ist. § 216 Abs. 1 StGB bestraft allerdings nur die täterschaftliche Tötung auf Verlangen. Insofern ist abzugrenzen, ob A eine Fremdtötung als Täter ausgeführt oder nur bei einer Selbsttötung durch P geholfen hat.

Für die **Abgrenzung einer straflosen Beihilfe zur Selbsttötung von der täterschaftlichen Tötung eines anderen** ist maßgeblich, wer in Vollzug des Gesamtplans die Herrschaft über das zum Tode führende Geschehen ausübt, also die „**Tatherrschaft**" über den unmittelbar lebensbeendenden Akt" hatte.[13] Begibt sich der Sterbewillige in die Hand eines Dritten und nimmt duldend von ihm den Tod entgegen, dann hat der Dritte die Herrschaft über das Geschehen. Nimmt dagegen der Sterbewillige selbst die todbringende Handlung vor und behält er dabei die freie Entscheidung über sein Schicksal, tötet er sich selbst, wenn auch mit fremder Hilfe.[14]

A hat der P lediglich die Medikamente verschafft. Diese hat das Luminal komplett selbstständig zu sich genommen, A war zu diesem Zeitpunkt nicht einmal zugegen. Er hat also lediglich Hilfe geleistet zur Selbsttötung der P. Eine Strafbarkeit aus § 216 Abs. 1 StGB scheidet danach aus.

---

[12] Grds. zum Konkurrenzverhältnis der Normen s. *Rengier*, Strafrecht BT II, 25. Aufl. 2024, § 6 Rn. 4.
[13] BGHSt 64, 135 (138) = NJW 2019, 3089 (3089); BGHSt 67, 95 (98 f.) = NJW 2022, 3021 (3022) = MedR 2023, 218 (219).
[14] BGHSt 64, 135 (138) = NJW 2019, 3089 (3089 f.); BGHSt 67, 95 (98 f.) = NJW 2022, 3021 (3022) = MedR 2023, 218 (219).

> Diese Abgrenzung entspricht den allgemeinen Regeln zu Täterschaft und Teilnahme und ist deshalb überwiegend anerkannt (BGHSt 67, 95 (98 f.) = NJW 2022, 3021 (3022) = MedR 2023, 218 (219); *Rengier*, Strafrecht BT II, 25. Aufl. 2024, § 8 Rn. 11 ff.). Zu schwierigen Abgrenzungsfragen kann es aber dann kommen, wenn Suizident und Dritter **beim „letzten Akt"** zusammenwirken. Entscheidend ist hier, ob der Sterbewillige nach Vollendung des Tatbeitrags des anderen noch über die volle Freiheit verfügt, sich dessen Auswirkungen zu entziehen (dazu BGHSt 19, 135 (139 f.) = NJW 1965, 699, 701). In einer jüngeren Entscheidung verneinte der BGH in einem solchen Fall die Tatherrschaft einer angeklagten Ehefrau auf der Grundlage einer **normativen Betrachtung des Gesamtgeschehens** und ordnete ihre Tathandlungen deshalb lediglich als straflose Beihilfe zur Selbsttötung ihres Ehemannes ein (BGHSt 67, 95 (99) = NJW 2022, 3021 (3022 f.) = MedR 2023, 218 (219 f.); zur Kritik in der Literatur s. etwa *Grünewald*, NJW 2022, 3025; *Jäger*, JA 2022, 870).

III. Strafbarkeit des A gem. §§ 212 Abs. 1, 25 Abs. 1 Alt. 2 StGB

A könnte sich wegen Totschlags in mittelbarer Täterschaft gem. §§ 212 Abs. 1, 25 Abs. 1 Alt. 2 StGB strafbar gemacht haben, indem er der P das Medikament Luminal verschaffte. Dafür müsste ihm die Tötungshandlung der P nach den Grundsätzen der mittelbaren Täterschaft zuzurechnen sein.

Dies setzt gem. § 25 Abs. 1 Alt. 2 StGB voraus, dass A die Tötung „durch" P begangen hat. Ein dafür notwendiger eigener objektiver Tatbeitrag des A liegt in der Gabe der Medikamente. Erforderlich ist zudem seine Tatherrschaft, die im Rahmen der mittelbaren Täterschaft i.d.R. ein **Verantwortungsdefizit beim Vordermann** voraussetzt, welches der Hintermann ausnutzt, um die Tat zu begehen.[15] Die Selbsttötung ist zwar tatbestandlos, sodass P schon aufgrund dessen einem Verantwortungsdefizit unterliegt. Ließe man dies ausreichen, würde aber jede Teilnahmehandlung zugleich die mittelbare Täterschaft des Helfenden begründen. Deshalb wird ein entsprechendes Verantwortungsdefizit erst dann angenommen, wenn der Suizident bei seiner Selbsttötung **nicht freiverantwortlich** gehandelt und der Beteiligte dies erkannt hat.[16]

Für die Bestimmung der Freiverantwortlichkeit kann einerseits gefragt werden, ob der Suizident, wäre seine Tötungshandlung strafbar, verantwortlich hierfür wäre oder ob seine Verantwortlichkeit nach Maßgabe der §§ 20, 35 StGB und § 3 JGG ausgeschlossen wäre. Andererseits kann danach differenziert werden, ob der Suizident, würde ein anderer die Tötungshandlung vornehmen, eine wirksame Einwilligung erteilen könnte, vorausgesetzt das Rechtsgut Leben wäre insofern

---

[15] S. zum Ganzen *Joecks/Scheinfeld*, in: MüKo-StGB, § 25 Rn. 58 ff.; *Rengier*, Strafrecht AT, 15. Aufl. 2023, § 43 Rn. 2.

[16] Vgl. *Eser/Sternberg-Lieben*, in: Schönke/Schröder, StGB, vor §§ 211 ff. Rn. 37 f.

disponibel.[17] Sowohl für die strafrechtliche Verantwortlichkeit als auch die Einwilligungsfähigkeit ist dabei entscheidend, ob der Betroffene die **natürliche Einsichts- und Urteilsfähigkeit für seine Entscheidung** besitzt. Geht es um einen Selbsttötungsentschluss, ist insbesondere entscheidend, ob dieser von innerer Festigkeit und Zielstrebigkeit getragen ist oder lediglich einer sog. depressiven Augenblicksstimmung entspringt.[18]

P leidet seit Jahren an verschiedenen körperlichen und psychischen Beschwerden, aufgrund derer sie die Bilanz gezogen hat, dass unter diesen Bedingungen ein Weiterleben für sie nicht infrage kommt. Diesen Suizidwunsch hat sie bereits mehrmals dem A und auch anderen Personen mitgeteilt. Außerdem hat sie für den Suizid verschiedene Vorkehrungen getroffen, die dessen Gelingen sicherstellen und eine gewisse Vorbereitungszeit bezeugen. Anhand all dieser Umstände wird deutlich, dass der Selbsttötungsentschluss der P von innerer Festigkeit und Zielstrebigkeit getragen war und nicht lediglich einer depressiven Augenblicksstimmung entsprang. Auch weitere Defizite der genannten Art sind nicht feststellbar.

Folglich handelte P freiverantwortlich und es fehlt an einer Tatherrschaft des A. A muss sich die Tötungshandlung der P nicht nach den Regeln der mittelbaren Täterschaft zurechnen lassen. Damit hat er sich nicht wegen Totschlags in mittelbarer Täterschaft gem. §§ 212 Abs. 1, 25 Abs. 1 Alt. 2 StGB strafbar gemacht.

IV. Strafbarkeit des A gem. §§ 212 Abs. 1, 27 Abs. 1 StGB
Eine Strafbarkeit des A wegen Beihilfe zum Totschlag gem. §§ 212 Abs. 1, 27 Abs. 1 StGB scheidet aufgrund der Straflosigkeit des Suizids mangels teilnahmefähiger Haupttat aus.

V. Strafbarkeit des A gem. § 222 StGB
Eine Strafbarkeit des A wegen fahrlässiger Tötung gem. § 222 StGB scheidet aufgrund der Unterbrechung des Zurechnungszusammenhangs durch die freiverantwortliche Entscheidung der P zur Selbsttötung aus.

VI. Strafbarkeit des A gem. §§ 216 Abs. 1, 13 Abs. 1 StGB
A könnte sich wegen einer Tötung auf Verlangen durch Unterlassen gem. §§ 216 Abs. 1, 13 Abs. 1 StGB strafbar gemacht haben, indem er es unterließ, Maßnahmen zur Rettung der bewusstlosen P einzuleiten.

P ist tot, sodass der Taterfolg eingetreten ist. A hat auch ihm mögliche Rettungshandlungen zugunsten der P wie etwa Erste-Hilfe-Maßnahmen oder das Rufen eines Notarztes unterlassen.

Das Unterlassen des A müsste aber für den Tod der P auch **kausal** geworden sein. Ein Unterlassen ist nur dann kausal, wenn pflichtgemäßes Handeln den tatbestandlichen Erfolg mit an Sicherheit grenzender Wahrscheinlichkeit verhindert

---

[17] Zu diesem dogmatischen Streit s. *Rengier*, Strafrecht BT II, 25. Aufl. 2024, § 8 Rn. 5 ff.; *Eser/Sternberg-Lieben*, in: Schönke/Schröder, vor §§ 211 ff. Rn. 36.
[18] BGHSt 64, 135 (139) = NJW 2019, 3089 (3090).

hätte.¹⁹ Es steht nicht fest, ob Erste-Hilfe-Maßnahmen oder das Rufen eines Notarztes den Tod der P hätten verhindern können, sodass es an der erforderlichen Kausalität des Unterlassens für den Tod der P fehlt.

A hat sich folglich nicht wegen einer Tötung auf Verlangen durch Unterlassen gem. §§ 216 Abs. 1, 13 Abs. 1 StGB strafbar gemacht, indem er es unterließ, die erforderlichen Maßnahmen zur Rettung der bewusstlosen P einzuleiten.

VII. Strafbarkeit des A gem. §§ 216 Abs. 1, 2, 13 Abs. 1, 22, 23 Abs. 1 StGB

A könnte sich jedoch wegen einer versuchten Tötung auf Verlangen durch Unterlassen gem. §§ 216 Abs. 1, 2, 13 Abs. 1, 22, 23 Abs. 1 StGB strafbar gemacht haben, indem er es unterließ, die erforderlichen Maßnahmen zur Rettung der bewusstlosen P einzuleiten.

1. Keine Vollendungsstrafbarkeit und Strafbarkeit des Versuchs

Mangels Kausalität ist A für den Tod der P strafrechtlich nicht wegen eines vollendeten Tötungsdelikts verantwortlich. Der Versuch einer Tötung auf Verlangen ist gem. § 216 Abs. 2 StGB strafbar.

2. Tatentschluss

A müsste Tatentschluss hinsichtlich aller Umstände, die den objektiven Tatbestand einer Tötung auf Verlangen durch Unterlassen ausfüllen, gefasst haben.

A wusste, dass er Maßnahmen zur Rettung der P wie das Leisten von Erste Hilfe oder das Rufen eines Notarztes hätte ergreifen können. Er hielt es zudem für möglich, dass sein Unterlassen todesursächlich sein würde und nahm dies auch billigend in Kauf. Damit handelte er mit Tatentschluss hinsichtlich dieser objektiven Umstände.

Für die Strafbarkeit wegen eines vollendeten Unterlassungsdelikts ist erforderlich, dass pflichtgemäßes Verhalten den Erfolg mit an Sicherheit grenzender Wahrscheinlichkeit verhindert hätte. Der BGH hat dieses Maß lange auch auf die Versuchsstrafbarkeit übertragen. Erforderlich war danach, dass die Vorstellung des Täters diese an Sicherheit grenzende Wahrscheinlichkeit erfasst (BGHSt 62, 223 (241 ff.) = BGH NJW 2017, 3249 (3254)). Diesen Standpunkt hat der BGH allerdings im Rahmen des Hinweisbeschlusses v. 9.3.2022 – 4 StR 200/21 = JuS 2022, 1175 = NStZ 2023, 153 aufgegeben und verlangt nun nach allgemeinen Vorsatzregeln nur, dass der Täter die Erfolgsverhinderung zumindest für möglich hielt. Damit hat er sich der h.M. in der Literatur angeschlossen (vgl. *Engländer*, in: NK-StGB, 6. Aufl. 2023, § 22 Rn. 114).

Der Tatentschluss des A müsste sich auch auf das Bestehen einer Garantenstellung inklusive entsprechender Pflicht zur Erfolgsabwendung (Garantenpflicht) in seiner Person bezogen haben.

a. Garantenstellung und -pflichten aus tatsächlicher Übernahme der Behandlung

A war seit Jahren **Hausarzt der P** und führte regelmäßig Hausbesuche bei dieser durch, sodass er Garant kraft tatsächlicher Übernahme der ärztlichen Behandlung

---

¹⁹ *Rengier*, Strafrecht AT, 15. Aufl. 2023, § 49 Rn. 13.

war. Diese Beschützergarantenstellung verpflichtet grds. zur Abwendung insbesondere von Gefahren für Leib und Leben der P. A handelte auch in Kenntnis dieser Umstände, sodass sich sein Tatentschluss dann ebenfalls auf diese besondere Einstandspflicht beziehen würde.

Jedoch könnten die besonderen Umstände des Suizids der P gegen eine Garantenpflicht zur Abwendung des Erfolgseintritts sprechen. Denn P hat den zum Tode führenden Geschehensablauf in freiverantwortlicher Form eingeleitet, wodurch selbst die vorherige aktive Hilfeleistung des A straflos war.

Das aktive Handeln des A war aber nur aufgrund der Tatherrschaft der P straflos. Hieraus könnte nun die Aussage hergeleitet werden, dass die Entscheidung des Gesetzgebers, den Suizid straflos zu lassen, die Garantenpflicht eines Dritten nur solange überlagert, wie der Suizident die Tatherrschaft innehat. In dem Moment, in welchem P aufgrund der Medikamente das Bewusstsein verlor, verlor sie auch die Herrschaft über das zum Tode führende Geschehen. Man könnte insofern also von einem **Tatherrschaftswechsel** von P auf A sprechen. Hieraus würde dann folgen, dass ab diesem Zeitpunkt die Garantenpflicht des A wieder auflebt und dieser sich wegen eines unechten Unterlassungsdelikts strafbar machen kann.[20]

> Das Kriterium der Tatherrschaft ist nach h.M. in der Literatur das einzige und auch nach ständiger Rspr. das entscheidende Kriterium zur Abgrenzung von Täterschaft und Teilnahme (vgl. *Rengier*, Strafrecht AT, 15. Aufl. 2023, § 41). In BGHSt 32, 367 = NJW 1984, 2639 = MedR 1985, 40 hat der BGH dieses Kriterium zum ersten Mal auf die Beurteilung der Strafbarkeit desjenigen übertragen, der es unterlässt, gegen einen Suizid einzuschreiten. Dieser Ansatz war bis zur Entscheidung BGHSt 64, 135 = NJW 2019, 3089 st. Rspr.

Bei einer solchen Argumentation drängt sich allerdings bereits die Frage auf, inwiefern das Tatherrschaftskriterium bei der **Beurteilung eines Unterlassens** überhaupt tragfähig ist.[21] Jemand, der nicht handelt, übt gerade keinerlei Herrschaft aus. Zudem war auch die komatöse Phase von dem Suizidenten in seinen „Tatplan" aufgenommen worden, hierin dann einen Verlust der Tatherrschaft zu sehen, der die Verantwortlichkeit eines Dritten begründet, passt nicht. Vielmehr wird ein einheitliches Geschehen künstlich aufgespalten. Darüber hinaus dient das Kriterium der Tatherrschaft der Abgrenzung von Täterschaft und Teilnahme, entfaltet aber keine strafbarkeitsbegründende Wirkung.[22]

Weiterhin würde eine Garantenpflicht nach Bewusstlosigkeit zu dem Paradoxon führen, dass A der P die zum Tode führenden Medikamente verschaffen und ihr dabei zuschauen dürfte, wie sie diese einnimmt, danach aber diesen von P freiver-

---

[20] So BGHSt 32, 367 = NJW 1984, 2639 = MedR 1985, 40.
[21] Vgl. diesen Gedanken bei der Abgrenzung von Täterschaft und Teilnahme bei einem Unterlassen bei *Rengier*, Strafrecht AT, 15. Aufl. 2023, § 51 Rn. 15 ff.
[22] So auch *Eser*, MedR 1985, 6 (12).

antwortlich herbeigeführten Prozess wieder rückgängig machen müsste.[23] Damit würde die von P getroffene Entscheidung nur scheinbar respektiert, letztlich aber verhindert werden.

Dies steht auch in einem unauflösbaren Widerspruch mit dem – nunmehr verfassungsgerichtlich anerkannten – **Recht auf selbstbestimmtes Sterben.**[24] Hierbei handelt es sich um eine Ausprägung des allgemeinen Persönlichkeitsrechts nach Art. 1 Abs. 1 i.V.m. Art. 2 Abs. 1 GG. Dieses Recht schützt die Entscheidung des Einzelnen, sein Leben eigenhändig zu beenden sowie die Freiheit, hierfür bei Dritten Hilfe zu suchen und Hilfe, soweit sie angeboten wird, in Anspruch zu nehmen. Als Ausdruck personaler Freiheit ist dies insbesondere nicht auf fremddefinierte Situationen beschränkt, setzt also nicht etwa schwere oder unheilbare Krankheitszustände voraus, sondern der Einzelne darf aus jedem selbst gewählten Grund seinem Leben ein Ende setzen. Die Würde des Menschen gebietet es, sein in einwilligungsfähigem Zustand ausgeübtes Selbstbestimmungsrecht auch dann noch zu respektieren, wenn er zu eigenverantwortlichem Entscheiden nicht mehr in der Lage ist.[25]

Letzteres hat der Gesetzgeber auch mit der **Regelung der Patientenverfügung** in § 1827 Abs. 1 BGB anerkannt, welche gerade eine Entscheidung auch über das eigene Leben umfasst, die der Betroffene in einwilligungsfähigem Zustand für den Fall seiner Einwilligungsunfähigkeit trifft. Es wäre mit der Verbindlichkeit einer solchen Erklärung nicht zu vereinen, wenn der Behandelnde ab Bewusstlosigkeit des Patienten dessen Entscheidung nicht mehr respektieren, sondern alles tun müsste, um ihn am Leben zu halten.[26]

§ 1827 BGB ist eine zivilrechtliche Norm. Aufgrund des Grundsatzes der **Einheit der Rechtsordnung** ist sie aber auch im Strafrecht zu berücksichtigen und kann selbst einen Behandlungsabbruch durch aktives Tun rechtfertigen (dazu BGHSt 55, 191 (199 f.) = NJW 2010, 2963 (2966 f.) = MedR 2011, 32 (34)).

Aus diesen Gründen führte der **freiverantwortliche Entschluss** der P, aus dem Leben zu scheiden und jede weitere Behandlung abzulehnen, zum **Ende der Garantenpflicht** des A.[27] Dem A war auch bekannt, dass P freiverantwortlich einen solchen Entschluss getroffen hatte, sodass er keinen Tatentschluss in Bezug auf eine Garantenpflicht hatte.

---

[23] *Eser*, MedR 1985, 6 (12); *Rengier*, Strafrecht BT II, 25. Aufl. 2024, § 8 Rn. 24.
[24] Vom BVerfG anerkannt seit BVerfGE 153, 182 = NJW 2020, 905 = MedR 2020, 563.
[25] BGHSt 64, 135 (143) = NJW 2019, 3089 (3091).
[26] Vgl. BGHSt 64, 135 (143) = NJW 2019, 3089 (3091); BGHSt 67, 95 (104) = NJW 2022, 3021 (3024) = MedR 2023, 218 (221).
[27] BGHSt 64, 135 (144 f.) = NJW 2019, 3089 (3092); BGHSt 67, 95 (104 f.) = NJW 2022, 3021 (3023 f.) = MedR 2023, 218 (220 f.).

Ebenso entfällt nach BGHSt 67, 95 (105) = BGH NJW 2022, 3021 (3023 f.) = MedR 2023, 218 (221) bei einem freiverantwortlichen Entschluss zum Suizid die **Garantenpflicht des Ehepartners**.

b. Garantenstellung aus Ingerenz
Eine Garantenstellung des A könnte sich noch aus der vorherigen Gabe der Medikamente an die P ergeben, mit welchen sich diese selbst getötet hat. Denn auch ein **pflichtwidriges Vorverhalten**, von welchem die naheliegende Gefahr einer Rechtsgutverletzung ausgeht, kann zu einer besonderen Einstandspflicht hinsichtlich der Abwendung von Schädigungen aufgrund dieses Vorverhaltens führen.

Allerdings hat P die ihr von A verschafften Tabletten freiverantwortlich selbst eingenommen, sodass das Risiko für die Verwirklichung der durch das Vorverhalten des A ggf. erhöhten Gefahr allein in ihrem Verantwortungsbereich lag. Auch insofern überlagert die freiverantwortliche Selbsttötungsentscheidung der P eine etwaige Garantenpflicht aus Ingerenz.[28]

c. Ergebnis
A hatte somit keinen Tatentschluss.

3. Ergebnis
A hat sich nicht wegen einer versuchten Tötung auf Verlangen durch Unterlassen gem. §§ 216 Abs. 1, 2, 13 Abs. 1, 22, 23 Abs. 1 StGB strafbar gemacht, indem er es unterließ, die erforderlichen Maßnahmen zur Rettung der bewusstlosen P einzuleiten.

VIII. Strafbarkeit des A gem. § 221 Abs. 1 Nr. 2, Abs. 3, 22, 23 Abs. 1 StGB
Auch eine Strafbarkeit des A wegen einer versuchten Aussetzung mit Todesfolge gem. §§ 221 Abs. 1 Nr. 2, Abs. 3, 22, 23 Abs. 1 StGB durch das Verlassen der Wohnung scheitert an der fehlenden Beistandspflicht des A.

IX. Strafbarkeit des A gem. § 323c Abs. 1 StGB
A könnte sich jedoch wegen einer unterlassenen Hilfeleistung gem. § 323c Abs. 1 StGB strafbar gemacht haben, indem er es unterließ, Maßnahmen zur Rettung der bewusstlosen P einzuleiten.

1. Tatbestandsmäßigkeit
a. Unglücksfall
Es könnte ein Unglücksfall vorliegen. Ein solcher ist ein plötzlich eintretendes Ereignis, das erhebliche Gefahren für Menschen oder Sachen herbeiführt oder herbei-

---

[28] BGHSt 64, 135 (145) = NJW 2019, 3089 (3092); BGHSt 67, 95 (106) = NJW 2022, 3021 (3024) = MedR 2023, 218 (221).

zuführen droht.[29] Ein **freiverantwortlicher Suizid** führt in plötzlicher Weise zu einer erheblichen Lebensgefahr des Suizidenten. Nach der Rspr. stellt er deshalb auch einen Unglücksfall dar.[30] In der Literatur wird dies jedoch unter Verweis auf die freiverantwortliche Herbeiführung und damit das Selbstbestimmungsrecht des Suizidenten überwiegend abgelehnt, soweit nicht zugleich Dritte gefährdet werden.[31] Ein Streitentscheid ist allerdings entbehrlich, soweit auch mit der Rspr. aus anderen Gründen keine Hilfe zu leisten war.

b. Unterlassen einer erforderlichen, möglichen und zumutbaren Hilfeleistung
A müsste eine erforderliche, mögliche und zumutbare Hilfeleistung unterlassen haben. Dabei genügt für die Erforderlichkeit bereits die aus objektiver ex ante-Sicht bestehende Möglichkeit, den Geschehensablauf positiv zu beeinflussen, nur von vornherein offenkundig nutzlose Hilfe muss nicht geleistet werden.[32] Eine Rettung der P war aus Sicht des A nicht völlig ausgeschlossen, sodass eine Hilfeleistung erforderlich war. Zudem war es dem A auch möglich, die ärztlich gebotenen Rettungsmaßnahmen einzuleiten.

Die Einleitung von Rettungsmaßnahmen müsste A jedoch auch zumutbar gewesen sein. Da P die freiverantwortliche Entscheidung getroffen hat, sterben zu wollen, folgt aus ihrem **Recht auf selbstbestimmtes Sterben**, dass A den Sterbeprozess der P nicht entgegen deren erklärten Willen aufhalten darf. Aus dieser Unzulässigkeit folgt jedenfalls auch die Unzumutbarkeit solcher Maßnahmen.[33]

2. Ergebnis
A hat sich nicht wegen unterlassener Hilfeleistung gem. § 323c Abs. 1 StGB strafbar gemacht, indem er es unterließ, die erforderlichen Maßnahmen zur Rettung der bewusstlosen P einzuleiten.

X. Endergebnis
A hat sich nicht strafbar gemacht.

C. Merksätze

- Die Selbsttötung ist straflos, sodass die Teilnahme (§§ 26, 27 StGB) an dieser mangels rechtswidriger Haupttat ebenfalls straflos ist. Für die Abgrenzung zwischen strafbarer Täterschaft und strafloser Teilnahme ist relevant, wer in Vollzug

---

[29] *Rengier*, Strafrecht BT II, 25. Aufl. 2024, § 42 Rn. 3.
[30] BGHSt 6, 147 (153) = NJW 1954, 1049 f.; zuletzt bestätigt in BGHSt 64, 135 (145) = NJW 2019, 3089 (3092) und BGHSt 67, 95 (107) = NJW 2022, 3021 (3025) = MedR 2023, 218 (222).
[31] S. zum Streitstand nur *Lipp*, in: Laufs/Katzenmeier/Lipp, Arztrecht, Kap. IV Rn. 21; *Rengier*, Strafrecht BT II, 25. Aufl. 2024, § 8 Rn. 37 ff., jeweils m.w.N.
[32] BGHSt 32, 367 (381) = NJW 1984, 2639 (2642); BGH NStZ 2016, 153.
[33] Vgl. BGHSt 64, 135 (145 f.) = NJW 2019, 3089 (3092); BGHSt 67, 95 (107) = NJW 2022, 3021 (3025) = MedR 2023, 218 (222).

des Gesamtplans die Herrschaft über das zum Tode führende Geschehen ausübt, also die „Tatherrschaft über den unmittelbar lebensbeendenden Akt" hatte.
- Handelt der Suizident nicht freiverantwortlich, kommt eine mittelbare Täterschaft des Helfenden in Betracht. Die Freiverantwortlichkeit des Sterbewilligen setzt voraus, dass dieser die natürliche Einsichts- und Urteilsfähigkeit für seine Entscheidung besitzt und Mangelfreiheit des Suizidwillens sowie innere Festigkeit des Entschlusses gegeben sind.
- Mit Übernahme der Behandlung des Patienten trifft den Arzt grds. eine Beschützergarantenstellung für Leben und körperliche Unversehrtheit des Patienten samt einer entsprechenden Erfolgsabwendungspflicht (Garantenpflicht).
- Der freiverantwortliche Entschluss des Patienten, aus dem Leben zu scheiden und jede weitere Behandlung abzulehnen, führt zum Ende der Garantenpflicht des Arztes.
- Bei einer vorherigen aktiven Hilfeleistung des später untätig Bleibenden kommt zudem eine Garantenstellung aus Ingerenz in Betracht. Auch eine solche wird aber durch den freiverantwortlichen Selbsttötungsentschluss des Patienten überlagert.
- Ob eine freiverantwortliche Selbsttötung einen Unglücksfall i.S.d. § 323c Abs. 1 StGB darstellt, ist streitig. Angesichts der rechtlichen Unzulässigkeit, eine Person entgegen ihrem eindeutig geäußerten Sterbewillen am Leben zu erhalten, scheitert eine Strafbarkeit gem. § 323c Abs. 1 StGB jedenfalls an der Unzumutbarkeit der Hilfeleistung.

Wiederholungsfragen

▷ Unter welchen Umständen sind Ärzte zur Vornahme einer Behandlung verpflichtet?

Es besteht keine generelle ärztliche Behandlungsverpflichtung. Ausnahmen ergeben sich in medizinischen Notfällen (§ 7 Abs. 2 S. 2 MBO-Ä) sowie für den Kassenarzt aus dem übernommenen Versorgungsauftrag (§§ 72 ff., 95 SGB V).

▷ Woraus kann sich für Ärzte eine Garantenstellung ergeben?

Eine Beschützergarantenstellung kann sich aus der tatsächlichen Übernahme der ärztlichen Behandlung ergeben. Ebenso ist eine Überwachergarantenstellung, z.B. infolge gefährlicher Praxisabläufe oder eine Garantenstellung aus Ingerenz, insbesondere nach vorhergehender fehlerhafter Behandlung, denkbar.

▷ Ist ein Arzt an den Patientenwillen gebunden, wenn der Patient bei vollem Bewusstsein eine irrationale Entscheidung trifft, die ihn während der Behandlung das Leben kosten kann?

Ja. Das Selbstbestimmungsrecht des Patienten ist verfassungsrechtlich durch das allgemeine Persönlichkeitsrecht geschützt und gewährleistet, dass der Arzt selbst dann, wenn der Patient eine irrationale Entscheidung trifft, diese zu respektieren hat.

▶ Gilt dies auch, wenn Eltern für ihr Kind eine entsprechende irrationale Entscheidung treffen, die dieses während der Behandlung Gefahren aussetzt?

Die Eltern haben nach §§ 1626, 1629 BGB die Personensorge für das Kind, sodass der Arzt an deren Entscheidung gebunden ist. Eine irrationale, für das Kind gefährliche Entscheidung stellt jedoch einen Missbrauch der elterlichen Sorge dar. Daher muss sich der Arzt an das Familiengericht wenden, das nach § 1666 Abs. 3 Nr. 5 BGB die Erklärung der Eltern ersetzen kann.

▶ Macht sich ein Arzt strafbar und/oder schadensersatzpflichtig, wenn er bei einem Patienten, der eine Transfusion von Fremdblut ihm gegenüber verweigert hat, eine solche trotzdem vornimmt?

Hier gilt die klassische juristische Antwort: Es kommt darauf an. War die Fremdbluttransfusion von vornherein indiziert und der Arzt greift intraoperativ trotzdem zur Blutkonserve, handelt er rechtswidrig. Wurde die Transfusion dagegen erst später notwendig, ist eine Rechtfertigung möglich, da es sich insoweit um eine „neue Behandlungssituation" handelt, auf welche sich die vorherige Verweigerung der Einwilligung nicht mehr bezieht (str.).

▶ Wonach beurteilt sich maßgeblich, ob ein Behandelnder, der den Suizid seines Patienten durch eine aktive Hilfeleistung unterstützt (z.B. durch das Verschaffen der Medikamente zur Tötung), hierfür strafrechtliche Konsequenzen zu fürchten hat?

Angesichts der Straflosigkeit einer Teilnahme an einem freiverantwortlichen Suizid und der Strafbarkeit einer täterschaftlichen Fremdtötung muss hierzwischen abgegrenzt werden. Die Abgrenzung erfolgt danach, wer in Vollzug des Gesamtplans die Herrschaft über das zum Tode führende Geschehen ausübt, also die „Tatherrschaft über den unmittelbar lebensbeendenden Akt" hat.

▶ Wann hat ein Suizident seinen Sterbewunsch freiverantwortlich gefasst?

Die Freiverantwortlichkeit des Sterbewillens setzt voraus, dass der Suizident die natürliche Einsichts- und Urteilsfähigkeit für seine Entscheidung besitzt. Weiterhin ist entscheidend, ob der Entschluss von innerer Festigkeit und Zielstrebigkeit getragen ist oder lediglich einer sog. depressiven Augenblicksstimmung entspringt.

▶ Macht sich ein Arzt, der die Freiverantwortlichkeit des Tötungsentschlusses eines bei ihm in Behandlung befindlichen Suizidenten kennt, wegen eines Unterlassungsdelikts strafbar, wenn er nach der Bewusstlosigkeit seines Patienten dessen Tod nicht verhindert?

Nein. Die Strafbarkeit wegen eines unechten Unterlassungsdelikts scheidet aus, weil die Garantenstellung des Arztes mit dem freiverantwortlichen Sterbewunsch endet. Insbesondere aus dem Recht auf selbstbestimmtes Sterben, welches BVerfGE 153, 182 ausdrücklich anerkannt hat, ergibt sich die Pflicht des Arztes, den freiverantwortlichen Entschluss des Patienten zu respektieren. Er macht sich vielmehr strafbar, wenn er stattdessen in den Sterbeprozess eingreift.

▶ Stellt der freiverantwortliche Suizid einen Unglücksfall i.S.d. § 323c Abs. 1 StGB dar?

Nach der höchstrichterlichen strafrechtlichen Rspr. soll auch ein freiverantwortlicher Suizid einen Unglücksfall darstellen. Die h.M. in der Literatur lehnt dies wegen der freiverantwortlichen Herbeiführung und des Selbstbestimmungsrechts des Suizidenten ab.

▶ Macht sich ein Arzt wegen einer unterlassenen Hilfeleistung gem. § 323c Abs. 1 StGB strafbar, wenn er den freiverantwortlichen Suizid eines Patienten nicht verhindert?

Nein. Auch wenn man annimmt, dass der freiverantwortliche Suizid einen Unglücksfall darstellt, bleibt es dabei, dass eine Hilfeleistung gegen den freiverantwortlich gebildeten Willen des Suizidenten unzulässig ist. Dies führt dazu, dass das Tatbestandsmerkmal der Zumutbarkeit in § 323c Abs. 1 StGB zu verneinen ist.

§ 8: Berufsgeheimnis und Dokumentation

Grundlagen

A. Dokumentationspflicht

I. Rechtsgrundlagen
Die Dokumentation der Behandlung ist vertragliche Nebenpflicht des Behandelnden nach **§ 630f BGB** und vertragsunabhängig ärztliche Berufspflicht nach **§ 10 MBO-Ä**. Daneben existieren spezialgesetzliche Sondervorschriften.[1]

II. Zwecke
Die Dokumentation dient der **Therapie- und Qualitätssicherung**,[2] insbesondere in der arbeitsteiligen Medizin. Zusätzlich ermöglicht sie eine **Rechenschaftslegung**. Für den Arzthaftungsprozess ermöglicht sie faktisch eine Beweissicherung, bezweckt eine solche aber nicht.[3]

Bei der gesetzlichen Regelung stand die **Revisionssicherheit** der Behandlungsunterlagen im Vordergrund. Berichtigungen und Änderungen müssen daher mit Datum erkennbar sein, § 630f Abs. 1 S. 2 und 3 BGB.

III. Umfang, Zeitpunkt, Aufbewahrungsfristen
Die **Dokumentationsstandards** werden durch die Medizin selbst festgelegt.

Der Behandelnde ist verpflichtet, in der Patientenakte **sämtliche aus fachlicher Sicht** für die derzeitige und künftige Behandlung **wesentlichen Maßnahmen und deren Ergebnisse** aufzuzeichnen, insbesondere die Anamnese, Diagnosen, Unter-

---

[1] Nachweise bei *Katzenmeier*, in: Laufs/Katzenmeier/Lipp, Arztrecht, Kap. IX Rn. 44.
[2] Grundlegend BGHZ 72, 132 = NJW 1978, 2337.
[3] Str., so etwa BGHZ 129, 6 (9) = NJW 1995, 1611; BGHZ 229, 331 (338) = NJW 2021, 2364 (2365) = MedR 2024, 361 m. Anm. *Laumen*; a.A. BSG BeckRS 2019, 34283 Rn. 18.

suchungen, Untersuchungsergebnisse, Befunde, Therapien und ihre Wirkungen, Eingriffe und ihre Wirkungen, Einwilligungen und Aufklärungen, § 630f Abs. 2 S. 1 BGB. Arztbriefe sind in die Patientenakte aufzunehmen, § 630f Abs. 2 S. 2 BGB. Selbstverständliche Routinemaßnahmen sind i.d.R. nicht zu dokumentieren. Die Dokumentation muss lediglich für andere Mediziner verständlich sein, darf daher auch in **Stichworten** gehalten sein.

Grundsätzlich soll die Dokumentation im **unmittelbaren Zusammenhang mit der Behandlung** erfolgen, § 630f Abs. 1 S. 1 BGB. Einzelheiten hängen von der jeweiligen Behandlungssituation ab.

Die Behandlungsdokumentation ist für die Dauer von zehn Jahren nach Abschluss der Behandlung **aufzubewahren**, § 630f Abs. 3 BGB, § 10 Abs. 3 MBO-Ä. Spezialgesetze können andere Aufbewahrungsfristen vorsehen, z.B. § 85 Abs. 2 Nr. 1 StrlSchG für Röntgenbilder dreißig Jahre.

IV. Bedeutung im Haftpflichtprozess

Eine unterlassene oder lückenhafte Dokumentation stellt **keinen eigenständigen Haftungsgrund** dar. Eine Ausnahme gilt nur dann, wenn das Dokumentationsversäumnis unmittelbare Ursache für die Falschbehandlung eines nachfolgenden Behandlers ist.

Im Haftpflichtprozess kommen der Dokumentation primär **beweisrechtliche Folgen** zu: Hat der Behandelnde eine medizinisch gebotene wesentliche Maßnahme und ihr Ergebnis entgegen § 630f Abs. 1 oder Abs. 2 BGB nicht in der Patientenakte aufgezeichnet oder hat er die Patientenakte entgegen § 630f Abs. 3 BGB nicht aufbewahrt, wird vermutet, dass er diese Maßnahme nicht getroffen hat, **§ 630h Abs. 3 BGB**.

Einer ordnungsgemäßen, zeitnah erstellten Dokumentation, die keinen Anhalt für Veränderungen, Verfälschungen oder Widersprüchlichkeit bietet, kommt zugunsten der Behandlungsseite Indizwirkung zu, die im Rahmen der freien tatrichterlichen Beweiswürdigung nach § 286 Abs. 1 S. 1 ZPO zu berücksichtigen ist.[4] Sie hat also insoweit eine positive Indizwirkung, dass die Maßnahmen durchgeführt wurden (→ § 12, Grundlagen, C.).

V. EDV-Dokumentation

Behandelnde führen die Patientenakte zunehmend elektronisch.[5] Grds. gelten beweisrechtlich die gleichen Grundsätze wie für die Papierakte. Eine elektronische Dokumentation, die nachträgliche Änderungen entgegen § 630f Abs. 1 S. 2, 3 BGB nicht erkennbar macht, kommt aber keine positive Indizwirkung dahingehend zu, dass die dokumentierte Maßnahme von dem Behandelnden tatsächlich durchgeführt wurde.[6]

---

[4] BGH NJW 2024, 445 (446 f.) = MedR 2024, 357 (359) m. Anm. *Laumen*.

[5] Als Kernelement des Gesetzes zur Beschleunigung der Digitalisierung des Gesundheitswesens (DigiG) v. 25.3.2024, BGBl. I Nr. 101 wird seit 2025 die elektronische Patientenakte (ePA) für alle gesetzlich Versicherten bereitgestellt.

[6] BGHZ 229, 331 (342 f.) = NJW 2021, 2364 (2367) = MedR 2024, 361 (364) m. zust. Anm. *Laumen*.

B. Einsichtnahme in die Patientenakte

I. Rechtsgrundlagen
Das Recht auf Einsichtnahme in die Patientenakte ist vertragsrechtlich in **§ 630g BGB** normiert, der eine vertragliche Nebenpflicht des Behandelnden zur Einsichtsgewähr in die Originalakte statuiert. Es besteht aber auch vertragsunabhängig, folgt aus dem Recht des Patienten auf **informationelle Selbstbestimmung** und seiner personalen Würde.[7]

II. Umfang
Vor Inkrafttreten der §§ 630a ff. BGB stand dem Patienten nach der Rspr. des BGH ein Recht auf Einsicht (nur) in die Aufzeichnungen über medizinisch objektivierbare Befunde zu. Nach § 630g Abs. 1 S. 1 BGB ist dem Patienten auf Verlangen Einsicht in die **vollständige, ihn betreffende Patientenakte** zu gewähren, dies umfasst auch subjektive Wahrnehmungen und Eindrücke des Behandelnden.

Begrenzt ist das Einsichtsrecht, soweit erhebliche therapeutische Gründe („therapeutischer Vorbehalt")[8] oder sonstige erhebliche Rechte Dritter entgegenstehen. Grds. kein Einsichtsrecht besteht bzgl. Aufzeichnungen, die nicht die Person des Patienten betreffen, z.B. Unterlagen über die interne Organisation eines Krankenhauses.

Nach § 630g Abs. 2 S. 1 BGB kann der Patient elektronische Abschriften von der Patientenakte verlangen. Auch gem. Art. 15 Abs. 1 DSGVO besteht ein Anspruch auf **Kopien der Behandlungsunterlagen**. Wegen Art. 12 Abs. 5, 15 Abs. 3 DSGVO ist der Anspruch jedenfalls hinsichtlich der erstmaligen Übersendung unentgeltlich (str. bzgl. § 630g Abs. 2 S. 2 BGB).[9]

III. Einsichtsrechte Dritter
Im Falle des Todes des Patienten stehen nach § 630g **Abs. 3** BGB die Rechte aus den Absätzen 1 und 2 zur Wahrnehmung der vermögensrechtlichen Interessen seinen Erben zu, soweit immaterielle Interessen geltend gemacht werden den nächsten Angehörigen (**postmortales Einsichtsrecht**). Die Rechte sind ausgeschlossen, soweit der Einsichtnahme der ausdrückliche oder mutmaßliche Wille des Patienten entgegensteht, § 630g Abs. 3 S. 3 BGB. In Zweifelsfällen muss der Arzt eine **Gewissensentscheidung** treffen, ob das Einsichtsrecht der Erben/nächsten Angehörigen das Recht des Patienten auf Verschwiegenheit im Interesse der informationellen Selbstbestimmung überwiegt. Lehnt der Arzt eine Einsicht ab, muss er substanziiert darlegen, worauf er die Weigerung stützt.

---

[7] BVerfG MedR 1999, 180; 2006, 419 (420).
[8] Dazu BGHZ 85, 339 (342 ff.) = NJW 1983, 330 (331)
[9] EuGH NJW 2023, 3481 (3483) = MedR 2024, 250 (252) m. Anm. *Gruner/Hahn*; *Weidenkaff*, in: Grüneberg, BGB, § 630g Rdnr. 4; *Katzenmeier*, in: BeckOK-BGB, § 630g Rn. 25.

C. Ärztliche Schweigepflicht

I. Rechtsgrundlagen
Die ärztliche Schweigepflicht ist ein **Grundpfeiler des Vertrauensverhältnisses** zwischen Arzt und Patient.[10] Berufsrechtlich ist sie in **§ 9 MBO-Ä** normiert, strafrechtlich ist der Bruch der Schweigepflicht über **§ 203 Abs. 1 Nr. 1 StGB** sanktioniert.

II. Umfang
Zum verpflichteten Personenkreis zählen Ärzte, Krankenhausträger und Angehörige anderer Heilberufe. Auch Heilpraktiker unterliegen zivilrechtlich der Schweigepflicht, sie sind aber keine tauglichen Täter i.S.d. § 203 Abs. 1 Nr. 1 StGB.

Die Schweigepflicht besteht grds. **gegenüber allen anderen Personen**, auch gegenüber Familienangehörigen und anderen nicht an der Behandlung des Patienten beteiligten Berufsgeheimnisträgern. Die Schweigepflicht besteht **über den Tod des Patienten** hinaus. Sie umfasst die **Gesamtheit der Angaben** des Patienten über seine persönliche, familiäre, wirtschaftliche, berufliche, finanzielle, kulturelle und soziale Situation, die der Arzt im **berufsspezifischen Kontext** erfährt.[11]

Gegenüber staatlichen Organen ist die Schweigepflicht abgesichert durch **Zeugnisverweigerungsrechte** der Berufsgeheimnisträger (§§ 383 Abs. 1 Nr. 6 ZPO, 53 Abs. 1 S. 1 Nr. 3 StPO) und ein **Beschlagnahmeverbot** bzgl. der Patientenakte (§ 97 StPO).

III. Rechtfertigungsgründe
Ein Geheimnisbruch kann aus verschiedenen Gründen gerechtfertigt sein. Der Patient kann den Berufsgeheimnisträger (auch konkludent) von der ärztlichen Schweigepflicht **entbinden**. Eine konkludente Entbindung erfolgt etwa gegenüber der **Krankenkasse** mit Aushändigung des Kranken- oder Überweisungsscheins (§ 60 SGB I) oder gegenüber dem **Lebensversicherer** mit der Untersuchung auf eine entsprechende Tauglichkeit (str.).

Bei einem **Praxisverkauf**[12] oder der **Abtretung einer Honorarforderung** an eine Gebühreneinzugsstelle[13] ist nicht von einer Schweigepflichtentbindung auszugehen. Wurde sie nicht eingeholt, ist der Vertrag gemäß § 134 BGB i.V.m. § 203 StGB nichtig.

Eine Rechtfertigung des Schweigepflichtigen kann sich zudem aus einer **mutmaßlichen Einwilligung**, aus gesetzlichen **Offenbarungspflichten** (z. B. §§ 6 ff. IfSG, § 20 PStG) oder gesetzlichen **Offenbarungsbefugnissen** (z. B. § 203 Abs. 3 S. 2 StGB, § 34 StGB) ergeben.

Literatur zur Vertiefung: *Katzenmeier*, in: Laufs/Katzenmeier/Lipp, Arztrecht, Kap. IX.

---

[10] BVerfGE 32, 373 (380) = NJW 1972, 1123 (1124).
[11] *Katzenmeier*, in: Laufs/Katzenmeier/Lipp, Arztrecht, Kap. IX Rn. 12.
[12] BGHZ 116, 268 = NJW 1992, 737 = MedR 1992, 147.
[13] BGHZ 115, 123 = NJW 1991, 2955 = MedR 1991, 327.

Fall 1: Einblick gewünscht – Einsichtnahme in die Behandlungsunterlagen; Anspruch auf Zurverfügungstellung von Kopien

A. Sachverhalt

Patientin P ist ausgesprochen unzufrieden mit der Betreuung durch ihre Hausärztin A, sie entschließt sich daher zu einem Arztwechsel. Da P sehr neugierig ist und außerdem ihren neuen Arzt direkt umfassend informieren möchte, verlangt sie von A Einsichtsgewähr in die Patientenakte. A weigert sich, da sie in der Patientenakte vermerkt hat, bei P handele es sich um eine „unangenehme, querulatorische Person mit ausgeprägtem Hang zur Krankheitssimulation und notorischem Streben nach ärztlicher Zuwendung". Wie ist die Rechtslage?

Zusatzfrage: P fordert die A auf, ihr die Patientenakte im Original zur Verfügung zu stellen, zumindest aber Kopien. A ist nur zur Übersendung von Kopien gegen Kostenerstattung bereit.

B. Lösung

I. Frage 1
1. § 630g Abs. 1 S. 1 BGB
P könnte gegen A einen Anspruch auf Einsichtnahme in die Patientenakte gem. § 630g Abs. 1 S. 1 BGB haben.

a. Bestehen des Einsichtsrechts
Gegen ein Einsichtsrecht der P könnte sprechen, dass die mit A geschlossenen Behandlungsverträge jeweils mit der Genesung der P endeten, sodass zum Zeitpunkt des Einsichtsverlangens kein Vertragsverhältnis zwischen A und P bestand. Auch mit dem Hausarzt verbindet den Patienten kein Dauerschuldverhältnis, vielmehr wird mit jeder Inanspruchnahme ein neuer Vertrag geschlossen.[14] Allerdings besteht das Einsichtsrecht nach Abschluss eines Behandlungsvertrags fort und lässt sich überdies vertragsunabhängig begründen.[15]

---

[14] Vgl. *Lipp*, in: Laufs/Katzenmeier/Lipp, Arztrecht, Kap. III Rn. 31.
[15] *Katzenmeier*, in: Laufs/Katzenmeier/Lipp, Arztrecht, Kap. IX Rn. 55.

> **Merke**
> Der Patient muss **kein besonderes Interesse** für sein Einsichtsverlangen darlegen. Das Recht auf Einsichtnahme in die Patientenakte ist Ausfluss des Rechts auf informationelle Selbstbestimmung. Die Ausübung dieses Rechts ist nicht begründungsbedürftig.

b. Umfang des Einsichtsrechts

Fraglich ist, welchen Umfang das Einsichtsrecht hat. Bzgl. naturwissenschaftlich **objektivierbarer Befunde** besteht unstreitig ein umfassendes Einsichtsrecht. Subjektive Wahrnehmungen des Arztes und seine persönlichen Eindrücke hingegen waren nach der Rspr. vor Inkrafttreten des Patientenrechtegesetzes[16] von dem Einsichtsrecht ausgenommen.[17] Da der Gesetzgeber mit dem PatRG nur die bis dahin bestehende Rspr. kodifizieren wollte, könnte man schließen, dass **subjektive Wahrnehmungen** weiterhin nicht vom Einsichtsrecht erfasst sind.

> **Beachte**
> Folge wäre nicht, dass A die Einsicht in die Patententakte insgesamt verweigern dürfte. A wäre lediglich berechtigt, Einträge mit ihren subjektiven Wahrnehmungen zu **schwärzen** oder **anderweitig abzudecken**.

Nach dem Wortlaut des § 630g Abs. 1 S. 1 BGB besteht jedoch ein Anspruch auf Einsicht in die **vollständige Patientenakte**. Einschränkungen erkennt das Gesetz nur an, soweit der Einsichtnahme „erhebliche therapeutische Gründe oder sonstige erhebliche Rechte Dritter entgegenstehen". Der Gesetzgeber wollte auch persönliche Wahrnehmungen und subjektive Eindrücke des Behandelnden unter das Einsichtsrecht fassen, soweit nicht ein begründetes Interesse des Behandelnden das Persönlichkeitsrecht des Patienten überwiegt.[18] Dafür reicht es nicht aus, dass dem Behandelnden bestimmte Eintragungen peinlich sind, weil sie den Patienten herabwürdigen. Folglich besteht das Einsichtsrecht der P im vollen Umfang.

> **Merke**
> Die Annahme entgegenstehender therapeutischer Gründe erfordert konkrete und substanziierte Anhaltspunkte, dass die Information mit der Gefahr einer erheblichen gesundheitlichen (Selbst-)Schädigung verbunden sein kann. Die Versagung der Einsichtnahme ist *ultima ratio*, ggf. kommt eine durch den Be-

---

[16] Gesetz zur Verbesserung der Rechte von Patientinnen und Patienten (PatRG) v. 20.2.2013, BGBl. I S. 277.
[17] BGHZ 85, 327 (334 ff.) = NJW 1983, 328 (329 f.); BGHZ 85, 339 (342 ff.) = NJW 1983, 330 (331).
[18] BT-Drs. 17/10488, S. 27. So bereits BVerfG NJW 2006, 1116 = MedR 2006, 419 für im Maßregelvollzug Untergebrachte.

> handelnden unterstützte oder begleitete oder auch durch einen Dritten vermittelte Einsichtnahme in Betracht (*Katzenmeier*, in: Laufs/Katzenmeier/Lipp, Arztrecht, Kap. IX Rn. 61).
> Die Grenze des Einsichtsrechts ist dort erreicht, wo in die Aufzeichnungen Informationen über die Persönlichkeit Dritter eingeflossen sind, die ihrerseits schutzwürdig sind. Der Behandelnde ist kein „Dritter" i.S.d. Norm, im Einzelfall können aber auch seine Persönlichkeitsrechte betroffen sein (*Katzenmeier*, in: Laufs/Katzenmeier/Lipp, Arztrecht, Kap. IX Rn. 62 f.).

c. Ergebnis
P hat einen Anspruch auf Einsichtnahme in die vollständige, ihn betreffende Patientenakte gem. § 630g Abs. 1 S. 1 BGB. Nach § 630g Abs. 1 S. 3 BGB i.V.m. § 811 Abs. 1 S. 1 BGB muss P in der Arztpraxis der A Einsicht nehmen.

2. § 810 BGB sowie Art. 15 Abs. 1 DSGVO
Der Anspruch auf Einsichtnahme lässt sich darüber hinaus vertragsunabhängig auf § 810 BGB sowie auf Art. 15 Abs. 1 DSGVO stützen. Die DSGVO sieht für die Einsichtsgewähr keinen speziellen Leistungsort vor, sodass auch dieser Anspruch in der Arztpraxis der A zu erfüllen ist.

II. Zusatzfrage
P hat gegen A einen Anspruch auf Überlassung von **Kopien** (elektronische Abschriften) der Patientenakte gem. § 630g Abs. 2 S. 1 BGB. Die Originalunterlagen kann sie hingegen nicht verlangen.[19]

> Praxishinweis
>
> Bei **Röntgen-, CT- und Kernspinaufnahmen** kann der Patient die (jedenfalls vorübergehende) **Herausgabe im Original** verlangen, da hiervon keine qualitativ hochwertigen Kopien angefertigt werden können. ◄

1. Erfüllungsort
Dabei ist allerdings zunächst fraglich, wo dieser Anspruch zu erfüllen ist. Die Vorschrift sieht selbst keinen Leistungsort vor, sodass dieser nach § 269 Abs. 1 BGB zu bestimmen ist. Nach der gesetzgeberischen Grundkonzeption liegt eine Holschuld vor; P müsste die Praxisräume der A aufsuchen.
Etwas anderes könnte sich aus der DSGVO ergeben. Art. 15 Abs. 3 S. 1 DSGVO gewährt P einen Anspruch darauf, dass A ihr Kopien ihrer personenbezogenen Behandlungsunterlagen zur Verfügung stellt. Art. 12 Abs. 1 DSGVO legt fest, dass die Informationen gem. Art. 15 „zu übermitteln" sind. Nach Erwägungsgrund 63 S. 4

---

[19] LG Köln VersR 1986, 775 f.; *Katzenmeier*, in: Laufs/Katzenmeier/Lipp, Arztrecht, Kap. IX Rn. 66.

DSGVO sollen Verantwortliche wenn möglich einen „Fernzugang" bereitstellen. Das zeigt, dass der europäische Gesetzgeber eine **Schickschuld** als Grundkonzeption im Blick hatte. § 630g Abs. 2 S. 1 BGB ist europarechtskonform dahingehend auszulegen, dass A der P die **Kopien übermitteln** muss.

> **Praxishinweis**
>
> Der Anwendungsbereich der DSGVO ist selbst dann eröffnet, wenn der Patient mit dem Auskunftsverlangen keine genuin datenschutzrechtlichen Zwecke (z.B. Transparenz und Rechtmäßigkeit der Datenverarbeitung) verfolgt, sondern mit dem so erlangten Wissen bspw. arzthaftungsrechtliche Ansprüche vorbereiten will (*Katzenmeier*, in: BeckOK-BGB, § 630g Rn. 26 m.w.N.). ◄

2. Zurückbehaltungsrecht

A könnte allerdings ein **Zurückbehaltungsrecht** nach § 273 BGB zustehen. Gem. § 630g Abs. 2 S. 2 BGB sind dem Behandelnden die bei Überlassung der Abschriften entstandenen **Kosten** zu erstatten. Das hätte zur Folge, dass eine Pflicht zur Überlassung nur Zug um Zug gegen Zahlung eines Geldbetrages besteht.

Auch diese Bestimmung könnte jedoch durch die DSGVO modifiziert sein. Aus **Art. 12 Abs. 5 S. 1, Art. 15 Abs. 3 S. 1 DSGVO** ergibt sich ein Anspruch auf **unentgeltliche Zurverfügungstellung einer ersten Kopie** der personenbezogenen Daten. Erst für weitere beantragte Kopien kann gem. Art. 15 Abs. 3 S. 2 DSGVO ein Entgelt verlangt werden. Bei den Ansprüchen aus Art. 15 Abs. 1, 3 DSGVO hatte der europäische Gesetzgeber insbesondere auch Patientenakten im Blick, vgl. Erwägungsgrund 63 S. 2 DSGVO. Angesichts des Anwendungsvorranges des Europarechts hat P demnach einen Anspruch auf Überlassung kostenloser Kopien gegen A.[20] A steht demnach kein Zurückbehaltungsrecht zu.

3. Ergebnis

P hat gegen A einen Anspruch auf Überlassung unentgeltlicher Kopien der Patientenakte, § 630a Abs. 2 S. 1 BGB i.V.m. Art. 15 Abs. 3 S. 1 DSGVO. Diese Kopien muss A der P an ihren Wohnort übermitteln.

C. Merksätze

- Der Patient hat das Recht auf Einsichtnahme in die Patientenakte. Eine Beschränkung dieses Einsichtsrechts auf naturwissenschaftlich objektivierbare Befunde ist jedenfalls unter der Geltung des § 630g BGB nicht mehr haltbar, sodass auch subjektive Eindrücke des Behandelnden grds. vom Einsichtsrecht umfasst sind.
- Dem Patienten steht auch ein Anspruch auf die Überlassung von Kopien der Behandlungsunterlagen zu. Aufgrund der Art. 12 Abs. 3 S. 1, Art. 15 Abs. 3 S. 1

---

[20] EuGH NJW 2023, 3481 (3483) = MedR 2024, 250 (252) m. Anm. *Gruner/Hahn*; *Katzenmeier*, in: BeckOK-BGB, § 630g Rn. 25.

DSGVO ist die erste Kopie kostenfrei (entgegen § 630g Abs. 2 S. 2 BGB). Der mit dem Auskunftsverlangen verfolgte Zweck ist unerheblich, sodass der Anspruch auch zur Vorbereitung eines Arzthaftungsprozesses geltend gemacht werden kann.
• Verlangt der Patient Kopien der Patientenakte, so muss der Arzt dem Patienten diese grds. an dessen Wohnort übermitteln.

Fall 2: Der Geheimnisüberträger – Ärztliche Schweigepflicht; Rechtfertigung eines Geheimnisbruchs

In Anlehnung an OLG Frankfurt a.M. NJW 2000, 875 = MedR 2000, 196

A. Sachverhalt

P und seine Ehefrau F sind seit längerer Zeit in Behandlung bei Hausarzt A. P nimmt es mit der ehelichen Treue nicht so genau. Eines Tages entschließt er sich zur Durchführung eines HIV-Tests. Dieser fällt positiv aus. Da P Angst hat, die F werde ihn bei Kenntnis des Ergebnisses verlassen, untersagt er dem A, der F das Ergebnis mitzuteilen, anderenfalls werde er ihn „anzeigen". Nachdem A den P mehrfach vergeblich aufgefordert hat, die F zu ihrem Schutze über das Testergebnis aufzuklären, teilt er der F die HIV-Infektion des P schließlich selbst mit. P stellt daraufhin Strafantrag. Strafbarkeit des A?

B. Lösung

A könnte sich gem. § 203 Abs. 1 Nr. 1 StGB, Verletzung von Privatgeheimnissen, strafbar gemacht haben, indem er die F über die HIV-Infektion des P informierte.

I. Tatbestand
1. Tauglicher Täter
A ist Arzt i.S.d. § 203 Abs. 1 Nr. 1 StGB und daher tauglicher Täter.

2. Offenbaren eines fremden Geheimnisses
A muss ein ihm in dieser Eigenschaft anvertrautes oder bekannt gewordenes fremdes Geheimnis offenbart haben.

a. Fremdes Geheimnis
Der Begriff Geheimnis umfasst Tatsachen, die nur einem begrenzten Personenkreis bekannt sind, die der Geschützte geheim halten will und an deren Geheimhaltung er ein sachlich begründetes Interesse hat.[21] Fremd ist es, wenn es eine andere natürliche

---
[21] *Cierniak/Niehaus*, in: MüKo-StGB, § 203 Rn. 13.

oder juristische Person betrifft.²² Die Infektion betraf P, der diese verschweigen wollte. Er hat auch ein sachlich begründetes Interesse daran, dass nicht eine andere Person von seiner Infektion erfährt. Die Tatsache stellt mithin ein fremdes Geheimnis dar.

b. Anvertraut oder sonst bekanntgeworden
Das Geheimnis wurde A im Zuge seiner Berufsausübung als Arzt bekannt.

c. Offenbaren
A muss dieses Geheimnis offenbart haben. Offenbart ist ein Geheimnis, wenn die Tatsache in irgendeiner Weise an einen anderen gelangt, der davon nichts weiß. A teilte der ahnungslosen F mit, dass P infiziert ist. F ist zwar die Ehefrau des P, doch handelt es sich auch in dieser Konstellation um das Offenbaren eines Geheimnisses i.S.d. § 203 StGB, denn die Schweigeflicht nach § 9 Abs. 1 MBO-Ä besteht auch gegenüber Ehegatten.²³

d. Unbefugt
A offenbarte das Geheimnis des P ohne dessen Willen, d.h. unbefugt.

e. Vorsatz
A handelte vorsätzlich.

II. Rechtswidrigkeit
A müsste rechtswidrig gehandelt haben. Die Rechtswidrigkeit ist mit der Tatbestandsverwirklichung grds. indiziert, allerdings könnte zugunsten des A ein Rechtfertigungsgrund eingreifen.

1. Einwilligung
Eine Einwilligung des P lag nicht vor. Auch eine mutmaßliche Einwilligung kommt nicht in Betracht, da P dem A die Offenbarung ausdrücklich untersagt hatte.

2. Offenbarungspflichten und -befugnisse
Gesetzliche Offenbarungspflichten (z.B. §§ 6 f. IfSG) oder eine Offenbarungsbefugnis aus § 203 Abs. 3 S. 2 StGB (Weitergabe an Berufsgehilfen) sind nicht ersichtlich.²⁴ A könnte jedoch wegen eines rechtfertigenden Notstandes gem. **§ 34 S. 1 StGB** gerechtfertigt sein.

a. Notstandslage
Es müsste eine Notstandslage, also eine gegenwärtige Gefahr für ein Rechtsgut, bestanden haben. Eine Gefahr ist ein Zustand, in dem aufgrund tatsächlicher Umstände

---
²² *Cierniak/Niehaus*, in: MüKo-StGB, § 203 Rn. 29, 31.
²³ Die Schweigepflicht besteht über den Tod hinaus, auch postmortal ist ein Bruch strafbewehrt, § 203 Abs. 5 StGB.
²⁴ HIV ist keine nach § 6 IfSG meldepflichtige Krankheit, i.Ü. berechtigte eine Meldepflicht gegenüber dem Gesundheitsamt den Arzt nicht zur Information privater Personen.

die begründete Besorgnis besteht, dass ein Schaden eintritt. Gegenwärtig ist sie, wenn die Wahrscheinlichkeit des Schadenseintrittes sich so verdichtet hat, dass der Schadenseintritt sicher oder zumindest höchst wahrscheinlich ist.

A musste davon ausgehen, dass P seiner Ehefrau F die Infektion verschweigen würde. Es bestand daher die begründete Sorge, dass er diese auch mit dem potenziell tödlichen HI-Virus infizieren könnte. Dabei ist unerheblich, dass nicht jede Infektion mit dem Ausbruch der Krankheit AIDS einhergeht. Bereits die Infektion stellt einen regelwidrigen Zustand und daher eine Gesundheitsschädigung dar.[25] Folglich bestand eine gegenwärtige Gefahr für Leib und Leben der F und somit eine Notstandslage.

b. Notstandshandlung
Durch die Offenbarung der HIV-Infektion hat A in das Selbstbestimmungsrecht des P eingegriffen und seine ärztliche Schweigepflicht verletzt. Diese Notstandshandlung war zur Verhinderung einer HIV-Infektion der F grds. geeignet.

Die Offenbarung der Infektion müsste aber auch erforderlich gewesen sein. Dies ist der Fall, wenn die Gefahr für Leib und Leben der F nicht anders abwendbar gewesen wäre. Mehrfache Aufforderungen des A an P, der F das Ergebnis zu offenbaren, waren fruchtlos geblieben. Die Offenbarung der HIV-Infektion des P war erforderlich, um die F zu schützen.

c. Güterabwägung
Schließlich müssten Leib und Leben der F als geschütztes Rechtsgut das beeinträchtigte Selbstbestimmungsrecht des P wesentlich überwiegen.

Die ärztliche Schweigepflicht ist ein Grundpfeiler des Vertrauensverhältnisses zwischen Arzt und Patient, das wiederum zu den Grundvoraussetzungen ärztlichen Wirkens zählt.[26] Gerade HIV-Infizierte oder AIDS-Kranke bedürfen dabei in besonderem Maße der Verschwiegenheit des Arztes, ihrem Persönlichkeitsrecht kommt besonderes Gewicht zu. Auf der anderen Seite stehen mit den Grundrechten Gesundheit und Leben höchstrangige Rechtsgüter auf dem Spiel. Trotz fortgeschrittener Behandlungsmöglichkeiten bei HIV geht von der Infektion weiterhin eine nicht unerhebliche Gefahr aus, zumal die Therapie mit einer dauerhaften Medikation einhergeht und damit zusätzlich auf den Lebensalltag einwirkt.

Hinzutritt, dass auch F sich bei A in hausärztlicher Behandlung befindet. Als Arzt hat er ihr gegenüber eine Beschützergarantenstellung. Diese verpflichtet ihn, Gefahren für die Rechtsgüter der F abzuwenden. Demnach war er nicht nur berechtigt, sondern sogar verpflichtet, ihr das Geheimnis zu offenbaren.[27] Folglich überwiegt das geschützte Rechtsgut das beeinträchtigte Selbstbestimmungsrecht des P.

---

[25] Vgl. BGHSt 36, 1 (6 f.) = NJW 1989, 781 (783).
[26] BVerfGE 32, 373 = NJW 1972, 1123.
[27] Vgl. OLG Frankfurt a.M. NJW 2000, 875 (876) = MedR 2000, 196 (198) = m. Anm. *Wolfslast*; a.A. *Engländer*, MedR 2001, 143.

d. Angemessenheit
Die Geheimnisoffenbarung war auch ein angemessenes Mittel, um die Gefahr für F abzuwenden.

e. Subjektives Rechtfertigungselement
A wollte durch die Geheimnisoffenbarung die Gefahr von F abwenden, handelte also auch mit dem notwendigen Rechtfertigungswillen.

f. Zwischenergebnis
A handelte gerechtfertigt nach § 34 S. 1 StGB.

> **Merke**
>
> § 34 S. 1 StGB kommt in weiteren **Fallgruppen** eines Bruchs der ärztlichen Schweigepflicht in Betracht, z.B.:
>
> - Bei **drohenden schweren Verbrechen**, insbesondere bei Wiederholungsgefahr in Kindesmissbrauchsfällen, darf der Arzt die Strafverfolgungsbehörden verständigen.
> - Bei **schweren Ausfallerscheinungen eines autofahrenden Patienten**, die dessen Tauglichkeit zur Führung eines Kraftfahrzeugs entfallen lassen, darf der Arzt die Ordnungsbehörden verständigen.
> - Bei **schweren Geisteskrankheiten mit akuter Selbst- oder Fremdgefährdung** darf der Arzt die Ordnungsbehörden verständigen, damit diese über eine Anstaltsunterbringung der Patienten entscheiden.

3. Zwischenergebnis
A handelte nicht rechtswidrig.

III. Ergebnis
A hat sich nicht wegen Verletzung von Privatgeheimnissen gem. § 203 Abs. 1 Nr. 1 StGB strafbar gemacht. Auf den nach § 205 Abs. 1 S. 1 StGB erforderlichen Strafantrag kommt es daher nicht an.

C. Merksatz

- Die Verschwiegenheit des Arztes ist eine unentbehrliche Grundvoraussetzung für die Vertrauensbeziehung zwischen Arzt und Patient. Die Geheimnisoffenbarung kann aber bei gesetzlichen Mitteilungspflichten oder zum Schutze höherrangiger Rechtsgüter gerechtfertigt sein.

Fall 3: Was war wohl oder nicht wohl? – Postmortales Einsichtsrecht

In Anlehnung an BGH NJW 1983, 2627

A. Sachverhalt

Patient P war über Jahrzehnte bei Allgemeinmediziner A in ärztlicher Behandlung. Nach seinem Tod vermutet die Witwe und testamentarische Alleinerbin W, dass dem A bei der letzten Behandlung des P ein Fehler unterlaufen ist, der zu erheblichen Beeinträchtigungen und nach mehreren Monaten schließlich zum Tod des P geführt hat. Um Schadensersatzansprüche zu prüfen, verlangt W von A Einsicht in die vollständigen Behandlungsunterlagen.

Auch die Tochter T des P ist fest davon überzeugt, dass A den P über Jahre falsch behandelt hat. Sie verlangt von A Einsicht in die Krankenunterlagen, da sie „die kriminellen Machenschaften des Kurpfuschers aufdecken und ihm das Handwerk legen will".

Dem A ist tatsächlich ein Fehler bei der letzten Behandlung des P unterlaufen. Da er rechtliche Konsequenzen und einen Imageschaden im Falle der Aufdeckung des Fehlers befürchtet, verweigert A sowohl der W als auch der T die Einsicht in die Unterlagen. Er meint, er sei nicht verpflichtet, sich selbst zu belasten.

Wie ist die Rechtslage?

B. Lösung

I. Anspruch der W
W könnte gegen A einen Anspruch auf Einsicht in die Behandlungsunterlagen aus § 630g Abs. 3 S. 1 und S. 2 BGB haben.

1. Einsichtsrecht des P
P selbst stand nach § 630g Abs. 1 S. 1 BGB ein Einsichtsrecht in dem von W begehrten Umfang zu.[28]

2. Übergang auf W
Dieses Einsichtsrecht müsste auch auf W übergegangen sein.

a. Übergang auf Erben
Das Einsichtsrecht könnte durch den Tod des P auf W übergegangen sein, § 1922 Abs. 1 BGB.

aa. Erbenstellung der W
W ist Erbin des P.

---

[28] Zum Umfang → § 8, Fall 1, Frage 1.

bb. Vererblichkeit des Einsichtsrechts
Für einen Rechtsübergang müsste das Einsichtsrecht auch vererbbar sein. Grds. sind alle dinglichen und persönlichen Vermögensrechte vererblich. Eine Ausnahme bilden **höchstpersönliche Rechte**, die weder unter Lebenden noch von Todes wegen ganz oder teilweise auf andere übergehen können.
Das Einsichtsrecht könnte ein solches höchstpersönliches Recht sein. Dafür spricht, dass es aus dem Recht auf informationelle Selbstbestimmung und der personalen Würde des Patienten abgeleitet wird. Das bedeutet aber nicht, dass der Einsichtsanspruch insgesamt höchstpersönlicher Natur wäre.[29] Vielmehr ist zwischen der personalen Komponente (immaterielle Interessen) und der vermögensrechtlichen Komponente des Einsichtsrechts zu unterscheiden.
Nur die **vermögensrechtliche Komponente** ist vererblich, wie **§ 630g Abs. 3 S. 1 BGB** zeigt, die Wahrnehmung der **personalen Komponente** ist nach **§ 630g Abs. 3 S. 2 BGB** hingegen Sache der nächsten Angehörigen.[30] Für die Vererbung erforderlich ist demnach eine vermögensrechtliche Komponente des Einsichtsrechts. Das ist der Fall, wenn die dadurch zu erlangenden Informationen zu einer Klärung eventuell bestehender Schadensersatzansprüche beitragen können.
W vermutet bei der letzten Behandlung einen Behandlungsfehler[31] des A. Bei einer Fehlbehandlung kann ein **Schadensersatzanspruch** des mehrere Monate darunter leidenden P entstanden sein, der mit seinem Tod gem. § 1922 Abs. 1 BGB auf die **Alleinerbin** W übergegangen wäre, sodass das Einsichtsrecht insoweit einen vermögensrechtlichen Charakter erhält. Demnach ist das Einsichtsrecht auf die Alleinerbin W übergegangen, § 630g Abs. 3 S. 1 BGB.
Das Recht steht W aber nur zur Wahrnehmung dieser Interessen zu. Nicht erfasst vom vererblichen Einsichtsrecht sind daher die Unterlagen hinsichtlich vergangener Behandlungen, bzgl. derer W keinen Behandlungsfehler vermutet. Als Erbin steht ihr insoweit kein Einsichtsrecht zu.

cc. Zwischenergebnis
Das Einsichtsrecht ist nur insoweit nach § 1922 Abs. 1 BGB auf W übergegangen, als die Unterlagen der letzten Behandlung betroffen sind.

b. Übergang auf nächste Angehörige
Das Einsichtsrecht bzgl. der vorangegangenen Behandlungen könnte gem. § 630g Abs. 3 S. 2 BGB auf die W als „**nächste Angehörige**" übergegangen sein. Dieses Einsichtsrecht umfasst Behandlungsunterlagen, die eine personale Komponente aufweisen. W muss daher nachweisen, dass die Ausübung des Einsichtsrechts „**nachwirkenden Persönlichkeitsbelangen**" des P dient.[32] W verfolgt aber keine Persönlichkeitsbelange des P. Daher ist das Einsichtsrecht bzgl. der vorangegangenen Behandlungen auch nicht nach § 630g Abs. 3 S. 2 BGB auf W übergegangen.

---

[29] Vgl. BGH NJW 1983, 2627 (2628).
[30] *Katzenmeier*, in: Laufs/Katzenmeier/Lipp, Arztrecht, Kap. IX Rn. 70 f.
[31] Dazu → § 9, Grundlagen, B.
[32] *Katzenmeier*, in: Laufs/Katzenmeier/Lipp, Arztrecht, Kap. IX Rn. 71.

> **Praxishinweis**
> Nächsten Angehörigen kann unabhängig von ihrer Erbenstellung ein Einsichtsrecht in solche Unterlagen zustehen, die zur Wahrnehmung der immateriellen Interessen des Verstorbenen erforderlich sind. ◄

c. Zwischenergebnis
Das Einsichtsrecht ist nur hinsichtlich der letzten Behandlung auf W übergegangen.

3. Ärztliche Schweigepflicht
Diesem Einsichtsrecht könnte jedoch die **ärztliche Schweigepflicht** des A entgegenstehen. Diese wirkt umfassend und auch gegenüber nahen Angehörigen, sie gilt auch entsprechend § 203 Abs. 5 StGB über den Tod hinaus.

Sie bestünde jedoch dann nicht, wenn A von seiner Schweigepflicht entbunden wird. Fraglich ist, ob nicht W als Erbin selbst die Möglichkeit hat, A von der Schweigepflicht zu entbinden. Die Möglichkeit der Schweigepflichtentbindung sichert allerdings das Recht des Patienten auf informationelle Selbstbestimmung. Es betrifft seine personale Würde. Daher handelt es sich um ein höchstpersönliches Recht, das nicht auf W übergeht.[33] Folglich besteht die Schweigepflicht des A fort und es kommt zu einer **Kollision von Einsichtsrecht und Schweigepflicht**. Dieser Konflikt wäre zugunsten des Einsichtsrechts aufzulösen, wenn A berechtigt wäre, seine Schweigepflicht zu brechen.

A darf die Schweigepflicht grds. nur im Einverständnis des verstorbenen P brechen, vgl. § 630g Abs. 3 S. 3 BGB. P hat ihn zu Lebzeiten nicht ausdrücklich von seiner Schweigepflicht entbunden. In Betracht kommt aber eine **mutmaßliche Einwilligung** des P in die Einsichtsgewährung. Zu prüfen ist, ob der Verstorbene die Offenlegung seiner Unterlagen gegenüber Hinterbliebenen oder Erben mutmaßlich gebilligt hätte. Erforderlich ist eine gewissenhafte Prüfung der Interessen des Verstorbenen durch den Arzt.[34] Soweit ernstliche Bedenken gegen eine Einsichtnahme bestehen, kommt der Wahrung des Arztgeheimnisses der Vorrang zu.[35]

Dabei ist allerdings zu berücksichtigen, dass ein zu Lebzeiten bestehender Geheimhaltungswunsch einen Hintergrund haben kann, der angesichts des Todes bedeutungslos wird.[36] Nach allgemeinem Verständnis kann man davon ausgehen, dass es im wohlverstandenen Interesse des Erblassers ist, dass Hinterbliebene versuchen, die Todesursache herauszufinden, um eventuelle Schadensersatzansprüche geltend zu machen.

Verweigert der Arzt dennoch die Einsicht, muss er substanziiert darlegen, auf welche Belange des Verstorbenen er seine Weigerung stützt. A befürchtet einen Imageschaden und rechtliche Konsequenzen. Dabei geht es nicht um Belange des Verstorbenen, sondern um seine eigenen Belange. Anhaltspunkte dafür, dass P den A erkennbar schonen und entsprechende Nachteile für A verhindern wollte, sind keine ersichtlich. Die Einwände des A sind daher sachfremd; sie reichen nicht aus, um die Einsicht zu verweigern.

---
[33] BGH NJW 1983, 2627 (2628).
[34] BayObLG NJW 1987, 1492 (1493).
[35] BGH NJW 1983, 2627 (2629).
[36] Vgl. BGH NJW 1983, 2627 (2629).

4. Ergebnis
W hat gegen A einen Anspruch auf Einsicht in die zur letzten durchgeführten Behandlung gehörenden Unterlagen gem. § 630g Abs. 1 S. 1 BGB i.V.m. § 1922 Abs. 1 BGB.

II. Anspruch der T
T könnte gegen A einen Anspruch auf Einsicht in die Behandlungsunterlagen gem. **§ 630g Abs. 3 S. 2 BGB** haben. Dazu müsste das ursprünglich bestehende Einsichtsrecht des A auf sie übergegangen sein.

1. T als nächste Angehörige
T ist Tochter, folglich nächste Angehörige des P. Das Einsichtsrecht steht jedem Angehörigen einzeln zu,[37] sodass sie auch aktivlegitimiert ist, ohne dass W einen solchen Anspruch mit ihr gemeinsam geltend machen müsste.

2. Geltendmachung immaterieller Interessen
Ein Einsichtsrecht steht T jedoch nur hinsichtlich der Behandlungsunterlagen zu, die eine personale Komponente aufweisen. Sie müsste also nachweisen, dass sie mit der Einsicht immaterielle Interessen des P selbst geltend machen möchte.

Zu diesen immateriellen Interessen zählt insbesondere, einen etwaigen **Strafanspruch des Verstorbenen** zu verwirklichen.[38] T vermutet eine jahrelange Fehlbehandlung; insbesondere die letzte Falschbehandlung könnte eine fahrlässige Körperverletzung nach § 229 StGB oder fahrlässige Tötung nach § 222 StGB darstellen. Ihr muss auch möglich sein, einer solchen Vermutung mittels weiterer Unterlagen nachzugehen und Indizien zur Erhärtung eines Verdachts zu sammeln. Daher steht ihr das Einsichtsrecht grds. zu.

3. Ärztliche Schweigepflicht
A muss, wie auch beim Anspruch der W, substanziiert darlegen, auf welche Belange des Verstorbenen er seine Weigerung stützt. Die Gefahr eines Imageschadens oder rechtlicher Konsequenzen für A selbst sind nicht ausreichend.

4. Ergebnis
T hat gegen A einen Anspruch auf Einsicht in die Behandlungsunterlagen gem. § 630g Abs. 3 S. 2 BGB.

C. Merksätze

- Erben und nächsten Angehörigen kann ein abgeleitetes Einsichtsrecht in Behandlungsunterlagen des Verstorbenen zustehen. Den Erben steht nach § 630g Abs. 3 S. 1 BGB das Einsichtsrecht zu, soweit die vermögensrechtliche Komponente des Einsichtsrechts betroffen ist. Nächsten Angehörigen steht nach § 630g

---

[37] *Rehborn/Gescher*, in: Erman, BGB, § 630g Rn. 22; offengelassen von VG Freiburg MedR 2017, 252 (254).
[38] *Katzenmeier*, in: Laufs/Katzenmeier/Lipp, Arztrecht, Kap. IX Rn. 71.

Abs. 3 S. 2 BGB das Einsichtsrecht zu, soweit die personale Komponente des Einsichtsrechts betroffen ist. Dieses Einsichtsrecht kann jeder Angehörige allein geltend machen.
- Einem Übergang des Einsichtsrechts kann die ärztliche Schweigepflicht entgegenstehen. Hier muss der Arzt den mutmaßlichen Willen des Patienten berücksichtigen und gewissenhaft prüfen, ob dieser die Offenbarung gebilligt hätte. Im Zweifel kommt der ärztlichen Schweigepflicht der Vorrang zu. Verweigert der Arzt die Einsicht in die Patientenakte, muss er substanziiert darlegen, auf welche Belange des verstorbenen Patienten er diese Weigerung stützt.

Wiederholungsfragen

▶ Welchen Zwecken dient die Dokumentationspflicht?

Der Therapie- und Qualitätssicherung. Zusätzlich ermöglicht sie eine Rechenschaftslegung des Arztes. Für den Arzthaftungsprozess ermöglicht sie faktisch eine Beweissicherung, bezweckt eine solche aber nicht.

▶ Was ist zu dokumentieren?

Alle wesentlichen diagnostischen und therapeutischen Maßnahmen sowie Verlaufsdaten (§ 630g Abs. 2 BGB), nicht aber selbstverständliche Routinemaßnahmen.

▶ Woraus ergibt sich ein Anspruch des Patienten auf Einsicht in seine Patientenakte?

Aus § 630g Abs. 1 S. 1 BGB, aus § 810 BGB sowie aus Art. 15 Abs. 1 DSGVO.

▶ Nach welcher Vorschrift richtet sich der Leistungsort für den Anspruch auf Einsichtnahme in die Patientenakte?

Nach § 630g Abs. 1 S. 3 BGB i.V.m. § 811 Abs. 1 S. 1 BGB.

▶ Wo liegt der Leistungsort für den Anspruch auf Überlassung von Kopien der Patientenakte?

Der Leistungsort liegt beim Wohnsitz des Gläubigers, da Art. 12 Abs. 1 DSGVO festlegt, dass Informationen zu „übermitteln" sind. § 630g Abs. 2 S. 1 BGB ist europarechtskonform dahingehend auszulegen.

▶ Muss der Patient ein besonderes Interesse an der Einsicht in die Patientenakte geltend machen?

Nein, da das Einsichtsrecht aus seinem allgemeinen Persönlichkeitsrecht folgt, dessen Ausübung nicht erklärungsbedürftig ist.

▶ Was ist ein Geheimnis i.S.d. § 203 StGB?

Der Begriff „Geheimnis" umfasst alle Umstände, deren Kenntnis nur für einen begrenzten Personenkreis bestimmt sind, deren Geheimhaltung der Patient will und an deren Geheimhaltung er ein sachlich begründetes Interesse hat.

▶ Woraus kann sich eine Rechtfertigung für die Geheimnisoffenbarung ergeben?

Aus Einwilligung, gesetzlichen Offenbarungspflichten und Offenbarungsbefugnissen, z.B. §§ 6 f. IfSG, § 203 Abs. 3 S. 2 StGB. Eine Offenbarungsbefugnis kann sich insbesondere aus rechtfertigendem Notstand nach § 34 StGB ergeben.

▶ Welchen Umfang hat die ärztliche Schweigepflicht?

Sie betrifft die Gesamtheit der Angaben des Patienten über seine persönliche, familiäre, wirtschaftliche, berufliche, finanzielle, kulturelle und soziale Situation, sowie seine darüber preisgegebenen Ansichten und Reflexionen. Sie besteht umfassend gegenüber allen Personen, auch nahen Angehörigen. Sie gilt über den Tod hinaus.

▶ Muss ein Arzt eine Person, zu der sein Patient eine intime Beziehung unterhält, über eine HIV-Infektion des Patienten informieren?

Nein, es sei denn, der Arzt hat gegenüber der Person selbst eine Garantenstellung. Er ist aber regelmäßig wegen eines rechtfertigenden Notstandes befugt dazu, die Infektion offenzulegen, wenn der Patient dies nicht selbst tut.

▶ Wonach muss bei dem postmortalen Einsichtsrecht differenziert werden?

Erstens danach, ob es sich bei dem Dritten um einen Erben oder einen nächsten Angehörigen handelt. Zweitens danach, ob es um eine vermögensrechtliche oder personale Komponente des Einsichtsrechts geht.

▶ Welchen Umfang hat das Einsichtsrecht des Erben in die Patientenakte?

Das grds. umfassende Einsichtsrecht ist durch zwei Aspekte begrenzt. Erstens ist Voraussetzung, dass die verlangte Einsicht unter das Einsichtsrecht des Erblassers fällt. Zweitens muss die begehrte Information eine vermögensrechtliche Komponente aufweisen.

▶ Wodurch ist ein prinzipiell bestehendes postmortales Einsichtsrecht eines Dritten begrenzt?

Durch die Schweigepflicht des Arztes. Dieser muss gewissenhaft prüfen, ob der ausdrückliche oder mutmaßliche Wille des Verstorbenen der Einsichtnahme entgegensteht.

§ 9: Behandlungsfehler und Haftpflicht

Grundlagen

A. Vertragliche und deliktische Haftung

I. Rechtsgrundlagen

Für Schadensersatzansprüche eines Patienten gegen den Behandelnden gibt es keine speziellen Anspruchsgrundlagen, sondern es gelten die **allgemeinen Haftungsgrundsätze**. Ansprüche können sich ergeben aus Vertrag gem. **§§ 630a, 280 Abs. 1 BGB** und aus Delikt, **§ 823 Abs. 1 BGB** sowie § 823 Abs. 2 BGB i.V.m. Schutzgesetz. Die Voraussetzungen sind weitgehend identisch, die Prüfungspunkte sind:

- **Schuldverhältnis:** Nur für den vertraglichen Anspruch auf Schadensersatz ist das Bestehen eines Schuldverhältnisses (zumeist Behandlungsvertrag gem. § 630a BGB) bereits im Zeitpunkt des Behandlungsfehlers (oder der Aufklärungspflichtverletzung) erforderlich.

  Beim Delikt wird erst mit Feststellung des Vorliegens aller Anspruchsvoraussetzungen ein gesetzliches Schuldverhältnis begründet.

I.Ü. gilt die gleiche Prüfungsfolge:

- **Pflichtverletzung**: Erforderlich ist ein Verstoß gegen eine Vertrags- bzw. Verkehrspflicht (s.u. III.).
- **Rechtsgutsverletzung**: Nach dem Gesetzeswortlaut ist diese nur im Rahmen eines Anspruchs aus § 823 Abs. 1 BGB zu prüfen. Jedoch bildet auch bei einem Anspruch aus § 280 Abs. 1 BGB nicht bereits die Pflichtverletzung des Behandelnden, vielmehr die Rechtsgutsverletzung des Patienten den Haftungsgrund (st. Rspr.: „**Strukturgleichheit**" der vertraglichen mit der deliktischen Haftung).

> Lehrreich (lesen!) BGH NJW 1987, 705 (706) = MedR 1987, 42 (43). Der BGH erteilt der im Schrifttum t.v.A., wonach Haftungstatbestand bereits der Behandlungsfehler sein soll, eine klare Absage. Eine Differenzierung der Haftungsgründe zwischen Vertrags- und Deliktsrecht würde zu „unhaltbaren Ergebnissen" führen.

> Die Feststellung einer Rechtsgutsverletzung bereitet bei einem Behandlungsfehler oder einer Aufklärungspflichtverletzung regelmäßig keine Probleme; die Bestimmung des Haftungsgrundes ist wichtig für die Abgrenzung der §§ 286, 287 ZPO, s. → § 12, Grundlagen, B

- Objektive Zurechnung: haftungs**begründende** Kausalität zwischen Pflichtverletzung und Rechtsgutsverletzung, Adäquanz, Schutzzweck der Norm.
- **Rechtswidrigkeit** (beim vertraglichen Anspruch mit der Pflichtverletzung gegeben, beim deliktischen Anspruch durch die Rechtsgutsverletzung indiziert)
- **Vertretenmüssen** i.S.d. § 280 Abs. 1 S. 2 BGB/**Verschulden** nach § 823 Abs. 1 BGB
- **Schaden, §§ 249 ff. BGB**
- Objektive Zurechnung: haftungs**ausfüllende** Kausalität zwischen Rechtsgutsverletzung und Schaden, Adäquanz, Schutzzweck der Norm.

II. Anspruchskonkurrenz

Vertragliche und deliktische Ansprüche kommen **nebeneinander** zur Anwendung:

- Vertragspflichten und deliktische Verkehrspflichten sind bei der Arzthaftung inhaltlich weitgehend **deckungsgleich**, beide beziehen sich auf den Schutz der körperlichen Integrität des Patienten.

> **Beachte**
> Die §§ 630a-h BGB sind im Deliktsrecht nicht anwendbar, auch nicht analog. Die vertraglichen Vorschriften geben im Wesentlichen die von der Rechtsprechung vornehmlich im deliktischen Kontext herausgebildeten Grundsätze der Arzthaftung wieder.

- **Rechtsfolge**: Art und Umfang des zu ersetzenden Schadens bestimmt sich nach **§§ 249 ff. BGB**. Wichtig ist insbesondere das Schmerzensgeld gem. **§ 253 Abs. 2 BGB**.; I.Ü. ist der Übergang von Ansprüchen auf Vorsorgeträger gem. § 116 SGB X, § 86 VVG zu beachten (dazu → § 13, Grundlagen, B. III.).

  Für den deliktischen Anspruch gelten zudem die **§§ 842 ff. BGB**. Wichtig sind die Ansprüche Dritter bei Tötung eines Menschen, gerichtet auf Ersatz der

Beerdigungskosten, entgangenen Unterhalt und Zahlung von Hinterbliebenengeld nach **§ 844 Abs. 1-3 BGB**.

Unterschiede ergeben sich bei der Einstandspflicht für **Hilfspersonen**:

- Vertragsrecht: Das schuldhafte Verhalten von **Erfüllungsgehilfen** wird dem Vertragsschuldner nach **§ 278 BGB** zugerechnet. Es besteht keine Entlastungsmöglichkeit.
- Deliktsrecht: Der Geschäftsherr haftet bei einer tatbestandsmäßigen und rechtswidrigen unerlaubten Handlung eines **Verrichtungsgehilfen** nach **§ 831 Abs. 1 S. 1 BGB** für eigenes Auswahl- oder Überwachungsverschulden. Dieses wird vermutet. Nach **§ 831 Abs. 1 S. 2 BGB** besteht eine Entlastungsmöglichkeit. Diese wird in der Praxis erschwert durch strenge Anforderungen an den Nachweis ordnungsgemäßer Auswahl, Anleitung und Überwachung des Verrichtungsgehilfen.
Zudem wird **§ 31 BGB** erweiternd angewandt. Es haftet nicht nur der e.V., sondern letztlich alle rechtlich verselbstständigten Personenzusammenschlüsse (vgl. zur GbR → § 6, Fall 6, Frage 1) für schädigende Handlungen nicht nur eines verfassungsmäßig berufenen Vertreters, sondern einer jeden Person, die einen wichtigen Aufgabenbereich selbstständig und eigenverantwortlich erfüllt (sog. „Repräsentanten") analog § 31 BGB, mithin ohne Entlastungsmöglichkeit.[1]
Verbleibende Haftungslücken schließt die Rspr. durch eine Anwendung des **§ 823 Abs. 1 BGB** bei einer – über die unzureichende Auswahl, Anleitung und Überwachung einer konkreten Hilfsperson (insoweit ist § 831 BGB spezieller) hinausreichenden – Organisationspflichtverletzung (dazu → § 9, Fall 4).[2]

III. Haftungsbegründende Verhaltensweisen
Als haftungsbegründende Verhaltensweisen des Arztes kommen in Betracht:

- **Behandlungsfehler**, einschl. Informationspflicht- und Organisationspflichtverletzung
- **Aufklärungspflichtverletzung** (dazu → § 10).

Die Dokumentationspflichtverletzung als solche ist grds. kein eigenständiger Haftungsgrund, sondern hat nur beweisrechtliche Konsequenzen, die im Rahmen eines Anspruchs wegen eines Behandlungs- oder Aufklärungsfehlers zu berücksichtigen sind (→ § 8, Grundlagen, A. IV. und → § 12, Grundlagen, C.).

B. Behandlungsfehler

I. Begriff
Es gibt keine gesetzliche Definition des Behandlungsfehlers. Der Begriff „Behandlungsfehler" bezeichnet im umfassenden Sinne das nach dem Stand der Medizin un-

---
[1] *Mansel*, in: Jauernig, BGB, § 31 Rn. 2 f.
[2] *Katzenmeier*, in: NK-BGB, § 831 Rn. 8 f.; s. auch → § 9, Fall 4.

sachgemäße Verhalten des Arztes. Dabei ist von einem **weiten Behandlungsfehlerbegriff** auszugehen, der alle Phasen ärztlichen Verhaltens einschließt (vor, bei und nach der Behandlung).

II. Maßstab

Das Gesetz bestimmt in § 630a Abs. 2 BGB: „Die Behandlung hat nach den zum Zeitpunkt der Behandlung bestehenden, allgemein anerkannten **fachlichen Standards** zu erfolgen, soweit nicht etwas anderes vereinbart ist."

Die Fehlerfeststellung erfolgt durch einen **Vergleich** der tatsächlich durchgeführten Behandlung („was ist geschehen") mit den medizinisch-wissenschaftlich angezeigten Maßnahmen („was hätte geschehen müssen"). Entscheidend ist das **Zurückbleiben der konkret erbrachten Leistung hinter dem Standard** (Standardverfehlung, Standardunterschreitung). Ein Fehler liegt jedoch nicht schon bei einer Abweichung von einer Leitlinie vor, s.u. 2.

1. Definition

Medizinischer Standard ist nach gängiger Definition: „Der jeweilige Stand der naturwissenschaftlichen Erkenntnisse und der ärztlichen Erfahrung, der zur Erreichung des ärztlichen Behandlungsziels erforderlich ist und sich in der Erprobung bewährt hat".[3] Somit führt erst die Kombination aus **wissenschaftlicher Erkenntnis, ärztlicher Erfahrung und professioneller Akzeptanz** zum Standard.[4]

Der Patient hat grds. einen Anspruch auf den sog. **Facharztstandard**, also den Standard eines erfahrenen Arztes. Hierfür kommt es auf die entsprechende Behandlungsqualität, nicht auf den Facharztstatus an.

Gewisse Abstufungen des Standards sind möglich (z.B. zwischen Spezialklinik, Uniklinik und städtischem Krankenhaus), aber ein **Mindeststandard** darf nie unterschritten werden.[5]

2. Festlegung der Standards

Die Festlegung der Standards erfolgt bzgl. des reinen Behandlungsgeschehens **durch die Medizin** selbst. Im Arzthaftungsprozess werden Standards mit Hilfe des **medizinischen Sachverständigen** ermittelt (dazu → § 11, Grundlagen, A. III.).

Leitlinien der medizinischen Fachgesellschaften haben nur mittelbare Bedeutung. Sie können fachliche Standards prägen und entwickeln (und dienen insoweit der Qualitätssicherung), können aber nicht unbesehen mit dem Standard gleichgesetzt werden.[6] Sie ermöglichen dem Gericht eine Plausibilitätskontrolle des Sachverständigengutachtens, können dieses aber nicht ersetzen.

---

[3] So der Mediziner *Carstensen*, Deutsches Ärzteblatt 1989, A-2431; rezipiert u.a. von BGH NJW 2016, 713 (714).

[4] *Hart*, MedR 1998, 8 ff.; *ders*, MedR 2024, 299 ff.; *Jansen*, Der Medizinische Standard, 2019, 198 ff.

[5] Zu Standardbildung in der modernen Medizin *Hart*, MedR 2016, 669; zu Standard(wahrung) bei der nach Maßgabe des § 7 Abs. 4 MBO-Ä zulässigen ausschließlichen Fernbehandlung *Katzenmeier*, NJW 2019, 1769 (1770 ff.).

[6] *Mansel*, in: Jauernig, BGB, § 630a Rn. 18; Diskussion bei *Hart*, in: Rieger/Dahm/Katzenmeier/Stellpflug/Ziegler, HK-AKM, Nr. 530 (Ärztliche Leitlinien).

III. Behandlungsfehler und Fahrlässigkeit

Fahrlässigkeit ist das Außerachtlassen der im Verkehr erforderlichen Sorgfalt, § 276 Abs. 2 BGB. Das Verschulden ist im zivilen Haftungsrecht **objektiviert** und **gruppenbezogen** (nach Verkehrskreisen); daher fallen die Feststellung eines Behandlungsfehlers und des Verschuldens fast immer zusammen. Die Bedeutung des Verschuldensprinzips liegt darin, dass die Gerichte bei der Ausgestaltung der Arzthaftung durch Statuierung von Vertrags-/Verkehrspflichten auf deren generelle Erfüllbarkeit (Voraussehbarkeit und Vermeidbarkeit) achten müssen.

Fahrlässigkeit liegt bei einer **Vernachlässigung/Unterschreitung des fachlichen Standards** vor, im Übrigen bei unvertretbaren Entscheidungen. Der Standard wird so zum Vermittlungsbegriff zwischen der erforderlichen Sorgfalt nach § 276 Abs. 2 BGB und dem konkreten Behandlungsgeschehen.

IV. Behandlungsfehlerarten

Entsprechend dem weiten Begriff (B. I.) kommen als Behandlungsfehler in Betracht:[7] Fehler bei der

- Anamnese (Erfragung medizinisch potenziell relevanter Informationen)
- Befunderhebung (Untersuchung des Patienten)
- Diagnose, Indikationsstellung
- Therapie (medizinische Behandlung im eigentlichen Sinne)
- Therapeutischen Information (§ 630c Abs. 2 S. 1 BGB)
- Organisation des Behandlungsgeschehens
- Nachsorge und Kontrolle

Literatur zur Vertiefung: *Katzenmeier*, in: Laufs/Katzenmeier/Lipp, Arztrecht, Kap. X sowie XI Rn. 1–45; *Hart*, Zur Entwicklung des Medizinhaftungsrechts, MedR 2024, 299 ff.

Fall 1: Abgelenkt vom wundersamen Effzeh – Vertragliche und deliktische Arzt- und Krankenhaushaftung; Einstandspflicht für Hilfspersonen

A. Sachverhalt

P lässt in der Praxis von Hautarzt A mehrere bösartige Hautveränderungen entfernen. Bei dem Eingriff wird A von den breaking news über seinen Lieblingsverein 1. FC Köln auf seinem Smartphone abgelenkt. Er rutscht deswegen kurz mit dem Skalpell ab und fügt P einen aus medizinisch-fachlicher Sicht unnötig tiefen Schnitt zu. Infolgedessen kommt es bei P zu Wundheilungsstörungen mit bleibenden Gewebeschädigungen. P verlangt daraufhin von A Schadensersatz.

Frage 1: Stehen P Schadensersatzansprüche gegen A zu?

---

[7] S. bereits → § 6 Pflichten der Vertragsparteien – Grundlagen, A.

Frage 2: Wer haftet, wenn Arzthelferin B – die A mehr aufgrund ihrer Mitgliedschaft beim 1. FC Köln denn ihrer beruflichen Qualifikationen eingestellt hat – versehentlich ein falsches Medikament zur Betäubung der Operationsstelle aufgezogen hat und dieses nach Injektion durch A die Wundheilungsstörungen verursacht hat?

Frage 3: Wer haftet, wenn die Behandlung nicht in der Praxis des A, sondern im Krankenhaus der C durch den dort angestellten A durchgeführt wurde?

Frage 4: Ändert sich an dem Ergebnis von Frage 3 etwas, wenn es sich bei A um einen Belegarzt handelt?

B. Lösung

Frage 1
I. §§ 630a Abs. 1, 280 Abs. 1 BGB
P könnte gegen A einen Anspruch auf Schadensersatz aus §§ 630a Abs. 1, 280 Abs. 1 BGB haben.

1. Schuldverhältnis
P und A haben einen Behandlungsvertrag i.S.d. § 630a BGB geschlossen.

2. Pflichtverletzung
Aus diesem Schuldverhältnis müsste A eine Pflicht verletzt haben. Der Begriff der Pflichtverletzung i.S.d. § 280 Abs. 1 BGB umfasst sowohl Verstöße gegen (Haupt- und Neben-)Leistungs- als auch gegen Nebenpflichten i.S.d. § 241 Abs. 2 BGB.[8]

Gem. § 630a Abs. 1 BGB wird der Behandelnde durch den Behandlungsvertrag zur Leistung der versprochenen Behandlung verpflichtet. Die Behandlung hat dabei nach den zum Zeitpunkt der Behandlung bestehenden, allgemein anerkannten **fachlichen Standards** zu erfolgen, soweit nicht etwas anderes vereinbart ist, **§ 630a Abs. 2 BGB**. Der Standard in der Medizin repräsentiert insofern den jeweiligen Stand naturwissenschaftlicher Erkenntnis und ärztlicher Erfahrung, der zur Erreichung des Behandlungsziels erforderlich ist und sich in der Erprobung bewährt hat.[9]

Die Feststellung eines Behandlungsfehlers erfolgt durch einen **Vergleich** der tatsächlich durchgeführten Behandlung mit den nach den Regeln der medizinischen Wissenschaft angezeigten Maßnahmen. Da der Arzt nicht den Heilungserfolg schuldet, darf nicht bereits von einem Misslingen oder dem Auftreten unerwünschter Fol-

---

[8] *Grüneberg*, in: Grüneberg, BGB, § 280 Rn. 12; zur vertraglichen Arzthaftung auch *Voigt*, in: NK-BGB, § 630a Rn. 50 f.
[9] *Carstensen*, DÄBl. 1989, A-2431 (A-2432); im Anschluss daran etwa *Hart*, MedR 1998, 8 (9); *ders.*, MedR 2024, 299 (300); *Jansen*, Der Medizinische Standard, 2020, S. 198 ff.; *Mansel*, in: Jauernig, BGB, § 630a Fn. 17; s. auch Begr. zu § 630a Abs. 2 BGB in BT-Drs. 17/10488, 19.

gen auf einen Fehler rückgeschlossen werden. Entscheidend ist vielmehr, ob der Arzt unter Einsatz der von ihm zu fordernden medizinischen Kenntnisse und Erfahrungen im konkreten Fall eine **vertretbare Entscheidung** getroffen und die entsprechenden Maßnahmen ordnungsgemäß durchgeführt hat.[10]

A könnte ein Fehler bei der konkreten Anwendung der Behandlungsmethode unterlaufen sein. A ist bei der Entfernung einer Hautwucherung mit dem Skalpell abgerutscht und hat P einen aus medizinisch-fachlicher Sicht unnötig tiefen Schnitt zugefügt. Also ist A bei der Behandlungsdurchführung vom fachlichen Standard abgewichen. Darin ist eine vertragliche Pflichtverletzung in Form eines Behandlungsfehlers zu sehen.

3. Rechtsgutsverletzung
Obwohl § 280 Abs. 1 BGB dem Wortlaut nach lediglich eine Pflichtverletzung verlangt, zählt bei der Arzthaftung die Rechtsgutsverletzung des Patienten zum Haftungsgrund („Strukturgleichheit" von vertraglicher und deliktischer Haftung).[11] Die Feststellung bereitet bei einer fehlerhaften Behandlung eines Patienten regelmäßig keine Probleme. Hier hat P in Form des Schnitts, der Wundheilungsstörungen und bleibenden Gewebeschädigungen eine Körperverletzung erlitten.

Merke
Dass nicht schon die Pflichtverletzung des Arztes, sondern die Rechtsgutsverletzung des Patienten den Haftungsgrund bildet, ist wichtig im Hinblick auf die beweisrechtliche Beurteilung des Falls (Abgrenzung der §§ 286, 287 ZPO; dazu → § 12, Grundlagen, B.).

4. Objektive Zurechnung
Der Behandlungsfehler kann nicht hinweggedacht werden, ohne dass die Wundheilungsstörung des P entfiele. Es liegt auch nicht außerhalb aller Lebenserfahrung, dass ein unnötig tiefer Schnitt zu solchen Komplikationen führen kann, sodass das Verhalten des A adäquat kausal war. Die Pflicht zur Beachtung medizinischer Standards schützt auch gerade vor der Verwirklichung derartiger gesundheitlicher Risiken anlässlich einer ärztlichen Behandlung.

5. Vertretenmüssen
A müsste die Pflichtverletzung auch zu vertreten haben, also vorsätzlich oder fahrlässig gehandelt haben, § 276 Abs. 1 S. 1 BGB. Dies wird gem. § 280 Abs. 1 S. 2 BGB vermutet.[12] A kann nichts zu seiner Entlastung vortragen.

---

[10] BGH NJW 1987, 2291 (2292) = MedR 1987, 234 (235).
[11] BGH NJW 1987, 705 (706) = MedR 1987, 42 (43); vorausgesetzt auch in BT-Drs. 17/10488, S. 30. Zu den beweisrechtlichen Implikationen *Katzenmeier*, in: Laufs/Katzenmeier/Lipp, Arztrecht, Kap. XI Rn. 57 ff., 63 f.
[12] Dazu noch → § 12, Grundlagen, C.

6. Schaden
P ist ein Schaden entstanden, von dessen Zurechenbarkeit und Ersatzfähigkeit mangels gegenteiliger Anhaltspunkte auszugehen ist.

7. Ergebnis
P hat gegen A einen Anspruch auf Schadensersatz aus §§ 630a Abs. 1, 280 Abs. 1 BGB. Inhalt und Umfang des zu ersetzenden Schadens richten sich nach §§ 249 ff. BGB.

II. § 823 Abs. 1 BGB
P könnte zudem ein Schadensersatzanspruch gegen A aus § 823 Abs. 1 BGB zustehen.

1. Rechtsgutsverletzung
P wurde in seiner körperlichen Integrität nicht nur unerheblich beeinträchtigt, eine Körperverletzung liegt vor.

2. Verletzungsverhalten
Auch deliktsrechtlich muss der Arzt bei der Behandlung eines Patienten den fachlichen Standard einhalten. Dieser gibt Auskunft darüber, welches Verhalten von einem gewissenhaften und aufmerksamen Arzt in der konkreten Situation aus der berufsfachlichen Sicht seines Fachbereichs im Zeitpunkt der Behandlung erwartet werden kann.[13] Der zu tiefe Einschnitt im Rahmen des Eingriffs zur Entfernung der Hautwucherung stellt – wie dargelegt – eine Verfehlung des Standards, also einen Behandlungsfehler und damit ein haftungsrelevantes Verletzungsverhalten dar.

3. Objektive Zurechnung
Das Fehlverhalten des A hat den Verletzungserfolg bei P objektiv zurechenbar verursacht.

4. Rechtswidrigkeit
Die Rechtswidrigkeit wird durch die Tatbestandsmäßigkeit indiziert. Ein Rechtfertigungsgrund ist nicht ersichtlich. Insbesondere erstreckt sich die Einwilligung des P nicht auf eine fehlerhafte Behandlung.

5. Verschulden
A müsste auch vorsätzlich oder fahrlässig i.S.v. § 823 Abs. 1 BGB gehandelt haben. Indem er sich bei der Behandlung des P durch die breaking news beim 1. FC Köln ablenken ließ, hat er die im Verkehr erforderliche Sorgfalt außer Acht gelassen, § 276 Abs. 2 BGB.[14] Ein sorgfältiger Arzt hätte sich ausschließlich auf die Behandlung konzentriert. Die eingetretene Rechtsgutsverletzung war insofern vorhersehbar und vermeidbar. A hat somit fahrlässig gehandelt.

---

[13] BGH NJW 2015, 1601 = MedR 2015, 724; dazu *Frahm/Walter*, Arzthaftungsrecht, Rn. 165 ff.
[14] Das ist jedenfalls außerhalb der Stadtgrenzen Kölns unstreitig.

Fall 1: Abgelenkt vom wundersamen Effzeh – Vertragliche und deliktische Arzt- und ...   167

> **Beachte**
> Im Rahmen der Haftung nach § 823 Abs. 1 BGB wird das Verschulden nicht vermutet. Dieser Unterschied zur vertraglichen Haftung (s.o.) wirkt sich allerdings wegen der inhaltlichen Verknüpfung von Pflichtverletzung und Verschulden über den Behandlungsfehler (→ § 9, Grundlagen, B. III.) kaum einmal aus.

6. Schaden
P ist ein zurechenbarer und ersatzfähiger Schaden entstanden.

7. Ergebnis
A ist auch nach § 823 Abs. 1 BGB verpflichtet, dem P alle durch die Rechtsgutsverletzung adäquat kausal und zurechenbar entstandenen Schäden zu ersetzen.

III. § 823 Abs. 2 BGB i.V.m. § 229 StGB
Daneben könnte P gegen A ein Anspruch auf Schadensersatz aus § 823 Abs. 2 BGB i.V.m. § 229 StGB zustehen. Bei § 229 StGB handelt es sich um ein Schutzgesetz. Die Vorschrift bezweckt den Schutz des hier betroffenen Individualrechtsguts Körper/Gesundheit.

A hat nicht nur tatbestandsmäßig, sondern auch rechtswidrig und schuldhaft gehandelt. Die Voraussetzungen einer fahrlässigen Körperverletzung gem. § 229 StGB liegen somit vor, sodass P gegen A auch aus § 823 Abs. 2 BGB i.V.m. § 229 StGB einen Schadensersatzanspruch hat.

IV. Gesamtergebnis
P haftet dem A sowohl aus §§ 630a Abs. 1, 280 Abs. 1 BGB als auch aus § 823 Abs. 1 BGB und § 823 Abs. 2 BGB i.V.m. § 229 StGB auf Schadensersatz.

Frage 2
I. Ansprüche P gegen Arzthelferin B
1. §§ 630a, 280 Abs. 1 BGB
Ein Vertrag ist nur zwischen A und P zustande gekommen. B wurde lediglich aufgrund ihres Arbeitsverhältnisses mit A tätig. Vertragliche Ansprüche gegen Arzthelferin B scheiden daher aus.

2. § 823 Abs. 1 BGB
P könnte aber ein deliktischer Schadensersatzanspruch aus § 823 Abs. 1 BGB gegen B zustehen.

a. Rechtsgutsverletzung
P wurde in seiner körperlichen Integrität erheblich beeinträchtigt, sodass eine Körperverletzung gegeben ist (s.o.).

b. Verletzungsverhalten und objektive Zurechnung
Die Körperverletzung des P müsste in zurechenbarer Weise auf einem Verhalten der B beruhen. B hat ein falsches Medikament in der Spritze aufgezogen. Dieses Verhalten kann nicht hinweggedacht werden, ohne dass die Verletzung des P entfiele. Es liegt auch nicht außerhalb der Lebenserfahrung, dass die Gabe eines falschen Medikaments die körperliche Integrität beeinträchtigen kann, sodass das Verhalten der B auch adäquat kausal war. Die Rechtsgutsverletzung ist zudem vom Schutzzweck der Norm umfasst.

c. Rechtswidrigkeit
Die Rechtswidrigkeit ist indiziert, Rechtfertigungsgründe sind nicht ersichtlich.

d. Verschulden
Indem B die Medikamente versehentlich verwechselte, ließ sie die im Verkehr erforderliche Sorgfalt außer Acht und handelte fahrlässig, § 276 Abs. 2 BGB.

e. Schaden
B ist verpflichtet, dem P alle durch die Rechtsgutsverletzung adäquat kausal und zurechenbar entstandenen Schäden zu ersetzen, s.o.

f. Ergebnis
P steht ein deliktischer Schadensersatzanspruch aus § 823 Abs. 1 BGB gegen B zu.

3. § 823 Abs. 2 BGB i.V.m. § 229 StGB
Daneben steht P gegen B auch ein Schadensersatzanspruch aus § 823 Abs. 2 BGB i.V.m. § 229 StGB zu.

II. Ansprüche P gegen A
1. §§ 630a Abs. 1, 280 Abs. 1 BGB
P könnte gegen A ein Anspruch auf Schadensersatz aus §§ 630a Abs. 1, 280 Abs. 1 BGB zustehen.

a. Schuldverhältnis
Zwischen P und A wurde ein Behandlungsvertrag geschlossen (s.o.).

b. Pflichtverletzung
A hat das Medikament nicht selbst aufgezogen und vertauscht. Eine Delegation dieser Aufgabe auf die Arzthelferin B war zulässig,[15] ihm ist auch bei der Anweisung der B kein Fehler unterlaufen, sodass keine eigene Pflichtverletzung des A gegeben ist.

---

[15] Zur Delegation ärztlicher Leistungen → § 6, Pflichten der Vertragsparteien – Grundlagen, A. II.

Fall 1: Abgelenkt vom wundersamen Effzeh – Vertragliche und deliktische Arzt- und ... 169

In Betracht kommt hier aber eine **Zurechnung fremden Fehlverhaltens gem. § 278 BGB**.

> **Beachte**
> § 278 BGB ist keine eigenständige Anspruchsgrundlage, vielmehr eine **reine Zurechnungsnorm** im Rahmen eines bereits bestehenden Schuldverhältnisses. Entgegen dem Wortlaut der Norm wird dem Vertragsschuldner nicht nur das Verschulden, sondern **auch** die vorgelagerte **Pflichtverletzung** des Erfüllungsgehilfen zugerechnet (*Looschelders*, Schuldrecht AT, 21. Aufl. 2023, § 23 Rn. 34; *Medicus/Lorenz*, Schuldecht AT, 22. Aufl. 2021, Rn. 383).

A muss sich das Verhalten der B wie eigenes Handeln zurechnen lassen, wenn B als Erfüllungsgehilfin des A tätig war und dabei eine Pflichtverletzung begangen hat. B müsste somit Erfüllungsgehilfin des A gewesen sein. Erfüllungsgehilfe ist, wer mit dem Willen des Schuldners bei der Erfüllung einer diesem gegenüber dem Gläubiger obliegenden Verbindlichkeit als seine Hilfsperson tätig wird.[16]

Im Rahmen des Behandlungsvertrags ist der Arzt dem Patienten gegenüber zu ordnungsgemäßer Behandlung verpflichtet. Dazu gehört auch die ordnungsgemäße Vergabe der Medikation, deren Vorbereitung A auf die B delegiert hatte. B ist daher in Erfüllung einer Verbindlichkeit des A als dessen Hilfsperson tätig geworden und somit Erfüllungsgehilfin im Rahmen des zwischen P und A bestehenden Schuldverhältnisses. Indem B das falsche Medikament aufgezogen hat, hat sie eine vertragliche Pflicht verletzt. Dieses schuldhafte Fehlverhalten der B wird A nach § 278 BGB zugerechnet, sodass im Ergebnis eine für A haftungsrelevante Pflichtverletzung gegeben ist.

c. Rechtsgutsverletzung und objektive Zurechnung
P wurde infolge des pflichtwidrigen Verhaltens der B nicht nur unerheblich in seiner körperlichen Integrität beeinträchtigt.

d. Vertretenmüssen
Das Vertretenmüssen wird auch im Falle der Pflichtverletzung durch einen Erfüllungsgehilfen gem. § 280 Abs. 1 S. 2 BGB vermutet.[17] A hat nichts zu seiner Entlastung vorgetragen.

e. Schaden
P ist ein zurechenbarer und ersatzfähiger Schaden entstanden, §§ 249 ff. BGB.

---

[16] BGHZ 13, 111 (113); 98, 330 (334); *Stadler*, in: Jauernig, BGB, § 278 Rn. 6 m.w.N.
[17] *Grüneberg*, in: Grüneberg, BGB, § 280 Rn. 40.

f. Ergebnis
P hat gegen A daher einen Anspruch auf Schadensersatz gem. §§ 630a Abs. 1, 280 Abs. 1 BGB.

2. § 831 Abs. 1 S. 1 BGB
P könnte gegen A auch einen Anspruch aus § 831 Abs. 1 S. 1 BGB haben.

> **Merke**
> § 831 Abs. 1 S. 1 BGB stellt eine **eigenständige Anspruchsgrundlage** (und nicht nur wie § 278 BGB eine Zurechnungsnorm) dar.

a. Verrichtungsgehilfe
B müsste Verrichtungsgehilfin des A gewesen sein. Verrichtungsgehilfe ist, wer mit Wissen und Wollen des Geschäftsherrn in dessen Geschäftskreis tätig wird und von dessen Weisungen abhängig ist.[18] A hat B zur selbstständigen Vorbereitung der Medikation eingesetzt. Aufgrund ihres Arbeitsvertrags ist B im Geschäftskreis des A tätig und ihm gegenüber weisungsabhängig. B ist folglich Verrichtungsgehilfin des A.

b. Tatbestandsmäßige rechtswidrige unerlaubte Handlung des Verrichtungsgehilfen
B müsste Tatbestand und Rechtswidrigkeit einer unerlaubten Handlung verwirklicht haben. Indem sie die falsche Medikation aufgezogen hat, hat B eine rechtswidrige unerlaubte Handlung gem. § 823 Abs. 1 BGB begangen (s.o.).

Ein Verschulden des Verrichtungsgehilfen ist nicht erforderlich, da § 831 Abs. 1 S. 1 BGB eine Haftung für eigenes (Auswahl- und Überwachungs-)Verschulden des Geschäftsherrn begründet. Der Verrichtungsgehilfe braucht daher weder deliktsfähig zu sein (§§ 827, 828 BGB) noch eine der Verschuldensformen des § 823 Abs. 1 BGB zu erfüllen.

c. In Ausführung der Verrichtung
Die unerlaubte Handlung muss in Ausführung der Verrichtung (und nicht nur bei Gelegenheit) geschehen sein. Es muss ein unmittelbarer innerer Zusammenhang zwischen der dem Verrichtungsgehilfen aufgetragenen Verrichtung nach ihrer Art und ihrem Zweck einerseits und der schädigenden Handlung andererseits vorliegen.[19] Die unerlaubte Handlung der B geschah bei ihrer Arbeit als Arzthelferin und somit in Ausführung der Verrichtung.

d. Kein Entlastungsbeweis, § 831 Abs. 1 S. 2 BGB
Das Verschulden des Geschäftsherrn wird gem. § 831 Abs. 1 S. 2 BGB vermutet. A hat nicht dargetan, dass er die B ordnungsgemäß ausgewählt und angeleitet hat.

---

[18] RGZ 92, 345 (346).
[19] BGHZ 49, 19 (23) = NJW 1968, 391 (392); *Katzenmeier*, in: NK-BGB, § 831 Rn. 28 f.

Umgekehrt steht sogar im Raum, dass er sie nicht aus fachlichen Gründen, sondern wegen ihrer gemeinsamen Leidenschaft für den 1. FC Köln eingestellt hat. Somit ist von seinem Verschulden (ebenso wie von der Ursächlichkeit der Sorgfaltspflichtverletzung für die Schädigung) auszugehen.

Der Grund für diese Beweislastumkehr zugunsten des Geschädigten ist darin zu sehen, dass es sich bei der Kausalität und dem Verschulden des Geschäftsherrn um Vorgänge handelt, die sich im **Bereich des Geschäftsherrn** abspielen, sodass dem Geschädigten die Beweisführung nicht zugemutet werden kann.

Der Geschäftsherr darf seinen Verrichtungsgehilfen nur solche Tätigkeiten übertragen, deren gefahrlose Durchführung er von ihnen erwarten kann und die hierfür die gesetzlichen Anforderungen erfüllen (BGHZ 78, 209 = NJW 1981, 628; BGHZ 88, 248 = NJW 1984, 655 = MedR 1984, 63; BGH NJW 1985, 2193 = MedR 1986, 146). Er muss sich von ihren **Fähigkeiten**, ihrer **Eignung** und **Zuverlässigkeit** überzeugen.

An diese Pflicht werden umso größere Anforderungen gestellt, je mehr die Tätigkeit des Verrichtungsgehilfen geeignet ist, Schäden zu verursachen. Für den Arzt, dessen Tätigkeit direkt auf den Körper des Patienten einwirkt und die mit Gefahren für Leib und Gesundheit verbunden ist, gelten daher **besonders strenge Maßstäbe**. Der Entlastungsbeweis gelingt im Arzthaftungsrecht deshalb nur selten (vgl. *Katzenmeier*, Arzthaftung, S. 133).

e. Ergebnis
P hat gegen A einen Schadensersatzanspruch gem. § 831 Abs. 1 S. 1 BGB.

3. § 823 Abs. 1 BGB
P könnte weiterhin einen Anspruch gegen A aus § 823 Abs. 1 BGB wegen **Organisationsverschuldens** haben.

a. Rechtsgutsverletzung
P wurde durch die Gabe des falschen Medikaments in seiner körperlichen Integrität erheblich beeinträchtigt (s.o.).

b. Verletzungsverhalten und objektive Zurechnung
Diese Körperverletzung müsste dem A zurechenbar sein. Eine Handlung in Form eines positiven Tuns liegt seitens des A nicht vor. Als Verletzungshandlung kommt allein eine unzureichende Auswahl und Überwachung der B als Gehilfin des A und somit ein Unterlassen in Betracht. Ein Unterlassen stellt nur dann ein tatbestandsmäßiges Verhalten i.S.d. § 823 Abs. 1 BGB dar, wenn für den Unterlassenden eine Rechtspflicht zum Handeln bestand und er diese durch sein Unterlassen verletzt hat.[20]

Den Geschäftsherrn trifft die Pflicht, den Ablauf der Betriebsvorgänge und die Tätigkeit seiner Beschäftigten durch geeignete organisatorische Vorkehrungen so einzurichten und zu überwachen, wie dies zur Vermeidung von Schädigungen Drit-

---
[20] BGHZ 71, 86 (93 f.) = NJW 1978, 1377 (1378 f.); *Katzenmeier*, in: NK-BGB, § 823 Rn. 4.

ter nach Sachlage geboten ist (**Organisationspflichten**).[21] Durch die fehlerhafte Auswahl der B und die folgende mangelnde Überwachung der B hat A diese Pflicht nur unzureichend eingehalten.

Diese Verkehrspflicht wird jedoch von § 831 Abs. 1 S. 1 BGB erfasst, der insoweit als *lex specialis* den § 823 Abs. 1 BGB verdrängt. § 823 Abs. 1 BGB kommt nur bzgl. der Verletzung einer Organisationspflicht zum Zuge, die über einen Fehler bei der Auswahl, Anleitung oder Überwachung von Verrichtungsgehilfen hinausgeht. Hier hat A keine weitergehende Verkehrspflicht verletzt, die eine Haftung nach § 823 Abs. 1 BGB begründen könnte.

c. Ergebnis
P hat gegen A keinen Schadensersatzanspruch aus § 823 Abs. 1 BGB.

III. Gesamtergebnis: Gesamtschuldnerische Haftung von A und B
P hat gegen B einen Anspruch aus Schadensersatz, begründet aus § 823 Abs. 1 BGB. Gegen A hat er einen Anspruch auf Schadensersatz begründet aus §§ 630a Abs. 1, 280 Abs. 1 BGB, aus § 831 Abs. 1 S. 1 BGB. Im Außenverhältnis gegenüber P haften A und B als Gesamtschuldner gem. §§ 840 Abs. 1, 421 ff. BGB. Somit kann P nach seiner Wahl von jedem Ersatz des ganzen Schadens verlangen, bekommt diesen aber insgesamt nur einmal ersetzt.

Merke
Im **Innenverhältnis** zwischen den Gesamtschuldnern gilt § 426 Abs. 1 S. 1 BGB, wonach sie im Verhältnis zueinander zu gleichen Anteilen verpflichtet sind, soweit nicht ein anderes bestimmt ist. Vorliegend ist die Ausnahme des **§ 840 Abs. 2 BGB** zu beachten. Die Vorschrift beruht auf dem Gedanken, dass in den Fällen, in denen einen Gesamtschuldner nur eine Haftung aus vermutetem Verschulden trifft (§§ 831 ff. BGB), der andere Gesamtschuldner aber aus feststehendem Verschulden haftet (§§ 823 ff. BGB), im Innenverhältnis derjenige den ganzen Schaden tragen soll, der schuldhaft gehandelt hat. Derjenige, der eine Pflicht verletzt hat, soll sich im Innenausgleich nicht mit Erfolg darauf berufen können, in der Erfüllung eben dieser Pflicht nicht genügend überwacht worden zu sein (BGHZ 110, 114 (122) = NJW 1990, 1361 (1363); BGH NJW 2005, 2309 (2310)). Somit träfe die B als **Verrichtungsgehilfe** im Innenverhältnis die volle Haftung.

Fraglich ist jedoch, ob eine solche Sichtweise auch dann gerechtfertigt ist, wenn es um das **Verhältnis von Arbeitgeber und Arbeitnehmer** geht. Es erscheint sozialpolitisch unbillig, dem Arbeitnehmer das mit der ihm übertragenen Aufgabe verbundene Haftungsrisiko aufzuerlegen, während der Nutzen der Arbeitsleistung dem Arbeitgeber zugutekommt. Zivil- und Arbeitsgerichte haben daher eine Ausnahme zu § 840 Abs. 2 BGB entwickelt und gewähren

---
[21] Dazu *Katzenmeier*, in: Laufs/Katzenmeier/Lipp, Arztrecht, Kap. X Rn. 45 ff.

dem Arbeitnehmer einen **Freistellungsanspruch** gegen seinen Arbeitgeber in Höhe der Haftungskosten (vgl. etwa BGHZ 16, 111 (116 f.) = NJW 1955, 458 (459)). Dies ist heute für jede „**betrieblich veranlasste**" **Tätigkeit** anerkannt (BAG NJW 1995, 210; BGH NJW 1994, 856). Diese Grundsätze gelten auch für die ärztliche Tätigkeit (vgl. *Katzenmeier*, Arzthaftung, S. 139 f.). Die Haftungsbeschränkung im Innenverhältnis ist jedoch nur für den leicht fahrlässig handelnden Arbeitnehmer entwickelt worden. Bei grob fahrlässig oder gar vorsätzlich handelnden Arbeitnehmern greift das Privileg nicht ein. Bei mittlerer Fahrlässigkeit kommt es zu einer Aufteilung der Schadenskosten zwischen Arbeitgeber und Arbeitnehmer (BAG NZA 1998, 140; NJW 2003, 377).

Frage 3
I. Ansprüche P gegen A
1. §§ 630a Abs. 1, 280 Abs. 1 BGB
P könnte gegen A ein Anspruch aus §§ 630a Abs. 1, 280 Abs. 1 BGB zustehen.

Dafür müssten P und A einen Behandlungsvertrag geschlossen haben. P wurde im Krankenhaus aufgenommen. Mangels besonderer Angaben im Sachverhalt ist vom Regelfall des **totalen Krankenhausvertrags** auszugehen, sodass vertragliche Beziehungen nur zwischen dem Patienten und dem Krankenhausträger begründet werden.[22] Zwischen A und P besteht somit kein Vertrag, sodass eine vertragliche Haftung des A ausscheidet.

2. Deliktische Ansprüche
Ansprüche des P gegen A bestehen jedoch aus § 823 Abs. 1 BGB sowie aus § 823 Abs. 2 BGB i.V.m. § 229 StGB.[23]

II. Ansprüche P gegen Krankenhausträger C
1. §§ 630a Abs. 1, 280 Abs. 1 BGB
P könnte gegen C ein Anspruch auf Schadensersatz aus §§ 630a Abs. 1, 280 Abs. 1 BGB zustehen.

Zwischen P und C besteht ein Schuldverhältnis in Form eines Behandlungsvertrags. C hat jedoch keine eigene Pflicht verletzt. Allerdings ist der angestellte Krankenhausarzt ebenso wie das Pflegepersonal Erfüllungsgehilfe des Krankenhausträgers,[24] sodass sich C die Pflichtverletzung des angestellten Arztes A gem. **§ 278 BGB** zurechnen lassen muss.

A hat durch seinen Fehler in zurechenbarer Weise die Körperverletzung des P hervorgerufen. Das Verschulden des Krankenhausträgers C wird vermutet (§ 280 Abs. 1 S. 2 BGB), zudem müsste C sich nach § 278 BGB das Verschulden des A zurechnen lassen. P ist auch ein ersatzfähiger und zurechenbarer Schaden entstanden.

Folglich hat P gegen C Anspruch auf Schadensersatz aus §§ 630a Abs. 1, 280 Abs. 1 BGB.

---

[22] Dazu → § 6, Parteien des Behandlungsvertrags – Grundlagen, B.
[23] S.o. → § 9, Fall 1, Frage 1.
[24] *Bergmann/Kienzle*, Krankenhaushaftung, 4. Aufl. 2015, S. 10.

2. § 831 Abs. 1 S. 1 BGB
Eine deliktische Haftung des C könnte sich aus § 831 Abs. 1 S. 1 BGB ergeben.

Dazu müsste A Verrichtungsgehilfe des C sein. Verrichtungsgehilfe ist, wer mit Wissen und Wollen des Geschäftsherrn in dessen Geschäftskreis tätig wird und von dessen Weisungen abhängig ist. A wird im Rahmen seines Arbeitsvertrags mit Wissen und Wollen des C zur Behandlung des P tätig. Allerdings handelt es sich beim Arztberuf um einen **freien Beruf**.[25] Der Arzt ist also stets selbstverantwortlich tätig und nur durch berufs- und standesrechtliche Verhaltensnormen, nicht aber durch Weisungen des Arbeitgebers gebunden.

> **Beachte**
> § 2 Abs. 4 MBO-Ä sieht ein **ausdrückliches Verbot** für Ärzte vor, bzgl. ärztlicher Entscheidungen Weisungen von Nichtärzten entgegenzunehmen.

Für die Verrichtungsgehilfeneigenschaft genügt es jedoch, dass A als Krankenhausarzt **organisatorisch** in den Betrieb des C **eingegliedert** ist und die äußere Ordnung seiner Tätigkeit wie deren Zeit und Umfang dem Direktionsrecht des Arbeitgebers unterfällt.[26] Ein soziales Abhängigkeitsverhältnis ist hingegen nicht erforderlich.[27] Folglich ist A als Verrichtungsgehilfe des C anzusehen.

Indem er P einen unnötig tiefen Schnitt zufügte, hat A auch eine tatbestandsmäßige und rechtswidrige unerlaubte Handlung nach § 823 Abs. 1 BGB begangen. Dies geschah innerhalb der ihm von C übertragenen Tätigkeit und somit bei Ausführung der Verrichtung. Für eine Exkulpation nach § 831 Abs. 1 S. 2 BGB hat C nichts vorgetragen, sodass sich eine deliktische Haftung des C aus § 831 Abs. 1 S. 1 BGB ergibt.

3. Weitere Anspruchsgrundlagen
Eine denkbare Haftung des C aus § 823 Abs. 1 BGB wegen Organisationsverschuldens wäre auch hier subsidiär gegenüber der bestehenden Haftung aus § 831 Abs. 1 S. 1 BGB.

Die Haftung des C entspricht somit der Haftung des A in Frage 2.

III. Gesamtergebnis: Gesamtschuldnerische Haftung von A und C
P hat einen Anspruch gegen A aus § 823 Abs. 1 BGB. Gegen C ist sein Anspruch begründet aus §§ 630a Abs. 1, 280 Abs. 1 BGB und aus § 831 Abs. 1 S. 1 BGB. Im Außenverhältnis gegenüber P haften A und C als Gesamtschuldner nach §§ 840 Abs. 1, 421 ff. BGB.[28]

---

[25] S. schon → § 2, Grundlagen, A., → § 5, Fall 2, Frage 1.
[26] *Katzenmeier*, in: NK-BGB, § 823 Rn. 349.
[27] BGHZ 45, 311 (313) = NJW 1966, 1807 (1808); *Sprau*, in: Grüneberg, BGB, § 831 Rn. 5.
[28] S.o. → § 9, Fall 1, Frage 2.

Frage 4
I. Ansprüche P gegen A
1. §§ 630a Abs. 1, 280 Abs. 1 BGB
P könnte gegen A ein vertraglicher Schadensersatzanspruch aus §§ 630a Abs. 1, 280 Abs. 1 BGB zustehen.

a. Schuldverhältnis
Dafür müssten P und A einen Behandlungsvertrag i.S.d. § 630a BGB geschlossen haben. Grds. werden bei der Aufnahme in ein Krankenhaus vertragliche Beziehungen nur zwischen Patient und Krankenhausträger begründet (totaler Krankenhausvertrag, s.o.).

A ist jedoch als **Belegarzt** im Krankenhaus der C tätig, was auf den Abschluss eines **gespaltenen Arzt-Krankenhaus-Vertrags** hindeutet.[29] Im Rahmen eines solchen Vertrags kommt es zum Abschluss eines Vertrags sowohl mit dem Belegarzt als auch mit dem Krankenhausträger.

> **Belegarzt** ist ein nicht im Krankenhaus angestellter Vertragsarzt (dazu → § 4), der berechtigt ist, seine Patienten in sog. Belegbetten stationär oder teilstationär zu behandeln. Der Belegarzt kann hierfür die Infrastruktur (Dienste, Einrichtungen und Mittel) des Krankenhauses nutzen, erhält aber keine Vergütung durch das Krankenhaus. Vielmehr ist er selbstständig, zumeist niedergelassen in eigener Praxis tätig und hat eigene Patienten.

Folglich besteht ein Behandlungsvertrag zwischen A und P.

b. Pflichtverletzung
Aus diesem Schuldverhältnis müsste A eine Pflicht verletzt haben. Im gespaltenen Arzt-Krankenhaus-Vertrag schuldet der Arzt die ärztliche Behandlung und hat für seine Fehler einzustehen. Indem A bei der Entfernung einer Hautwucherung mit dem Skalpell abgerutscht ist und P einen aus medizinisch-fachlicher Sicht unnötig tiefen Schnitt zugefügt hat, ist er bei der Behandlungsdurchführung vom fachlichen Standard abgewichen und hat eine vertragliche Pflicht verletzt (s.o.).

> Im gespaltenen Arzt-Krankenhaus-Vertrag hat der Belegarzt grds. für seine eigene Tätigkeit einzustehen, während das Krankenhaus für Fehler der Krankenhausärzte anderer Fachrichtungen und der Pflegekräfte verantwortlich ist. Bisweilen kann es hier jedoch zu Abgrenzungsschwierigkeiten kommen (*Bergmann/Kienzle*, Krankenhaushaftung, 4. Aufl. 2015, S. 10 ff.; *Katzenmeier*, Arzthaftung, S. 107 ff.).

---
[29] S. hierzu → § 6, Parteien des Behandlungsvertrags – Grundlagen, B.

c. Weitere Voraussetzungen

Infolge der fehlerhaften Behandlung des A hat P eine Schnittverletzung, Wundheilungsstörungen und bleibende Gewebeschädigungen, somit eine Körperverletzung erlitten, sodass eine zurechenbare Rechtsgutsverletzung vorliegt (s.o.). Diese hat A infolge seiner Ablenkung auch zu vertreten (s.o.). P ist zudem ein zurechenbarer und ersatzfähiger Schaden entstanden.

d. Ergebnis

Es besteht demnach ein Schadensersatzanspruch des P gegen A gem. §§ 630a Abs. 1, 280 Abs. 1 BGB.

2. Deliktische Ansprüche

In deliktischer Hinsicht stehen P gegen A Ansprüche auf Schadensersatz aus § 823 Abs. 1 BGB sowie aus § 823 Abs. 2 BGB i.V.m. § 229 StGB zu.[30]

II. Ansprüche P gegen C

Der Krankenhausträger C schuldet im gespaltenen Arzt-Krankenhaus-Vertrag lediglich die pflegerische und medizinische Betreuung, nicht aber die ärztliche Behandlung.[31] A ist somit weder Erfüllungs- noch Verrichtungsgehilfe des C, sodass Ansprüche des P gegenüber C sowohl vertraglich als auch deliktisch ausscheiden.

Merke

Bei Krankenhausbehandlungen richtet sich die vertragliche Haftung nach der jeweiligen Vertragsform (dazu → § 6, Parteien des Behandlungsvertrags – Grundlagen, B.).

- Im Regelfall des **einheitlichen (totalen) Krankenhausvertrag** trifft die vertragliche Haftung allein das Krankenhaus.
- Schließt der Patient zusätzlich einen privaten Zusatzvertrag über die ärztlichen Leistungen des Chefarztes – einen sog. **Arztzusatzvertrag** – ab, bestehen vertragliche Ansprüche auch zwischen Patienten und selbstliquidierendem Chefarzt.
- Wird der Patient ausnahmsweise im Rahmen eines sog. **gespaltenen Arzt-Krankenhaus-Vertrags** (Hauptfall ist die stationäre Behandlung durch einen Belegarzt) in das Krankenhaus aufgenommen, so ist hinsichtlich der ärztlichen Leistungen der selbst liquidationsberechtigte Arzt alleiniger Vertragspartner. Der Träger, der nur die pflegerische und medizinische Betreuung mit Ausnahme der ärztlichen Behandlung zu übernehmen hat, haftet insoweit nicht.

---

[30] S.o. → § 9, Fall 1, Frage 1 und 3.

[31] S. hierzu → § 6, Parteien des Behandlungsvertrags – Grundlagen, B.

C. Merksätze

- Ärzte haben gegenüber ihren Patienten für Behandlungsfehler nach Vertragsrecht wie nach Deliktsrecht einzustehen. Ein Behandlungsfehler setzt grds. das Zurückbleiben der erbrachten Leistung hinter dem medizinisch-fachlichen Standard (vgl. § 630a Abs. 2 BGB) voraus.
- Bei der Arzthaftung bildet nach ständiger Rspr. nicht bereits die Pflichtverletzung, sondern die Rechtsgutsverletzung des Patienten den Haftungsgrund. Dies gilt bei dem vertraglichen wie bei dem deliktischen Schadensersatzanspruch, zwischen beiden Haftungsregimen besteht insofern „Strukturgleichheit".
- Den Arzt treffen vielfältige Auswahl-, Anleitungs- und Überwachungspflichten gegenüber seinem Hilfspersonal. Deren Fehlverhalten wird ihm vertragsrechtlich im Rahmen eines Anspruchs gem. § 280 Abs. 1 BGB über § 278 BGB zugerechnet. Im Deliktsrecht haftet er gem. § 831 Abs. 1 S. 1 BGB. Ggf. kommt zudem ein Anspruch wegen Organisationsverschuldens nach § 823 Abs. 1 BGB in Betracht.
- Auch Krankenhausträger haben für Fehler ihrer Hilfspersonen – darunter die angestellten Ärzte – einzustehen. Die Möglichkeit, vertragliche Schadensersatzansprüche gegen den Träger und die handelnden Personen geltend zu machen, hängt dabei von der konkreten Ausgestaltung der Vertragsbeziehungen im jeweiligen Einzelfall ab.

Fall 2: Lege artis oder lege artificii? – Robodoc – Standardabweichung; Neulandmethode; Therapiefreiheit

In Anlehnung an BGHZ 168, 103

A. Sachverhalt

P begab sich wegen anhaltender Hüftbeschwerden in das Krankenhaus der K. Hier implantierte ihr der Arzt A mit Hilfe eines computerunterstützten Fräsverfahrens („Robodoc") eine zementfreie Totalendoprothese des Hüftgelenks. Bei dem Verfahren handelte es sich um eine neue Operationsmethode, die größere Präzision, Konstanz und Schnelligkeit versprach. Die Methode wurde wenige Jahre zuvor erstmals in den USA klinisch erprobt, in dem Krankenhaus K seit einem Jahr in etwa einhundert Fällen angewandt, u.a. durch A. Bis zu diesem Zeitpunkt wurden Operationen der vorliegenden Art allgemein mittels manueller Technik durchgeführt.

Die Operation dauerte mit über fünf Stunden ungewöhnlich lange. Die Prothese wurde aber exakt implantiert. Dabei wurde jedoch ein Nerv geschädigt. Langzeitbeobachtungen ergaben später, dass es bei „Robodoc"-Operationen des Öfteren zu solchen unvermeidbaren Zwischenfällen kam, weswegen man schließlich zur manuellen Technik zurückkehrte. P leidet infolge der Nervenschädigung unter einer Beeinträchtigung der Bein- und Fußfunktion. Hat P gegen A einen Anspruch auf Schadensersatz wegen eines Behandlungsfehlers?

B. Lösung

I. Vertragliche Ansprüche
Auszugehen ist vom Regelfall des totalen Krankenhausvertrags.[32] Ein Vertrag besteht nur mit dem Krankenhausträger, sodass ein Anspruch der P gegen A auf Schadensersatz aus §§ 630a, 280 Abs. 1 BGB ausscheidet.

II. § 823 Abs. 1 BGB
P könnte jedoch gegen A ein Anspruch aus § 823 Abs. 1 BGB zustehen.

1. Rechtsgutsverletzung
P müsste in ihren Rechten oder Rechtsgütern verletzt worden sein. Es wurde ein Nerv der P geschädigt. Diese Nervenschädigung beeinträchtigt das körperliche Wohlbefinden der P nicht nur unerheblich (Bein- und Fußfunktion), mithin liegt eine Körperverletzung vor.

2. Verletzungsverhalten
Die Körperverletzung müsste auf ein Verletzungsverhalten des A zurückzuführen sein. Als haftungsbegründendes Verhalten kommt ein ärztlicher Behandlungsfehler in Betracht.

Unter einem Behandlungsfehler wird das nach dem Stande der Medizin unsachgemäße Verhalten des Arztes verstanden.[33] Dabei wird gemeinhin zwischen verschiedenen Behandlungsfehlertypen unterschieden.[34] In Betracht kommt ein sog. **Therapiefehler**. Ein solcher liegt u.a. dann vor, wenn eine andere Therapie indiziert gewesen wäre oder die angewandte Behandlungsmethode zwar indiziert ist, aber fehlerhaft umgesetzt wird.

a. Methodenwahl
A könnte zunächst einen Fehler bei der Wahl der Behandlungsmethode begangen haben. Dies wäre jedenfalls dann ausgeschlossen, wenn der Einsatz der „Robodoc"-Methode bereits dem damaligen **medizinischen Standard** entsprach. Der Standard bezeichnet den jeweiligen Stand der naturwissenschaftlichen Erkenntnisse und der ärztlichen Erfahrung, der zur Erreichung des ärztlichen Behandlungsziels erforderlich ist und sich in der Erprobung bewährt hat.

Die „Robodoc"-Methode hatte sich im Zeitpunkt der Behandlung der P jedoch noch nicht hinreichend bewährt. Vielmehr war die manuelle Technik der geübte Standard. Es gab jedoch Grund zu der Annahme, dass sich die „Robodoc"-Methode als neuer Standard etablieren könnte. Bei ihr handelte es sich insofern um eine **Neulandmethode**. Fraglich ist, ob und ggf. unter welchen zusätzlichen Voraussetzungen die Anwendung einer Neulandmethode rechtlich zulässig ist.

---

[32] Vgl. → § 6, Parteien des Behandlungsvertrags – Grundlagen, B., s. auch oben → § 9, Fall 1, Frage 3.
[33] Vgl. *Katzenmeier*, in: Laufs/Katzenmeier/Lipp, Arztrecht, Kap. X Rn. 4.
[34] S. dazu → § 9, Grundlagen, B. IV.

Der Einsatz einer Neulandmethode führt nicht automatisch zum Vorliegen eines Behandlungsfehlers. Nach dem **Grundsatz der Therapiefreiheit**[35] ist die Wahl der Behandlungsmethode primär Sache des Arztes.[36] Nicht jede Abweichung vom Standard bedeutet demnach einen Behandlungsfehler. Die Behandlung ist vielmehr nicht zu beanstanden, wenn der Arzt bei der Methodenwahl eine **fachlich vertretbare Entscheidung** getroffen hat.

Anhänger medizinischer Außenseitermethoden und Neulandbehandlungen müssen insofern die konkurrierenden Standardverfahren sowie die wissenschaftlichen Grundlagen der eigenen Heilmethode kennen. Erforderlich ist stets eine **gewissenhafte Abwägung** unter den konkurrierenden Ansätzen. Eine nicht allgemein anerkannte Behandlungsmethode darf nur dann angewendet werden, wenn eine verantwortliche medizinische Abwägung unter Vergleich der zu erwartenden Vorteile dieses Ansatzes und seiner abzusehenden Nachteile mit der standardgemäßen Behandlung unter Berücksichtigung des Wohls des Patienten die Anwendung rechtfertigt.[37]

Die „Robodoc"-Methode wurde bereits über ein Jahr im Krankenhaus K, u.a. durch A, in etwa einhundert Fällen angewandt. Zuvor war die Operation (auch durch A) mittels manueller Technik vorgenommen worden. A verfügte somit über Kenntnis sowohl hinsichtlich der herkömmlichen Methode als auch der Neulandmethode. Die „Robodoc"-Methode war bereits hinreichend in den USA erprobt, zudem gab es zum Zeitpunkt der OP auch aus eigener Erfahrung keine Hinweise auf ein etwaig höheres Risiko. A versprach sich vom Einsatz der neuartigen Methode größere Präzision, Konstanz und Schnelligkeit, mithin bessere Behandlungsergebnisse. Anhaltspunkte für eine ungenügende Abwägung bestehen daher nicht, vielmehr sollte der bisherige Standard übertroffen werden.

Das Vorgehen des A war folglich von seiner ärztlichen Therapiefreiheit gedeckt.

> Für die Therapiefreiheit sprechen nicht nur die Individualität des jeweiligen Behandlungsgeschehens und der Wille des Kranken, sondern auch der Fortschritt der Medizin und dessen Ermöglichung („Die Außenseitermethode von gestern ist die Schulmedizin von heute ist der Behandlungsfehler von morgen", *Schroeder-Printzen*, MedR 1996, 376 (379); *Schumacher*, Alternativmedizin, 2017, S. 7 ff.).

Die Anwendung der neuen Methode als solche war also fachlich legitimiert und stellt daher für sich genommen rechtlich keinen Behandlungsfehler dar.

---

[35] S. dazu → § 5, Grundlagen.
[36] Vgl. bereits BGHZ 102, 17 (22); 106, 153 (157) = NJW 1988, 763 (764) = MedR 1988, 91 (92); 106, 153 (157) = NJW 1989, 1538 (1539) = MedR 1989, 139 (141); *Mansel*, in: Jauernig, BGB, § 630a Rn. 17 u. 20.
[37] So erneut BGH NJW 2020, 1358 (1359) = MedR 2020, 379 (380 f.) m. Anm. *Jansen*.

b. Durchführung der Operation
A könnte jedoch ein Behandlungsfehler bei der Durchführung der Operation unterlaufen sein.

A kann den Behandlungserfolg aufgrund der Unwägbarkeiten des menschlichen Organismus nicht garantieren. Allein aus dem **Ausbleiben des Behandlungserfolgs** – P kann nach der Operation weiterhin nicht beschwerdefrei gehen – kann daher nicht auf einen Behandlungsfehler geschlossen werden.[38] Auch aus **Auffälligkeiten im Behandlungsablauf** wie der langen Operationsdauer ist kein genereller Rückschluss auf einen Behandlungsfehler möglich.[39]

Indes kam es mit dem Auftreten einer Nervenschädigung zu einer **unerwünschten Nebenfolge**. Diese könnte einen Behandlungsfehler darstellen. Allerdings war die Nervenschädigung bei dem zum damaligen Zeitpunkt an sich fehlerfreien Einsatz (s.o.) der „Robodoc"-Methode auch nach späteren Erkenntnissen unvermeidbar. Mithin kann sie dem Arzt nicht zum Nachteil gereichen. Dem A ist somit kein Behandlungsfehler bei der Durchführung der Operation unterlaufen.

Merke
Wer als Patient die **Chancen** des medizinisch-technischen Fortschritts für sich in Anspruch nimmt, kann auch **Risiken** zu tragen haben. Erfolgt der Einsatz einer neuartigen Behandlungsmethode korrekt und zeigen sich lediglich im Nachhinein der Behandlung unerwünschte Langzeitfolgen, kann dies nicht der Behandlungsseite angelastet werden, sofern es für die eingetretenen Langzeitfolgen im Zeitpunkt der Behandlung noch keine Anhaltspunkte gab.

Allerdings trifft die Behandlungsseite in diesen Fällen nach der Rspr. des BGH eine **strenge Aufklärungspflicht** über möglicherweise später eintretende, bislang aber noch unbekannte Risiken (dazu → § 10, Fall 4).

---

c. Zwischenergebnis
A ist kein Behandlungsfehler unterlaufen, sodass die Körperverletzung nicht auf ein Verletzungsverhalten des A zurückgeführt werden kann.

3. Ergebnis
P hat gegen A keinen Anspruch aus § 823 Abs. 1 BGB wegen eines Behandlungsfehlers.

---

[38] *Katzenmeier*, NJW 2006, 2738 (2739).
[39] BGHZ 168, 103 (106) = NJW 2006, 2477 (2478) m. Bespr. *Katzenmeier*, NJW 2006, 2738 = MedR 2006, 650.

> **Beachte**
> Der Geschädigten P könnte daneben ein Anspruch gegen den **Hersteller** des „Robodoc" gem. § 1 Abs. 1 S. 1 ProdHaftG zustehen. Allerdings greift hier § 1 Abs. 2 Nr. 5 ProdHaftG, wonach die Ersatzpflicht ausgeschlossen ist, wenn der Fehler nach dem Stand der Wissenschaft und Technik im Zeitpunkt des Inverkehrbringens des Produkts nicht erkennbar war. Durch den Ausschluss der Haftung für Entwicklungsrisiken soll die Innovationsbereitschaft der Wirtschaft bewahrt werden.

> **Beachte**
> Der Einsatz von **Künstlicher Intelligenz (KI)** revolutioniert die Medizin (zu den Rechtsfragen infolge der Digitalisierung der Medizin s. *Katzenmeier*, MedR 2019, 259 ff.). Bislang werden in der Patientenversorgung **automatisierte** Systeme eingesetzt (Operationsroboter „Robodoc", „Da Vinci", auch „Star"), die letztlich Werkzeuge in der Hand des Operateurs darstellen. Der (künftige) Einzug **autonomer** Systeme, die selbst Entscheidungen treffen, stellt das Haftungsrecht vor neue Herausforderungen (vgl. *Katzenmeier*, MedR 2021, 859 ff.). Die Reform der ProdHaftRL sucht dem Rechnung zu tragen: Software wird als Produkt anerkannt (Art. 4 ProdHaftRL), den auf Schadensersatz in Anspruch genommenen Produzenten treffen Vorlage- und Auskunftspflichten (Art. 9 ProdHaftRL) und es gelten Beweiserleichterungen bzgl. Produktfehler und Kausalität (Art. 10 ProdHaftRL); s. zur ProdHaftRL *Wagner*, JZ 2023, 1, 9 f., zum – von der EU-Kommission zurückgezogenen – Vorschlag einer KI-Haft-RL *Wagner*, JZ 2023, 123.

C. Merksätze

- Ein Behandlungsfehler in Form eines Therapiefehlers kann sowohl in der fehlerhaften Auswahl einer nicht indizierten Therapiemethode als auch der fehlerhaften Durchführung einer an sich fehlerfrei ausgewählten Therapie liegen.
- Die Therapiewahl ist primär Sache des Arztes. Er muss eine vertretbare Behandlungsentscheidung treffen. Nicht jede Abweichung vom Standard bedeutet demnach einen Behandlungsfehler. Für die ärztliche Therapiefreiheit sprechen im Besonderen drei Gründe: der medizinische Fortschritt, die Besonderheiten des Einzelfalls und der Patientenwille.
- Der Arzt darf auch eine nicht allgemein anerkannte (Neuland- oder Außenseiter-) Methode anwenden, wenn eine verantwortliche medizinische Abwägung unter Vergleich der zu erwartenden Vorteile dieser Therapie und ihrer abzusehenden Nachteile mit der standardgemäßen Behandlung unter Berücksichtigung des Patientenwohls dies rechtfertigt. Um diese Abwägung zu treffen, muss der Arzt auch die Standardverfahren kennen.

Fall 3: Böses Erwachen – Behandlung mit nicht zugelassenem Medikament; Individueller Heilversuch

In Anlehnung an BGHZ 172, 1

A. Sachverhalt

P leidet seit langem an Epilepsie. Im September befand er sich in stationärer Behandlung im Krankenhaus der K. Zur Reduzierung der Anfallsneigung schlug der angestellte Arzt A die Einnahme eines neuen, in den USA entwickelten Medikaments vor. Das Medikament war zu diesem Zeitpunkt in einigen europäischen Staaten, aber noch nicht in Deutschland zugelassen. Eine laufende klinische Prüfung befand sich bereits in fortgeschrittenem Stadium.

Durch die regelmäßige Einnahme des Medikaments in den folgenden Monaten reduzierte sich die Zahl der epileptischen Anfälle des P. Ende Dezember erfolgte die Zulassung, wobei in der Anlage zum Zulassungsbescheid darauf hingewiesen wurde, dass Langzeitauswirkungen auf das visuelle System noch nicht untersucht, deshalb periodische Kontrollen des Sehvermögens angezeigt seien. A verschrieb P das Medikament weiter, ohne entsprechende Untersuchungen vorzunehmen. Drei Monate später traten bei P Sehstörungen auf, die zu einer dauerhaften Beeinträchtigung seines Sehvermögens führten. Laut Sachverständigengutachten beruhen die Störungen auf der Einnahme des Medikaments. P verlangt von A Schadensersatz. Zu Recht?

B. Lösung

I. §§ 630a Abs. 1, 280 Abs. 1 BGB

Auszugehen ist vom Regelfall des totalen Krankenhausvertrags.[40] Ein Vertrag besteht nur mit dem Krankenhausträger, sodass ein Anspruch der P auf Schadensersatz aus §§ 630a Abs. 1, 280 Abs. 1 BGB gegen A ausscheidet.

II. § 823 Abs. 1 BGB

P könnte jedoch gegen A ein Anspruch aus § 823 Abs. 1 BGB zustehen.

1. Rechtsgutverletzung

P leidet an einer dauerhaften Beeinträchtigung seines Sehvermögens. Diese Sehstörung beeinträchtigt das körperliche Wohlbefinden des P nicht nur unerheblich, mithin liegt eine Körperverletzung vor.

---

[40] Vgl. → § 6, Parteien des Behandlungsvertrags – Grundlagen, B., s. auch oben → § 9, Fall 1, Frage 3.

2. Verletzungsverhalten

Als haftungsbegründendes Verhalten kommt ein Behandlungsfehler in Betracht. Unter einem Behandlungsfehler wird das nach dem Stande der Medizin unsachgemäße Verhalten des Arztes verstanden.[41] Dabei wird gemeinhin zwischen verschiedenen Behandlungsfehlertypen unterschieden.[42] In Betracht kommt vorliegend ein Therapiefehler. Ein solcher liegt u.a. dann vor, wenn eine andere Therapie indiziert gewesen wäre oder die angewandte Behandlungsmethode zwar indiziert ist, aber fehlerhaft umgesetzt wird.

a. Verabreichung eines noch nicht zugelassenen Medikaments

P wurde über mehrere Monate mit einem Medikament behandelt, das zum Zeitpunkt der Erstvergabe nicht zugelassen war. Bereits hierin könnte ein Behandlungsfehler des A zu sehen sein.

> **Merke**
>
> Die **Zulassung eines Medikaments** ist eine behördlich erteilte Genehmigung, die erforderlich ist, um ein industriell gefertigtes Arzneimittel anbieten, vertreiben oder abgeben zu können. Die Genehmigung ist stets beschränkt auf die im Beipackzettel genannten Anwendungen. Alle hierüber hinausgehenden Anwendungen werden als **„Off-Label-Use"** bezeichnet.
>
> Zweck der Arzneimittelzulassung ist die Risikovorsorge, d. h. Abwehr von Gefährdungen bei der Anwendung. Die Unterlagen des Arzneimittelherstellers werden von der zuständigen Arzneimittelbehörde auf **Qualität, Wirksamkeit und Unbedenklichkeit** des Arzneimittels überprüft. Diese drei Kriterien müssen für die Zulassung des Arzneimittels erfüllt sein.
>
> Die Zulassung von Arzneimitteln ist im **AMG** geregelt. Die §§ 5 ff. AMG regeln die allgemeinen Anforderungen an das Arzneimittel und die §§ 21 ff. AMG dessen Zulassung.
>
> Vgl. zum Themenkomplex eingehend *Hart*, in: Rieger/Dahm/Katzenmeier/Stellpflug/Ziegler, HK-AKM, Nr. 240 (Arzneimittelbehandlung); Nr. 243 (Arzneimittelhaftung); Nr. 320 (Arzneimittelzulassung), Nr. 3910 (Off Label Use).

Die Zulassung nach AMG ist jedoch **lediglich ein Verkehrsfähigkeitsattest**, das eine Vermutung für die Verordnungsfähigkeit in der konkreten Therapie auslöst.[43] Sie ist keine Voraussetzung für die Anwendung eines Arzneimittels.

---

[41] *Katzenmeier*, in: Laufs/Katzenmeier/Lipp, Arztrecht, Kap. X Rn. 4.
[42] S. dazu → § 9, Grundlagen, B. IV.
[43] BGHZ 172, 1 (6) = NJW 2007, 2767 (2768) = MedR 2007, 653 (654) m. Bespr. *Hart*, MedR 2007, 631 = JZ 2007, 1104 (1105) m. Anm. *Katzenmeier*; im Anschluss an *Hart*, MedR 1991, 300 (304 f.).

Der individuelle Heilversuch mit einem zulassungspflichtigen, aber noch nicht zugelassenen Medikament wird durch das AMG nicht verboten, sodass die Frage nach einem Behandlungsfehler nach allgemeinen Grundsätzen des Arzthaftungsrechts zu beurteilen ist. Die Anwendung einer neuen Behandlungsmethode erfordert insofern einen besonders sorgfältigen Vergleich zwischen den zu erwartenden Vorteilen und abzusehenden oder zu vermutenden Nachteilen mit der standardgemäßen Behandlung (**Risiko-Nutzen-Abwägung**).[44]

Gefährliche Nebenwirkungen des Medikaments – wie insbesondere eine mögliche Beeinträchtigung des Sehvermögens – waren zum Zeitpunkt der Vergabe noch nicht bekannt. Vielmehr war das Medikament im Ausland bereits zugelassen und die klinische Erprobung in Deutschland nahezu abgeschlossen. Auch trat wie erhofft eine erhebliche Verbesserung der epileptischen Anfälle ein. Anhaltspunkte für eine unzureichende Abwägung des A im Vorfeld sind somit nicht ersichtlich, sodass allein die Verabreichung des noch nicht zugelassenen Arzneimittels noch keinen Behandlungsfehler darstellt.

> **Beachte**
> Der Arzt ist allerdings verpflichtet, den Patienten darüber **aufzuklären**, dass das verordnete und verabreichte Medikament noch nicht zugelassen ist, sodass die Nutzung mit bislang noch unbekannten Risiken verbunden sein kann (dazu → § 10, Fall 5).
>
> Bei einer laufenden **klinischen Prüfung** dürfen zudem die speziellen Vorkehrungen der §§ 40 ff. AMG, die dem **Schutz der Probanden** dienen, nicht mit einem außerhalb der klinischen Prüfung stattfindenden individuellen Heilversuch umgangen werden (s. *Hart*, MedR 2007, 631 ff.; *Katzenmeier*, JZ 2007, 1108 (1109)).

b. Unterlassen erneuter Risikoabwägung

Allerdings wurde das Medikament dem P nicht nur einmal, sondern über längere Zeit verabreicht. Nach der erstmaligen Verordnung hat der A dabei nicht noch einmal die Vertretbarkeit der Verabreichung geprüft. Ein Behandlungsfehler könnte mithin darin liegen, dass A Risikoabwägungen hinsichtlich der weiteren Vergabe des Medikamentes sowie Kontrolluntersuchungen nach der Zulassung unterlassen hat.

Die notwendige **Abwägung** ist kein einmaliger Vorgang bei Beginn der Behandlung, sondern muss **jeweils erneut** vorgenommen werden, sobald neue Erkenntnisse über mögliche Risiken und Nebenwirkungen vorliegen, über die sich der behandelnde Arzt ständig zu informieren hat. Dabei muss er unverzüglich Kontrolluntersuchungen vornehmen, wenn sich Risiken für den Patienten abzeichnen, die

---

[44] BGHZ 172, 1 (8) = NJW 2007, 2767 (2768) = MedR 2007, 653 (655) m. Bespr. *Hart*, MedR 2007, 631 = JZ 2007, 1104 (1105 f.) m. Anm. *Katzenmeier*; s. bereits → § 9, Fall 2.

zwar nach Ursache, Art und Umfang noch nicht genau bekannt sind, jedoch bei ihrem Eintreten zu schweren Gesundheitsschäden führen können.[45]

Ende Dezember wurde in der Anlage zum Zulassungsbescheid darauf hingewiesen, dass Langzeitauswirkungen auf das visuelle System noch nicht untersucht und deshalb periodische Kontrollen des Sehvermögens angezeigt seien. Diese Kontrollen nahm A jedoch nicht vor, sondern verabreichte das Medikament ohne Kontrolle weiter. Ein besonnener Facharzt hätte die angerateten Kontrollen dagegen durchgeführt, sodass das Unterlassen von Kontrolluntersuchungen einen Behandlungsfehler begründet.

3. Objektive Zurechnung
Die Verabreichung des Medikaments war laut Sachverständigengutachten ursächlich für die beim Kläger eingetretenen Augenschäden. Der Eintritt dieser Verletzung lag auch nicht außerhalb jeglicher Lebenswahrscheinlichkeit und war vom Schutzzweck der Norm umfasst.

4. Rechtswidrigkeit
Rechtfertigungsgründe sind nicht ersichtlich.

5. Verschulden
Weiterhin müsste A ein Verschulden nach § 823 Abs. 1 BGB treffen. A könnte fahrlässig gehandelt haben. Dies ist zu bejahen, wenn er die im Verkehr erforderliche Sorgfalt außer Acht gelassen hat, § 276 Abs. 2 BGB. Ein Arzt, der ein noch nicht zugelassenes Medikament im Wege des individuellen Heilversuchs verabreicht, hat den körperlichen Zustand seines Patienten regelmäßig und insbesondere bei neuen Erkenntnissen zu kontrollieren. Der Eintritt der Rechtsgutverletzung war in der Folge auch vorhersehbar. Ein fahrlässiges Handeln des A ist damit zu bejahen.

6. Schaden
P ist ein Schaden entstanden, von dessen Zurechenbarkeit und Ersatzfähigkeit mangels gegenteiliger Anhaltspunkte auszugehen ist.

7. Ergebnis
P hat gegen A einen Anspruch auf Schadensersatz aus § 823 Abs. 1 BGB.

C. Merksätze

- Will der Arzt dem Patienten ein nicht zugelassenes Medikament verabreichen, ist eine Abwägung nach den für die Wahl einer Neuland- oder Außenseitermethode entwickelten Maßstäben geboten.

---

[45] BGHZ 172, 1 (8) = NJW 2007, 2767 (2769) = MedR 2007, 653 (655) m. Bespr. *Hart*, MedR 2007, 631 = JZ 2007, 1104 (1106) m. Anm. *Katzenmeier*.

- Diese Abwägung ist bei längeren Behandlungsabläufen (z.B. einer Dauermedikation im Rahmen eines individuellen Heilversuchs) kein einmaliger Vorgang, sondern muss erneut vorgenommen werden, sobald neue Erkenntnisse über mögliche Risiken und Nebenwirkungen vorliegen. Dies schließt auch die Notwendigkeit von Kontrolluntersuchungen ein.

Fall 4: Tödliche Eigeninitiative – Organisationspflichten; Mitverschulden des Patienten; Ersatzansprüche Dritter bei Tötung

In Anlehnung an BGH NJW 2003, 2309

A. Sachverhalt

P unterzog sich im Krankenhaus der K einer Magenspiegelung. Er wurde vor der Sedierung durch den angestellten Arzt A über die Risiken – u.a. kurzzeitig auftretende Gedächtnisstörungen – aufgeklärt und belehrt, nach dem Eingriff kein Kraftfahrzeug zu führen. P erklärte, er sei zwar mit dem eigenen Auto gekommen, werde aber den Weg nach Hause mit dem Taxi zurücklegen. Er erhielt Medikamente zur Sedierung. Nach Durchführung der Untersuchung verblieb P eine halbe Stunde im Untersuchungszimmer unter Aufsicht. Im Anschluss wurde P auf dem Flur vor den Behandlungsräumen des A untergebracht, der wiederholt Blick- und Gesprächskontakt zu ihm hatte, zwischendurch aber auch immer wieder andere Patienten behandelte.

Ohne von A entlassen worden zu sein, entfernte sich P unbemerkt und fuhr mit seinem PKW davon. Wenig später kam er von der Fahrbahn ab, kollidierte mit einem entgegenkommenden Fahrzeug und verstarb noch am Unfallort. Laut Sachverständigengutachten wurde bei Durchführung der diagnostischen Maßnahme nicht gegen ärztliche Standards verstoßen, insbesondere war auch die Medikation angemessen. Dennoch fragen sich F, die Witwe des P, und seine minderjährigen Kinder (X und Y), ob ihnen aufgrund des Todes des P Schadensersatzansprüche gegen A zustehen. Wie ist die Rechtslage?

B. Lösung

I. Vertragliche Ansprüche
Vertragliche Ansprüche gegen den im Krankenhaus der K angestellten Arzt A kommen von vornherein nicht in Betracht,[46] erst recht nicht gegenüber etwaigen Dritten.[47]

---

[46] S. bereits → § 6, Parteien des Behandlungsvertrags – Grundlagen, B., s. auch oben → § 9, Fall 1, Frage 3.
[47] Zum Vertrag mit Schutzwirkung für Dritte näher → § 9, Fall 5.

II. § 823 Abs. 1 BGB
F, X und Y könnte aber ein Schadensersatzanspruch gegen A aus § 823 Abs. 1 BGB zustehen. Notwendig dafür wäre eine eigene Rechtsgutsverletzung. P wurde in seinem Rechtsgut Leben verletzt. F, X und Y haben hingegen keinerlei eigene Rechts- oder Rechtsgutsverletzung erlitten.[48] Auch sind angesichts des Versterbens des P am Unfallort in seiner Person keine Schäden und damit Schadensersatzansprüche entstanden, die im Wege der Gesamtrechtsnachfolge (§ 1922 Abs. 1 BGB) auf die Erben hätten übergehen können. Ansprüche aus § 823 Abs. 1 BGB scheiden daher aus.

III. § 844 Abs. 1 BGB
F, X und Y könnten einen Anspruch gegen A auf Ersatz etwaiger Beerdigungskosten aus § 844 Abs. 1 BGB haben.

> **Beachte**
> Grds. kann nur derjenige Ansprüche aus unerlaubter Handlung geltend machen, in dessen Rechtsgütersphäre in einer den jeweiligen Tatbestand ausfüllenden Weise eingegriffen wurde. Die §§ 844, 845 BGB durchbrechen dieses Prinzip bei Tötung zugunsten eines begrenzten Personenkreises.

1. Anspruchsberechtigung
Dazu müssten sie zunächst anspruchsberechtigt sein. Anspruchsberechtigt i.S.d. § 844 Abs. 1 BGB ist derjenige, welchem die Verpflichtung obliegt, die Beerdigungskosten zu tragen. Gem. § 1968 BGB trägt der Erbe die Kosten der Beerdigung des Erblassers. Ehefrau F ist gem. § 1931 Abs. 1 S. 1 BGB gesetzliche Erbin des P, X und Y sind gem. § 1924 BGB gesetzliche Erben des P. Mithin obliegt ihnen die Verpflichtung, die Beerdigungskosten des P zu tragen, sodass sie anspruchsberechtigt i.S.d. § 844 Abs. 1 BGB sind.

2. Haftungsbegründendes Verhalten
Dem Beklagten A müsste ein haftungsbegründendes Verhalten zur Last gelegt werden können. Dabei greift § 844 BGB nur bei Tötung eines Menschen ein. P wurde getötet.

Nach der systematischen Stellung besteht ein Anspruch nach § 844 BGB sodann nur bei Verwirklichung eines Deliktstatbestands der §§ 823 ff. BGB („der Ersatzpflichtige"). A könnte den haftungsbegründenden Tatbestand des § 823 Abs. 1 BGB gegenüber P verwirklicht haben.

a. Rechtsgutsverletzung
Eine Rechtsgutsverletzung i.S.d. § 823 Abs. 1 BGB ist mit dem Tod des P eingetreten.

---

[48] Zu „Schockschäden" noch → § 9, Fall 5.

b. Verletzungsverhalten
Diese müsste auf einem Verletzungsverhalten des A beruhen. Als haftungsbegründendes Verhalten kommt ein Behandlungsfehler in Betracht. Unter einem Behandlungsfehler ist das nach dem Stande der Medizin unsachgemäße und schädigende Verhalten des Arztes zu verstehen.[49]

aa. Behandlungsfehler durch die Gabe des Medikaments
Ein Behandlungsfehler könnte insoweit zunächst durch die Gabe des Medikaments gegeben sein. Notwendig ist die Verfehlung fachlicher Standards.[50] Die Durchführung der diagnostischen Maßnahme war laut Sachverständigengutachten jedoch standardgemäß, sodass ein Behandlungsfehler durch die Gabe des Medikamentes ausscheidet.

bb. Verstoß gegen Organisationspflichten
A könnte gegen ihm obliegende **Organisationspflichten** verstoßen haben. Auch ärztliche Verstöße gegen die zum Schutz des Patienten bestehenden Organisationspflichten lassen sich als Behandlungsfehler bezeichnen, weil zu einer sachgerechten Behandlung die Geordnetheit aller Abläufe i.S.e. zuverlässig abgestimmten Gesamtgefüges gehört.[51] Dabei bestehen hohe Anforderungen an die organisatorischen Sorgfaltspflichten, da Risiken aus Koordination und Kontrolle der klinischen Abläufe regelmäßig voll beherrschbar und damit vermeidbar sind.[52]

Zu den Organisationspflichten gehört es, für den Schutz des Patienten vor Selbstschädigungen zu sorgen. Die Organisation ist so zu gestalten, dass der präventive Schutz des Patienten gewährleistet ist. Diese Pflicht könnte verletzt worden sein, zumal es dem P möglich war, sich unbemerkt zu entfernen. Fraglich ist, welche Anforderungen an die Überwachung sedierter Patienten zu stellen sind.

Gegen die Verletzung einer Organisationspflicht könnte sprechen, dass P über die Nebenwirkungen der Medikation aufgeklärt worden war und vom behandelnden A regelmäßig aufgesucht wurde. Im Falle einer **Sedierung** hat der Arzt aber sicherzustellen, dass sich der Patient nicht eigenmächtig entfernt und sich dadurch der Gefahr einer Selbstschädigung infolge der Sedierung aussetzt.[53] Um diesem Erfordernis gerecht zu werden, ist eine **ständige Überwachung** erforderlich. Die im Anschluss an den notwendigen Aufenthalt im Behandlungszimmer veranlasste Unterbringung auf dem Flur konnte bei P leicht den Eindruck erwecken, dass er nach Hause gehen könne. Aufgrund des Gefahrenpotenzials war sie daher nicht geeignet, die bestehenden Über-

---

[49] *Katzenmeier*, in: Laufs/Katzenmeier/Lipp, Arztrecht, Kap. X Rn. 4.
[50] Vgl. → § 9, Fall 1, Frage 1.
[51] Ausführlich *Hart*, in: Rieger/Dahm/Katzenmeier/Stellpflug/Ziegler, HK-AKM, Nr. 3948 (Organisationsfehler).
[52] Zur beweisrechtlichen Folge nach § 630h Abs. 1 BGB → § 12, Grundlagen, C.
[53] BGH NJW 2003, 2309 = MedR 2003, 629. Krit. *Laufs*, NJW 2003, 2288 f.: Sorgfaltspflichten werden überdehnt; „das Haftpflichtrecht darf den Arzt nicht schlechthin zum Wegeversicherer seines Patienten machen"; s. auch *Katzenmeier*, MedR 2003, 631 (632).

wachungspflichten zu erfüllen. Insbesondere unter dem Gesichtspunkt eventueller Gedächtnisverluste wäre die Unterbringung in einem Raum unter ständiger Beobachtung erforderlich gewesen, da dem behandelnden Arzt die Fehleinschätzung eigener Fähigkeiten sedierter Patienten als typische Folge bekannt sein muss.[54] Ein Behandlungsfehler des A ist demnach in dessen Verstoß gegen seine Organisationspflicht, konkret die Pflicht zur Überwachung des sedierten P, zu sehen.

c. Objektive Zurechnung
Die Rechtsgutsverletzung des P müsste dem A zuzurechnen sein. Die geforderte engmaschige Überwachung kann nicht hinzugedacht werden, ohne dass der Tod des P mit an Sicherheit grenzender Wahrscheinlichkeit entfiele. Das Unterlassen ist (nach der modifizierten *conditio sine qua non*-Formel) also ursächlich i.S.d. Äquivalenztheorie. Es liegt nicht außerhalb aller Lebenswahrscheinlichkeit, dass ein Patient nach ambulanter Sedierung im Falle mangelnder Aufsicht eigenmächtig die Klinikräumlichkeiten verlässt und zu Tode kommt. Dies soll durch die Aufsicht verhindert werden, sodass der Tod des P vom Schutzzweck der Norm umfasst ist.

d. Rechtswidrigkeit
Rechtfertigungsgründe sind nicht ersichtlich.

e. Verschulden
A müsste auch ein Verschulden treffen. Indem A den P ungenügend beaufsichtigte, ließ er die für einem durchschnittlichen Arzt im Verkehr erforderliche Sorgfalt außer Acht und handelte mithin fahrlässig i.S.d. § 276 Abs. 2 BGB.

3. Rechtsfolge
In der Rechtsfolge hat A F, X und Y die Kosten für die Beerdigung des P zu ersetzen. Diese Kosten sind auch in objektiv zurechenbarer Weise durch den Tod des P entstanden.

4. Kürzung wegen Mitverschuldens des P?
In Betracht kommt jedoch eine Anspruchskürzung gem. **§§ 846, 254 Abs. 1 BGB**.

F, X und Y selbst trifft kein Mitverschulden. Allerdings ist derjenige, welcher Schutzpflichten gegenüber einem anderen verletzt, grds. berechtigt, sich auf § 254 Abs. 1 BGB zu berufen, wenn sich die zu schützende Person durch mitursächliches schuldhaftes Verhalten selbst einen Schaden zufügt. Ein dem P als Verletztem anzulastendes Mitverschulden kann gem. § 846 BGB auch den Dritten F, X und Y anspruchskürzend angerechnet werden.

Für ein solches Mitverschulden des P spricht sein Wissen um die Fahruntüchtigkeit infolge der Medikation sowie seine Entscheidung, gleichwohl ohne Begleitperson im

---

[54] BGH NJW 2003, 2309 (2310 f.) = MedR 2003, 629 (630).

Krankenhaus zu erscheinen. P versicherte dem A ausdrücklich, er werde mit dem Taxi nach Hause fahren, sodass dieser davon ausgehen durfte, P würde nicht selbst am Straßenverkehr teilnehmen. Dennoch verließ P das Krankenhaus selbstständig, ohne von A entlassen worden zu sein.

Aufgrund des „Wissens- und Informationsvorsprunges"[55] des Arztes gegenüber dem – für gewöhnlich medizinisch unerfahrenen – Patienten wird § 254 BGB im Arzthaftungsrecht allerdings restriktiv angewendet. So liegt in dem eigenmächtigen Entfernen aus dem Krankenhaus letztlich zwar ein Fehlverhalten des P, eine Schadenszurechnung scheidet jedoch aus, wenn die Verhütung des Schadens allein dem Schädiger oblag.[56] Im Fall der Sedierung ist allein der Arzt für die Schadensverhütung verantwortlich,[57] sodass hier eine Kürzung des geltend gemachten Anspruchs im Ergebnis nicht vorzunehmen ist.

5. Ergebnis
F, X und Y haben somit gegen A einen ungekürzten Anspruch auf Ersatz der Beerdigungskosten gem. § 844 Abs. 1 BGB.

IV. § 844 Abs. 2 BGB
F, X und Y könnte ferner ein Anspruch auf Ersatz entgangenen Unterhalts (in Form einer Geldrente) aus § 844 Abs. 2 BGB gegen A zustehen.

1. Anspruchsberechtigung
Anspruchsberechtigt i.S.d. § 844 Abs. 2 BGB sind die gesetzlichen Unterhaltsgläubiger. P war gegenüber seiner Ehefrau F gem. §§ 1360 ff. BGB und gegenüber seinen Kindern X und Y gem. §§ 1601 ff. BGB unterhaltspflichtig. Diese sind somit anspruchsberechtigt.

2. Haftungsbegründendes Verhalten und Rechtsfolge
A hat den Tatbestand des § 823 Abs. 1 BGB verwirklicht, sodass er F, X und Y den entstandenen Schaden zu ersetzen hat. Bei Überleben des P hätte dieser Unterhalt gewähren müssen, durch den Tod des P ist die Unterhaltsberechtigung von F, X und Y erloschen. Diesen ist somit durch den Tod des P ein zurechenbarer Schaden in Höhe des entgangenen Unterhalts entstanden. Eine Kürzung gem. §§ 254 Abs. 1, 846 BGB scheidet aus den zuvor genannten Gründen aus. F, X und Y steht mithin ein Anspruch auf Unterhaltsersatz gem. § 844 Abs. 2 BGB gegen A zu.

V. § 844 Abs. 3 BGB
Ferner kommt ein Anspruch von F, X und Y gegen A gem. § 844 Abs. 3 S. 1 BGB auf Zahlung eines sog. Hinterbliebenengeldes in Betracht. Nach dieser im Jahr

---

[55] Vgl. BGH NJW 1997, 1635 = MedR 1997, 319.
[56] Vgl. BGHZ 96, 98 = NJW 1986, 775.
[57] BGH NJW 2003, 2309 (2311) = MedR 2003, 629 (631).

2017 in das BGB eingefügten Vorschrift[58] hat der Ersatzpflichtige dem Hinterbliebenen, der zur Zeit der Verletzung zu dem Getöteten in einem besonderen persönlichen Näheverhältnis stand, für das dem Hinterbliebenen zugefügte seelische Leid eine angemessene Entschädigung in Geld zu leisten.

Ein besonderes persönliches Näheverhältnis wird dabei für die Ehefrau F und die Kinder X und Y nach § 844 Abs. 3 S. 2 BGB vermutet, entgegenstehende Anhaltspunkte sind nicht ersichtlich. Durch das bestehende Näheverhältnis wird zudem ein durch die Tötung kausal hervorgerufenes seelisches Leid indiziert.[59] A hat den Tatbestand des § 823 Abs. 1 BGB verwirklicht, sodass die Hinterbliebenen F, X und Y eine in das Ermessen des Gerichts (§ 287 ZPO) gestellte Entschädigung in Geld verlangen können.

> Das Hinterbliebenengeld dient dazu, den **Verlustschmerz** der Hinterbliebenen zu ersetzen. Dieser Trauerschmerz kann, wenn er medizinisch konstatierbar ist und echten Krankheitswert annimmt, auch eine Gesundheitsverletzung des Angehörigen i.S.d. § 823 Abs. 1 BGB begründen (zum Ersatz sog. „Schockschadens" → § 9, Fall 5). Das Hinterbliebenengeld geht dann im Ersatz des Schockschadens auf. Die Höhe des Hinterbliebenengeldes bemisst sich anhand der **Intensität und Dauer des erlittenen seelischen Leids**, wobei der Gesetzgeber von Durchschnittsbeträgen von 10.000 € ausging (BT-Drs. 18/11397, S. 11; zum Ganzen BGHZ 235, 254 = NJW 2023, 1438 m. Anm. *Wagner* = MedR 2023, 478 m. Anm. *Schiemann*).

VI. Gesamtergebnis

F, X und Y haben gegen A einen Anspruch auf Ersatz der Beerdigungskosten gem. § 844 Abs. 1 BGB, Ersatz entgangenen Unterhalts gem. § 844 Abs. 2 BGB, sowie auf Zahlung von Hinterbliebenengeld gem. § 844 Abs. 3 BGB.

C. Merksätze

- Insbes. Krankenhausträger und Praxisinhaber treffen weitreichend Organisationspflichten, deren Verletzung eine Schadenersatzpflicht auslösen kann.
- Mitverschulden des Patienten kann nach dem Gesetz gem. § 254 Abs. 1 BGB anspruchskürzend berücksichtigt werden. Jedoch wird die Vorschrift im Arzthaftungsrecht wegen des Wissens- und Informationsvorsprungs des Arztes sehr restriktiv gehandhabt.

---

[58] Dazu näher *Katzenmeier*, JZ 2017, 869.
[59] So auch BR-Drs. 127/17, S. 13.

Fall 5: Geteiltes Leid ist doppeltes Leid – Schockschadenersatz nach Behandlungsfehler; Behandlungsvertrag mit Schutzwirkung zugunsten Dritter

In Anlehnung an BGHZ 222, 125

A. Sachverhalt

P ließ im Krankenhaus K eine Koloskopie mit Polypektomie (Darmspiegelung mit Entfernung von Wucherungen der Dickdarmwand) durchführen, bei der es zu einer Darmperforation kam. In der Folgezeit erlitt P eine Peritonitis (Bauchfellentzündung). Nach erfolgloser konservativer Therapie nahm der bei K angestellte Arzt A eine Laparotomie (Öffnung der Bauchhöhle) vor und übernähte den Darmwanddefekt im Stadium der Entzündung. Wegen dieses zuvor durch Sachverständigengutachten festgestellten Behandlungsfehlers einigte sich P schließlich mit dem Haftpflichtversicherer des K auf eine Abfindungszahlung. Der Gutachter hatte ferner zutreffend festgehalten, dass der Fehler des A aus fachlicher Sicht nicht mehr verständlich war und einem Arzt mit seiner Qualifikation schlechterdings nicht unterlaufen durfte.

F, die Ehefrau des P, macht nun ihrerseits Ansprüche geltend. Ihr Ehemann sei grob fehlerhaft behandelt worden und habe mehrere Wochen in akuter Lebensgefahr geschwebt, weshalb sie – was medizinisch zutrifft – massive psychische Beeinträchtigungen in Form eines depressiven Syndroms mit ausgeprägten psychosomatischen Beschwerden und Angstzuständen erlitten habe. Deswegen habe auch sie sich für längere Zeit in ärztliche Behandlung begeben müssen. Sie verlangt daher von A und/oder K Schadensersatz. Zu Recht?

B. Lösung

I. Ansprüche F gegen A
1. Vertragliche Ansprüche
Im Regelfall des totalen Krankenhausvertrags bestehen keine direkten vertraglichen Beziehungen zwischen Arzt und Patient.[60]

2. § 844 Abs. 3 BGB
Auch ein Anspruch aus § 844 Abs. 3 BGB (sog. Hinterbliebenengeld) kommt nicht in Betracht, da dieser nur im Falle des Todes eines nahen Angehörigen eingreift.

3. § 823 Abs. 1 BGB
Der F könnte aber gegen A ein Anspruch auf Schadensersatz aus § 823 Abs. 1 BGB zustehen.

---

[60] → § 6, Parteien des Behandlungsvertrags – Grundlagen, B., s. auch oben → § 9, Fall 1, Frage 3.

a. Rechtsgutsverletzung

Die F müsste eigens eine Rechtsgutsverletzung erlitten haben. Durch das Verhalten des A unmittelbar verletzt wurde zunächst der P. Bei F sind in der Folge allerdings psychische Beeinträchtigungen aufgetreten. Diese sind dann als eigenständige Gesundheitsverletzung zu qualifizieren, wenn es sich um medizinisch feststellbare Auswirkungen mit „echtem Krankheitswert" handelt.[61]

> Für die Bejahung einer Gesundheitsverletzung ist nicht (mehr) erforderlich, dass die Störung über die gesundheitlichen Beeinträchtigungen hinausgeht, denen Betroffene bei der Verletzung eines Rechtsgutes eines nahen Angehörigen i.d.R. ausgesetzt sind, s. BGHZ 235, 239 = NJW 2023, 983 = MedR 2023, 554 m. Anm. *Vogeler*.

Bei F wurde ein behandlungsbedürftiges depressives Syndrom mit ausgeprägten psychosomatischen Beschwerden und Angstzuständen diagnostiziert. Dieses weist einen eigenständigen Krankheitswert auf, sodass F eine eigene Gesundheitsverletzung erlitten hat.

b. Verletzungsverhalten

Dem A müsste ein haftungsbegründendes Verhalten zur Last zu legen sein. Als Verletzungshandlung kommt hier allein die fehlerhafte Behandlung des P durch den A in Betracht.

c. Objektive Zurechnung

Die Gesundheitsverletzung der F müsste auch eine zurechenbare Folge der Fehlbehandlung des P durch den A darstellen.

aa. Kausalität

Hätte der A den P nicht falsch behandelt, dann hätte die F kein depressives Syndrom erlitten. Die fehlerhafte Behandlung war mithin äquivalent kausal für die Gesundheitsverletzung der F.

bb. Adäquanz

Es liegt nicht außerhalb aller Lebenserfahrung, dass ein Ehepartner bei der Nachricht von der akuten Lebensgefahr des in ärztlicher Behandlung befindlichen anderen Ehepartners in Depression verfällt. Der Eintritt der Rechtsgutsverletzung ist damit nicht inadäquat.

---

[61] Vgl. BGHZ 56, 163 (165 f.) = NJW 1971, 1883 (1884 f.); BGHZ 132, 341 (344) = NJW 1996, 2425 (2426).

cc. Schutzzweck der Norm
Die eingetretene Rechtsgutsverletzung und ihre Verursachung müssten auch dem Schutzzweck der verletzten Verhaltensnorm unterfallen. Die Frage nach dem Schutzzweck der Norm ist eine Wertungsfrage, bei welcher ersatzfähige Schäden vom **allgemeinen Lebensrisiko** abgegrenzt werden sollten. Sie wird insbesondere relevant bei mittelbaren Verletzungshandlungen sowie anlagebedingten Verletzungsfolgen.

Die Depression der F wurde nicht durch einen unmittelbaren Angriff gegen sie selbst herbeigeführt, sie knüpft vielmehr an ein Ereignis mit primär haftungsbegründender Wirkung bei P an. F ist lediglich mittelbar durch die Fehlbehandlung des A verletzt worden. Es handelt sich mithin um einen Fall der psychisch vermittelten Kausalität in Form eines sog. **Schockschadens**.

(1) Allgemeine Grundsätze des Schockschadenersatzes
Bei Schockschäden wird generell wie folgt differenziert:[62] Kein Schadensersatz ist zu leisten, wenn sich im Schaden lediglich das allgemeine Lebensrisiko niederschlägt (etwa das Miterleben eines schweren Verkehrsunfalls unbekannter Dritter auf der Autobahn). Ein Schockschaden ist dem Schädiger vielmehr nur dann als Verwirklichung einer von ihm zu verantwortenden Gefahr zuzurechnen, wenn zwischen dem Geschädigten und dem unmittelbar Verletzten eine enge persönliche Sonderbeziehung besteht und sich das Schadenereignis insgesamt als ausreichender Anlass für die psychische Folgewirkung darstellt.

Eine **hinreichende Nähebeziehung** zwischen den Eheleuten P und F ist ohne Weiteres zu bejahen. Jedoch besteht die Besonderheit, dass F keinen **Unfall** im gewöhnlichen Sinne miterlebt hat, sondern einen ärztlichen **Behandlungsfehler** zulasten ihres Ehemannes. Fraglich ist, ob die dargelegten Haftungsgrundsätze in dieser Konstellation Anwendung finden.

(2) Rspr.
Der BGH wendet die Grundsätze zum Schockschadenersatz auch dann an, wenn das haftungsbegründende Ereignis kein Unfall im eigentlichen Sinne, sondern eine fehlerhafte ärztliche Behandlung ist. Dafür spreche, dass sich der Behandlungsfehler zunächst in der Erkrankung des Patienten und nachfolgend in der Erkrankung seiner Angehörigen realisiert. Es sei keine Rechtfertigung ersichtlich, die Ersatzfähigkeit von Schockschäden bei fehlerhafter ärztlicher Behandlung stärker einzuschränken als bei einem klassischen Unfallereignis.[63]

(3) Literatur
Ob eine fehlerhafte ärztliche Behandlung ohne Weiteres einem Unfall gleichgestellt werden kann, erscheint indes zweifelhaft. Schließlich ist die Gesundheit eines Patienten bereits bedroht, bevor er sich in ärztliche Behandlung begibt. Dass sich die Krankheit des Patienten trotz ärztlicher Behandlung negativ entwickelt, ist in Anbetracht der Unwägbarkeiten des menschlichen Organismus keineswegs ausgeschlossen. Ärztlich

---
[62] Vgl. zum Ganzen *Wandt*, Gesetzliche Schuldverhältnisse, 11. Aufl. 2022, § 16 Rn. 151 ff.
[63] So BGHZ 222, 125 (129 ff.) = NJW 2019, 2387 (2388 f.) = MedR 2020, 35 (36 f.).

zu verantwortende Zwischenfälle sind zwar selten, aber nicht gänzlich unvorhersehbar. Mithin droht im Hinblick auf das Miterleben einer nach fehlerhafter ärztlicher Behandlung eingetretenen Verschlechterung des Gesundheitszustandes eines nahen Angehörigen eine uferlose Haftung.

Gegen den Standpunkt des BGH sprechen nicht zuletzt **methodische Begründungsdefizite**. Das Gericht hält fest, dass kein Grund ersichtlich sei, die Ersatzfähigkeit von Schockschäden als Folge ärztlicher Behandlungsfehler stärker einzuschränken als bei klassischen Unfällen. Da die Grundsätze zum Ersatz psychisch vermittelter Schäden bei Unfällen jedoch bereits eine erhebliche Ausweitung der Haftung darstellen, kann nicht von einer Einschränkung die Rede sein. Richtig wäre es vielmehr zu fragen, ob die von der Rspr. entwickelte Ausweitung der Haftung auch auf den Bereich der Arzthaftung gerechtfertigt ist.

Letztlich wird man einen Behandlungsfehler wertungsmäßig nur dann einem klassischen Unfallgeschehen gleichstellen können, wenn er ebenso plötzlich und unerwartet auftritt.[64] Insofern bedarf es auch hier der wertenden Zuweisung der Schadensrisiken im Einzelfall. Eine interessengerechte Lösung ist es, die Haftung des behandelnden Arztes für psychische Schäden Dritter nicht schon bei jedem Fehler eingreifen zu lassen, sondern auf besonders schwerwiegende ärztliche Fehler zu begrenzen, die so unwahrscheinlich sind, dass sie den Schock der Angehörigen verständlich und als Ausfluss des Fehlverhaltens des Schädigers erscheinen lassen.[65]

Als Behelfsmaßstab kann dabei etwa auf die beweisrechtlich bedeutsame Kategorie des groben Behandlungsfehlers[66] zurückgegriffen werden. Ein solcher liegt vor, wenn der Arzt eindeutig gegen bewährte ärztliche Behandlungsregeln oder gesicherte medizinische Erkenntnisse verstoßen und einen Fehler begangen hat, der aus objektiver Sicht nicht mehr verständlich erscheint, weil er einem Arzt schlechterdings nicht unterlaufen darf.[67]

Laut Sachverständigengutachten ist der Fehler des A aus fachlicher Sicht nicht mehr verständlich und darf einem Arzt mit seiner Qualifikation schlechterdings nicht unterlaufen. Folglich ist auch nach der restriktiven Ansicht, die ein Fehlverhalten von der Qualität eines groben Behandlungsfehlers verlangt, die Zurechenbarkeit gegeben. Die eingetretene Rechtsgutverletzung der F und ihre Verursachung unterfallen damit nach beiden Ansichten dem Schutzzweck der Norm.

dd. Zwischenergebnis
Die Gesundheitsverletzung der F ist eine zurechenbare Folge der Fehlbehandlung des P durch den A.

4. Rechtswidrigkeit
Die Rechtswidrigkeit ist durch den Eintritt der Rechtsgutverletzung indiziert.

---

[64] So *Klose*, NJW 2019, 2389.
[65] *Katzenmeier/Jansen*, MedR 2020, 37 (39 f.).
[66] Dazu noch ausführlich → § 12, Fall 1.
[67] Statt vieler BGH NJW 2012, 227 (228) = MedR 2012, 454 (455).

5. Verschulden
In dem Behandlungsfehler liegt zugleich die Sorgfaltspflichtverletzung (Fahrlässigkeit) i.S.d. § 276 Abs. 2 BGB.

6. Schaden, Haftungsausfüllung
F ist ein zurechenbarer materieller Schaden in Höhe der Behandlungskosten entstanden, ersatzfähig nach § 249 Abs. 2 S. 1 BGB, soweit dafür kein Vorsorge-/Versicherungsträger aufkommt, sowie immaterieller Schaden, § 253 Abs. 2 BGB.

7. Ergebnis
F hat gegen A gem. § 823 Abs. 1 BGB einen Anspruch auf Schadensersatz.

II. Ansprüche F gegen K
1. Vertragliche Ansprüche
F könnte gegen K einen Anspruch gem. §§ 630a Abs. 1, 280 Abs. 1, 241 Abs. 2 BGB i.V.m. den Grundsätzen eines Vertrags mit Schutzwirkung zugunsten Dritter haben.

Dafür müsste F in den Schutzbereich des Behandlungsvertrags zwischen K und P einbezogen sein. Dies setzt voraus, dass die schutzbedürftige F – für den Vertragspartner erkennbar – bestimmungsgemäß mit der Behandlungsleistung in Kontakt kommt (Leistungsnähe) und der P ein berechtigtes Interesse an der Einbeziehung seiner Ehefrau in den Vertrag hat (Gläubigernähe).[68]

Zunächst müsste die Leistungsnähe der F gegeben sein. Diese müsste also bestimmungsgemäß den Risiken und Gefahren einer Schlechtleistung bei der Behandlung in gleicher Weise wie der P ausgesetzt sein. Den Risiken einer Fehlbehandlung ist jedoch nur P ausgesetzt, die Beeinträchtigungen der F sind ohne die Verletzung ihres Ehemanns gar nicht denkbar. Dies unterscheidet den Fall von klassischen Konstellationen, in denen der in den Schutzbereich einbezogene Dritte unabhängig von möglichen Verletzungen des Vertragspartners den typischen Gefahren des Vertrags unmittelbar in gleicher Weise ausgesetzt ist wie der Vertragspartner selbst. Es fehlt somit an der Leistungsnähe, sodass F nicht in den Schutzbereich des Behandlungsvertrags zwischen K und P einbezogen worden ist.[69]

Im Bereich der **Fortpflanzungsmedizin** (z.B. im Hinblick auf eine fehlgeschlagene Sterilisation, Geburtsfehler oder die fehlerhafte artifizielle Reproduktion; dazu BGHZ 204, 54 = NJW 2015, 1098; BGH NJW 2019, 848 m. Anm. *Löhnig*) kann die Frage der Leistungsnähe anders zu beantworten sein. Hier liegt es nahe, dass in die Verträge auch die unmittelbar mitbetroffenen Lebenspartner und/oder (zukünftigen) Kinder einbezogen werden sollen.

Vertragliche Ansprüche der nur mittelbar beteiligten F scheiden demnach aus.

2. Deliktische Ansprüche
K hat aber gem. § 831 Abs. 1 S. 1 BGB für das Fehlverhalten des Verrichtungsgehilfen A einzustehen. Ein darüberhinausgehendes Organisationsverschulden i.S.d. § 823 Abs. 1 BGB ist nicht ersichtlich.

---

[68] Vgl. *Looschelders*, Schuldrecht AT, 21. Aufl. 2023, § 9 Rn. 8 ff.
[69] Vgl. auch OLG Köln VersR 2016, 796.

C. Merksätze

- Die von der Rspr. im Deliktsrecht zu den sog. Schockschäden entwickelten Grundsätze sind auch dann anzuwenden, wenn das haftungsbegründende Ereignis kein klassisches Unfallereignis, sondern eine fehlerhafte ärztliche Behandlung ist. Umstritten ist jedoch, ob der Schockschadensersatz auf Fälle besonders schwerwiegender Behandlungsfehler zu begrenzen ist.
- Der Behandlungsvertrag entfaltet regelmäßig mangels bestimmungsgemäßer Leistungsnähe keine Schutzwirkung zugunsten mittelbar betroffener Dritter. Ausnahmen sind denkbar, wenn der Vertrag bereits nach seinem Zweck unmittelbar drittbezogen ist.

Wiederholungsfragen

▶ Welche Anspruchsgrundlagen kommen für die Haftung des Arztes in Frage und welche Verhaltensweisen wirken dabei haftungsbegründend?

Mangels spezialgesetzlicher Anspruchsgrundlagen gelten die allgemeinen Haftungsgrundsätze, wobei vertragliche und deliktische Ansprüche nebeneinander anzuwenden sind (Anspruchskonkurrenz). Konkret kommen Ansprüche aus §§ 630a, 280 Abs. 1 BGB und aus § 823 Abs. 1 BGB, § 823 Abs. 2 BGB i.V.m. Schutzgesetz in Frage.

Anknüpfungspunkte einer Haftung sind der Behandlungsfehler, § 630a Abs. 2 BGB (auch die Informationspflichtverletzung, § 630c Abs. 2 BGB) und die Aufklärungspflichtverletzung, § 630e BGB. Das Ausbleiben des Heilungserfolgs ist kein Haftungsgrund, der Behandelnde schuldet nur das fachgerechte Bemühen um die Gesundung des Patienten.

▶ Welche sonst eigentlich nicht bei § 280 Abs. 1 BGB zu thematisierende Anspruchsvoraussetzung ist im Rahmen der Arzthaftung im haftungsbegründenden Tatbestand zu prüfen?

Das Vorliegen einer Rechtsgutsverletzung. Die Rspr. betont die „Strukturgleichheit" zwischen der Vertrags- und der Delikthaftung im Arzthaftungsrecht. Dies ist für die Abgrenzung der §§ 286, 287 ZPO von Bedeutung.

▶ Was versteht man unter einem Behandlungsfehler und welche Fehlerarten gibt es?

Im umfassenden Sinne bezeichnet der Begriff Behandlungsfehler das nach dem Stande der Medizin unsachgemäße Verhalten. Konkret geht es um ein Zurückbleiben der erbrachten Leistung hinter dem medizinischen Standard (Standardunterschreitung). Es kommen Diagnosefehler, Befunderhebungsfehler, Therapiefehler (auch bei sog. Übernahmeverschulden), die Verletzung von Informationspflichten, Organisationsfehler, sowie Fehler bei der Nachsorge in Betracht.

▶ Was versteht man unter dem „medizinischen Standard"?

Standard in der Medizin ist „der jeweilige Stand der naturwissenschaftlichen Erkenntnisse und der ärztlichen Erfahrung, der zur Erreichung des ärztlichen Behandlungsziels erforderlich ist und sich in der Erprobung bewährt hat." Die Rede ist auch vom sog. Facharztstandard. § 630a Abs. 2 BGB verweist auf „fachliche Standards".

▶ Haben Ärzte für das Fehlverhalten ihres Hilfspersonals einzustehen? Was gilt bei Krankenhausträgern und den dort angestellten Ärzten?

Vertragsrechtlich wird dem Arzt das Fehlverhalten seiner Erfüllungsgehilfen über § 278 BGB zugerechnet. Deliktsrechtlich besteht bei der Verletzung eigener Auswahl-, Anleitungs- und Überwachungspflichten ein Anspruch gem. § 831 Abs. 1 S. 1 BGB, zudem kommt ein Anspruch gem. § 823 Abs. 1 BGB wegen einer Organisationspflichtverletzung in Betracht.

Auch Krankenhausträger haben für Fehler ihrer Hilfspersonen – darunter die angestellten und damit organisatorisch in den Betrieb eingegliederten Ärzte (anders: Belegärzte) – einzustehen. Die Möglichkeiten, vertragliche Schadensersatzansprüche unmittelbar gegen den Träger und die handelnden Personen geltend zu machen, sind abhängig von der Ausgestaltung der Vertragsbeziehungen im Einzelfall (vgl. → § 6, Parteien des Behandlungsverhältnisses – Grundlagen, B.).

▶ Welchen Anforderungen unterliegt die Therapiewahl des Arztes?

Nach dem Grundsatz der Therapiefreiheit ist die Wahl der Behandlungsmethode primär Sache des Arztes. Er muss eine vertretbare Behandlungsentscheidung treffen. Nicht jede Abweichung vom Standard bedeutet demnach einen Behandlungsfehler.

▶ Wann liegt ein Behandlungsfehler in Form eines Therapiefehlers vor?

Ein Therapiefehler kann sowohl in der fehlerhaften Auswahl einer nicht indizierten Therapiemethode als auch in der fehlerhaften Durchführung einer an sich fehlerfrei ausgewählten Therapie liegen.

▶ Wann stellt die Anwendung einer Neulandmethode, die von der Schulmedizin abweicht, einen Therapiefehler dar? Was ist bei längeren Behandlungsverläufen zu beachten?

Die Anwendung einer Neulandmethode erfordert einen sorgfältigen Vergleich zwischen den zu erwartenden Vorteilen und den absehbaren oder zu vermutenden Nachteilen gegenüber der standardgemäßen Behandlung unter Berücksichtigung des Patientenwohls. Andernfalls ist sie als behandlungsfehlerhaft anzusehen. Zu beachten sind die erhöhten Anforderungen an die Aufklärung des Patienten (vgl. → § 10, Fall 4).

Diese Abwägung muss bei längeren Behandlungsverläufen erneut vorgenommen werden, sobald neue Erkenntnisse über mögliche Risiken und Nebenwirkungen vorliegen, was auch die Notwendigkeit von Kontrolluntersuchungen einschließt.

▶ Dem Behandelndem im Krankenhaus obliegt als Organisationspflicht der Schutz der Patienten vor Selbstschädigungen. Was muss er diesbezüglich grds. gewährleisten?

Der Behandelnde muss den Patienten ausreichend aufklären und regelmäßig aufsuchen. Grds. ist eine permanente Überwachung aber nicht zumutbar. Anderes gilt, wenn der Patient etwa infolge einer Sedierung besonders gefährdet ist.

▶ Wie wird im Arzthaftungsrecht das Mitverschulden des Patienten nach § 254 Abs. 1 BGB berücksichtigt?

§ 254 Abs. 1 BGB wird im Arzthaftungsrecht sehr restriktiv angewendet, um den schützenswerten, weil fachunkundigen Patienten nicht zu benachteiligen und dem Wissens- und Informationsvorsprung des Arztes Rechnung zu tragen.

▶ Unter welchen Voraussetzungen ist ein sog. Schockschaden ersatzfähig und wo sind die besonderen Anforderungen in die Anspruchsprüfung einzubauen?

In der Prüfung der Rechtsgutsverletzung ist festzustellen, dass die bei dem Dritten eingetretene Beeinträchtigung „echten Krankheitswert" hat, es muss zu medizinisch konstatierbaren Folgewirkungen kommen. Im Rahmen des Schutzzwecks der Norm ist der Schockschaden nur haftungsbegründend zuzurechnen, wenn zwischen dem Geschädigten und dem Patienten eine enge, persönliche Sonderbeziehung besteht.

▶ Können die im allgemeinen Deliktsrecht entwickelten Grundsätze zu Schockschäden ohne Weiteres auf die Situation der fehlerhaften ärztlichen Behandlung übertragen werden?

Nach dem BGH sind die im Deliktsrecht zu Schockschäden entwickelten Grundsätze auch dann anzuwenden, wenn das haftungsbegründende Ereignis kein klassisches Unfallereignis, sondern eine fehlerhafte ärztliche Behandlung ist. Dem kann entgegengehalten werden, dass ein Behandlungsfehler nur dann einem sonstigen Unfallgeschehen gleichgestellt werden kann, wenn er ebenso plötzlich und unerwartet auftritt. Der Fehler muss schwerwiegend sein und den Schock der Angehörigen verständlich erscheinen lassen.

§ 10: Aufklärung und Einwilligung

Grundlagen

Die **Aufklärungspflichtverletzung** ist neben dem Behandlungsfehler (dazu → § 9) der **zweite Anknüpfungspunkt der Arzthaftung** (zu der für den Patienten günstigen Beweislastverteilung s. → § 12, Grundlagen, C.).

A. Rechtsgrundlagen

Die ordnungsgemäße **Aufklärung** des Patienten ist Voraussetzung für eine wirksame **Einwilligung** in die konkrete Behandlung. Ihr oberster Zweck ist es, dem Patienten eine sinnvolle Wahrnehmung seines **Selbstbestimmungsrechts** durch Erzielung eines **„informed consent"** zu ermöglichen. Der Patient muss im Großen und Ganzen um Art und Ausmaß der Behandlung und deren Folgen wissen, um eine eigenverantwortliche Entscheidung treffen zu können. Dabei geht es nicht um eine exakte medizinische Beschreibung der Behandlung, sondern um die Vermittlung eines allgemeinen Bildes.

Die Pflicht zur Aufklärung des Patienten besteht vertragsunabhängig. Ihre normative Wurzel findet sich in Art. 1 Abs. 1, 2 Abs. 1, 2 GG (vgl. → § 5, Fall 1). Die vertragliche Aufklärungspflicht des Behandelnden ist in **§ 630e BGB** geregelt, die Pflicht zur Einholung der Einwilligung in **§ 630d BGB**.

B. Fallgruppen

Die **Selbstbestimmungsaufklärung** wird in folgende Fallgruppen untergliedert, die fließend ineinander übergehen können:

- **Diagnoseaufklärung:** Information über den medizinischen Befund. Der Arzt hat den Patienten darüber aufzuklären, dass er krank ist und an welcher Krankheit er leidet.
- **Risikoaufklärung:** Information über mögliche Eingriffsrisiken, Komplikationen und Nebenfolgen, die sich auch bei Anwendung der gebotenen Sorgfalt und bei fehlerfreier Durchführung des Eingriffs nicht mit Gewissheit ausschließen lassen.
- **Verlaufsaufklärung:** Information über Art, Umfang und Durchführung des Eingriffs. Der Patient soll von der beabsichtigten Therapie erfahren und über die prognostizierbare Gesundheitsentwicklung ohne medizinische Behandlung, sowie den prognostischen Gesundheitsverlauf im Falle eines Eingriffs in Kenntnis gesetzt werden.

Von der Selbstbestimmungsaufklärung **zu unterscheiden** sind die:

- **Therapeutische Informationspflicht** (vormals „therapeutische Aufklärung"), § 630c Abs. 2 S. 1 BGB (→ § 9, Grundlagen, B. IV.). Sie dient der Sicherheit des Patienten in der Therapie (z.B. ärztliche Hinweise zur Sicherstellung des Behandlungserfolgs oder auf Dringlichkeit einer gebotenen Maßnahme). Ihr Unterbleiben bedeutet einen vom Patienten zu beweisenden (!) Behandlungsfehler.
- **Wirtschaftliche Informationspflicht** (vormals „wirtschaftliche Aufklärung"), § 630c Abs. 3 BGB. Sie soll den Patienten vor unerwarteten finanziellen Lasten bewahren (z.B. bei Zweifeln an der Kostenübernahme durch die Krankenkasse). Ihre Verletzung begründet einen Schadensersatzanspruch des Patienten gegen den Arzt, mit dem er nach h.M. gegen den Honoraranspruch des Arztes aufrechnen kann.
- **Fehleroffenbarungspflicht**, § 630c Abs. 2 S. 2 u. 3 BGB. Sind für den Behandelnden Umstände erkennbar, die die Annahme eines eigenen oder fremden Behandlungsfehlers[1] begründen, hat er den Patienten auf Nachfrage oder zur Abwendung gesundheitlicher Gefahren über diese in Kenntnis zu setzen.

C. Körperverletzungsdoktrin

I. Rechtsprechung

Der ärztliche Heileingriff wird von der **st. Rspr.** auch dann als **tatbestandsmäßige Körperverletzung** qualifiziert, wenn er medizinisch indiziert ist und fachgerecht (lege artis) durchgeführt wird.[2]

Stimmen in der **Literatur** stellen demgegenüber nicht isoliert auf das Augenblicksgeschehen (den Stich, den Schnitt) ab, sondern beurteilen das Behandlungsgeschehen nach seinem sozialen Sinngehalt. Danach stellt der medizinisch indizierte

---

[1] Aufklärungsfehler werden von der Fehleroffenbarungspflicht nach h.M. nicht erfasst.
[2] RGSt 25, 375; BGHZ 29, 176 (179 f.) = NJW 1959, 814; BGHZ 106, 391 (397 f.) = NJW 1989, 1533 (1535) = MedR 1989, 188 (191).

und fachgerecht ausgeführte ärztliche Eingriff als notwendige Maßnahme zur Heilung des Kranken das Gegenteil einer Körperverletzung dar. Fehlt es an dem erforderlichen informed consent, dann ist deswegen nicht der Körper, vielmehr das **Selbstbestimmungsrecht** des Patienten verletzt. Dieses ist zivilrechtlich als Ausfluss des allgemeinen Persönlichkeitsrechts geschützt.[3] Strafrechtlich ist ein Sonderstraftatbestand der eigenmächtigen Heilbehandlung bereits mehrfach konzipiert und vorgeschlagen, bislang aber nicht in das StGB inkorporiert worden.[4]

II. Einwilligungserfordernis

Auf Grundlage der Körperverletzungsdoktrin der st. Rspr. wird die durch die ärztliche Heilbehandlung erfolgende tatbestandsmäßige Körperverletzung durch eine wirksame **Einwilligung** des Patienten (§ 630d Abs. 1 S. 1 BGB) oder des zur Einwilligung Berechtigten (§ 630d Abs. 1 S. 2 BGB) **gerechtfertigt**. Die Einwilligung in den ärztlichen Eingriff ist keine rechtsgeschäftliche Willenserklärung, sondern eine Gestattung oder **Ermächtigung zur Vornahme tatsächlicher Handlungen**, die in den Rechtskreis des Gestattenden eingreifen. Die Vorschriften über Willenserklärungen (§§ 104 ff.; §§ 119 ff.; 182 ff. BGB) finden keine Anwendung.

Voraussetzungen einer wirksamen Einwilligung sind:

- Vorherige **ordnungsgemäße Aufklärung** (§§ 630d Abs. 2, 630e BGB) des Patienten oder des zur Einwilligung Berechtigten.
- **Einwilligungserklärung**, die ausdrücklich oder konkludent[5] abgegeben werden kann und vor dem Eingriff kundgetan werden muss. Die Einhaltung einer bestimmten Form ist – vorbehaltlich etwaiger Spezialvorschriften, vgl. etwa § 40b Abs. 3 S. 1 AMG; § 8 Abs. 1 GenDG – nicht erforderlich, Schriftform aber sinnvoll.
- **Einwilligungsfähigkeit**: gesetzlich nicht geregelt. Maßgebend ist die **natürliche Einsichts- und Entschlussfähigkeit**, Art, Bedeutung, Tragweite und Risiken der medizinischen Behandlung zu erfassen und den Willen entsprechend auszurichten.
  Bei **Erwachsenen** wird die Einwilligungsfähigkeit vermutet.
  Bei **Minderjährigen** ist entscheidend, ob der Heranwachsende „nach seiner geistigen und sittlichen Reife die Bedeutung des Eingriffs und seine Gestattung zu ermessen vermag".[6] Unter 14 Jahren ist i.d.R. die Einwilligung der Personensorgeberechtigten erforderlich. Bei vorhandener Einwilligungsbefugnis des Minderjährigen ist strittig, inwieweit es daneben der Zustimmung der Personensorgeberechtigten bedarf.[7]

---

[3] Nachweise bei *Katzenmeier*, in: Laufs/Katzenmeier/Lipp, Arztrecht, Kap. V Rn. 10 ff., 83 ff.; eindringlich das Plädoyer von 28 Strafrechtsprofessoren: Kriminalpolitischer Kreis, medstra 2021, 65.
[4] Dafür Kriminalpolitischer Kreis, medstra 2021, 65; s. auch *Katzenmeier* ZRP 1997, 156 (159 f.).
[5] BGHZ 236, 42 (52 f.) = NJW 2023, 1435 (1437) = MedR 2023, 390 (393).
[6] BGHZ 29, 33 (36) = NJW 1959, 811; BGH NJW 1972, 335 (337).
[7] Zum Meinungsstand *Katzenmeier*, in: BeckOK-BGB, § 630d Rn. 13 ff.

Ist der Patient einwilligungs**un**fähig, ist die Einwilligung des hierzu **Berechtigten** (Personensorgeberechtigte, Vorsorgebevollmächtigte, Ehegatte oder eingetragener Lebenspartner als Notvertretungsberechtige oder Betreuer, näher unten im Erläuterungsfeld) einzuholen (§ 630d Abs. 1 S. 2 BGB), sofern nicht eine Patientenverfügung (§ 1827 Abs. 1 S. 1 BGB) die geplante Maßnahme gestattet oder untersagt.
- Die Einwilligung muss **ernstlich und frei von Willensmängeln** sein, d.h. sie muss ohne äußeren Zwang, Drohung oder Täuschung erteilt worden sein.[8]
- Es darf kein Verstoß gegen die **guten Sitten** vorliegen, § 228 StGB. Entscheidend ist die Sittenwidrigkeit der Tat (bspw. Amputationen ohne medizinische Indikation), nicht die der Einwilligung.

Die Einwilligung kann jederzeit und ohne Angaben von Gründen **formlos widerrufen** werden (§ 630d Abs. 3 BGB).

Auf eine **mutmaßliche Einwilligung** kann eine medizinische Maßnahme nur unter engen Voraussetzungen gestützt werden, § 630d Abs. 1 S. 4 BGB (kumulativ):

- Es handelt sich um eine unaufschiebbare Maßnahme (Gefahr für Leib oder Leben),
- die Einwilligung des Patienten oder Berechtigten kann nicht rechtzeitig eingeholt werden,
- der tatsächliche Wille des Patienten ist nicht feststellbar und
- die Behandlung entspricht dem mutmaßlichem Patientenwillen, der aus den persönlichen Umständen des Betroffenen und seinen individuellen Interessen, Wünschen und Wertvorstellungen zu ermitteln ist. Entsprechende Anhaltspunkte kann auch die Befragung von Angehörigen ergeben. Einen ihm bekannten Willen des Patienten hat der Behandelnde zu respektieren, auch wenn er unvernünftig erscheint.

Bei aufschiebbaren Eingriffen ist abzuwarten, bis der Patient oder ein Berechtigter die Einwilligung erteilen kann; ggf. ist ein Betreuer zu bestellen.

Patientenverfügung und Berechtigung i.S.d. § 630d Abs. 1 S. 2 BGB
Patientenverfügung (§ 1827 Abs. 1 S. 1 BGB): Schriftliche Festlegung eines einwilligungsfähigen Volljährigen für den Fall seiner Einwilligungsunfähigkeit, ob er in bestimmte, zum Zeitpunkt der Festlegung noch nicht unmittelbar bevorstehende Untersuchungen seines Gesundheitszustands, Heilbehandlungen oder ärztliche Eingriffe einwilligt oder sie untersagt. Da die Patientenverfügung den eigenen Willen des Patienten dokumentiert, hat sie Vorrang gegenüber einer Einwilligung durch Berechtigte i.S.d. § 630d

---

[8] BGH NStZ 2004, 442 = JR 2004, 469 m. Anm. *Puppe*; BGH JuS 2024, 704 f. m. Anm. *Eisele*.

Abs. 1 S. 2 BGB, wenn die dort getroffenen Festlegungen auf die konkrete Behandlungssituation zutreffen. Eine Patientenverfügung, die eine Einwilligung in eine ärztliche Maßnahme enthält, ist nur mit vorausgegangener ärztlicher Aufklärung oder erklärtem Aufklärungsverzicht wirksam. Die Ablehnung medizinischer Maßnahmen setzt indes keine Aufklärung des Patienten voraus.

Vorsorgevollmacht (§§ 1814 Abs. 3 S. 2 Nr. 1, 1820 BGB): Hat der Patient eine Vorsorgevollmacht erteilt, ist der Bevollmächtigte im Umfang der eingeräumten Vollmacht Vertreter des Patienten und kann für ihn einwilligen. Die Vorsorgevollmacht geht dem Notvertretungsrecht des Ehegatten (§ 1358 Abs. 1 Nr. 1 BGB) und eingetragenen Lebenspartners (§ 1358 Abs. 1 Nr. 1 BGB, § 21 LPartG) in Angelegenheiten der Gesundheitssorge vor, § 1358 Abs. 3 Nr. 2 lit b. Auch die Bestellung eines Betreuers ist gegenüber der Vorsorgevollmacht subsidiär, § 1814 Abs. 3 S. 2 BGB; vgl. aber §§ 1815 Abs. 3, 1820 Abs. 3 BGB (sog. Kontrollbetreuung).

Gesetzliches Notvertretungsrecht des Ehegatten (§ 1358 Abs. 1 Nr. 1 BGB): Ist keine Vorsorgevollmacht erteilt und noch keine Betreuung in Gesundheitsangelegenheiten bestellt, besteht ein auf sechs Monate beschränktes gesetzliches Notvertretungsrecht des Ehegatten § 1358 Abs. 1 Nr. 1 BGB und eingetragenen Lebenspartners § 1358 Abs. 1 Nr. 1 BGB, § 21 LPartG in Angelegenheiten der Gesundheitssorge (dazu → § 6, Parteien des Behandlungsverhältnisses – Grundlagen, C. III.). Durch das Notvertretungsrecht soll die bei Fehlen einer Vorsorgevollmacht notwendige Anordnung eines vorläufigen Betreuers nach § 300 FamFG vermieden werden. Nach Ablauf von sechs Monaten ist eine gerichtlich angeordnete Betreuung einzurichten.

Betreuung: Stellt das Betreuungsgericht Unterstützungsbedarf i.S.d. §§ 1814, 1815 BGB fest und bestehen weder Vorsorgevollmacht noch Ehegattennotvertretungsrecht, ist ein Betreuer für den Aufgabenkreis Gesundheitsfürsorge zu bestellen.

D. Modalitäten der Aufklärung

Aufklärungspflichtiger ist grds. der Arzt, der die Behandlung durchführt. Eine Übertragung auf einen anderen Arzt ist möglich, wenn dieser über die zur Durchführung der Maßnahme notwendige Ausbildung verfügt (§ 630e Abs. 2 S. 1 Nr. 1 BGB),[9] nicht aber die Delegation an nicht ärztliches Personal[10] oder einen Medizinstudenten im praktischen Jahr.[11] Im Falle zulässiger **Delegation** auf einen anderen Arzt gilt:

---

[9] Str., ob darüber hinaus auch praktische Erfahrung erforderlich ist, s. *Mansel*, in: Jauernig, BGB, § 630e Rn. 4.
[10] BGHZ 169, 364 (366) = MedR 2007, 169 m. Anm. *Bender* = JZ 2007, 641 m. Anm. *Katzenmeier*; *Katzenmeier/Achterfeld*, in: FS Bergmann, 2016, 89 (97 ff.).
[11] *Achterfeld*, in: FS Dahm, 2017, 1 (14 ff.); *Katzenmeier*, in: Laufs/Katzenmeier/Lipp, Arztrecht, Kap. V Rn. 48; a. A. OLG Karlsruhe VersR 2014, 710 f.

- Haftung des übernehmenden Arztes für Aufklärungsfehler.
- Haftung des übertragenden Arztes für Aufklärungsfehler besteht fort (vertraglich Zurechnung über § 278 BGB bzw. § 31 BGB analog, deliktische Haftung nach § 831 Abs. 1 S. 1 BGB bzw. §§ 823 Abs. 1, 31 BGB analog).
- Notwendig sind klare Organisationsanweisungen zur Aufklärung und betriebliche Kontrollen (Stichproben), andernfalls Organisationsverschulden des Behandlungsträgers (§ 823 Abs. 1 BGB).[12]

Adressat der Aufklärung ist derjenige, der die Einwilligung zu erteilen hat, beim Einwilligungsunfähigen der Berechtigte i.S.d. §§ 630d Abs. 1 S. 2, 630e Abs. 4 BGB, zu beachten ist § 630e Abs. 5 BGB. Die Aufklärung von Angehörigen ist wegen der ärztlichen Schweigepflicht (dazu → § 8, Grundlagen, C.) grds. nur im Einverständnis mit dem Patienten oder – falls darauf zu rekurrieren ist – mit dessen mutmaßlicher Einwilligung möglich.

Der Zeitpunkt der Aufklärung ist abhängig von Schwere und Risiken des Eingriffs und den Umständen des Einzelfalls.[13] Die Aufklärung hat so rechtzeitig zu erfolgen, dass der Patient in Ruhe das Für und Wider einer Behandlungsmaßnahme abwägen und seine Entscheidung über die Einwilligung wohlüberlegt treffen kann (§ 630e Abs. 2 S. 1 Nr. 2 BGB). Auch die Einwilligung muss rechtzeitig im Zustand freier Selbstbestimmung erfolgen. Wird die Einwilligung im direkten Anschluss an das Aufklärungsgespräch erteilt, steht dies ihrer Wirksamkeit nicht entgegen.[14] Zur Orientierung dient folgende Differenzierung:

- Bei Operationen stationär aufgenommener Patienten hat die Aufklärung spätestens am Vortag (nicht erst am Vorabend) zu erfolgen. Ausnahmen gelten bei Notfällen und Sonderlagen.
- Bei einfachen (Routine-)Eingriffen mit geringem Risikopotenzial ist i.d.R. die Aufklärung am selben Tag ausreichend, wenn sichergestellt ist, dass eine eigenständige freie Entscheidung des Patienten ohne psychischen Druck möglich bleibt. Dass ein Eingriff ambulant erfolgt, lässt nur bedingt Rückschluss auf die Einfachheit des Eingriffs zu.

Formal erfordert die Aufklärung das persönliche Arzt-Patienten-Gespräch, eine formularmäßige Aufklärung ist i.d.R. nicht ausreichend (§ 630e Abs. 2 S. 1 Nr. 1 BGB).[15]

Umfang und Genauigkeit der Aufklärung sind abhängig von den Umständen des Einzelfalls, grds. umgekehrt proportional zur Dringlichkeit eines Eingriffs. Das heißt je weniger dringlich der Eingriff ist, desto genauer und ausführlicher ist der Patient aufzuklären. Sehr strenge Aufklärungspflichten bestehen bei medizinisch

---

[12] BGHZ 169, 364 (368) = MedR 2007, 169 m. Anm. *Bender* = JZ 2007, 641 f. m. Anm. *Katzenmeier*.
[13] BGH NJW 1992, 2351 = MedR 1992, 277 (278); NJW 2003, 2012 f. = MedR 2003, 576 f.
[14] BGHZ 236, 42 (48 ff.) = NJW 2023, 1435 (1436 f.) = MedR 2023, 390 (392 f.) m. Anm. *Süß*.
[15] BGH NJW 1985, 1399 = MedR 1985, 168 (169).

nicht indizierten Operationen (z.B. rein ästhetisch motivierten Eingriffen). Der Patient muss „im Großen und Ganzen" wissen, worin er einwilligt.[16] Erforderlich ist nicht eine exakte medizinische Beschreibung, sondern die Vermittlung eines allgemeinen Bildes von der Schwere und der Richtung der Risiken.[17] Maßstab ist stets der konkrete Patient.

Im Einzelnen bedarf es der Aufklärung über:

- Grds. alle behandlungstypischen Risiken, deren Kenntnis beim medizinischen Laien nicht vorausgesetzt werden kann, die aber für die Entscheidung des Patienten über die Behandlungszustimmung ernsthaft ins Gewicht fallen können.
- Seltene Risiken, wenn diese trotz ihrer Seltenheit für den Eingriff spezifisch sind und die Lebensführung des individuellen Patienten im Falle ihrer Realisierung schwer belasten[18] (so kann etwa auch ein im Promillebereich liegendes Operationsrisiko der Fingerversteifung aufklärungspflichtig sein, wenn es sich bei dem Patienten um einen Berufsmusiker handelt).
- Bislang unbekannte Risiken neuer Behandlungsmethoden.[19]
- Behandlungsalternativen, wenn die alternative Methode entweder bei gleichwertiger Heilungs- oder Erfolgsaussicht eine geringere Risikobelastung des Patienten aufweist oder bei nach Art und Richtung gleichwertigen Belastungen und Risiken eine größere Heilungs- oder Erfolgsaussicht verspricht und damit eine echte Wahlmöglichkeit des Patienten besteht, auf welchem Weg die Behandlung erfolgen soll und auf welches Risiko er sich einlassen will (§ 630e Abs. 1 S. 3 BGB).[20] Über neue Verfahren, die noch in der Erprobung sind und die der Arzt nicht anwenden möchte, muss der Patient nicht ungefragt aufgeklärt werden.

Über allgemeine Risiken (bspw. Wundinfektionen) ist nur dann aufzuklären, wenn diese dem Patienten nicht bekannt sind.[21] **Nicht aufklärungsbedürftig** sind nicht vorhersehbare und derart außergewöhnliche Risiken, dass sie für den Entschluss des Patienten in den Eingriff einzuwilligen, keine Bedeutung haben. Ebenso wenig ist über Risiken aufzuklären, die Resultat einer fehlerhaften Behandlung sind.

Einschränkungen der Aufklärungspflicht ergeben sich bei Kenntnis der Risiken oder bei ausdrücklichem Verzicht des Patienten (§ 630e Abs. 3 BGB), eine therapeutische Kontraindikation ist hingegen nur in engen Grenzen anerkannt.[22]

---

[16] BGHZ 90, 103 (106 f.) = NJW 1984, 1397 f. = MedR 1985, 224 (225); BGHZ 102, 17 (23) = NJW 1988, 763 (764) = MedR 1988, 91 (92).
[17] BGH NJW 1991, 2346 (2347) = MedR 1991, 331 (333); NJW 1992, 754 (755) = MedR 1992, 214 (216).
[18] BGHZ 90, 96 (98) = NJW 1984, 1395 = MedR 1984, 227; BGHZ 166, 336 (340) = NJW 2006, 2108 f. = MedR 2006, 588 f.
[19] BGHZ 168, 103 (107 f.) = NJW 2006, 2477 (2478 f.) = MedR 2006, 650 f.; BGHZ 172, 1 (13 f.) = NJW 2007, 2767 (2770) = MedR 2007, 653 (656) = JZ 2007, 1104 (1108) m. Anm. *Katzenmeier*; BGHZ 172, 254 (260) = NJW 2007, 2774 f. = MedR 2008, 87 (88 f.) m. Anm. *Spickhoff*.
[20] BGHZ 102, 17 (22 f.) = NJW 1988, 763 f. = MedR 1988, 91 (92); BGHZ 106, 153 (157) = NJW 1989, 1538 f. = MedR 1989, 139 (141).
[21] BGH NJW 1986, 780; BGHZ 116, 379 (382 f.) = NJW 1992, 743 = MedR 1992, 159 f.
[22] S. dazu → § 10, Fall 1, Variante d).

E. Schadensersatzanspruch

Das Bestehen eines **Schadensersatzanspruchs wegen einer Aufklärungspflichtverletzung** bestimmt sich nach den genannten Voraussetzungen (s. → § 9, Grundlagen, A. I). Bei der Prüfung ist besonderes Augenmerk zu richten auf:

- Das Vorliegen eines **ersatzfähigen Schadens**. Aus der fehlenden Einwilligung allein kann noch kein Anspruch des Patienten hergeleitet werden.[23]
- Den **Rechtswidrigkeitszusammenhang (Schutzzweck der Norm)**, d.h. Verwirklichung eines Risikos, über das nicht oder nur unzureichend aufgeklärt wurde. Der Rechtswidrigkeitszusammenhang fehlt, wenn der Patient zwar nicht richtig aufgeklärt wurde, sich im Gesundheitsschaden aber ein anderes, seinerseits nicht aufklärungsbedürftigen Risiko verwirklicht. Eine Ausnahme gilt dann, wenn bereits die erforderliche Grundaufklärung fehlt.

Der Einwand **hypothetischer Einwilligung** ist grds. zulässig (vgl. § 630h Abs. 2 S. 2 BGB, dazu → § 10, Fall 5; s. auch → § 12, Fall 4).[24] Gleiches gilt für die Berufung auf einen **hypothetischen Kausalverlauf**.[25] Beide Einwände sind vom Arzt zu beweisen, es gelten strenge Anforderungen.

Literatur zur Vertiefung: *Katzenmeier*, in: Laufs/Katzenmeier/Lipp, Arztrecht, Kap. V Rn. 65 ff.; *Achterfeld*, in: Narr (Begr.), Ärztliches Berufsrecht, 28. EL 2018, D VI 5.

Fall 1: Ambitionen – Aufklärung und Einwilligung bei minderjährigen, bewusstlosen oder fremdsprachigen Patienten; Entbehrlichkeit der Aufklärung

A. Sachverhalt

Stationsarzt A wurde vor kurzem wegen wiederholter Fehler bei der Patientenaufklärung durch den Chefarzt gerügt. Er möchte nun alles richtig machen und fragt, was zu bedenken ist bei der Aufklärung

a) minderjähriger Patienten
b) bewusstloser Patienten
c) fremdsprachiger Patienten und
d) unter welchen Umständen die Aufklärung des Patienten entbehrlich sein kann.

---

[23] BGHZ 176, 342 (346 f.) = NJW 2008, 2344 f.
[24] BGHZ 90, 103 (111 f.) = NJW 1984, 1397 (1399) = MedR 1985, 224 (226 f.); BGH NJW 2007, 2771 (2772 f.) = MedR 2007, 718 (720).
[25] BGHZ 78, 209 (214 f.) = NJW 1981, 628 (630); BGH NJW 2005, 1718 f. = MedR 2005, 599 (601); BGH NJW 2005, 2072 (2073); BGHZ 192, 298 (302 f.) = NJW 2012, 850 f. = MedR 2012, 456 (458).

B. Lösung

Variante a)

Fraglich ist, wen der Arzt vor der Behandlung eines **minderjährigen Patienten** aufzuklären hat. Aufklärungsadressat ist, wer die Einwilligung in die Behandlung zu erteilen hat. Das ist grds. der Patient persönlich, bei einwilligungsunfähigen Patienten der zu Erteilung der Einwilligung Berechtige, §§ 630d Abs. 1 S. 2, 630e Abs. 4 BGB. Jedoch sind auch dem einwilligungsunfähigen Patienten die wesentlichen Umstände seinem Verständnis entsprechend zu erläutern, §§ 630e Abs. 5, 630d Abs. 1 S. 2 BGB.

Entscheidend ist damit, ob der Minderjährige selbst für einwilligungsbefugt zu erachten ist. Der Begriff der **Einwilligungsfähigkeit** ist gesetzlich nicht geregelt. Bei der Einwilligung in eine ärztliche Heilbehandlung handelt es sich nicht um eine rechtsgeschäftliche Willenserklärung, sondern um die Disposition über ein höchstpersönliches Rechtsgut. Maßgebend ist daher nicht die Geschäftsfähigkeit, sondern die **natürliche Einsichts- und Entschlussfähigkeit**.[26] Diese liegt vor, wenn der Minderjährige über die geistige und sittliche Reife verfügt, die Bedeutung des Eingriffs und seiner Gestattung zu ermessen.[27] Entscheidend sind insofern neben dem Alter und der Reife des Minderjährigen auch Schwere, Dringlichkeit und Risikopotenzial des Eingriffs.

> Bei **Volljährigen** wird die Einwilligungsfähigkeit vermutet. Beruft sich ein Volljähriger darauf, zum maßgeblichen Zeitpunkt einwilligungsunfähig gewesen zu sein, hat der den entsprechenden Nachweis zu führen.

I. Der einwilligungsunfähige Minderjährige

Fehlt es an der erforderlichen Einsichts- und Urteilsfähigkeit, wovon bei Minderjährigen unter vierzehn Jahren im Regelfall auszugehen ist, ist die **Einwilligung der Personensorgeberechtigten** einzuholen. Träger der Zustimmungsbefugnis sind im Falle gemeinsamen Sorgerechts **grds. beide Elternteile** (§§ 1626 Abs. 1, 1627, 1629 Abs. 1 BGB), die vom Arzt umfassend aufzuklären sind. Es besteht jedoch die Möglichkeit, dass sich die Elternteile ausdrücklich oder durch innerfamiliäre Funktionsteilung ermächtigen, füreinander mitzuentscheiden. Zur Reichweite einer solchen Ermächtigung und der Befugnis des Arztes, auf diese zu vertrauen, unterscheidet die Judikatur nach Fallgruppen.[28]

- In „Routinefällen" darf der Arzt im Allgemeinen ungefragt auf die Ermächtigung des erschienenen Elternteiles zum Handeln für den anderen vertrauen.[29]

---

[26] *Katzenmeier*, in: Laufs/Katzenmeier/Lipp, Arztrecht, Kap. V Rn. 51.
[27] BGHZ 29, 33 (36) = NJW 1959, 811; BGH NJW 1972, 335 (337).
[28] S. zur Unterteilung *Katzenmeier*, in: Laufs/Katzenmeier/Lipp, Arztrecht, Kap. V Rn. 53.
[29] BGHZ 144, 1 (4) = NJW 2000, 1784 (1785) = MedR 2001, 42 (43) – Routineimpfung.

- Bei ärztlichen Eingriffen nicht unerheblicher Art mit nicht unbedeutenden Risiken, hat sich der Arzt der Ermächtigung und ihrer Reichweite durch Nachfrage beim erschienenen Elternteil zu vergewissern, darf aber auf eine wahrheitsgemäße Auskunft des erschienenen Elternteils vertrauen.[30]
- Bei schwierigen und weitreichenden Entscheidungen über die Behandlung des Kindes, die mit erheblichen Risiken für das Kind verbunden sind, hat der Arzt den abwesenden Elternteil grds. an der Entschließung zu beteiligen, sofern dieser nicht ihm gegenüber vorbehaltlos und umfassend darauf verzichtet hat.[31]

Praxishinweis

Die Abgrenzung der Schweregrade der Eingriffe ist nicht eindeutig, im Zweifel sollte daher der andere Elternteil einbezogen werden.

Bei unverheirateten oder geschiedenen Eltern richtet sich die Einwilligungsbefugnis und damit auch die Person des Aufklärungsadressaten nach dem **Sorgerecht**. Bei Entzug des (Personen-)Sorgerechts obliegt die Einwilligungsbefugnis entweder dem Vormund (§ 1789 Abs. 2 S. 1 BGB) oder dem Ergänzungspfleger (§§ 1809 Abs. 1 S. 1, 1882 S. 1, 1789 Abs. 2 S. 1 BGB).

Bei **Uneinigkeit der Sorgeberechtigten** über die Einwilligung in eine angedachte Behandlung kann das Familiengericht angerufen werden, §§ 1628, 1666 BGB, das die Entscheidung auf Antrag einem Elternteil übertragen kann (besondere praktische Bedeutung etwa bei Impfungen, vgl. etwa BGH NJW 2017, 2826 = MedR 2018, 39).

Im Falle missbräuchlicher Verweigerung der Einwilligung durch die Sorgeberechtigten, hat der Behandler das Familiengericht anzurufen, das Maßnahmen nach § 1666 BGB ergreifen kann. Bei Gefahr in Verzug ist ein zweifelsfrei gebotener Eingriff und ohne Einschaltung des Familiengerichts durchgeführter Eingriff nach § 34 StGB gerechtfertigt. ◄

II. Der einwilligungsfähige Minderjährige

Soweit der Minderjährige einwilligungsfähig ist, ist er selbst für die Erteilung der Einwilligung zuständig und durch den Arzt umfassend aufzuklären. Nicht eindeutig geklärt ist, inwieweit es **daneben** der **Zustimmung der Sorgeberechtigten** bedarf. Jedenfalls bei erheblichen und bei medizinisch nicht indizierten Eingriffen wird nach bislang h.M. zusätzlich die Zustimmung der Personensorgeberechtigten verlangt.

Beachte

Mehrere Instanzgerichte und Stimmen im Schrifttum gehen unter Hinweis auf die Höchstpersönlichkeit der Einwilligung und die Schweigepflicht des Arztes indes von einer Alleinentscheidungsbefugnis des einwilligungsfähigen

---

[30] BGHZ 105, 45 (49 f.) = NJW 1988, 2946 (2947) = MedR 1989, 81 (83); BGH NJW 2010, 2430 (2431) = MedR 2010, 857 (859) m. Anm. *Finn* = LMK 2010, 308091 m. Anm. *Katzenmeier*.
[31] BGHZ 105, 45 (50 f.) = NJW 1988, 2946 (2947 f.) = MedR 1989, 81 (83 f.) – Herzoperation.

Minderjährigen aus (zum Meinungsstand *Katzenmeier*, in: BeckOK-BGB, § 630d Rn. 14).

Besonders problematisch ist die Frage, ob für den Abbruch der Schwangerschaft einer minderjährigen Frau deren Einwilligung ausreicht oder ob zusätzlich die Zustimmung der Personensorgeberechtigten einzuholen ist. Überwiegend wird hier dem Selbstbestimmungsrecht der einsichtsfähigen Betroffenen der Vorrang vor dem Erziehungsrecht der Eltern eingeräumt, zumal diese die Konfliktsituation der Schwangeren nicht auflösen können, OLG Hamm NJW 2020, 1373 (1374 f.).

Die Fähigkeit, in einen Eingriff einzuwilligen, unterscheidet sich von derjenigen, den Behandlungsvertrag abzuschließen. Der Abschluss des Behandlungsvertrags unterliegt den Regeln der §§ 104 ff. BGB (→ § 6, Fall 9). In der Konsequenz bedeutet dies, dass **Einwilligungsfähigkeit und Vertragsabschlusskompetenz auseinanderfallen können** (dazu *Lauf/Birck*, NJW 2018, 2230).

Variante b)
Der **bewusstlose Patient** ist zum Zeitpunkt der anvisierten Behandlung nicht einwilligungsfähig und kann entsprechend auch nicht aufgeklärt werden. Soweit nicht eine Patientenverfügung (§ 1827 Abs. 1 S. 1 BGB) die angedachte Behandlung untersagt oder gestattet, ist die **Einwilligung des Berechtigten** (Sorgeberechtigter, Vorsorgebevollmächtigter, nach § 1358 Abs. 1 Nr. 1 BGB zur Vertretung berufener Ehegatte oder Lebenspartner (§ 21 LPartG) oder Betreuer als gesetzlicher Vertreter) einzuholen.

Kann eine Einwilligung in eine **unaufschiebbare Behandlung** nicht rechtzeitig eingeholt werden, darf sie unter Umständen ohne Aufklärung und Einwilligung durchgeführt werden, wenn dies dem **mutmaßlichen Willen** des Patienten entspricht, § 630d Abs. 1 S. 4 BGB. Zur Ermittlung des mutmaßlichen Willens sind – sofern möglich – die nächsten Angehörigen zu befragen, die Auskunft über die individuellen Wünsche und Wertvorstellungen des Patienten geben können. Nur wenn der Wille des Patienten auf diese Weise nicht zu ermitteln ist, kann sich der Arzt am „verständigen Patienten" orientieren. Danach sind dringende Eingriffe, deren Unterlassen mit der Gefahr schwerer Folgen von erheblichem Gewicht für das weitere Leben des Patienten einhergehen, durchzuführen. Weniger dringliche Eingriffe sind indes zurückzustellen, bis entweder die Einwilligung des Patienten selbst eingeholt werden kann oder aber ein Betreuer bestellt wurde.

Besonderheiten gelten für den Fall der **Operationserweiterung**. Hat der Patient in die geplante Operation eingewilligt und stellt sich während des Eingriffs heraus, dass dieser geändert werden muss ist zu differenzieren:[32]

- War die Änderung vorhersehbar, kann sich der Arzt nicht auf eine mutmaßliche Einwilligung berufen, sondern haftet wegen einer Verletzung der Aufklärungspflicht, denn eine ordnungsgemäße Aufklärung umfasst auch den Hinweis auf vorhersehbare Operationserweiterungen.

---

[32] Vgl. bereits → § 7, Fall 1.

- Im Falle einer nicht vorhersehbaren Operationserweiterung ist der Eingriff mangels wirksamer Einwilligung abzubrechen, sofern dies medizinisch möglich und vertretbar ist. Andernfalls sind die voran genannten Grundsätze anzuwenden.

Variante c)
Probleme ergeben sich auch dort, wo dem Arzt **sprachunkundige Patienten** gegenüberstehen. Das Gesetz differenziert nicht, auch die Einwilligung des fremdsprachigen Patienten bedarf der vorhergehenden umfassenden Aufklärung. Dabei obliegt es dem Arzt, sich sorgfältig zu vergewissern, ob der Patient die Aufklärung versteht.

Im Zweifelsfall ist für eine Übersetzung zu sorgen, etwa mittels (Laien-)Dolmetschers oder sprachkundiger Angehöriger des Patienten.[33] Der Arzt hat sich in diesem Fall ausdrücklich oder schlüssig von der Schweigepflicht entbinden zu lassen. Bei dringlichen Eingriffen kann bei Vorliegen der entsprechenden Voraussetzungen auf eine mutmaßliche Einwilligung abgestellt werden.[34] Ein Aufklärungsverzicht des Patienten dürfte wegen der diesbezüglich erforderlichen Voraussetzungen[35] indes regelmäßig nicht in Betracht kommen.[36]

Variante d)
Aufgrund des Stellenwerts des Selbstbestimmungsrechts ist die Patientenaufklärung **nur ausnahmsweise aufgrund besonderer Umstände entbehrlich**. Eine nicht abschließende Aufzählung möglicher Umstände („insbesondere") findet sich in § 630e Abs. 3 BGB, der exemplarisch die Unaufschiebbarkeit der Behandlung und den ausdrücklichen Verzicht des Patienten benennt.

I. Unaufschiebbarkeit der Maßnahme
Wegen Unaufschiebbarkeit der Maßnahme ist die Aufklärung entbehrlich, wenn anderenfalls erhebliche Gefahren für die Gesundheit des Patienten drohen. Je nach Eilbedürftigkeit hat die Aufklärung eingeschränkt zu erfolgen, kann unter Umständen aber auch ganz entfallen.

II. Kenntnis des Patienten
Kennt der Patient Bedeutung und Tragweite des ärztlichen Eingriffs bereits, bedarf es keiner (erneuten) Aufklärung.[37] Das erforderliche Wissen kann der Patient etwa aus eigenen beruflichen Erfahrungen, aus früheren Behandlungen oder aus eigener Recherche gewonnen haben. Werden gleiche oder ähnliche Behandlungen wiederholt vorgenommen, wirkt eine vor der ersten Behandlung durchgeführte ordnungsgemäße Aufklärung fort. Stets obliegt es dem Arzt, sich des konkreten Kenntnisstands des Patienten zu vergewissern. Irrtümer oder Missverständnisse des Patienten gehen zulasten des Arztes.

---

[33] OLG München VersR 1993, 1488 (Krankenschwester als Dolmetscher); OLG Karlsruhe VersR 1997, 241 (Putzhilfe als Dolmetscher); ausf. *Hegerfeld*, MedR 2019, 540.
[34] OLG Braunschweig ZfS 2003, 114.
[35] Dazu sogleich → § 10, Fall 1, Variante d).
[36] A.A. *Spickhoff*, in: Spickhoff, Medizinrecht, § 630e BGB Rn. 16.
[37] BGH VersR 1983, 957 (958).

III. Ausdrücklicher Verzicht des Patienten

Zur personalen Autonomie gehört auch das Recht auf Nichtwissen, sodass der Patient auf die Aufklärung verzichten kann. An den Verzicht sind jedoch hohe Anforderungen zu stellen. Er muss **ausdrücklich** und **unmissverständlich** erklärt werden. Zudem muss der Patient **in Kenntnis der Tragweite** des Eingriffs handeln. Das setzt voraus, dass er jedenfalls die Erforderlichkeit des Eingriffs kennt, dessen Art sowie den Umstand, dass er nicht ganz ohne Risiko verläuft. Letztlich kann der Patient somit nur auf die Information über Einzelheiten des Verlaufs und Gefahren verzichten. Ist eine andere Person anstatt des Patienten zur Einwilligung i.S.d. § 630d Abs. 1 S. 2 BGB berechtigt, ist ein wirksamer Verzicht auf die Aufklärung nicht möglich.

IV. Therapeutische Kontraindikation

Fraglich ist, ob auch therapeutische Gründe eine Aufklärung entbehrlich machen können. Eine solche **therapeutische Kontraindikation** wird nur in engen Grenzen anerkannt. Erforderlich sind drohende physische Beeinträchtigungen bei Aufklärung des Patienten. Psychische Schäden werden nicht als ausreichend erachtet, auch wenn sie im Einzelfall erheblich sein mögen.[38] Therapeutische Gründe, die in der Person des Patienten liegen, sind für die Aufklärung eines zur Einwilligung Berechtigten i.S.d. § 630d Abs. 1 S. 2 BGB regelmäßig irrelevant. Eine Aufklärungsreduktion kommt insofern nicht in Betracht.[39]

> **Praxishinweis**
>
> Dem Arzt obliegt der Nachweis, dass er seiner Aufklärungsverpflichtung genügt hat. Folglich sollten die Voraussetzungen der Entbehrlichkeit der Aufklärung im Einzelfall sorgfältig überprüft und dokumentiert werden. ◄

C. Merksätze

- Die Einwilligung in eine ärztliche Behandlung ist keine rechtsgeschäftliche Willenserklärung, sondern eine Gestattung oder Ermächtigung zur Vornahme tatsächlicher Handlungen, die in den Rechtskreis des Gestattenden eingreifen. Die Vorschriften der §§ 104 ff. BGB sind auf die Einwilligung nicht anwendbar.
- Maßgeblich für die Einwilligungsfähigkeit ist die natürliche Einsichts- und Entschlussfähigkeit.
- Fehlt die Einsichtsfähigkeit des Minderjährigen, müssen die gesetzlichen Vertreter, im Regelfall beide Elternteile, in den Eingriff einwilligen, §§ 1626 Abs. 1, 1627, 1629 Abs. 1 BGB.

---

[38] BGHZ 90, 96 (99) = NJW 1984, 1395 (1396) = MedR 1984, 227 (229); BGHZ 107, 222 (226) = NJW 1989, 2318 (2319 f.) = MedR 1989, 320 (321 f).
[39] BT-Drs. 17/10488, S. 25.

- Ob es neben der Einwilligung des einwilligungsfähigen Minderjährigen der kumulativen Einwilligung durch die Personensorgeberechtigten bedarf, ist umstritten. Jedenfalls bei erheblichen und medizinisch nicht indizierten Eingriffen wird nach bislang h.M. die Zustimmung der Personensorgeberechtigten verlangt.
- Bei der Aufklärung fremdsprachiger Patienten ist ggf. ein (Laien-)Dolmetscher hinzuzuziehen.
- Nur im Ausnahmefall ist die Aufklärung des Patienten entbehrlich. Wegen der Beweislast des Arztes für die ordnungsmäße Patientenaufklärung sollten die Voraussetzungen ihrer Entbehrlichkeit stets sorgfältig geprüft und dokumentiert werden.
- Der Aufklärungsverzicht des Patienten muss ausdrücklich erklärt werden und setzt voraus, dass der Patient jedenfalls die Erforderlichkeit des Eingriffs kennt, dessen Art und den Umstand, dass er nicht ganz ohne Risiko verläuft.

Fall 2: Zirkumzision – Einwilligung Sorgeberechtigter in medizinisch nicht indizierten Eingriff

A. Sachverhalt

Die Eheleute E sind muslimischen Glaubens. Sie lassen ihren vierjährigen Sohn P aus religiösen Gründen von Kinderarzt A beschneiden. Eine medizinische Indikation für die Zirkumzision liegt nicht vor. A fragt, ob er den Eingriff vornehmen durfte?

B. Lösung

I. Strafbarkeit gem. § 223 Abs. 1, 224 Abs. 1 Nr. 2 Alt. 2 StGB
A könnte sich durch Vornahme einer medizinisch nicht indizierten Zirkumzision strafbar gemacht haben wegen einer gefährlichen Körperverletzung gem. §§ 223 Abs. 1, 224 Abs. 1 Nr. 2 Alt. 2 StGB.

1. Objektiver Tatbestand
Dazu müsste A zunächst den objektiven Tatbestand des § 223 Abs. 1 StGB erfüllt haben. Bei der Zirkumzision handelt es sich um einen **Eingriff in die körperliche Integrität**, durch die das körperliche Wohlbefinden nicht nur unerheblich beeinträchtigt wird, die Tatbestandsmäßigkeit ist auch nicht unter dem Gesichtspunkt der Sozialadäquanz ausgeschlossen.[40]

Zur Verwirklichung des § 224 Abs. 1 Nr. 2 Alt. 2 StGB müssten die bei der Zirkumzision verwendeten chirurgischen Instrumente ein **gefährliches Werkzeug** darstellen. Gefährliches Werkzeug i.S.d. § 224 Abs. 1 Nr. 2 Alt. 2 StGB ist jeder Gegenstand, der aufgrund seiner objektiven Beschaffenheit und der Art seiner Verwendung im konkreten Fall dazu geeignet ist, dem Opfer erhebliche Verletzungen

---
[40] LG Köln NJW 2012, 2128 (2129) = MedR 2012, 680 (681); *Herzberg*, MedR 2012, 169 (171); *Putzke*, MedR 2012, 621 f.; *Lammers*, MedR 2023, 22 ff.

beizubringen. Fraglich ist, ob auch von Ärzten verwendete **medizinische Instrumente** unter den Begriff des gefährlichen Werkzeugs zu subsumieren sind.

a. Ältere Rspr.
Nach der älteren Rspr. fehlt es bei dem bestimmungsgemäßen Einsatz medizinischer Instrumente durch eine dafür qualifizierte Person an einer Benutzung zu Angriffs- oder Verteidigungszwecken. Die bei einem ärztlichen Eingriff bestimmungsgemäß verwendeten medizinischen Instrumente sind danach nicht als gefährliches Werkzeug i.S.d. § 224 Abs. 1 Nr. 2 Alt. 2 StGB anzusehen, auch dann nicht, wenn es an einer medizinischen Indikation für den Eingriff fehlt.[41]

b. Neuere Rspr.
Der neueren Judikatur und Teilen des Schrifttums zufolge kann die Abgrenzung, ob ein ärztliches Instrument als gefährliches Werkzeug einzustufen ist, indes nicht mehr danach erfolgen, ob es gleich einer Waffe als Angriffs- oder Verteidigungsmittel eingesetzt wird. Vielmehr ist auch bei ärztlichen Instrumenten danach zu fragen, ob der Gegenstand aufgrund seiner **objektiven Beschaffenheit und der Verwendung im konkreten Fall** dazu geeignet ist, dem Opfer erhebliche Verletzungen beizubringen.[42] Das soll jedenfalls bei nicht indizierten Eingriffen gelten, bei denen schon objektiv keine Verbesserung des Gesundheitszustandes bezweckt wird.[43]

Die Abkehr von der bisherigen Rspr. gründet darauf, dass das Werkzeug infolge der Neufassung des § 224 Abs. 1 Nr. 2 StGB im Jahr 1998[44] kein Beispiel mehr für eine Waffe ist, sondern umgekehrt die Waffe ein Unterfall eines gefährlichen Werkzeugs, womit es auf einen Einsatz zu Angriffs- oder Verteidigungszwecken nicht ankommt.

Die angedachte Zirkumzision ist medizinisch nicht indiziert. Entsprechende Eingriffe werden mittels eines Skalpells durchgeführt und sind mitunter mit nicht unerheblichen Schmerzen und eingriffsimmanenten Risiken wie Entzündungen und Nekrosen verbunden. Das zur Durchführung einer (medizinisch nicht indizierten) Zirkumzision eingesetzte chirurgische Instrument ist daher ein gefährliches Werkzeug i.S.d. § 224 Abs. 1 Nr. 2 Alt. 2 StGB.

Hinsichtlich Kausalität und objektiver Zurechenbarkeit ergeben sich bei einer Zirkumzision durch A keine Bedenken, sodass diese den objektiven Tatbestand des § 223 Abs. 1 StGB und nach neuerer Auffassung auch des § 224 Abs. 1 Nr. 2 Alt. 2 StGB erfüllt.

2. Subjektiver Tatbestand
Die Zirkumzision erfolgte mit Wissen und Wollen des A, sodass Vorsatz gegeben ist.

---

[41] BGH NJW 1978, 1206; BGH NStZ 1987, 174.
[42] OLG Karlsruhe MedR 2022, 752 f. m. Anm. *Horter* = NStZ 2022, 687 m. Anm. *Vogel*; BayOLG MedR 2024, 885 m. Anm. *Steffen*.
[43] BGH MedR 2024, 883 m. Anm. *Steffen* = NStZ 2024, 355 (358) = JuS 2024, 797 m. Anm. *Eisele* = JA 2024, 607 m. Anm. *Kudlich*.
[44] Art. 1 Nr. 38 Sechstes Gesetz zur Reform des Strafrechts (6. StrRG) v. 26.1.1998, BGBl. I S. 164.

3. Rechtswidrigkeit
Die Körperverletzung des P könnte jedoch durch eine Einwilligung gerechtfertigt sein.

a. Einwilligung des P
Bei der Einwilligung handelt es sich um die Disposition über ein höchstpersönliches Rechtsgut. Entsprechend hängt ihre Befugnis nicht von der Geschäftsfähigkeit ab, entscheidend ist die natürliche Einsichts- und Entschlussfähigkeit. Bei einem Heranwachsenden kommt es daher darauf an, ob er „nach seiner geistigen und sittlichen Reife die Bedeutung und Tragweite des Eingriffs und seiner Gestattung zu ermessen vermag".[45] Er muss also über die Kompetenz verfügen, Nutzen und Risiken des Eingriffs zu erkennen und gegeneinander abwägen zu können. Ein vierjähriges Kind verfügt noch nicht über diese Fähigkeit und kann daher nicht selbst in medizinische Eingriffe einwilligen, sodass eine Einwilligung des P ausscheidet.

b. Einwilligung der Eltern
In Betracht kommt eine Rechtfertigung des Eingriffs über eine Einwilligung der Eltern, §§ 630e Abs. 4, 630d Abs. 1 S. 2 BGB. Dabei bedarf es bei minderjährigen Patienten grds. der Einwilligung beider Elternteile als Sorgeberechtigter nach §§ 1626 Abs. 1, 1627, 1629 Abs. 1 BGB,[46] die vorher von dem Arzt umfassend aufzuklären sind. Die Zirkumzision erfolgte auf Wunsch der Eltern, sodass sie in die Behandlung eingewilligt haben.

Der Eingriff war jedoch **medizinisch nicht indiziert**, sondern erfolgte allein aus religiösen Gründen. Fraglich ist, ob den Eltern auch die Dispositionsbefugnis für einen solchen Eingriff zukommt. Da das Einwilligungserfordernis Ausdruck der Selbstbestimmung des Patienten ist, steht den Eltern die Freiheit über die Einwilligungsentscheidung nicht in gleichem Maße zu, wie einem nur sich selbst verantwortlichen Volljährigen.[47] Nach dem Personensorgerecht haben die Eltern nicht die Befugnis, unvernünftige Entschlüsse zum Nachteil des Kindes zu fassen. Persönliche Vorstellungen der Eltern haben bei der Frage des Ob und Wie einer medizinischen Behandlung aufgrund des ausschließlich „dienenden Charakters des Sorgerechts" zurückzutreten.[48] Die Dispositionsbefugnis der Eltern findet daher ihre Grenze im **Kindeswohl, § 1627 S. 1 BGB**. Sie ist aufgrund dessen grds. auf medizinisch indizierte Eingriffe beschränkt.

Eine andere Wertung könnte sich für die Zirkumzision aus der Religionsfreiheit aus **Art. 4 Abs. 1 GG** und der elterlichen Erziehungsfreiheit aus **Art. 6 Abs. 2 GG**

---

[45] BGHZ 29, 33 (36) = NJW 1959, 811.

[46] LG Köln NJW 2012, 2128 (2129) = MedR 2012, 680 (681) hat sich nicht auf § 228 StGB, sondern (direkt) auf § 1627 S. 1 BGB berufen. Eine entsprechende Lösung im Rahmen des § 228 StGB wäre ebenfalls möglich.

[47] *Frahm/Walter*, Arzthaftungsrecht, Rn. 445.

[48] *Diederichsen*, in: FS Hirsch 2008, S. 359.

ergeben, da die Beschneidung aus Gründen der religiösen Erziehung des minderjährigen Kindes erfolgte. Die Grundrechte der Eltern aus Art. 4 Abs. 1, Art. 6 Abs. 2 GG gelten jedoch nicht unbeschränkt, sondern werden ihrerseits durch das Selbstbestimmungsrecht des Kindes aus **Art. 1 Abs. 1 i.V.m. Art 2 Abs. 1 GG** und sein Recht auf körperliche Unversehrtheit aus **Art. 2 Abs. 2 GG** beschränkt. Unter Heranziehung der Wertung des § 1631 Abs. 2 BGB ist diesen Grundrechten des Kindes grds. der Vorrang vor der elterlichen Erziehungsfreiheit zu gewähren, sodass sich aus der Wertung der Art. 4 Abs. 1, Art. 6 Abs. 2 GG ebenfalls keine Dispositionsbefugnis der Eltern ergibt.[49]

So sah das LG Köln in einem vielbeachteten Urteil aus Mai 2012 (LG Köln NJW 2012, 2128 = MedR 2012, 680) die medizinisch nicht indizierte Knabenbeschneidung nicht durch eine religiös motivierte Einwilligung der Eltern gerechtfertigt. Das Gericht hat nur wegen der bis dato ungeklärten Rechtslage einen unvermeidbaren Verbotsirrtum (§ 17 S. 1 StGB) angenommen und die Schuld des Arztes verneint. Die Entscheidung veranlasste den Gesetzgeber zur Neuregelung der Beschneidung des männlichen Kindes.

Eine Dispositionsbefugnis der Eltern könnte sich allerdings aus **§ 1631d Abs. 1 BGB**[50] ergeben, der bestimmt, dass die Personensorge der Eltern bis zur Grenze der Kindeswohlgefährdung auch das Recht umfasst, in eine medizinisch nicht indizierte, aber nach den Regeln der ärztlichen Kunst durchgeführte Beschneidung eines nicht einsichts- und urteilsfähigen männlichen Kindes einzuwilligen. Diese Vorschrift wirkt nach dem Grundsatz der **Einheit der Rechtsordnung** auch im Strafrecht. Bei dem in Frage stehenden Eingriff durch A handelt es sich um eine solche Beschneidung. Den Eltern des P kommt daher die Dispositionsbefugnis zu, sodass sie unter den entsprechenden Voraussetzungen, insbesondere der ordnungsgemäßen Aufklärung durch A, in die Zirkumzision einwilligen können. Die gefährliche Körperverletzung ist in diesem Fall gerechtfertigt.

Obwohl es sich bei der Beschneidung des männlichen Kindes um einen gravierenden Eingriff in die körperliche Integrität handelt, besteht **kein Arztvorbehalt**. Nach § 1631d Abs. 2 BGB darf die Zirkumzision in den ersten sechs Monaten nach der Geburt auch durch eine von der Religionsgesellschaft dazu vorgesehene Person vorgenommen werden, sofern sie dafür besonders ausgebildet und für die Durchführung der Beschneidung einem Arzt vergleichbar befähigt ist.

Durch Art. 1 Nr. 3 des 47. StrÄndG v. 24.9.2013, BGBl. I S. 3671, wurde **§ 226a StGB** eingeführt, der die Verstümmelung weiblicher Genitalien unter Strafe stellt.

---

[49] LG Köln NJW 2012, 2128 = MedR 2012, 680 m. Bespr. *Putzke*, MedR 2012, 621 = JZ 2012, 805 m. Anm. *Rox*.
[50] Vorschrift als Reaktion auf das Urteil des LG Köln eingefügt durch Art. 1 Gesetz über den Umfang der Personensorge bei einer Beschneidung des männlichen Kindes v. 20.12.2012, BGBl. I S. 2749. Zu Kritik und verfassungsrechtlichen Bedenken *Sternberg-Lieben*, in: Schönke/Schröder, StGB, § 223 Rn. 12c ff. m.w.N.

II. Ergebnis

Im Falle der ordnungsgemäßen Einwilligung der Eltern kann der Eingriff gerechtfertigt sein, sodass sich A nicht wegen gefährlicher Körperverletzung gem. §§ 223 Abs. 1, 224 Abs. 1 Nr. 2 Alt. 2 StGB strafbar gemacht hat.

Bei Beschneidung eines Kindes ohne Einwilligung **beider** sorgeberechtigter Elternteile, steht dem Kind ein Schadensersatzanspruch aus § 823 Abs. 1 BGB und aus § 1664 BGB (nach h.M. eigenständige Anspruchsgrundlage) gegen den Elternteil zu, der die Beschneidung veranlasst hat (OLG Karlsruhe NJW 2015, 257 (258)).

C. Merksätze

- Träger der Zustimmungsbefugnis bei nicht einwilligungsfähigen minderjährigen Patienten sind die Personensorgeberechtigten. Bei gemeinsamer Ausübung des Sorgerechts sind das grds. beide Elternteile, §§ 1626 Abs. 1, 1627, 1629 Abs. 1 BGB.
- Die Dispositionsbefugnis der personensorgeberechtigten Eltern in Bezug auf medizinische Maßnahmen besteht nur in den Grenzen des Kindeswohls, § 1627 S. 1 BGB und ist damit im Regelfall auf medizinisch indizierte Eingriffe beschränkt. Für den Fall der medizinisch nicht indizierten Beschneidung des männlichen Kindes hält die Rechtsordnung mit § 1631d BGB eine Sonderregelung vor.

Fall 3: Zu Risiken und Nebenwirkungen lesen Sie ... – Formularaufklärung bei Schönheits-OP

A. Sachverhalt

Um seine knapp bemessene Zeit zu sparen und möglichst vielen Klienten ein sorgenfreies Leben zu ermöglichen, hat Schönheitschirurg A zu den am häufigsten von ihm durchgeführten Eingriffen wie Fettabsaugungen, Brustvergrößerungen, Kinnkorrekturen und Faltenunterspritzungen detaillierte Formulare mit den möglichen Risiken erstellt, die er seinen operationswilligen Klienten vor dem Eingriff übergibt und die diese am Tag des Eingriffs unterzeichnet mitbringen.

Mit dem Wunsch nach einem markanteren Kinn unterzieht sich Patient P bei A einem Eingriff zur Kinnkorrektur. Infolge des behandlungsfehlerfrei durchgeführten Eingriffs kommt es zu einer Gewebeveränderung mit sichtbarer Knotenbildung. Dabei handelt es sich um ein zwar seltenes, aber typisches Risiko des Eingriffs. P leidet unter den Folgen des Eingriffs und muss sich einem weiteren operativen Eingriff zur Entfernung des knotigen Gewebes unterziehen. Dadurch entstehen Behandlungs- und Krankenhauskosten i.H.v. 5000 €. Der Eingriff ist für P zudem mit starken Schmerzen verbunden.

Das Risiko der Gewebeveränderung mit sichtbarer Knotenbildung war zwar in dem von P unterschriebenen Aufklärungsbogen aufgeführt, ein persönliches Aufklärungsgespräch zwischen P und A hatte aber vor dem Eingriff nicht stattgefunden. P hätte von dem Eingriff in Kenntnis des Risikos Abstand genommen. Hat P gegen A einen Anspruch auf Schadensersatz?

B. Lösung

I. §§ 630a Abs. 1, 280 Abs. 1 BGB
P könnte ein Anspruch auf Schadensersatz i.H.v. 5000 € zuzüglich eines angemessenen Schmerzensgeldes aus §§ 630a Abs. 1, 280 Abs. 1 BGB gegen A zustehen.

1. Schuldverhältnis
Der Behandlung des P liegt ein Behandlungsvertrag i.S.d. § 630a BGB zugrunde (→ § 6, Fall 10).

2. Pflichtverletzung
A müsste eine Pflicht aus diesem Behandlungsvertrag verletzt haben.

a. Behandlungsfehler
Allein aus dem Misserfolg einer Behandlung, kann nicht auf das Vorliegen eines Behandlungsfehlers rückgeschlossen werden. Laut Sachverhalt wurde der Eingriff lege artis durchgeführt, sodass eine Pflichtverletzung in Form eines Behandlungsfehlers ausscheidet.

b. Aufklärungspflichtverletzung
In Betracht kommt jedoch eine Verletzung der Pflicht zur Selbstbestimmungsaufklärung gem. § 630e Abs. 1 BGB. Der Eingriff des Arztes in die körperliche Unversehrtheit und die Gesundheit des Patienten ist nur zulässig, wenn er mit Einwilligung des Patienten erfolgt, § 630d Abs. 1 S. 1 BGB. Der Patient als medizinischer Laie kann nur dann ordnungsgemäß in den Eingriff einwilligen, wenn ihm zuvor ein zutreffendes Bild von der Tragweite, der Schwere des Eingriffs und den damit verbundenen Risiken vermittelt wurde. Gem. § 630e Abs. 1 BGB ist der Behandelnde verpflichtet, den Patienten über sämtliche für die Einwilligung wesentlichen Umstände aufzuklären.

An die Aufklärung bei **kosmetischen Eingriffen** ohne medizinische Indikation sind besonders hohe Anforderungen zu stellen, da dem eingriffsimmanenten Schadensrisiko hier kein medizinischer Nutzen gegenübersteht. Dem Patienten müssen etwaige Risiken daher **schonungslos und deutlich** vor Augen geführt werden, damit er abwägen kann, ob er einen etwaigen Misserfolg, gesundheitliche Beeinträchtigungen oder auch bleibende Entstellungen in Kauf nehmen will, selbst wenn diese auch nur entfernt als eine Folge des Eingriffs in Betracht kommen.[51] Bei

---
[51] BGH NJW 1991, 2349 = MedR 1991, 85 f.

der Gewebeveränderung mit Knotenbildung handelt es sich zwar um ein seltenes, aber dennoch eingriffsspezifisches Risiko, über das P folglich aufzuklären war.

> Grds. hat der Arzt den Patienten möglichst schonend aufzuklären, um ihn nicht zu verunsichern. Tatsächlich kann eine rücksichtslose Aufklärung i.S. weitestgehender Absicherung gegen eventuelle Haftungsrisiken sogar eine eigene Körper- und Gesundheitsverletzung darstellen. Bei kosmetischen Eingriffen ist indes eine schonungslose Aufklärung über alle möglichen Schadensrisiken erforderlich.

aa. Aufklärung im persönlichen Gespräch
Ein Aufklärungsgespräch i.S.d. § 630e Abs. 2 S. 1 Nr. 1 BGB hat zwischen A und P nicht stattgefunden.

bb. Aufklärung mittels Aufklärungsbogen
A könnte seiner Aufklärungspflicht jedoch durch Übergabe des Aufklärungsbogens genüge getan haben, der das Risiko der Knotenbildung als eingriffsspezifisches Risiko aufführt. Gem. § 630e Abs. 2 S. 1 Nr. 1 BGB hat die Aufklärung jedoch **mündlich** im persönlichen Arzt-Patienten-Gespräch zu erfolgen. Nur auf diese Weise kann der Arzt auf die individuellen Bedürfnisse eingehen und feststellen, ob der Patient die vermittelten Informationen verstanden hat. Zudem kann nur so gewährleistet werden, dass der Patient ausreichend Möglichkeit erhält, Rückfragen zu stellen. **Formulare** können das Aufklärungsgespräch daher **lediglich unterstützen**, nicht aber ersetzen.[52]

> Zwar hat der BGH in einer Einzelfallentscheidung die Aufklärung mittels Formulars für den Fall der Routineimpfung für ausreichend erachtet, sofern die Möglichkeit zur Rückfrage beim Arzt besteht (BGHZ 144, 1 = NJW 2000, 1784). Die Entscheidung, die ausdrücklich auf Routinemaßnahmen abstellt, ist allerdings vor Inkrafttreten des § 630e Abs. 2 S. 1 Nr. 1 BGB durch das Patientenrechtegesetz ergangen. Darüber hinaus handelt es sich bei dem vorliegenden Eingriff zur Kinnkorrektur auch nicht um eine Routinemaßnahme.

Das von A ausschließlich verwendete Aufklärungsformular genügt den Anforderungen an die ordnungsgemäße Aufklärung i.S.d. § 630e Abs. 2 S. 1 Nr. 1 BGB folglich nicht.

---

[52] BGHZ 90, 103 (110) = NJW 1984, 1397 (1398 f.) = MedR 1985, 224 (226); BGHZ 144, 1 (13) = NJW 2000, 1784 (1786 f.) = MedR 2001, 42 (45) = JZ 2000, 898 (901) m. Anm. *Deutsch*.

cc. Zwischenergebnis
Eine Pflichtverletzung des A in Form der Verletzung seiner Pflicht zur Selbstbestimmungsaufklärung aus § 630e Abs. 1 BGB liegt damit vor.

> **Merke**
> Aufklärungs-/Einwilligungsformulare sind in der Praxis weit verbreitet. Sie erleichtern nicht nur eine strukturierte Aufklärung, sondern dienen auch der **Beweisvorsorge der Behandlungsseite**. Ein unterschriebenes Einwilligungsformular ist zwar kein Beweis für den Inhalt des Aufklärungsgesprächs, im Prozess kommt ihm jedoch eine nicht unerhebliche indizielle Bedeutung zu (→ § 12, Grundlagen, C.).
> Das Aufklärungsgespräch sollte die Behandlungsseite stets **ordnungsgemäß dokumentieren**, vgl. auch § 630f Abs. 2 S. 1 BGB. Ein Versäumnis bei der Dokumentation verwehrt dem Arzt indes nicht den Nachweis der ordnungsgemäßen Aufklärung.
> Unterlagen, die der Patient im Zusammenhang mit der Aufklärung unterzeichnet hat, sind ihm in Abschrift auszuhändigen, § 630e Abs. 2 S. 2 BGB. Unklar ist indes, welche Rechtsfolgen ein Verstoß dagegen hat.

3. Rechtsgutsverletzung
Aufgrund der „Strukturgleichheit" von vertraglicher und deliktischer Haftung ist das Vorliegen einer Rechtsgutsverletzung auch im Rahmen des vertraglichen Anspruchs zu prüfen.[53] P leidet an einer unerwünschten Veränderung des Gewebes, die sein körperliches Wohlbefinden nicht unerheblich beeinträchtigt. Eine Körperverletzung liegt damit vor.

4. Objektive Zurechnung
Die Verletzung der Aufklärungspflicht müsste ursächlich für die Rechtsgutsverletzung des P sein. Die Gewebeveränderung beruht auf dem Eingriff. P hätte seine Einwilligung in den Eingriff im Falle ordnungsgemäßer Aufklärung nicht erteilt. Die nicht ordnungsgemäße Aufklärung des A ist mithin äquivalent und adäquat kausal für die erlittene Rechtsgutsverletzung, die auch vom Schutzzweck der Norm umfasst ist.

> **Beachte**
> Zwar obliegt dem Arzt der Nachweis der ordnungsgemäßen Patientenaufklärung. Der Patient trägt jedoch die Beweislast dafür, dass seine Schädigung auf der rechtswidrigen ärztlichen Behandlung beruht (→ § 12, Grundlagen, A.).

---
[53] Dazu → § 9, Grundlagen, A. I.; → § 9 Fall 1, Frage 1.

5. Vertretenmüssen

A müsste die Pflichtverletzung zu vertreten haben, wobei dies gem. § 280 Abs. 1 S. 2 BGB vermutet wird. Gem. § 276 Abs. 2 BGB handelt fahrlässig, wer die im Verkehr erforderliche Sorgfalt außer Acht lässt. Mit seiner Aufklärungspraxis handelt A zumindest fahrlässig i.S.d. § 276 Abs. 2 BGB, sodass er die Vermutung des § 280 Abs. 1 S. 2 BGB nicht widerlegen kann.

6. Schaden

P musste sich einer weiteren Operation unterziehen, die dadurch entstandenen Behandlungs- und Krankenhauskosten i.H.v. 5000 € sind gem. § 249 Abs. 2 S. 1 BGB zu ersetzen, soweit der nicht kraft Gesetzes auf die Krankenversicherung übergegangen ist (bei GKV-Patienten nach § 116 Abs. 1 SGB X, bei PKV-Patienten nach § 86 Abs. 1 S. 1 VVG).[54] Als gesetzlich Krankenversicherter wäre P gegebenenfalls an den durch eine medizinisch nicht indizierte ästhetische Operation verursachten Folgekosten nach Maßgabe des **§ 52 Abs. 2 SGB V** zu beteiligen.[55] Die Solidargemeinschaft soll mit solchen Kosten nicht belastet werden.

Jedenfalls hat P einen Anspruch auf Zahlung eines angemessenen Schmerzensgeldes gem. § 253 Abs. 2 BGB.[56]

7. Ergebnis

P hat gegen A einen Anspruch auf Schadensersatz aus §§ 630a Abs. 1, 280 Abs. 1 BGB, soweit dieser nicht auf den Krankenversicherer übergegangen ist.

II. Deliktische Ansprüche

Daneben stehen P inhaltsgleiche deliktische Ansprüche gegen A aus § 823 Abs. 1 BGB sowie aus § 823 Abs. 2 BGB i.V.m. § 229 StGB zu.

C. Merksätze

- Umfang und Genauigkeitsgrad der Aufklärung sind umgekehrt proportional zur Dringlichkeit und zu den Heilungsaussichten eines Eingriffs. Besonders streng sind die Anforderungen an die Aufklärung bei medizinisch nicht indizierten Eingriffen wie rein ästhetischen Operationen und altruistisch motivierten Eingriffen.
- Die Aufklärung hat grds. mündlich im persönlichen Arzt-Patienten-Gespräch zu erfolgen, vgl. § 630e Abs. 2 S. 1 Nr. 1 BGB. Aufklärungsformulare können ausschließlich ergänzend hinzugezogen werden, das Gespräch aber nicht ersetzen.

---

[54] → § 13, Grundlagen, B.

[55] Zu dieser Leistungsbeschränkung s. etwa *Bernzen*, MedR 2008, 549; *Prehn*, NZS 2010, 260. Ein privater Krankenversicherer wäre nur im Falle vorsätzlicher Herbeiführung der Krankheit des P von der Leistungspflicht frei, § 201 VVG.

[56] Zum Anspruch auf Schmerzensgeld kongruente Sozialleistungen oder Versicherungsleistungen bestehen nicht.

- Aufklärungsformulare sind kein Beweis für den Inhalt eines Aufklärungsgesprächs. Ihnen kommt im Arzthaftungsprozess bei behaupteter Aufklärungspflichtverletzung jedoch indizielle Bedeutung zu.

Fall 4: Bekanntmachung von Unbekanntem – Robodoc reloaded – Aufklärungspflichten bei neuer Behandlungsmethode; Pflichtwidrigkeitszusammenhang

In Anlehnung an BGHZ 168, 103

A. Sachverhalt[57]

P begab sich in das Krankenhaus der K. Hier implantierte der Arzt A der P mit Hilfe eines computerunterstützten Fräsverfahrens („Robodoc") eine zementfreie Totalendoprothese des Hüftgelenks. Bei dem Verfahren handelte es sich um eine neue Operationsmethode, die größere Präzision, Konstanz und Schnelligkeit versprach. Die Methode wurde wenige Jahre zuvor erstmals in den USA klinisch erprobt, in dem Krankenhaus der K seit einem Jahr in etwa einhundert Fällen angewandt. Bis zu diesem Zeitpunkt wurden Operationen der vorliegenden Art allgemein mittels manueller Technik durchgeführt.

Die Operation der P dauerte über fünf Stunden. Die Prothese wurde exakt implantiert. Dabei wurde jedoch ein Nerv der P geschädigt. Langzeitbeobachtungen ergaben, dass es bei „Robodoc"-Operationen des Öfteren zu solchen unvermeidbaren Zwischenfällen kam, weswegen man schließlich zur manuellen Technik zurückkehrte. Die P leidet infolge der Nervenschädigung unter einer Beeinträchtigung der Bein- und Fußfunktion.

P war über beide Operationsmethoden aufgeklärt worden. Es erfolgte kein Hinweis, dass die neue Methode möglicherweise unbekannte Risiken birgt. Über das Risiko einer Nervenschädigung war P im Zusammenhang mit der herkömmlichen Operationsmethode aufgeklärt worden. P macht Ansprüche auf Schadensersatz wegen einer Aufklärungspflichtverletzung gegenüber A geltend. Zu Recht?

B. Lösung

I. §§ 630a Abs. 1, 280 Abs. 1 BGB

P könnte einen Schadensersatzanspruch gegen A gem. §§ 630a Abs. 1, 280 Abs. 1 BGB haben. Mangels anderer Angaben ist jedoch vom Abschluss eines totalen Krankenhausvertrags auszugehen.[58] Dabei wird der Krankenhausträger alleiniger Vertragspartner des Patienten. Eigene vertragliche Beziehungen mit dem be-

---

[57] S. bereits → § 9, Fall 2 zur Frage der Behandlungsfehlerhaftung.
[58] Vgl. bereits → § 6, Parteien des Behandlungsverhältnisses – Grundlagen, B.

handelnden Arzt werden nicht begründet. Ein vertraglicher Schadensersatzanspruch aus §§ 630a Abs. 1, 280 Abs. 1 BGB der P gegen A scheidet folglich aus.

II. Anspruch aus § 823 Abs. 1 BGB
P könnte gegen A jedoch ein Anspruch auf Schadensersatz aus § 823 Abs. 1 BGB zustehen.

1. Rechtsgutsverletzung
Dafür müsste zunächst eines der in § 823 Abs. 1 BGB genannten Rechte oder Rechtsgüter der P verletzt worden sein. Die Nervenschädigung der P beeinträchtigt ihr körperliches Befinden nicht unerheblich, sodass eine Körperverletzung und damit eine Rechtsgutsverletzung i.S.d. § 823 Abs. 1 BGB vorliegt.

2. Verletzungsverhalten
Als haftungsbegründendes Verhalten kommt eine **Verletzung der Aufklärungspflicht** in Betracht.

P macht vorliegend ausschließlich eine Aufklärungspflichtverletzung geltend (zum Behandlungsfehlervorwurf → § 9, Fall 2). Das Gericht ist gem. § 308 Abs. 1 ZPO nicht befugt, einer Partei etwas zuzusprechen, was nicht beantragt ist. Die Bindung an den Antrag betrifft auch den Grund des erhobenen Anspruchs, § 253 Abs. 2 Nr. 2 ZPO.

Der Patient muss in die angedachte Behandlung einwilligen. Eine sinnvolle Entscheidung für oder gegen eine anvisierte Behandlung kann der Patient jedoch nur treffen, wenn ihn der Arzt vorab angemessen über die wesentlichen Entscheidungsprämissen aufgeklärt hat. Fraglich ist, wie weitreichend die Aufklärungspflicht in Bezug auf alternative und neue Behandlungsmethoden ist.

Nach dem Grundsatz der Therapiefreiheit ist die Wahl der konkreten Behandlungsmethode primär Sache des Arztes. Wendet dieser eine Therapie an, die dem aktuellen medizinischen Standard entspricht, muss er dem Patienten grds. nicht ungefragt erläutern, welche Therapien alternativ in Betracht kommen und mit welchen Vor- oder Nachteilen diese einhergehen. Eine Aufklärung über **alternative Behandlungsmethoden** ist allerdings dann erforderlich, wenn die alternative Methode entweder bei gleichwertiger Heilungs- oder Erfolgsaussicht eine geringere Risikobelastung des Patienten aufweist oder bei nach Art und Richtung gleichwertigen Belastungen und Risiken eine größere Heilungs- oder Erfolgsaussicht verspricht.[59]

Sofern der Arzt eine **Neulandmethode** mit noch nicht abschließend geklärten Risiken anwenden will, hat er den Patienten auch darüber aufzuklären, dass es sich um eine Methode handelt, die (noch) nicht zum medizinischen Standard gehört und dass **unbekannte Risiken** zum Zeitpunkt der Operation nicht auszuschließen sind.[60] Der Patient muss in die Lage versetzt werden, für sich sorgfältig abzuwägen, ob er

---

[59] BGHZ 106, 153 (157) = NJW 1989, 1538 (1539 f.) = MedR 1989, 139 (141 f.); BGHZ 168, 103 (108) = NJW 2006, 2477 (2478) m. Bespr. *Katzenmeier*, NJW 2006, 2738 = MedR 2006, 650 f.; *Katzenmeier*, in: Laufs/Katzenmeier/Lipp, Arztrecht, Kap. V Rn. 34.

[60] BGHZ 168, 103 (109) = NJW 2006, 2477 (2478 f.) m. Bespr. *Katzenmeier*, NJW 2006, 2738 = MedR 2006, 650 (651).

nach der herkömmlichen oder nach einer neuen Methode mit noch nicht in jeder Hinsicht bekannten Gefahren operiert werden möchte.

P wurde hier zwar von A über beide Behandlungsalternativen aufgeklärt, aber nicht darauf hingewiesen, dass unbekannte Risiken bei Anwendung der neuen Methode nicht auszuschließen sind. A hat mithin seine Aufklärungspflicht gegenüber der P verletzt.

> **Beachte**
> Aufzuklären ist grds. nur über zum Zeitpunkt der Behandlung bereits **bekannte Risiken**. Als bekannt gilt ein Risiko, wenn ernsthafte Stimmen in der medizinischen Wissenschaft auf bestimmte mit einer Behandlung verbundene Gefahren hinweisen, die nicht lediglich als unbeachtliche Außenseitermeinungen abgetan werden können.
> Das gilt im Grundsatz auch bei **Neulandmethoden**. Auch hier ist nicht über bloße Vermutungen aufzuklären. Etwas anderes gilt, wenn sich diese so weit verdichtet haben, dass sie zum Schutz des Patienten in dessen Entscheidungsfindung einbezogen werden sollten. Stets erforderlich ist der Hinweis, dass die Behandlung sich noch in der Phase der Erprobung befindet und die Gefahr unbekannter Risiken nicht auszuschließen ist.

Ein im Rahmen des § 823 Abs. 1 BGB relevantes Verletzungsverhalten des A in Form der Aufklärungspflichtverletzung liegt damit vor.

3. Objektive Zurechnung

Fraglich ist, ob die eingetretene Nervenschädigung dem A auch unter dem Gesichtspunkt der Aufklärungspflichtverletzung zuzurechnen ist. Ein Aufklärungsmangel begründet die Haftung grds. für alle damit ursächlich verbundenen Schadensfolgen.[61] Der Pflichtwidrigkeitszusammenhang ist aber zu verneinen, wenn sich ein Risiko verwirklicht, über das aufgeklärt werden musste und tatsächlich auch aufgeklärt wurde. In diesen Fällen spielt es regelmäßig keine Rolle, ob bei der Aufklärung auch andere Risiken der Erwähnung bedurften. Überlegungen dazu, ob der Patient die Zustimmung bei Hinweis auf ein anderes Risiko möglicherweise versagt hätte, sind notwendigerweise spekulativ und können deshalb keine Grundlage für einen Schadensersatzanspruch sein.

P war **über das Risiko einer Nervenschädigung aufgeklärt** worden, wenn auch nur im Zusammenhang mit der herkömmlichen manuellen Operationsmethode. Sie hat somit in Kenntnis des Risikos einer Nervenschädigung eingewilligt, sodass bei wertender Betrachtungsweise nach dem Schutzzweck der Aufklärungspflicht aus der Verwirklichung dieses Risikos keine Haftung hergeleitet werden kann.[62] Der Pflicht-

---

[61] BGHZ 106, 391 (398) = NJW 1989, 1533 (1535) = MedR 1989, 188 (192); BGH NJW 2001, 2798 = MedR 2001, 421 (422) = VersR 2001, 592.
[62] BGHZ 168, 103 (111) = NJW 2006, 2477 (2479) = MedR 2006, 650 (651 f.); krit. *Katzenmeier*, NJW 2006, 2738 (2740).

widrigkeitszusammenhang zwischen Aufklärungspflichtverletzung und Rechtsgutsverletzung besteht somit nicht. Die bei P eingetretene Nervenschädigung ist dem A damit nicht zuzurechnen.

4. Ergebnis
Aufgrund der fehlenden Zurechenbarkeit der Rechtsgutsverletzung zur Aufklärungspflichtverletzung scheidet auch ein Anspruch der P gegen A aus § 823 Abs. 1 BGB aus.

III. Ergebnis
P hat keinen Schadensersatzanspruch gegen A.

Übersicht Zurechnungszusammenhang

Die Frage, welche Schäden dem Arzt im Falle der Aufklärungspflichtverletzung objektiv zuzurechnen sind, kann im Einzelfall Schwierigkeiten bereiten.

Haftungsrechtlich unproblematisch sind die Fälle, in denen sich ein aufklärungspflichtiges Risiko verwirklicht hat, über das im Vorhinein nicht aufgeklärt wurde. Hier lässt sich der erforderliche Pflichtwidrigkeitszusammenhang zwischen der Verletzung der Aufklärungspflicht und dem entstandenen Schaden ohne Weiteres bejahen.

Hat der Patient in Kenntnis des aufklärungspflichtigen Risikos seine Einwilligung gegeben und verwirklicht sich dieses, wird eine Haftung wegen sonstiger Aufklärungsdefizite verneint. Da der Patient das Risiko, über das er ordnungsgemäß aufgeklärt worden ist, in Kauf genommen hat, fehlt es am notwendigen haftungsrechtlichen Zurechnungszusammenhang (BGHZ 168, 103 = NJW 2006, 2477; BGHZ 144, 1, 7 = NJW 2000, 1786; NJW 2019, 2320, 2321).

Schwierigkeiten bereiten die Fälle, in denen der Arzt den Patienten **nicht hinreichend** aufgeklärt hat mit der Konsequenz, dass der Eingriff als solcher rechtswidrig ist, sich aber ein **Risiko verwirklicht hat, das selbst nicht aufklärungsbedürftig** ist.

| Der Zurechnungszusammenhang wird **verneint**, wenn das nicht aufklärungspflichtige Risiko nach Bedeutung und Auswirkung **mit dem aufklärungspflichtigen Risiko nicht vergleichbar** ist, weil es in eine ganz andere Richtung zielt und der Patienten zumindest eine „Grundaufklärung" erhalten hat (BGHZ 106, 391 = NJW 1989, 1533 = MedR 1989, 188; BGH NJW 2019, 2320 = MedR 2020, 32 m. Anm. *Hart*). | Die Zurechnung wird **bejaht**, wenn es bereits an einer „Grundaufklärung" des Patienten fehlte. Diese setzt voraus, dass dem Patienten „im Großen und Ganzen" ein zutreffender Eindruck von der Schwere des Eingriffs und der Art, Bedeutung und den Folgen des Eingriffs in Bezug auf seine Integrität und Lebensführung vermittelt wurde. Das erfordert u.a., dass der Patient einen Hinweis auf das schwerste in Betracht kommende Risiko erhalten hat, das dem Eingriff spezifisch anhaftet. |

C. Merksätze

- Über eine alternative Behandlungsmethode ist der Patient dann aufzuklären, wenn diese entweder bei gleichwertiger Heilungs- oder Erfolgsaussicht eine ge-

ringere Risikobelastung für den Patienten aufweist, oder bei in Art und Richtung gleichwertigen Risiken eine größere Heilungs- und Erfolgsaussicht verspricht, sog. echte Behandlungsalternative.
- Aufklärungspflichtig sind grds. nur bekannte Risiken. Bei der Anwendung einer neuen Behandlungsmethode ist der Patient allerdings auch darüber aufzuklären, dass es sich um eine neue Methode handelt und unbekannte Risiken nicht auszuschließen sind.
- Ist der ärztliche Eingriff mangels wirksamer Einwilligung rechtswidrig, hat der Arzt grds. für alle Schadensfolgen einzustehen. Das gilt nicht, wenn der Patient über das realisierte Risiko ordnungsgemäß aufgeklärt wurde und in dieser Kenntnis in den Eingriff eingewilligt hat.
- Fehlt es an der erforderlichen Grundaufklärung, haftet der Arzt auch für das Aufklärungsversäumnis, wenn sich ein nicht aufklärungspflichtiges Risiko verwirklicht hat.
- Hat der Patient die erforderliche Grundaufklärung erhalten hat und stehen das aufklärungspflichtige aber nicht eingetretene Risiko und das eingetretene aber nicht aufklärungspflichtige Risiko beziehungslos nebeneinander, haftet der Arzt nicht.

Fall 5: Nochmals böses Erwachen – Aufklärungspflichten bei Behandlung mit nicht zugelassenem Medikament; hypothetische Einwilligung

In Anlehnung an BGHZ 172, 1

A. Sachverhalt[63]

P leidet seit langem an Epilepsie. Im September befand er sich in stationärer Behandlung im Krankenhaus K. Zur Reduzierung der Anfallsneigung schlug der beklagte Arzt A die Einnahme eines neuen, in den USA entwickelten Medikaments vor. Das Medikament war zu diesem Zeitpunkt in einigen europäischen Staaten, aber noch nicht in Deutschland zugelassen. Eine laufende klinische Prüfung befand sich in Phase III.

Durch die Einnahme des Medikaments reduzierte sich die Zahl der epileptischen Anfälle des P. Ende Dezember erfolgte die Zulassung, wobei in der Anlage zum Zulassungsbescheid darauf hingewiesen wurde, dass Langzeitauswirkungen auf das visuelle System noch nicht untersucht, deshalb periodische Kontrollen des Sehvermögens angezeigt seien. Diesbezügliche Kontrolluntersuchungen unterblieben bei P. Drei Monate später traten bei P Sehstörungen auf, die zu einer dauerhaften Beeinträchtigung seines Sehvermögens führten. Laut Sachverständigengutachten beruhen die Störungen auf der Einnahme des Medikaments.

P verlangt von A Schadensersatz, da er über die fehlende Zulassung und Risiken nicht informiert worden sei. Bei Kenntnis der Umstände hätte er eine Behandlung mit dem Medikament abgelehnt. Zumindest wäre er in einen ernsten Entscheidungs-

---

[63] S. bereits → § 9, Fall 3 zur Frage der Behandlungsfehlerhaftung.

konflikt geraten, da er wegen der schweren Erkrankung keine weiteren Risiken hätte eingehen wollen. A macht geltend, der verzweifelte, dringend nach Hilfe suchende P hätte – wie jeder vernünftige Patient – auch bei entsprechender Kenntnis der Risiken in die Behandlung mit dem Medikament eingewilligt. Hat P einen Anspruch auf Schadensersatz wegen fehlerhafter Aufklärung?

B. Lösung

I. Vertragliche Ansprüche
Mangels anderer Angaben ist vom Abschluss eines totalen Krankenhausvertrags auszugehen.[64] Dabei wird der Krankenhausträger alleiniger Vertragspartner des Patienten. Eigene vertragliche Beziehungen mit dem behandelnden Arzt werden nicht begründet. Ein vertraglicher Schadensersatzanspruch aus §§ 630a Abs. 1, 280 Abs. 1 BGB gegen A scheidet folglich aus.

II. § 823 Abs. 1 BGB
P könnte jedoch ein Anspruch aus § 823 Abs. 1 BGB gegenüber A zustehen.

1. Rechtsgutsverletzung
Dann müsste eines der in § 823 Abs. 1 BGB genannten Rechtsgüter des P verletzt worden sein. P leidet an einer dauerhaften Beeinträchtigung seines Sehvermögens. Diese Sehstörung beeinträchtigt das körperliche Wohlbefinden des P nicht nur unerheblich, mithin liegt eine Körperverletzung vor.

2. Verletzungsverhalten
A könnte seine Aufklärungspflicht verletzt haben.[65] Die ordnungsgemäße Aufklärung ist Voraussetzung für eine wirksame Einwilligung des Patienten in die Behandlung. Umfang und Inhalt der Aufklärungspflicht können dabei nicht pauschal festgestellt werden, sondern sind individuell abhängig von der konkreten Behandlungssituation sowie von der Person des Patienten.[66] Erforderlich ist eine Aufklärung „im Großen und Ganzen".

Bei der **Arzneimitteltherapie** gelten im Grundsatz die gleichen **Aufklärungspflichten** wie bei anderen ärztlichen Behandlungen.[67] Arzneimittelinformationen des Herstellers entheben den Arzt nicht seiner Verpflichtung zur patienten- und situationsbezogenen Sicherungs- und Selbstbestimmungsaufklärung.[68]

---

[64] Vgl. bereits → § 6, Parteien des Behandlungsvertrags – Grundlagen, B.

[65] Zum Vorliegen eines Behandlungsfehlers durch das Unterlassen von Kontrolluntersuchungen → § 9, Fall 3

[66] *Frahm/Walter*, Arzthaftungsrecht, Rn. 402.

[67] Vgl. BGHZ 144, 1 = NJW 2000, 1784 = MedR 2001, 42. Eingehend *Hart*, in: Rieger/Dahm/Katzenmeier/Stellpflug/Ziegler, HK-AKM, Nr. 643 (Aufklärung bei der Arzneimittelbehandlung).

[68] BGHZ 162, 320 (323 f.) = NJW 2005, 1716 f.; die bes. Verantwortung des Arztes betonend *Duttge*, in: FS Hart, 2020, S. 125 ff.

> Bei möglichen schwerwiegenden Nebenwirkungen eines Medikaments ist neben dem Hinweis in der Gebrauchsinformation des Pharmaherstellers eine Aufklärung durch den verordnenden Arzt erforderlich. Das gilt auch hinsichtlich des Suchtpotenzials von Medikamenten.

Bei einem **Heilversuch** mit einem neuen, noch nicht zugelassenen Medikament sind die Anforderungen an die Aufklärung wegen der bestehenden Erkenntnisunsicherheit gegenüber der Standardbehandlung gesteigert. In diesem Fall ist der Patient nicht nur über die fehlende Zulassung des Medikaments aufzuklären, erforderlich ist auch der Hinweis, dass **unbekannte Risiken** nach derzeitigem Stand nicht auszuschließen sind.[69] Dies ist erforderlich, um den Patienten in die Lage zu versetzen, für sich sorgfältig abzuwägen, ob er sich nach der herkömmlichen Methode mit bekannten Risiken behandeln lassen möchte oder nach der neuen Methode unter besonderer Berücksichtigung der in Aussicht gestellten Vorteile und der noch nicht in jeder Hinsicht bekannten Gefahren. Zudem ist während des Heilversuchs eine Aufklärung über positive wie negative Trends entsprechend der ärztlichen Pflicht zur Fortbildung erforderlich.

P war weder über die fehlende Zulassung des Medikaments noch über die damit einhergehenden „unbekannten" Risiken informiert worden. Zudem unterblieb die Unterrichtung über die im Zulassungsbescheid angeratenen Kontrollen. A hat somit seine Aufklärungspflicht verletzt.

3. Objektive Zurechnung
Die Aufklärungspflichtverletzung müsste in einem haftungsrelevanten ursächlichen Zusammenhang zu der Sehstörung des P stehen. Der Aufklärungsfehler war für die Sehschädigung kausal, wenn er sich nicht hinwegdenken ließe, ohne dass diese entfiele. A bringt indes vor, dass P auch bei entsprechender Kenntnis der Risiken in die Behandlung eingewilligt hätte. Ein solcher Einwand der **hypothetischen Einwilligung** ist grds. zulässig.[70]

> Während der Einwand der hypothetischen Einwilligung früher wegen einer drohenden Verkürzung des Selbstbestimmungsrechts des Patienten abgelehnt wurde, lässt die Rspr. ihn heute grds. zu, um einem Missbrauch der Aufklärungsfehlerrüge zu begegnen. Für das Vertragsrecht ist der Einwand in § 630h Abs. 2 S. 2 BGB kodifiziert.

---

[69] BGHZ 168, 103 (108 f.) = NJW 2006, 2477 (2478) m. Bespr. *Katzenmeier*, NJW 2006, 2738 f. = MedR 2006, 650 (651).
[70] Vgl. *Katzenmeier*, in: Laufs/Katzenmeier/Lipp, Arztrecht, Kap. V Rn. 70 ff.

Mit dem Einwand hypothetische Einwilligung macht der Arzt geltend, dass der Patient zu dem konkret vorgenommenen Eingriff auch bei ordnungsgemäßer Aufklärung seine Zustimmung erteilt oder auch ohne Aufklärung in den Eingriff eingewilligt hätte. An die Geltendmachung einer hypothetischen Einwilligung sind grds. **hohe Anforderungen** zu stellen, damit das Selbstbestimmungsrecht des Patienten nicht unterlaufen wird. Erforderlich ist ein substanziierter Vortrag des Arztes zur hypothetischen Einwilligung.

Ist ein solcher erfolgt, so kann der Patient den **Einwand entkräften**, indem er darlegt, dass er bei ordnungsgemäßer Aufklärung in einen **ernsthaften Entscheidungskonflikt** geraten wäre.[71] Bei der Bewertung des Entscheidungskonflikts ist auf die persönliche Situation des Patienten abzustellen. Was aus ärztlicher Sicht sinnvoll erscheint und wie sich ein „vernünftiger" Patient entschieden haben würde, ist nicht entscheidend.

Bei einem **Heilversuch** mit einem noch nicht zugelassenen Medikament handelt es sich letztlich um einen medizinischen Versuch. Für das Vorliegen einer hypothetischen Einwilligung sind unter diesen Umständen **besonders strenge Maßstäbe** anzulegen.[72] Dafür spricht auch, dass die §§ 40 ff. AMG für den Versuch i.R. einer klinischen Prüfung grds. die schriftliche Einwilligung des Patienten voraussetzen.

P gibt an, dass er das Mittel bei entsprechender Aufklärung nicht eingenommen hätte bzw. wegen der schweren Erkrankung zumindest in einen ernsthaften Entscheidungskonflikt geraten wäre. Dies genügt grds., um einen Entscheidungskonflikt bei einem Heilversuch mit noch nicht zugelassenem Medikament plausibel zu machen. Darauf, wie ein „vernünftiger" Patient sich entschieden hätte, kommt es nicht an. Vielmehr ist auf die persönliche Entscheidungssituation des einzelnen Patienten abzustellen.[73] Auch muss der Patient nicht darlegen, wie er sich entschieden hätte, es reicht vielmehr der Vortrag aus, dass er es sich noch einmal überlegt hätte. Der Einwand der hypothetischen Einwilligung greift somit nicht durch. Der Eintritt einer Sehstörung lag auch nicht außerhalb jeglicher Lebenswahrscheinlichkeit und war vom Schutzzweck der Norm erfasst, sodass die Aufklärungspflichtverletzung haftungsbegründend objektiv zurechenbare Ursache der Sehstörung ist.

> Die **Rechtsnatur** der hypothetischen Einwilligung ist umstritten. Nach einer Ansicht stellt sie – ebenso wie die tatsächliche Einwilligung – einen **Rechtfertigungsgrund** dar. Nach anderer (der Lösung hier zugrunde gelegter) Auffassung schließt die hypothetische Einwilligung bereits die **objektive Zurechnung** aus: Hätte der Patient den Eingriff auch nach ordnungsgemäßer

---

[71] Zur Darlegungs- und Beweislast im Einzelnen → § 12, Fall 4.
[72] BGHZ 172, 1 (14 f.) = NJW 2007, 2767 (2770) = MedR 2007, 653 (657) m. Bespr. *Hart*, MedR 2007, 631 = JZ 2007, 1104 (1108) m. Anm. *Katzenmeier*; BGH NJW-RR 2021, 886 (887) = MedR 2021, 897 (898 f.) m. Anm. *Hart* für neue Behandlungsmethode.
[73] BGHZ 172, 1 (15 f.) = NJW 2007, 2767 (2771) = MedR 2007, 653 (657) m. Bespr. *Hart*, MedR 2007, 631 = JZ 2007, 1104 (1108) m. Anm. *Katzenmeier*.

> Aufklärung vornehmen lassen, fehlt es an dem für die Schadenszurechnung erforderlichen Rechtswidrigkeitszusammenhang zwischen fehlerhafter Aufklärung und eingetretenem Gesundheitsschaden (Schutzzweckbetrachtung; vgl. BT Drs. 17/10488, S. 29; BGH NJW 2016, 3523 (3524) Rn. 7; *Katzenmeier*, in BeckOK-BGB, § 630h Rn. 36).

Unbeachtlich ist der Einwand hypothetischer Einwilligung
- bei einem Verstoß gegen die Vorgaben nach TPG im Rahmen der Lebendorganspende (BGHZ 221, 55 (71) = NJW 2019, 1076 (1080 f.) = JZ 2019, 517 (519) m. Anm. *Spickhoff*), weil eine Berücksichtigung der gesteigerten Aufklärungspflicht nach § 8 TPG widerspräche,
- bei einem Verstoß gegen eine Wahlarztvereinbarung (BGH NJW 2016, 3523 = MedR 2016, 973).

4. Rechtswidrigkeit
A müsste rechtswidrig gehandelt haben. Die Rechtswidrigkeit wird durch die Tatbestandsmäßigkeit indiziert. Rechtfertigungsgründe sind nicht ersichtlich,[74] insbesondere erfolgte der Eingriff des A ohne Einwilligung des P, sodass die Behandlung rechtswidrig erfolgte.

5. Verschulden
Zudem müsste A ein Verschulden treffen. A könnte fahrlässig gehandelt haben. Dann müsste er die im Verkehr erforderliche Sorgfalt außer Acht gelassen haben, § 276 Abs. 2 BGB. Ein gewissenhafter und besonnener Arzt hätte dem Patienten erläutert, dass eine Zulassung des Medikaments noch nicht erfolgt ist und eine Behandlung möglicherweise mit noch unbekannten Risiken einhergeht. Die fehlende Zulassung war A auch bewusst, sodass A mit dem fehlenden Hinweis darauf zumindest fahrlässig i.S.d. § 276 Abs. 2 BGB handelte. Damit trifft ihn auch ein Verschulden i.S.d. § 823 Abs. 1 BGB.

6. Schaden
Der geltend gemachte Schaden beruht auch auf der Behandlung des A und ist ihm damit objektiv zuzurechnen. A hat daher den durch die Behandlung entstandenen Schaden nach Maßgabe der §§ 249 ff. BGB zu ersetzen.

> An der haftungsausfüllenden Zurechnung würde es hingegen fehlen, wenn der Schaden aus der Entwicklung des Grundleidens behandlungsunabhängig auch ohne den inkriminierten Behandlungseingriff in Ausprägung und Zeitpunkt gleichermaßen eingetreten wäre (sog. **Reserveursache**, s. *Geiß/Greiner*, Arzthaftpflichtrecht, 8. Aufl. 2022, C Rn. 123). Die diesbezügliche Beweislast obliegt der Behandlungsseite (BGH NJW 2016, 3522, 3523),

---

[74] Nach dem Vorgesagten ist es auch möglich, die Frage der hypothetischen Einwilligung nicht im Rahmen der objektiven Zurechnung, sondern bei der Rechtswidrigkeit zu thematisieren.

III. Ergebnis
P hat gegen A einen Anspruch auf Schadensersatz wegen fehlerhafter Aufklärung aus § 823 Abs. 1 BGB.

C. Merksätze

- Auch die Verordnung oder Vergabe eines Medikaments fällt unter den Begriff der ärztlichen Behandlung. Bei der Arzneimitteltherapie gelten im Grundsatz die gleichen Anforderungen an die ärztliche Aufklärungspflicht wie bei anderen Behandlungen. Arzneimittelinformationen in Beipackzetteln entheben den Arzt nicht von seiner Verpflichtung zur Aufklärung.
- Bei der Anwendung neuer Behandlungsmethoden ist der Patient ausdrücklich darüber aufzuklären, dass es sich um eine neue Behandlungsmethode handelt und unbekannte Risiken nicht auszuschließen sind.
- Unterläuft dem Arzt ein Aufklärungsfehler, kann er gegenüber Schadensersatzansprüchen des Patienten geltend machen, dieser hätte auch bei vollständiger Aufklärung in den Eingriff eingewilligt, sog. hypothetische Einwilligung (vgl. auch § 630h Abs. 2 S. 2 BGB).
- Der Nachweis der hypothetischen Einwilligung unterliegt strengen Anforderungen. Das gilt in besonderem Maße bei dem Einsatz eines nicht zugelassenen Medikaments und anderer neuer Behandlungsmethoden.

Fall 6: Chorea Huntington – Recht auf Nichtwissen; prädiktive Gesundheitsinformation im Familienverband

In Anlehnung an BGHZ 201, 263

A. Sachverhalt

M ist an Chorea Huntington erkrankt, einer unheilbaren, vererblichen und zum Tode führenden Erkrankung des Gehirns. Sein Arzt A informiert mit Einverständnis des M dessen geschiedene Frau F darüber, dass die beiden minderjährigen gemeinsamen Kinder die Erkrankung mit einer Wahrscheinlichkeit von 50 % geerbt haben. F erleidet eine reaktive Depression und wird berufsunfähig. Sie verlangt von A Schadensersatz, weil dieser sie nicht ungefragt über die Erbkrankheit habe informieren dürfen. Zu Recht?

B. Lösung

I. §§ 630a Abs. 1, 280 Abs. 1 BGB
F könnte gegen A einen Anspruch auf Schadensersatz gem. §§ 630a Abs. 1, 280 Abs. 1 BGB haben. Ein Schuldverhältnis bestand jedoch nur zwischen A und sei-

nem Patienten M. Mit F bestand kein Behandlungsverhältnis, es sollte mit ihr auch kein Vertrag angebahnt werden. Ein vertraglicher Anspruch der F aus §§ 630a Abs. 1, 280 Abs. 1 BGB scheidet daher aus.

II. § 823 Abs. 1 BGB wegen Gesundheitsverletzung
F könnte gegen A jedoch ein Anspruch aus § 823 Abs. 1 BGB zustehen.

1. Rechtsgutsverletzung
Dafür müsste eines der in § 823 Abs. 1 BGB genannten Rechtsgüter der F verletzt sein.

In Betracht kommt eine Beeinträchtigung der Gesundheit. Eine Gesundheitsschädigung ist das Hervorrufen eines nicht unerheblichen pathologischen Zustandes. Hierfür kommen insbesondere physische, aber auch **psychische Beeinträchtigungen** in Betracht, wenn sie **medizinisch erheblich** sind. F leidet unter nicht unerheblichen psychischen Beeinträchtigungen, die zu einer Berufsunfähigkeit geführt haben. Die erlittene Depression ist damit eine Gesundheitsverletzung und stellt eine Rechtsgutsverletzung i.S.d. § 823 Abs. 1 BGB dar.

2. Verletzungsverhalten
Als Anknüpfungspunkt für die Haftung kommt die Mitteilung des A in Betracht, dass der geschiedene Ehemann der F an Chorea Huntington leide und eine 50%-ige Wahrscheinlichkeit bestehe, dass auch die gemeinsamen Kinder von der Erbkrankheit betroffen sein könnten.

> **Beachte**
> Vorliegend geht es nicht um die klassische Schockschadens-Problematik (dazu → § 9, Fall 5), denn es fehlt an einer unerlaubten Handlung des A gegenüber dem die Weitergabe der Information wünschenden M, deren Auswirkungen auf F dann zu beurteilen wären. Um den A haftbar machen zu können, muss das Überbringen der Information als solches als unerlaubte Handlung gegenüber F qualifiziert werden. Der BGH hat sich in der zugrunde liegenden Entscheidung mit der Frage nach dem deliktisch relevanten Verhalten nicht näher auseinandergesetzt (vgl. BGHZ 201, 263 = NJW 2014, 2190 = MedR 2015, 186 m. Anm. *Hebecker/Lutzi* = JZ 2014, 898 m. insoweit krit. Anm. *Katzenmeier/Voigt* JZ 2014, 900 (901)).

3. Objektive Zurechnung
Die Gesundheitsverletzung der F müsste eine zurechenbare Folge der Mitteilung des A sein.

a. Äquivalenz
Die Mitteilung des A über die unheilbare Erkrankung ihres geschiedenen Ehemannes kann nicht hinweggedacht werden, ohne dass die Depression der F in ihrer konkreten Gestalt entfiele. Das Verhalten des A somit i.S.d. Äquivalenztheorie kausale Ursache für die Rechtsgutsverletzung der F.

b. Adäquanz
Es liegt auch nicht außerhalb aller Lebenswahrscheinlichkeit, dass eine Mutter bei der Nachricht, dass ihre Kinder mit einer Wahrscheinlichkeit von 50 % die genetische Anlage einer unheilbaren und zum Tode führenden Erkrankung des Gehirns geerbt haben könnten, einen Schock erleidet und aufgrund der Ungewissheit, ob die Erbkrankheit bei ihren Kindern tatsächlich vorliegt, unter schweren psychischen Beschwerden leidet.

c. Schutzzweck der Norm
Eine Schadensersatzpflicht besteht jedoch nur dann, wenn die geltend gemachte Rechtsgutsverletzung nach Art und Entstehungsweise unter den Schutzzweck der verletzten Norm fällt. Es muss sich also um Nachteile handeln, die aus dem Bereich der Gefahren stammen, zu deren Abwendung die verletzte Norm erlassen worden ist.[75] Daran fehlt es regelmäßig dann, wenn sich eine Gefahr realisiert hat, die dem allgemeinen Lebensrisiko und damit dem Risikobereich des Geschädigten zuzurechnen ist. Insofern ist eine **wertende Betrachtung** geboten.

Dass eine schwerwiegende – möglicherweise auch für die Gesundheit der gemeinsamen Kinder relevante – Krankheit eines Elternteils erkannt und dem anderen Elternteil bekannt wird, ist ein Schicksal, das Eltern jederzeit widerfahren kann. § 823 Abs. 1 BGB bezweckt nicht den Schutz eines sorgeberechtigten Elternteils vor den psychischen Belastungen, die damit verbunden sind, dass er von einer genetisch bedingten Erkrankung des anderen Elternteils und dem damit einhergehenden Risiko Kenntnis erlangt, dass die gemeinsamen Kinder auch Träger der Krankheit sein könnten. Derartige Belastungen gehören zum **allgemeinen Lebensrisiko** und sind von Personensorgeberechtigten hinzunehmen.[76] Die Erkrankung der F liegt daher außerhalb des Schutzzwecks der Norm und kann dem A haftungsrechtlich nicht zugerechnet werden.[77]

4. Ergebnis
Ein Anspruch der F gegen A aus § 823 Abs. 1 BGB wegen einer Gesundheitsverletzung scheidet mithin aus.

Über Ansprüche der genetisch betroffenen Kinder musste der BGH nicht entscheiden, er ließ die Frage offen. Ob der BGH auch ungefragt erteilte Auskünfte an genetisch Betroffene dem allgemeinen Lebensrisiko zuweist, bleibt abzuwarten.

---

[75] BGHZ 27, 137 (140f.) = NJW 1958, 1041 (1042); BGH NJW 2012, 2024 (2025) = MedR 2012, 804 (806).

[76] Tatsächlich kann – jedenfalls bei heilbaren Krankheiten – sogar über eine Verpflichtung des Arztes zur Information der Elternteile nachgedacht werden, um etwaigen Krankheitsanzeichen bei den Kindern direkt adäquat begegnen zu können, so *Spickhoff*, FamRZ 2014, 1288 (1291).

[77] OLG Koblenz MedR 2014, 168 (173) (m. Bespr. *Damm*, MedR 2014, 139) hatte die Haftung mit der Begründung bejaht, der Arzt hätte bei der Informationsüberbringung einen Psychologen hinzuziehen müssen. Der BGH setzt sich mit den Modalitäten der Informationsüberbringung nicht auseinander.

III. § 823 Abs. 1 BGB wegen Verletzung des Allgemeinen Persönlichkeitsrechts
1. Rechtsgutsverletzung
Eine Haftung des A aus § 823 Abs. 1 BGB könnte sich aber aus einer Verletzung des allgemeinen Persönlichkeitsrechts der F ergeben, das als sonstiges Recht i.S.d. § 823 Abs. 1 BGB anerkannt ist. Da die Kenntnis von Erbanlagen, insbesondere genetisch bedingten Krankheitsanlagen, erheblichen Einfluss auf die Lebensgestaltung und -planung haben kann, berührt sie unmittelbar das durch Art. 1 Abs. 1 i.V.m. Art. 2 Abs. 1 GG gewährleistete Selbstbestimmungsrecht. Das allgemeine Persönlichkeitsrecht umfasst auch ein **Recht auf Nichtwissen der eigenen genetischen Veranlagung**, das den Einzelnen davor schützt, Kenntnis über ihn betreffende genetische Informationen mit Aussagekraft für seine persönliche Zukunft zu erlangen, ohne dies zu wollen.[78]

F wurde über eine eventuelle genetische Disposition ihrer Kinder informiert, nicht jedoch über ihre eigene genetische Veranlagung, sie ist mit M nicht verwandt. Das Persönlichkeitsrecht der F ist mithin nicht verletzt. Aus einer etwaigen Verletzung des allgemeinen Persönlichkeitsrechts ihrer Kinder kann F keine Schadensersatzansprüche ableiten.

2. Ergebnis
Ein Anspruch aus § 823 Abs. 1 BGB wegen Verletzung des allgemeinen Persönlichkeitsrechts scheidet folglich aus.

IV. § 823 Abs. 2 BGB i.V.m. GenDG
F könnte ein Schadensersatzanspruch aus § 823 Abs. 2 BGB i.V.m. GenDG gegen A zustehen. Das setzt eine Schutzgesetzverletzung, mithin die Verletzung eines der in dem GenDG genannten Schutzgüter voraus. Das GenDG schützt das Recht auf Nichtwissen von Betroffenen hinsichtlich ihrer eigenen genetischen Disposition. So gewährleistet § 1 GenDG den Schutz des informationellen Selbstbestimmungsrechts. Auch § 9 Abs. 2 Nr. 5 GenDG schützt betroffene Personen, deren Aufklärung bzgl. einer beabsichtigten genetischen Untersuchung zu sichern ist. Es geht insofern also um genetisch **unmittelbar Betroffene** als Erkrankte oder Risikopersonen. Als solche kommen i.v.F. neben dem Vater nur die beiden Kinder als genetisch Verwandte in Betracht, nicht aber die F.

Das GenDG enthält darüber hinaus keine Bestimmung, wonach das Ergebnis einer diagnostischen genetischen Untersuchung trotz ausdrücklicher Einwilligung des von der Untersuchung Betroffenen (hier M) solchen Personen nicht bekanntgegeben werden darf, die – wie vorliegend F – mit dem Betroffenen genetisch nicht verwandt sind. Auch kann nicht aus der in § 10 Abs. 4 S. 3 GenDG normierten Empfehlung, Angehörige (nur) bzgl. behandelbarer Krankheiten zu informieren, im Um-

---
[78] BGHZ 201, 263 (269 f.) = NJW 2014, 2190 (2191) = MedR 2015, 186 (188) m. Anm. *Hebecker/Lutzi* = JZ 2014, 898 m. Anm. *Katzenmeier/Voigt*.

kehrschluss auf ein Informationsverbot bzgl. unbehandelbarer Krankheiten geschlossen werden. Somit fehlt es an einer Schutzgesetzverletzung, ein Anspruch aus § 823 Abs. 2 BGB i.V.m. GenDG besteht nicht.

V. § 823 Abs. 2 BGB i.V.m. § 229 StGB
Die Körperverletzung der F ist dem A auch im Rahmen des § 229 StGB objektiv nicht zuzurechnen, sodass ebenso wenig ein Anspruch der F gegen A aus § 823 Abs. 2 BGB i.V.m. § 229 StGB in Betracht kommt.

VI. Endergebnis
F hat gegen A keinen Anspruch auf Schadensersatz.

C. Merksätze

- Durch die Mitteilung belastender Informationen ausgelöste psychische Störungen von Krankheitswert können eine Gesundheitsverletzung i.S.v. § 823 Abs. 1 BGB darstellen.
- § 823 Abs. 1 BGB bezweckt nicht den Schutz eines sorgeberechtigten Elternteils vor psychischen Belastungen, die damit verknüpft sind, dass er von einer genetisch bedingten Erkrankung des anderen Elternteils und dem damit einhergehenden Risiko Kenntnis erlangt, dass die gemeinsamen Kinder auch Träger der Krankheit sein könnten.
- Das allgemeine Persönlichkeitsrecht umfasst auch das „Recht auf Nichtwissen der eigenen genetischen Veranlagung", das den Einzelnen davor schützt, Kenntnis über ihn betreffende genetische Informationen mit Aussagekraft für seine persönliche Zukunft zu erlangen, ohne dies zu wollen. Es schützt aber nicht vor der Kenntnis fremder genetischer Informationen.

Wiederholungsfragen

▶ Was ist Sinn und Zweck der ärztlichen Aufklärung?

Wahrung des Selbstbestimmungsrechts des Patienten durch Erzielung eines „informed consent". Der Patient muss im Großen und Ganzen um Art und Ausmaß der Behandlung und deren Folgen wissen, um eine selbstbestimmte Entscheidung für oder gegen die Vornahme der angedachten Behandlung treffen zu können.

▶ In welche Fallgruppen wird die Selbstbestimmungsaufklärung untergliedert?

Zu unterscheiden ist zwischen der Diagnoseaufklärung, der Risikoaufklärung und der Verlaufsaufklärung.
    Diagnoseaufklärung = Information des Patienten über ärztlichen Befund

Risikoaufklärung = Information über mögliche Eingriffsrisiken, Komplikationen, Nebenfolgen, die sich auch bei Anwendung der gebotenen Sorgfalt, bei fehlerfreier Durchführung des Eingriffs nicht mit Gewissheit ausschließen lassen

Verlaufsaufklärung = Information über Art, Umfang und Durchführung des Eingriffs

▶ Von welchen Pflichten ist die Selbstbestimmungsaufklärung abzugrenzen?

Von der für das Vertragsrecht in § 630c Abs. 2 S. 1 BGB normierten Pflicht zur „therapeutischen Information", die alleine der Sicherstellung des Behandlungserfolges dient und deren Verletzung einen vom Patienten zu beweisenden Behandlungsfehler darstellt.

Nicht zur Selbstbestimmungsaufklärung gehören überdies die in § 630c Abs. 2 S. 2 BGB normierte Fehleroffenbarungspflicht, sowie die in § 630c Abs. 3 BGB normierte Pflicht zur wirtschaftlichen Information, die den Patienten vor unerwarteten Kosten der Behandlung bewahren soll.

▶ Inwieweit sind Indikation, Dringlichkeit und Nutzen eines Eingriffs von Bedeutung für die Selbstbestimmungsaufklärung?

Ausmaß und Genauigkeitsgrad der erforderlichen Aufklärung verhalten sich zur Dringlichkeit und zu den Heilungsaussichten eines Eingriffs umgekehrt proportional. Je weniger dringlich sich der Eingriff nach medizinischer Indikation und Heilungsaussicht in zeitlicher und sachlicher Hinsicht darstellt, desto intensiver ist der Patient aufzuklären. Besonders hohe Anforderungen an die Aufklärung gelten daher etwa bei diagnostischen Eingriffen ohne therapeutischen Eigenwert.

▶ In welchen Fällen besteht eine Pflicht des Arztes zur „schonungslosen" Aufklärung des Patienten?

Besonders hohe Anforderungen an die Aufklärung gelten bei rein kosmetischen Eingriffen, da diesen kein medizinischer Nutzen gegenübersteht, sowie bei rein altruistisch motivierten Eingriffen wie z.B. der Lebendorganspende.

▶ Wann ist eine Aufklärung über Behandlungsalternativen erforderlich?

Eine Aufklärung über Behandlungsalternativen ist nur erforderlich, wenn für die Behandlung einer Krankheit mehrere medizinisch gleichermaßen indizierte und übliche in Betracht kommende Behandlungsmethoden mit unterschiedlichen Risiken und Erfolgschancen zur Wahl stehen, sog. echte Behandlungsalternative. Konkret bedeutet das, dass der Arzt den Patienten dann über eine alternative Behandlungsmethode aufzuklären hat, wenn diese entweder bei gleichwertiger Heilungs- und Erfolgsaussicht eine geringere Risikobelastung aufweist, oder bei in Art und Richtung gleichwertigen Risiken eine größere Heilungs- und Erfolgsaussicht verspricht.

▶ Genügt die Anfertigung und Aushändigung detaillierter Aufklärungsformulare den Anforderungen an eine ordnungsgemäße Aufklärung?

Nein, grds. ist eine Aufklärung im persönlichen Arzt-Patienten-Gespräch erforderlich, § 630e Abs. 2 S. 1 Nr. 1 BGB. Formulare können das Aufklärungsgespräch mit dem Arzt allenfalls vorbereiten und ergänzen. Abweichend insofern nur die Einzelfallentscheidung des BGH für den Fall der Routineimpfung (BGHZ 144, 1), unter der Voraussetzung, dass eine konkrete Rückfragemöglichkeit beim Arzt besteht. Zweifelhaft ist, ob diese Einzelfallentscheidung unter Geltung des § 630e Abs. 2 S. 1 Nr. 1 BGB noch Bestand haben kann.

▶ Kann der Patient auf die Aufklärung verzichten?

Ja, zum Ausfluss des Selbstbestimmungsrechts gehört es auch, auf Informationen verzichten zu können, vgl. § 630e Abs. 3 BGB. Erforderlich ist ein ausdrücklicher Verzicht. Dieser setzt allerdings voraus, dass der Patient jedenfalls die Erforderlichkeit und Art des Eingriffs kennt und weiß, dass dieser nicht frei von Risiken ist. In groben Zügen muss der Patient folglich einordnen können, auf welche näheren Informationen er verzichtet.

▶ Ist die Einwilligung in die medizinische Behandlung eine Willenserklärung?

Nein. Die Einwilligung ist keine rechtsgeschäftliche Willenserklärung, sondern eine „Gestattung oder Ermächtigung zur Vornahme tatsächlicher Handlungen, die in den Rechtskreis des Gestattenden eingreifen" (BGHZ 29, 33 (36)). Folglich ist für ihre Wirksamkeit nicht die Geschäftsfähigkeit nach §§ 104 ff. BGB, sondern die Einwilligungsfähigkeit des Patienten entscheidend. Der Patient kann daher wirksam in die Behandlung einwilligen, wenn er in der Lage ist, Wesen, Bedeutung, Tragweite und Risiken des anvisierten Eingriffs voll zu erfassen.

▶ Zu welchem Zeitpunkt hat eine Aufklärung zu erfolgen?

Gem. § 630e Abs. 2 S. 1 Nr. 2 BGB hat die Aufklärung so rechtzeitig zu erfolgen, dass der Patient eine wohlüberlegte Entscheidung treffen kann. Dem Patienten muss ausreichend Zeit verbleiben, das Für und Wider der angedachten Behandlung abwägen und sich ggf. mit Dritten besprechen zu können. Damit ist der Zeitpunkt einzelfallabhängig zu bestimmen. Abgesehen von Notfällen, hat bei stationär aufgenommenen Patienten eine Aufklärung spätestens am Vortag (nicht -abend) zu erfolgen. Bei ambulanten Eingriffen mit geringem Risikopotenzial reicht eine Aufklärung am Tag des Eingriffs regelmäßig aus. Dem Patienten muss aber auch hier die Gelegenheit zu einem ruhigen Abwägen verbleiben.

Wiederholungsfragen

▶ Worüber muss der Arzt den Patienten bei der Anwendung neuer Behandlungsmethoden aufklären?

Der Arzt muss den Patienten darüber aufklären, dass es sich um eine neue, noch nicht standardgemäße Behandlungsmethode handelt, bei deren Anwendung unbekannte Risiken nicht auszuschließen sind. Auch hier ist darüber hinaus über bloße Vermutungen jedoch nur dann aufzuklären, wenn diese sich soweit verdichtet haben, dass sie zum Schutz des Patienten in dessen Entscheidungsfindung mit einbezogen werden sollen.

▶ Wodurch kann der Patient den Einwand hypothetischer Einwilligung nach § 630h Abs. 2 S. 2 BGB entkräften?

Der Patient kann den Einwand hypothetischer Einwilligung entkräften, indem er plausibel darlegt, dass er sich im Falle der ordnungsgemäßen Aufklärung in einem echten Entscheidungskonflikt für oder gegen die Vornahme des konkreten Eingriffs befunden hätte.

▶ Unter welchen Umständen fehlt es nach der Judikatur am notwendigen Zurechnungszusammenhang zwischen Aufklärungspflichtverletzung und Schaden?

Grds. muss der fehlerhaft aufklärende Arzt für alle damit ursächlich verbundenen Schadensfolgen einstehen. Allerdings entfällt der haftungsrechtliche Zurechnungszusammenhang, wenn der Patient über das realisierte Risiko ordnungsgemäß aufgeklärt wurde und in dieser Kenntnis in den Eingriff eingewilligt hat. Dabei spielt es keine Rolle, ob die Aufklärung über weitere aufklärungspflichtige Risiken unterblieben ist.

Am notwendigen Zurechnungszusammenhang fehlt es zudem, wenn sich nicht das aufklärungspflichtige Risiko, über welches nicht aufgeklärt wurde, realisiert hat, sondern ein anderes nicht aufklärungsbedürftiges Risiko, dessen Risiken in Bedeutung und Auswirkung mit dem aufklärungspflichtigen Risiko nicht vergleichbar sind und der Patient zumindest die erforderliche Grundaufklärung erhalten hat.

§ 11: Arzthaftungsprozess und Alternativen

Grundlagen

A. Arzthaftungsprozess

Der Arzthaftungsprozess ist ein **Zivilprozess**. **Kläger** ist der Patient als unmittelbar Geschädigter (oder ein an diesen leistender Vorsorgeträger/Versicherer aus nach § 116 SGB X oder § 86 VVG übergegangenem Recht (→ § 13, Grundlagen, B. III.)), **Beklagter** ist der behandelnde Arzt und/oder der Krankenhausträger (→ § 9, Fall 1). Dessen Haftpflichtversicherer ist nach Ziff. 5.2 AHB[1] zur Schadensregulierung- und Prozessführung bevollmächtigt, wird aber nicht Prozesspartei.

Erstinstanzlich sind in Streitigkeiten aus Heilbehandlungen wegen der hohen Streitwerte zumeist die **Landgerichte** gem. § 1 ZPO i.V.m. §§ 23 Nr. 1, 71 Abs. 1 GVG sachlich zuständig.[2] Gem. § 72a Abs. 1 Nr. 3 GVG sind sie verpflichtet, **Zivilkammern für Streitigkeiten aus Heilbehandlungen** zu bilden. Die Kammer entscheidet sodann grds. **in voller Besetzung** (drei Berufsrichter), § 348 Abs. 1 S. 2 Nr. 2e ZPO. Nach § 78 Abs. 1 S. 1 ZPO müssen die Parteien sich vor den Land- und Oberlandesgerichten durch einen **Rechtsanwalt** vertreten lassen.

I. Verfahrensgrundsätze des Zivilprozesses

Die wichtigsten Verfahrensgrundsätze des Zivilprozesses sind:

---

[1] Die AHB (Allgemeine Haftpflicht-Musterbedingungen des Gesamtverbandes der Versicherer (GdV) sind keine Rechtsnormen, sondern dienen den meisten Versicherungsverträgen als Grundlage.

[2] Ab dem 1.1.2026 sollen nach § 71 Abs. 2 Nr. 9 GVG n.F. in „Streitigkeiten aus Heilbehandlungen" die Landgerichte ohne Rücksicht auf den Wert des Streitgegenstandes ausschließlich zuständig sein (Art. 1 des RegE eines Gesetzes zur Änderung des Zuständigkeitsstreitwerts der Amtsgerichte, zum Ausbau der Spezialisierung der Justiz in Zivilsachen sowie zur Änderung weiterer prozessualer Regelungen, BT-Drs. 20/13251).

Dispositionsmaxime: Die **Parteien bestimmen den Streitgegenstand** und können über ihn verfügen (prozessuales Seitenstück der Privatautonomie des materiellen Rechts).

- Ohne Antrag (Klage, Rechtsmittel) kein Verfahren („wo kein Kläger, da kein Richter").
- Die Parteien bestimmen durch ihre Anträge den Umfang der richterlichen Prüfung und Entscheidung („*ne eat judex ultra petita partium*", §§ 308, 528, 557 ZPO).
- Die Parteien haben auch während des Verfahrens die Verfügungsmacht über den Streitgegenstand (vgl. etwa §§ 91a, 263, 269, 306, 307 ZPO).
- Gegensatz: Offizialmaxime, d.h. Einleitung des Verfahrens und Bestimmung des Verfahrensinhalts von Amts wegen, so grds. im Strafverfahren, §§ 152 Abs. 1, 170 Abs. 1 StPO.

Verhandlungsmaxime: Der vom Gericht der Entscheidung zugrunde zu legende **Tatsachenstoff** wird **von den Parteien beigebracht**, nicht vom Gericht.

- Unstreitige Tatsachen hat das Gericht der Entscheidung ohne Nachprüfung auf Wahrheit zugrunde zu legen (formelle Wahrheit, §§ 138 Abs. 3, 288 ZPO).
- Die Anwendung der Rechtssätze ist ausschließlich Aufgabe des Gerichts („*iura novit curia*"; „*da mihi facta, dabo tibi ius*").
- Gegensatz: Untersuchungsmaxime, wonach das Gericht von Amts wegen die Wahrheit erforscht, so im Strafverfahren, §§ 155 Abs. 2, 160 Abs. 2 und 244 Abs. 2 StPO.

Grundsatz des **rechtlichen Gehörs** (Art. 103 Abs. 1 GG) und des **fairen Verfahrens** (Art. 6 Abs. 1 EMRK/betreffendes Grundrecht i.V.m. Rechtsstaatsprinzip)

Grundsatz der **Mündlichkeit** (§ 128 Abs. 1 ZPO), **Unmittelbarkeit** (§ 128 Abs. 1 ZPO), **Öffentlichkeit** (§ 169 ff. GVG)

Konzentrationsmaxime (Beschleunigungsgrundsatz): Richterliche Förderungspflichten (§§ 139, 273, 275, 276 ZPO), Prozessförderungspflicht der Parteien (§ 282 ZPO), Möglichkeit der Zurückweisung verspäteten Vorbringens (Präklusion, § 296 ZPO)

Bestreben nach **gütlicher Beilegung** des Rechtsstreits, § 278 ZPO

Die Verhandlungsmaxime (Beibringungsgrundsatz) stellt die Verantwortung der Parteien für ihren Prozess klar. Nach der im Zivilprozess geltenden **Darlegungs- und Beweislastverteilung** hat jede Partei die tatsächlichen Voraussetzungen der ihr günstigen Norm (ggf. substanziiert) darzulegen und zu beweisen (→ § 12, Grundlagen, A.).

Zentrales Problem im Arzthaftungsprozess ist, dass der Informations- und Kenntnisstand des grds. für alle anspruchsbegründenden Tatsachen darlegungs- und beweisbelasteten Patienten i.d.R. weit hinter dem des Arztes zurückbleibt (**Informations- und Wissensgefälle**). Der Patient hat insbesondere bei schweren Eingriffen und Operationen oftmals keine Kenntnis vom Geschehen und kann dieses als medizinischer Laie nicht beurteilen.

II. Modifikationen der Prozessrechtsregeln

Um dem Informations- und Wissensgefälle Rechnung zu tragen und damit Ansprüche des Patienten nicht regelmäßig an der hohen Hürde des Beweisrechts scheitern, hat die Rspr. die Verfahrensregeln modifiziert und **besondere Regeln für den Arzthaftungsprozess** herausgebildet.[3]

Betont wird das Gebot der **Waffengleichheit** im Prozess.[4] Daraus folgt allerdings kein Gebot der Kompensation sozialer Unterlegenheit (keine Gleichheit durch den Richter), vielmehr eine (formal verstandene) Garantie gleicher Mitwirkungsrechte der Parteien im Prozess (Gleichheit vor dem Richter). Aus dem Waffengleichheitsgebot werden abgeleitet:

- **Geringere Anforderungen an die Substanziierung des Klägervortrags**: Im Arzthaftungsprozess dürfen an den grds. darlegungs- und beweisbelasteten Kläger nur maßvolle und verständig geringe Anforderungen bzgl. der Darstellung des medizinischen Sachverhaltes gestellt werden.
- **Sekundäre Darlegungslast des Beklagten**: Ein bloßes Bestreiten reicht auch bei unsubstanziiertem Klägervortrag nicht aus, wenn die an sich darlegungs- und beweisbelastete Partei außerhalb des darzulegenden Geschehensablaufs steht und keine Kenntnis der maßgebenden Tatsachen besitzt, während der Beklagte bzgl. des zu beurteilenden Sachverhaltes Kenntnis hat oder haben muss und ihm eine Preisgabe dieses Wissens zumutbar ist (→ § 12, Fall 2).
- **Beweiserleichterungen und Beweislastumkehrungen**: Dem grds. beweisbelasteten Patienten werden umfangreiche Beweiserleichterungen und Beweislastumkehrungen gewährt (→ § 12, Grundlagen, C., D.)

Daneben kommt der **richterlichen Frage- und Hinweispflicht** nach § 139 ZPO (materielle Prozessleitung) besondere Bedeutung zu. Das Gericht hat sich im Arzthaftungsprozess „etwas intensiver in die Wahrheitsfindung einzuschalten".[5] Die Grenze bildet die Verhandlungsmaxime, das Gericht darf nicht von sich aus neue Tatsachen einführen. Zudem ist dem Gericht eine einseitige Rechtsberatung untersagt, es gilt die **Neutralitätspflicht** (sonst § 42 ZPO).

---

[3] Dazu *Gehrlein*, GesR 2019, 545.
[4] BVerfGE 52, 131 = NJW 1979, 1925; dazu *Katzenmeier*, Arzthaftung, S. 378 ff.
[5] So der ehemalige Bundesrichter *Dunz*, Aktuelle Fragen zum Arzthaftungsrecht, 1980, S. 50 f.

III. Medizinischer Sachverständiger

Die Beantwortung von Rechtsfragen und Entscheidung des Rechtsstreits ist allein Sache des Gerichts, Art. 92, 97 GG. Der mit Juristen besetzte Spruchkörper verfügt in aller Regel aber nicht über die zur Beurteilung des Geschehens erforderlichen **medizinischen Fachkenntnisse**. Deshalb kommt im Arzthaftungsprozess dem medizinischen Sachverständigen regelmäßig eine zentrale Bedeutung zu, §§ 402 ff. ZPO (→ § 11, Fall 3).

Dabei bleibt es bei dem Grundsatz der **freien richterlichen Beweiswürdigung** (§ 286 Abs. 1 S. 1 ZPO), wonach der Richter das Gutachten einer selbstständigen und eigenverantwortlichen Prüfung unterziehen muss. Das Sachverständigengutachten ist kein Präjudiz, weicht das Gericht davon ab, muss es dies aber begründen.

B. Alternativen zum Arzthaftungsprozess

I. Strafverfahren

Ist der Patient der Meinung, dass der Behandelnde einen Straftatbestand erfüllt hat, kann er bei den Strafverfolgungsbehörden oder den Amtsgerichten **Strafanzeige** erstatten, § 158 Abs. 1 StPO.

Die vorsätzliche Körperverletzung nach § 223 StGB und die fahrlässige Körperverletzung nach § 229 StGB werden nach § 230 Abs. 1 S. 1 StGB nur verfolgt, wenn ein **Strafantrag** gestellt wurde, es sei denn, dass die Strafverfolgungsbehörde wegen des besonderen öffentlichen Interesses an der Strafverfolgung ein Einschreiten von Amts wegen für geboten hält.

Strafrechtliches und zivilrechtliches Verfahren schließen sich weder aus, noch präjudizieren sie sich wechselseitig (→ § 11, Fall 1).[6]

II. Außergerichtliche Streitbeilegung

Zunehmend Bedeutung gewinnt in der Praxis die **außergerichtliche Streitbeilegung**. Vorteile dieses Vorgehens können sein:

- leichterer „Zugang zum Recht" und geringere Förmlichkeit des Verfahrens
- schnellere und kostengünstigere Erledigung des Streits als vor ordentlichen Gerichten
- größere Sachnähe der angerufenen Stellen
- besonderes Potenzial zur Konfliktbewältigung

Für Streitigkeiten zwischen Arzt und Patient kommen insbesondere folgende **Formen und Foren** außergerichtlicher Streitbeilegung in Betracht:

---

[6] Zum Medizinstrafrecht s. etwa die Lehrbücher von *Waßmer*, Medizinstrafrecht; *Kraatz*, Arztstrafrecht, 3. Aufl. 2023; *Hilgendorf*, Einführung in das Medizinstrafrecht; *Tsambikakis*, Medizinstrafrecht, 2025. Handbücher: *Tsambikakis/Rostalski* (Hrsg), Medizinstrafrecht, 2023; *Gercke/Leimenstoll/Stirner*, Handbuch Medizinstrafrecht, 2. Aufl. 2025. Fallbuch von *Schrott*, Medizinstrafrecht, 2024.

1. Gutachterkommissionen/Schlichtungsstellen

Gutachterkommissionen und Schlichtungsstellen sind Einrichtungen der Landesärztekammern (→ § 2, Grundlagen, C. I.), organisatorisch aber von diesen getrennt. Sie sind mit ehrenamtlich tätigen Ärzten und Juristen besetzt. Diese Stellen leisten eine **unabhängige Expertenbegutachtung** bei Behandlungsfehlervorwürfen, in der Praxis werden auf Antrag bisweilen auch Aufklärungsfehlerrügen geprüft. Die Beteiligtenfähigkeit der Haftpflichtversicherer wird in den Verfahrensordnungen der Stellen unterschiedlich geregelt.[7]

Die weniger formalisierten, dafür aber nicht alle rechtsstaatlichen Garantien verbürgenden Verfahren sind gekennzeichnet durch:

- **Freiwilligkeit:** Ein Verfahren findet grds. nur statt, wenn beide Seiten der Verfahrensdurchführung zustimmen.
- **Unverbindlichkeit:** Die Beteiligten haben die Möglichkeit, im Anschluss den Rechtsweg zu beschreiten.
- **Gebührenfreiheit:** Das Verfahren ist für den antragstellenden Patienten kostenfrei (seine eigenen Kosten einschließlich eventueller Anwaltskosten hat er aber selbst zu tragen).

2. Mediation

In der Mediation erarbeiten **die Parteien selbst** eine **konsensuale Lösung** zur Beilegung ihres Konflikts unter Anleitung eines Dritten. Der Mediator hat keine eigene Entscheidungsbefugnis. Die Ermittlung des Sachverhaltes im Wege der Begutachtung und eine Klärung der Rechtslage stehen nicht im Vordergrund, vielmehr die Interessen und Bedürfnisse der Beteiligten.

Neben einer befriedenden Wirkung kann ein Vorteil der Mediation die Aufrechterhaltung der sozialen Beziehung der Parteien über den Konflikt hinaus sein, um eine weitere Zusammenarbeit zu ermöglichen. Dies kann bei Störungen des Vertrauensverhältnisses zwischen Arzt und Patient relevant sein.[8]

3. Unterstützung durch Krankenversicherung

Zwecks Unterstützung bei der Anspruchsdurchsetzung wegen eines Behandlungsfehlers kann der gesetzlich versicherte Patient seine Krankenversicherung einschalten, die nach **§ 66 SGB V** zur Unterstützung der Patienten bei der Anspruchsverfolgung gehalten ist („soll ... unterstützen"). In den meisten Fällen legt die Krankenkasse die Behandlungsunterlagen dem Medizinischen Dienst (MD) vor, der für den Patienten kostenfrei ein Gutachten erstattet.[9]

Literatur zur Vertiefung: *Katzenmeier*, Arzthaftung, S. 377–415; *Gehrlein*, Besonderheiten des Arzthaftungsprozesses, GesR 2019, 545–550.

---

[7] Einzelheiten bei *Laumen*, in MüKo-VVG, Bd. 3, 3. Aufl. 2024, Kap. 24; zur Arbeit der Gutachterkommissionen und Schlichtungsstellen vgl. *Katzenmeier*, AnwBl 2008, 819; zu den Verfahrensordnungen *Riedel*, MedR 2022, 12.

[8] Zu Vorteilen und Grenzen der Mediation bei Arzt-Patient-Streitigkeiten s. *Katzenmeier*, NJW 2008, 1116.

[9] Zu weiteren Möglichkeiten der GKV zur Unterstützung s. *Katzenmeier/Jansen*, NZS 2017, 761.

Fall 1: Wie du mir ... – Gerichtliche und außergerichtliche Vorgehensweisen bei Behandlungsfehlerverdacht

A. Sachverhalt

P leidet nach einem operativen Eingriff durch Chirurgen A unter erheblichen gesundheitlichen Problemen und vermutet, dass dem A bei der Operation ein Behandlungsfehler unterlaufen ist. P überlegt, wie er gegen A vorgehen kann. Welche Möglichkeiten bestehen und welche Vor- und Nachteile gehen damit einher?

B. Lösung

P kann sowohl gerichtlich als auch außergerichtlich gegen A vorgehen.

I. Gerichtliche Vorgehensweisen
1. Strafanzeige/Strafantrag: Ermittlungsverfahren, §§ 152 Abs. 2, 170 Abs. 1 StPO

P kann eine **Strafanzeige** erstatten. Sofern Anhaltspunkte für eine Straftat vorliegen, muss die Staatsanwaltschaft aufgrund des **Legalitätsprinzips** die Ermittlungen aufnehmen und bei hinreichendem Tatverdacht Anklage erheben, §§ 152 Abs. 2, 170 Abs. 1 StPO. Bei einem Behandlungsfehlerverdacht steht meist eine fahrlässige Körperverletzung gem. § 229 StGB im Raum. Diese wird nach § 230 Abs. 1 S. 1 StGB nur auf einen **Strafantrag** hin (§§ 77 ff. StGB) verfolgt, es sei denn, dass die Strafverfolgungsbehörde wegen des besonderen öffentlichen Interesses an der Strafverfolgung ein Einschreiten von Amts wegen für geboten hält.

Das Strafverfahren wird bisweilen als „Vorspann" eines Zivilprozesses genutzt. Es hat für P den Vorteil, dass aufgrund der im Strafverfahren geltenden Untersuchungsmaxime alle Umstände von Amts wegen zu ermitteln sind und für die umfassende **Erhebung der Beweise** Sorge zu tragen ist, §§ 160 Abs. 2, 244 Abs. 2 StPO. P kann so auf eine kostenlose Ermittlung der für den Zivilprozess benötigten Beweise hoffen.[10]

Allerdings verhärten sich die Fronten bei einer Strafanzeige/einem Strafantrag, insbesondere sinkt die Vergleichsbereitschaft des Arztes aus Furcht vor einer Strafe, einer Rufschädigung bei einer öffentlichen Hauptverhandlung und den wirtschaftlichen Folgen. Sofern P zivilrechtlich Klage erhebt, kann das Zivilgericht nach § 149 ZPO die Verhandlung bis zur Erledigung des Strafverfahrens aussetzen, wodurch sich die Erledigung des Rechtsstreits verzögert. Dies ist besonders misslich, da Ansprüche auf Schadensersatz im Strafverfahren nicht befriedigt werden. Da

---

[10] Zum Verhältnis von Strafverfahren und Zivilprozess *Ulsenheimer*, in: Laufs/Kern/Rehborn, Handbuch des Arztrechts, § 113 Rn. 7 ff.

Fall 1: Wie du mir ... – Gerichtliche und außergerichtliche Vorgehensweisen bei ...   247

zudem die strafrechtliche Verurteilungsquote von Ärzten wegen Körperverletzungsdelikten gering ist (unter 5 %), ist die Erstattung einer Strafanzeige/Stellung eines Strafantrags i.d.R. wenig zielführend.

> Die Geltendmachung eines zivilrechtlichen Anspruchs im **Adhäsionsverfahren** nach §§ 403 ff. StPO hat in der Praxis kaum Bedeutung. Strafgerichte weisen in diesem Rahmen erhobene Ansprüche auf Schadensersatz eher ab als Zivilgerichte, da sie es gewohnt sind, nach persönlicher Schuld (individueller Vorwerfbarkeit) zu fragen statt nach einem objektivierten Verschulden (§ 276 Abs. 2 BGB), zudem *in dubio pro reo* zu entscheiden statt nach Beweislast.

2. Zivilgerichtliche Klage: Arzthaftungsprozess
P kann durch Klageerhebung einen **Zivilprozess** gegen A initiieren. Auf diesem Wege kann er Ersatz seines Schadens erhalten, auch wenn A nicht zur Zahlung bereit ist.

> Bei Zahlungsklagen muss der verlangte Betrag grds. genau beziffert werden, § 253 Abs. 2 Nr. 2 ZPO. Beim Schmerzensgeld aber (§ 253 Abs. 2 BGB: „billige Entschädigung in Geld") ist es ausreichend, dass der Kläger eine Größenordnung angibt. Dies erfolgt i.d.R. durch Nennung einer Mindestsumme. In seiner Entscheidung kann das Gericht dann mehr zusprechen, ohne gegen § 308 Abs. 1 ZPO zu verstoßen, andererseits kann es die Mindestsumme unterschreiten, ohne dem Kläger wegen Teilunterliegens die anteiligen Kosten nach § 91 ZPO auferlegen zu müssen (str. ist das Bestehen einer 20 %-Grenze; BGHZ 132,341 (350) = NJW 1996, 2425 (2427); *Schilken/Brinkmann*, Zivilprozessrecht, 8. Aufl. 2022, § 5 Rn. 57).

Das zivilgerichtliche Verfahren endet meist mit einem Urteil oder einem Vergleich. Aus diesen Titeln kann nach § 704 ZPO oder § 794 Abs. 1 Nr. 1 ZPO die **Zwangsvollstreckung** betrieben werden. Dies ist oftmals die einzige Möglichkeit, Schadensersatzansprüche gegen einen nicht zur Zahlung bereiten Schuldner durchzusetzen.

Allerdings dauert ein Zivilprozess insbesondere bei erforderlicher Beweisaufnahme (im Arzthaftungsprozess: Einholung eines Sachverständigengutachtens) **lange**, das Verfahren erscheint den Beteiligten bisweilen **undurchsichtig** und der Ausgang ist insbesondere bei zu treffenden Beweislastentscheidungen bisweilen **ungewiss**. Für P bestehen dabei nicht unerhebliche **finanzielle Risiken**. Bei Abweisung der Klage muss er nach § 91 ZPO die gesamten Kosten des Rechtsstreits tragen (eigene und gegnerische Anwaltskosten, Gerichtskosten, Kosten für Sachverständigengutachten). Die Höhe der Anwaltskosten (geregelt im RVG) und der Gerichtskosten (geregelt im GKG) richtet sich nach dem Streitwert, der im Arzthaftungsprozess oftmals beträchtlich ist.

II. Außergerichtliche Vorgehensweisen
Alternativ kann P auf außergerichtlichem Wege gegen A vorgehen.

1. Anrufung einer Gutachterkommission/Schlichtungsstelle
In Betracht kommt die Anrufung einer **Gutachterkommission oder Schlichtungsstelle**. Das Verfahren kann grds. nur dann durchgeführt werden, wenn beide Seiten zustimmen.[11] Für P ist insbesondere vorteilhaft, dass er **kostenfrei** eine **qualifizierte fachliche Begutachtung** erhält. In etwa 90 % der Fälle kommt es zu einer endgültigen außergerichtlichen Erledigung des Rechtsstreits.

Ein wirksamer Antrag bei einer der als Gütestelle anerkannten Gutachterkommissionen oder Schlichtungsstellen hemmt die Verjährung etwaiger Schadensersatzansprüche gem. § 204 Abs. 1 Nr. 4 BGB (BGHZ 213, 281 (284 ff.) = NJW 2017, 1879 (1880 f.) = MedR 2017, 632 (634 f.) m. Anm. *Laumen*)

Mitunter dauert aber auch das Verfahren vor den Gutachterkommissionen oder Schlichtungsstellen lang, obwohl nicht alle rechtsstaatlichen Verfahrensgarantien gewahrt werden. So gibt es keine das rechtliche Gehör garantierende Einbindung der Parteien in das Verfahren und auch keine Möglichkeit des Widerspruchs oder der Fehlerkorrektur.

Aufgrund der Ansiedelung der Gütestellen bei den Ärztekammern wurde ihre **Objektivität** und **Neutralität** angezweifelt. Die Bedenken verfangen jedoch nicht, die Gutachterkommissionen und Schlichtungsstellen haben spezielle Vorkehrungen zur Sicherung ihrer Unabhängigkeit getroffen (dazu *Katzenmeier*, AnwBl 2008, 819 (821)).

2. Mediation
Es besteht die Möglichkeit, dass P und A mit Hilfe eines **Mediators** versuchen, eine eigene Lösung für ihren Konflikt zu finden. Dabei besteht die Chance zur Aufrechterhaltung einer von Vertrauen und persönlicher Zuwendung geprägten Arzt-Patienten-Beziehung, ohne dass dem Arzt eine Rufschädigung droht.

> Die Aufrechterhaltung der Arzt-Patienten-Beziehung über den Konfliktfall hinaus kann insbesondere bei hoch spezialisierten Ärzten oder in strukturschwachen Regionen wichtig sein, wenn der Kranke also nicht ohne Weiteres einen anderen Arzt konsultieren kann.

---

[11] Zu abweichenden Verfahrensordnungen einzelner Stellen *Riedel*, MedR 2022, 12 ff.

Von Nachteil ist allerdings, dass der **Haftpflichtversicherer** nur bei einer juristisch geprüften und festgestellten Haftung des Versicherungsnehmers leistungspflichtig ist. Im Rahmen der Mediation wird von den Parteien eine konsensuale Lösung erarbeitet, dabei weder ein fachliches Gutachten eingeholt, noch die Haftungsfrage geklärt. Die Mediation ist damit häufig nicht zur Erzielung eines finanziellen Ausgleichs geeignet, wohl aber zur Behebung von **Kommunikationsdefiziten**.[12]

3. Einschaltung der Krankenversicherung
P kann seine Krankenkasse zur Unterstützung bei der Verfolgung seiner Ansprüche hinzuziehen, § 66 SGB V. Diese legt seine Behandlungsunterlagen dem Medizinischen Dienst (MD) vor, der kostenfrei ein Gutachten für P erstellt.

III. Ergebnis
Die Anrufung einer Gutachterkommission oder Schlichtungsstelle ermöglicht P eine kostenfreie fachliche Begutachtung und führt in den meisten Fällen zur endgültigen außergerichtlichen Erledigung des Rechtsstreits. Ist dies nicht erfolgreich, ist eine zivilrechtliche Klage gegen den Arzt häufig die einzige Möglichkeit der Anspruchsdurchsetzung. Von einer Strafanzeige ist i.d.R. abzuraten. Die Mediation ist grds. nur zur Behebung von Kommunikationsdefiziten geeignet. Der Unterstützung des Patienten bei der Verfolgung von Schadensersatzansprüchen durch die Krankenkasse kommt in der Praxis geringe Bedeutung zu.

C. Merksatz

- Als gerichtliche Vorgehensweisen gegen einen fehlbehandelnden Arzt kommen sowohl eine Strafanzeige als auch der zivilrechtliche Klageweg in Betracht. Im außergerichtlichen Bereich stehen dem Patienten die Anrufung einer Gutachterkommission oder Schlichtungsstelle, eine Mediation und die Einschaltung der Krankenkasse zur Verfügung.

Fall 2: Da mihi facta, dabo tibi ius!? – Verfahrensgrundsätze im Arzthaftungsprozess

A. Sachverhalt

P überlegt, wegen des vermuteten Behandlungsfehlers Klage auf Schadensersatz und Schmerzensgeld gegen A zu erheben. Von F, der im vierten Semester Jura studiert und gerade mit Begeisterung seine ersten ZPO-Vorlesungen gehört hat, erfährt er, dass im Zivilprozess die sog. „Verhandlungsmaxime" gilt. Der „Beibringungsgrundsatz" bedeute, dass P als Kläger alle anspruchsbegründenden Tatsachen im Prozess darzulegen und ggf. auch zu beweisen habe. P, der nur über geringen medi-

---
[12] *Katzenmeier*, NJW 2008, 1116 (1119).

zinischen Sachverstand verfügt und auch nicht alle Krankenunterlagen zur Hand hat, überkommen Zweifel, ob eine Klage Aussicht auf Erfolgt hat. Muss sich P durch die Hinweise des F beeindrucken lassen?

B. Lösung

Bei dem Arzthaftungsprozess handelt es sich um einen **Zivilprozess**. Es gilt die **Verhandlungsmaxime**, wonach es Sache der Parteien ist, den Tatsachenstoff beizubringen. Anders als im Strafprozess, darf das Gericht nicht von Amts wegen ermitteln.

> Daher das Sprichwort *„da mihi facta, dabo tibi ius"* („gib du mir die Tatsachen, dann gebe ich dir das Recht").

Im Zivilprozess muss jede Partei die tatsächlichen Voraussetzungen der ihr **günstigen Norm** (ggf. substanziiert) darlegen und beweisen.[13] Aufgrund seines geringen medizinischen Sachverstands und der fehlenden Krankenunterlagen hätte P Probleme, substanziiert vorzutragen, inwieweit das Behandlungsgeschehen fehlerhaft war.

Um dem für den Arzthaftungsprozess typischen Informations- und Wissensgefälle gerecht zu werden und dem Gebot der **Waffengleichheit** Rechnung zu tragen, werden die **Verfahrensregeln modifiziert**. So sind nur maßvolle und verständig geringe Anforderungen an die Substanziierungslast des Patienten hinsichtlich des medizinischen Sachverhaltes zu stellen.[14] P muss keine medizinischen Einzelheiten darlegen, solange der Vortrag das fehlerhafte Verhalten des A und den entstandenen Schaden erkennen lässt. Dabei hilft ihm der **Anspruch auf Einsichtnahme in die Behandlungsunterlagen**, vertragsrechtlich normiert in § 630g BGB.[15] Die Behandlungsseite kann zudem eine **sekundäre Darlegungslast** treffen. Ein pauschales Bestreiten des A auf den Tatsachenvortrag des P reicht danach nicht aus, wenn dem Arzt aufgrund seiner Sachnähe und Sachkunde genauere Angaben abverlangt werden können.[16] Überdies werden P verschiedene Beweiserleichterungen und Beweislastumkehrungen gewährt, vertragsrechtlich normiert in § 630h BGB.[17]

Auch der **richterlichen Aufklärungs-, Frage- und Hinweispflicht** nach § 139 ZPO kommt im Arzthaftungsprozess eine zentrale Bedeutung zu. Das Gericht muss

---

[13] → § 12, Grundlagen, A.

[14] Vgl. etwa BGHZ 159, 245 (252) = NJW 2004, 2825 (2827) = MedR 2005, 37 (39); BGH NJW 2016, 1328 (1329) = MedR 2016, 796 (797).

[15] Einzelheiten in → § 8, Grundlagen, B.

[16] Vgl. zu transfusionsassoziierter HIV-Infektion BGHZ 163, 209 (214 ff.) = NJW 2005, 2614 (2615 f.) m. Bespr. *Katzenmeier*, NJW 2005, 3391 (3392 f.) (→ § 12, Fall 2); zu nosokomialen Infektionen BGHZ 221, 139 (143 f.) = MedR 2019, 649 (650 f.) m. Anm. *Lorz*; BGH NJW-RR 2019, 1360 (1362); BGH NJW-RR 2020, 720 (721) = MedR 2020, 924 (925 f.) m. Bespr. *Katzenmeier*, MedR 2020, 900.

[17] → § 12, Grundlagen, C., D.

sich mehr als gewöhnlich an der Wahrheitsfindung beteiligen, freilich ohne dabei den Verhandlungsgrundsatz zu durchbrechen oder die **Neutralitätspflicht** zu missachten. Anderenfalls droht eine Ablehnung des Richters nach § 42 ZPO.

P muss sich durch die Hinweise des F nicht beeindrucken lassen. Aufgrund der Modifikationen der allgemeinen Verfahrensregeln im Arzthaftungsprozess hat eine Klage des Patienten auch bei Unkenntnis des konkreten Geschehens und geringem medizinischem Sachverstand Aussicht auf Erfolg.

C. Merksatz

- Um dem Informations- und Wissensgefälle zwischen Arzt und Patient gerecht zu werden, werden im Arzthaftungsprozess die allgemeinen Verfahrensregeln modifiziert. Es werden nur geringe Anforderungen an die Substanziierungslast des Klägers gestellt. Die Beklagtenseite kann eine sekundäre Darlegungslast treffen.

Fall 3: Cornix cornici numquam oculos effodit? – Rolle des medizinischen Sachverständigen; Aufgaben und Funktionen

A. Sachverhalt

P erhebt anwaltlich vertreten Klage auf Schadensersatz gegen A wegen eines vermuteten Behandlungsfehlers. Das Gericht holt ein Gutachten ein. Welche Aufgabe und Funktion hat der medizinische Sachverständige, welche Probleme können bestehen?

B. Lösung

Der Sachverständige soll dem Richter im Prozess das **Fachwissen vermitteln**, welches für die Entscheidung notwendig ist. Die Beantwortung von Rechtsfragen obliegt dagegen allein dem Gericht. Im Rahmen der **freien richterlichen Beweiswürdigung (§ 286 Abs. 1 S. 1 ZPO)** ist der Richter berechtigt und verpflichtet, das Gutachten einer selbstständigen und eigenverantwortlichen Prüfung zu unterziehen. Der Sachverständige ist nach dem Gesetz lediglich Hilfsperson des Richters. Sein Gutachten ist kein Präjudiz, eine Abweichung von der gutachterlichen Expertenmeinung muss das Gericht jedoch begründen.

Die Hinzuziehung eines Sachverständigen steht grds. im Ermessen des Gerichts (§ 144 Abs. 1 S. 1 ZPO). Arzthaftungsprozesse erfordern aber zumeist medizinische Fachkenntnisse, über die das Gericht nicht verfügt, sodass die Einholung eines Gutachtens grds. geboten ist.[18] Damit sind Probleme bzw. Gefahren verbunden:

---

[18] BGH NJW 2015, 1601 (1602) = MedR 2015, 724 (726); BGH NJW 2021, 1536 (1537 f.) = MedR 2022, 127 (128) m. Anm. *Jansen*; zu Fehlerquellen und Fehlervermeidung bei der Einholung eines Sachverständigengutachtens *Frahm*, MedR 2019, 117.

Aus der zunehmenden Komplexität medizinischer Fragen folgt vermehrt eine **faktisch streitentscheidende Rolle** des Sachverständigen („Richter in Weiß"). Das Gericht muss sich mangels Sachkunde oft auf eine Plausibilitätskontrolle des Gutachtens beschränken. Damit droht ein **Kompetenzverlust der Gerichte**, die nach Art. 97 Abs. 1 GG unabhängig und nur dem Gesetze unterworfen sind.

Bedenken im Hinblick auf die **Objektivität** und **Neutralität** der medizinischen Sachverständigen begegnet die im ärztlichen Berufsrecht normierte **Pflicht zur Neutralität** (§ 29 Abs. 1 S. 2 MBO-Ä). Sachverständige, die eine Befangenheit besorgen lassen, können abgelehnt werden, §§ 406 i.V.m. 42 ZPO.

> Eine falsch verstandene **Standessolidarität** führte in der Vergangenheit zu einer Glaubwürdigkeitskrise der medizinischen Sachverständigen. Es galt der Grundsatz „*cornix cornici numquam oculos effodit*" („eine Krähe hackt der anderen kein Auge aus"). Als Reaktion darauf überspannten die Gerichte die Anforderungen an die ärztliche Aufklärungspflicht, die sich zu einem regelrechten Auffangtatbestand entwickelte. Denn bei der Beurteilung eines Aufklärungsfehlers besteht keine Abhängigkeit des Gerichts vom medizinischen Sachverständigen. Die MBO-Ä stellt heute auch im Interesse des Berufsstandes klar, dass Objektivität der Kollegialität vorgeht (s. *Katzenmeier*, in: Laufs/Katzenmeier/Lipp, Arztrecht, Kap. XII Rn. 32 ff.)

Bei falscher Begutachtung drohen dem Sachverständigen berufsrechtliche und strafrechtliche Konsequenzen, **§§ 153 ff. StGB** (Aussagedelikte) und **§§ 263, 27 StGB** (Beihilfe zum Prozessbetrug). Daneben kommt eine zivilrechtliche Haftung nach **§ 839a BGB** in Betracht.[19]

C. Merksatz

- Der Sachverständige vermittelt dem Richter das für die Entscheidung notwendige Fachwissen. Sein Gutachten ist im Arzthaftungsprozess von zentraler Bedeutung. Es ist der freien richterlichen Beweiswürdigung (§ 286 Abs. 1 S.1 ZPO) zu unterziehen.

Wiederholungsfragen

▶ Welche Möglichkeiten hat ein Patient, um gegen einen fehlbehandelnden Arzt vorzugehen?

Auf gerichtlichem Wege kann der Patient mittels einer Strafanzeige oder einer zivilrechtlichen Klage gegen den Arzt vorgehen. Als außergerichtliche Vorgehensweisen

---

[19] *Katzenmeier*, in: Laufs/Katzenmeier/Lipp, Arztrecht, Kap. XII Rn. 45 ff.

stehen dem Patienten die Anrufung einer Gutachterkommission oder Schlichtungsstelle, eine Mediation und die Unterstützung durch die Krankenkasse zur Verfügung.

▶ Welche Vorteile außergerichtlicher Streitbeilegung bestehen gegenüber gerichtlichen Vorgehensweisen?

Außergerichtliche Streitbeilegung ermöglicht einen leichteren Zugang zum Recht unter geringerer Förmlichkeit des Verfahrens. Der Streit wird i.d.R. schneller als vor den ordentlichen Gerichten und mit geringerem Kostenrisiko erledigt. Die angerufenen Stellen verfügen bisweilen über eine größere Sachnähe und ein besonderes Potenzial zur Konfliktbewältigung.

▶ Warum sind Modifikationen der Verfahrensregeln im Arzthaftungsprozess notwendig und auf welche Weise erfolgen sie?

Der Informationsstand des Patienten bleibt meist weit hinter dem des Arztes zurück. Er ist häufig nicht in der Lage, das Behandlungsgeschehen darzulegen und verfügt über kein hinreichendes medizinisches Fachwissen. Deshalb trifft den Patienten nur eine reduzierte Darlegungs- und Substanziierungslast. Den Behandelnden kann eine sekundäre Darlegungslast treffen. Das Gericht hat gesteigerte Frage- und Hinweispflichten nach § 139 ZPO. Schließlich werden dem klagenden Patienten Beweiserleichterungen und Beweislastumkehrungen gewährt.

▶ Welche Rolle nimmt der medizinische Sachverständige im Prozess ein?

Der Sachverständige vermittelt dem Richter das für die Entscheidung notwendige medizinische Fachwissen. Zwar bleibt es bei dem Grundsatz der freien Beweiswürdigung gem. § 286 Abs. 1 S. 1 ZPO, wonach das Gericht das Gutachten eigenständig auf Vollständigkeit, Widerspruchsfreiheit und Überzeugungskraft prüfen muss. Aufgrund der Komplexität der Sachverhalte und der fehlenden Sachkunde der Richter beschränkt sich die Prüfung des Gerichts jedoch zumeist auf eine Plausibilitätskontrolle. Das Gutachten des Sachverständigen ist deshalb von zentraler Bedeutung für den Ausgang des Arzthaftungsprozesses.

▶ Welche Gefahren drohen durch medizinische Sachverständige im Arzthaftungsprozess?

Durch die faktisch zunehmend streitentscheidende Rolle der Sachverständigen droht ein Kompetenzverlust der Gerichte. Bedenken in Bezug auf Objektivität und Neutralität des Sachverständigen wurde mit der Normierung einer Neutralitätspflicht in § 29 Abs. 1 S. 2 MBO-Ä begegnet.

§ 12: Beweisrecht

Grundlagen

Kernproblem des Arzthaftungsprozesses ist die Beweisführung und häufig die **Beweisnot** des Patienten. Der Beweislastverteilung kommt damit mehr als in anderen Verfahren eine **streitentscheidende Rolle** zu. Deshalb ist das Gericht gehalten, das Spannungsfeld zwischen Arzt und Patienten durch eine differenzierte Handhabung des Beweisrechts auszugleichen.

A. Beweislast

Auch im Arzthaftungsprozess gilt die **allgemeine Regel der Beweislastverteilung**: Jede Partei hat die tatsächlichen Voraussetzungen der ihr günstigen Norm darzulegen und im Fall des Bestreitens zu beweisen:

- Der **Anspruchsteller (Patient)** hat die **anspruchsbegründenden Tatsachen** zu beweisen.
- Der Anspruchsgegner (Behandlungsseite) hat die anspruchshindernden, -vernichtenden und -hemmenden Tatsachen zu beweisen.

Bei einem geltend gemachten Anspruch auf Schadensersatz gem. § 280 Abs. 1 BGB oder § 823 Abs. 1 BGB trägt der Patient im Behandlungsfehlerprozess demnach die Beweislast für:

- Behandlungsfehler
- Rechtsgutsverletzung in Form einer Körper- oder Gesundheitsverletzung

- haftungsbegründende objektive Zurechnung (haftungsbegründende Kausalität, Adäquanz, Schutzzweck der Norm)
- Rechtswidrigkeit
- Verschulden
- Schaden
- haftungsausfüllende objektive Zurechnung (haftungsausfüllende Kausalität, Adäquanz, Schutzzweck der Norm).

B. Beweismaß

Das **Beweismaß** bestimmt, wann der Beweis gelungen ist. Hierfür ist zwischen Haftungsgrund (Primärschädigung) und Haftungsausfüllung (Folgeschäden) zu unterscheiden. Nach st. Rspr. zählt im Arzthaftungsrecht das Vorliegen einer Rechtsgutsverletzung zum Haftungsgrund auch des vertraglichen Anspruchs nach § 280 Abs. 1 BGB, um die **Strukturgleichheit** mit dem deliktischen Anspruch zu gewährleisten (dazu → § 9, Grundlagen, A. I.; → § 9, Fall 1, Frage 1).

- Für den **Haftungsgrund** gilt das Beweismaß des **§ 286 Abs. 1 S. 1 ZPO**: Danach hat das Gericht unter Berücksichtigung des gesamten Inhalts der Verhandlungen und des Ergebnisses einer etwaigen Beweisaufnahme nach freier Überzeugung zu entscheiden, ob eine tatsächliche Behauptung für wahr oder für nicht wahr zu erachten ist. Erforderlich ist dafür die **volle richterliche Überzeugung von der Wahrheit** (umfasst Behandlungsfehler, Rechtsgutsverletzung, haftungsbegründende objektive Zurechnung, Rechtswidrigkeit und Verschulden).
- Für die **Haftungsausfüllung** gilt das Beweismaß des **§ 287 Abs. 1 ZPO**: Danach entscheidet das Gericht unter Würdigung aller Umstände nach freier Überzeugung. Es genügt dabei eine **hohe Wahrscheinlichkeit** auf gesicherter Grundlage (umfasst Schaden und haftungsausfüllende objektive Zurechnung).

Gerade der Nachweis des Behandlungsfehlers und der haftungsbegründenden Kausalität bereitet dem Patienten häufig Schwierigkeiten. Da hierfür die volle richterliche Überzeugung (§ 286 Abs. 1 S. 1 ZPO) erforderlich ist, befindet sich der klagende Patient oft in **Beweisnot**.

C. Beweislastverteilung im Arzthaftungsprozess

Der regelmäßigen Beweisnot des Patienten wird durch **besondere Beweislastregeln** Rechnung getragen. Diese wurden im Wege richterlicher Rechtsfortbildung entwickelt und sind für das Vertragsrecht heute in **§ 630h BGB** geregelt. Im Deliktsrecht ist weiter auf die Rechtsprechungsgrundsätze zurückzugreifen.

> **Beachte**
> **Beweiserleichterungen** (z.B. Anscheinsbeweis, § 287 ZPO) sind im Rahmen der **Beweiswürdigung** zu berücksichtigen. Erst wenn danach ein *„non liquet"* verbleibt, stellt sich die Frage nach der **Beweislast** und einer etwaigen Beweislastumkehr.
> **Gesetzliche Vermutungen** haben nach § 292 S. 1 ZPO die Wirkung einer Beweislastumkehr.

Die Beweislastumkehrungen im Arzthaftungsprozess setzen an verschiedenen Punkten an:

Für den **Behandlungsfehlerbeweis**:

- **Voll beherrschbarer Risikobereich**[1] (vertragsrechtlich § 630h **Abs. 1** BGB): Ein Fehler des Behandelnden wird vermutet, wenn sich ein allgemeines Behandlungsrisiko verwirklicht hat, das für den Behandelnden voll beherrschbar war und das zur Verletzung des Lebens, des Körpers oder der Gesundheit des Patienten geführt hat. Zum voll beherrschbaren Gefahrenbereich gehören etwa die technisch-apparative Ausstattung, die Organisation des Behandlungsablaufs und die Verrichtungssicherheit des Pflegepersonals im eigentlichen Aufgabenbereich. Resultiert die Schädigung des Patienten aus einem solchen Gefahrenbereich, wird das Vorliegen eines Behandlungsfehlers vermutet.
- **Dokumentationsmängel**[2] (vertragsrechtlich § 630h **Abs. 3** BGB): Hat der Behandelnde eine medizinisch gebotene wesentliche Maßnahme und ihr Ergebnis entgegen § 630f. Abs. 1 oder Abs. 2 BGB nicht in der Patientenakte aufgezeichnet oder hat er die Patientenakte entgegen § 630f. Abs. 3 BGB nicht aufbewahrt, wird vermutet, dass er diese Maßnahme nicht getroffen hat. War die Maßnahme medizinisch indiziert, ist auf einen Behandlungsfehler zu schließen. Bei ordnungsgemäßer Dokumentation gelten die aufgezeichneten Tatsachen als glaubhaft, sodass der Kläger hiergegen Beweis vorbringen muss (→ § 8, Grundlagen, A. IV.).

Für den Bereich der **haftungsbegründenden Kausalität**:

- **Unzureichende Befähigung**[3] (vertragsrechtlich § 630h **Abs. 4** BGB): War ein Behandelnder für die von ihm vorgenommene Behandlung nicht befähigt, wird vermutet, dass die mangelnde Befähigung für den Eintritt der Verletzung des Lebens, des Körpers oder der Gesundheit ursächlich war.

---

[1] Grdl. BGH NJW 1978, 584 (defektes technisches Gerät); BGHZ 88, 248 = NJW 1984, 655 = MedR 1984, 63 (Anfängeroperation); BGHZ 171, 358 = NJW 2007, 1682 = MedR 2010, 30 m. Anm. *Prütting* (infektiöses Personal).
[2] Grdl. BGHZ 72, 132 = NJW 1978, 2337; BGH NJW 2020, 1071; BGHZ 229, 331 = NJW 2021, 2364 = MedR 2024, 361 m. Anm. *Laumen*.
[3] BGHZ 88, 248 (255 ff.) = NJW 1984, 655 (656 f.) = MedR 1984, 63 (65 f.) = JZ 1984, 327 (329 f.) m. Anm. *Giesen*.

- **Grober Behandlungsfehler**[4] (vertragsrechtlich § 630h **Abs. 5 S. 1** BGB): Liegt ein grober Behandlungsfehler vor und ist dieser grds. geeignet, eine Verletzung des Lebens, des Körpers oder der Gesundheit der tatsächlich eingetretenen Art herbeizuführen, wird vermutet, dass der Behandlungsfehler für diese Verletzung ursächlich war. Ein grober Behandlungsfehler ist ein Fehler, der aus objektiv medizinischer Sicht nicht mehr verständlich erscheint, weil er schlechterdings nicht unterlaufen darf. Der grobe Fehler muss hierfür nur generell geeignet sein, die geltend gemachte Verletzung herbeizuführen, die Beweislast dafür trägt der Kläger.
- **Befunderhebungs-/-sicherungsfehler**[5] (vertragsrechtlich § 630h **Abs. 5 S. 2** BGB): Die haftungsbegründende Kausalität wird vermutet, wenn es der Behandelnde unterlassen hat, einen medizinisch gebotenen Befund rechtzeitig zu erheben oder zu sichern, soweit der Befund mit hinreichender Wahrscheinlichkeit ein Ergebnis erbracht hätte, das Anlass zu weiteren Maßnahmen gegeben hätte, und wenn das Unterlassen solcher Maßnahmen grob fehlerhaft gewesen wäre, sog. hypothetischer grober Fehler. Sofern bereits die unterlassene Befunderhebung oder -sicherung selbst als grob fehlerhaftes Vorgehen einzustufen ist (z.B. Unterlassen elementar gebotener diagnostischer Maßnahmen), kann bereits dieser grobe Behandlungsfehler nach § 630h Abs. 5 S. 1 BGB zur Umkehr der Beweislast in der Kausalitätsfrage führen.

Für den Bereich des **Verschuldens**:

- Im Rahmen der vertraglichen Haftung ist die allgemeine Vorschrift des **§ 280 Abs. 1 S. 2** BGB auch auf das Arzthaftungsrecht anwendbar (str.).[6] Danach wird vermutet, dass der Behandelnde eine feststehende Pflichtverletzung zu vertreten hat. Unzulässig ist es, von dem fehlenden Behandlungserfolg auf ein Verschulden des Arztes zu schließen.

Im Rahmen der **Aufklärungspflichtverletzung**:

- Der **Behandelnde** hat nach § 630h **Abs. 2 S. 1** BGB zu beweisen, dass er eine Einwilligung gem. § 630d BGB eingeholt und den Patienten entsprechend den Anforderungen des § 630e BGB aufgeklärt hat. Darin liegt eine Art Beweislastumkehr, da das Vorliegen einer Pflichtverletzung nach allgemeinen Grundsätzen von der Patientenseite bewiesen werden muss. Bei § 823 Abs. 1 BGB folgt die Beweislast des Arztes aus der Qualifizierung des Heileingriffs als tatbestandsmäßige Körperverletzung (→ § 10, Grundlagen, C. I.).

---

[4] BGHZ 159, 48 (54 f.) = NJW 2004, 2011 (2012 f.) m. Bespr. *Spickhoff*, NJW 2004, 2345 = MedR 2004, 561 (562 f.) = JZ 2004, 1029 (1030) m. Anm. *Katzenmeier*; BGH NJW 2022, 2747 (2748 f.).
[5] BGHZ 99, 391 = NJW 1987, 1482 = MedR 1987, 238; BGHZ 132, 47 = NJW 1996, 1589 = MedR 1996, 316; BGHZ 138, 1 = NJW 1998, 1780; BGHZ 188, 29 = JZ 2011, 795 m. Anm. *Katzenmeier* (Abgrenzung von Diagnoseirrtum); BGH NJW 2020, 2467 m. Anm. *Frahm* = MedR 2021, 41 m. Anm. *Deuring*.
[6] BT-Drs. 17/10488, S. 28; *Katzenmeier*, Arzthaftung, S. 491 f., 493; *Mansel*, in: Jauernig, BGB, § 630h Rn. 10; anders die h.M. zu § 282 BGB a.F., vgl. etwa BGH NJW 1991, 1540 (1541) = MedR 1991, 139 (140).

- An den von der Behandlungsseite zu erbringenden Nachweis ordnungsgemäßer Aufklärung dürfen **keine überzogenen Anforderungen** gestellt werden.[7] Ausreichend ist es, wenn der Arzt darlegt und beweist, dass er generell ordnungsgemäß aufklärt und dass im konkreten Fall überhaupt ein Aufklärungsgespräch stattgefunden hat, dessen Inhalt braucht nicht mehr nachgewiesen zu werden. **Aufklärungsformulare** können als Indiz (nicht aber als Beweis!) für das Stattfinden eines Aufklärungsgesprächs gewertet werden; **Arzthelfer** dienen als mögliche Zeugen zur generellen Aufklärungspraxis.

D. Weitere Darlegungs- und Beweiserleichterungen

Neben den speziellen Beweislastregelungen des Arzthaftungsprozesses sind auch die allgemeinen Darlegungs- und Beweiserleichterungen der ZPO anwendbar.

- So kann mittels des **Anscheinsbeweises (*prima facie*-Beweis)** bei typischen Geschehensabläufen nach der allgemeinen Lebenserfahrung auf eine Pflichtverletzung oder von dem Schadenseintritt auf eine bestimmte Ursache geschlossen werden.[8] Der Anwendungsbereich ist im Arzthaftungsprozess jedoch beschränkt, oft fehlt es an der Typizität des Geschehensablaufes.[9] Insbesondere lässt der schlechte Ausgang einer Behandlung nicht den Rückschluss auf einen Behandlungsfehler zu.
- Die Rspr. anerkennt eine **sekundäre Behauptungslast**, wenn die an sich darlegungs- und beweisbelastete Partei außerhalb des von ihr darzulegenden Geschehensablaufs steht und keine Kenntnis der maßgebenden Tatsachen besitzt, während der Prozessgegner alle wesentlichen Tatsachen kennt oder unschwer in Erfahrung bringen kann und es ihm zumutbar ist, nähere Angaben zu machen. Die sekundäre Darlegungslast führt dazu, dass der Beklagte auch nicht näher substanziierten Vortrag des Klägers (Patient) durch substanziiertes Bestreiten entkräften muss, andernfalls gilt der klägerische Vortrag i.S.d. **§ 138 Abs. 2, 3 ZPO** als zugestanden.[10] Prominente Anwendungsbeispiele sind transfusionsassoziierte Infektionen bei der Behauptung der Verabreichung eines HIV-kontaminierten Blutprodukts[11] oder nosokomiale Infektionen bei behaupteten Hygienemängeln.[12]

Literatur zur Vertiefung: *Katzenmeier*, in: Laufs/Katzenmeier/Lipp, Arztrecht, Kap. XI Rn. 46–166; *Katzenmeier*, in: Baumgärtel/Laumen/Prütting, Handbuch der Beweislast, 5. Aufl. 2023, § 823 BGB Anh. II.; *Laumen*, Die Beweislastregeln des § 630h BGB, VersR 2023, 1481–1493.

---

[7] BGH NJW 2014, 1527 f. = MedR 2015, 594 (595 f.) m. Anm. *Schrag-Slavu*.

[8] Allg. *Laumen*, in: Baumgärtel/Laumen/Prütting, Handbuch der Beweislast, Bd. 1, 5. Aufl. 2023, Kap. 17.

[9] *Katzenmeier*, Arzthaftung, 429 ff. Anwendungsbeispiele in BGHZ 114, 284 (289 ff.) = NJW 1991, 1948 (1949 f.); BGHZ 163, 209 (212 f.) = NJW 2005, 2614 (2615).

[10] Allg. *Laumen*, in: Baumgärtel/Laumen/Prütting, Handbuch der Beweislast, Bd. 1, 5. Aufl. 2023, Kap. 22.

[11] BGHZ 163, 209 (214 ff.) = NJW 2005, 2614 (2615 f.) m. Bespr. *Katzenmeier*, NJW 2005, 3391; s. → § 12, Fall 2.

[12] BGHZ 221, 139 (143 f.) = NJW-RR 2019, 467 (468) = MedR 2019, 649 (650 f.) m. Anm. *Lorz*; BGH, NJW-RR 2020, 720 = MedR 2020, 924 m. Bespr. *Katzenmeier*, MedR 2020, 900; *Bollweg/Wächter*, in: FS Hart, 2020, S. 1 ff.

Fall 1: Was wäre, wenn …? – Beweislastverteilung; grober Behandlungsfehler; Befunderhebungsfehler

In Anlehnung an BGHZ 159, 48

A. Sachverhalt

P wurde nach einem Motorradunfall mit diversen Knochenbrüchen in das von K betriebene Krankenhaus eingeliefert. Der behandelnde Arzt A übersah eine Beckenringfraktur. Nach einem Monat wurde P ohne die medizinisch indizierten Unterarmgehstützen mobilisiert. Als er auf Schmerzen beim Gehen hinwies, veranlasste A zwar eine weitere Untersuchung, jedoch keine Röntgenaufnahmen.

Später stellte ein anderer Arzt fest, dass der Beckenringbruch nicht korrekt ausgeheilt, weil mit einer leichten Verschiebung zusammengewachsen ist. Es verbleiben eine Pseudarthrose und dauerhafte Schmerzen im Bereich von Leiste, Hüfte und Gesäß. P klagt gegen K auf Schadensersatz. Laut Sachverständigengutachten hätte ein frühzeitiges Erkennen der Beckenringfraktur wahrscheinlich nichts am Heilungsverlauf geändert. Hat die Klage des P Aussicht auf Erfolg?

B. Lösung

Die Klage hat Erfolg, wenn sie zulässig und soweit sie begründet ist. Von der Zulässigkeit ist mangels entgegenstehender Anhaltspunkte auszugehen. Begründet ist die Klage, wenn P gegen K der geltend gemachte Anspruch auf Schadensersatz zusteht.

I. §§ 630a Abs. 1, 280 Abs. 1 BGB
P könnte ein Anspruch auf Schadensersatz aus §§ 630a Abs. 1, 280 Abs. 1 BGB gegen K zustehen.

1. Schuldverhältnis
Erforderlich ist dazu ein Schuldverhältnis. Durch Aufnahme des P in das Krankenhaus ist jedenfalls konkludent ein Vertrag mit K zustande gekommen. Im Zweifelsfall ist von einem **totalen Krankenhausvertrag** auszugehen,[13] der einen Behandlungsvertrag nach § 630a BGB darstellt.

2. Pflichtverletzung
K müsste eine Pflicht aus diesem Vertrag verletzt haben. In Betracht kommt ein **Behandlungsfehler**. Behandlungsfehler ist jedes nach dem Stande der Medizin unsachgemäße Verhalten.[14] Der behandelnde Arzt A hat weder die Beckenringfraktur erkannt, noch eine Röntgenaufnahme des Beckens angefertigt, obwohl P im Anschluss an die Mobilisierung über Belastungsschmerzen klagte. Damit hat A gegen

---

[13] Dazu → § 6, Parteien des Behandlungsverhältnisses – Grundlagen, B.

[14] *Katzenmeier*, in: Laufs/Katzenmeier/Lipp, Arztrecht, Kap. X Rn. 4; → § 9, Grundlagen, B. I.

seine **Pflicht zur Befunderhebung verstoßen** und infolgedessen die medizinisch indizierten Maßnahmen **unterlassen**.

Ein Unterlassen ist haftungsrechtlich nur relevant, wenn eine **Rechtspflicht zum Handeln** besteht. Auch wenn mit dem als Unfallopfer in das Krankenhaus K eingelieferten P (auch nachträglich) kein Vertrag zustande gekommen wäre, ergäbe sich eine solche bereits aus der tatsächlichen **Übernahme der Behandlung**.[15] Von einem durchschnittlich qualifizierten Arzt wird erwartet, dass er eine Beckenringfraktur erkennt, jedenfalls bei Belastungsschmerz mit den gebotenen diagnostischen Maßnahmen, hier einer Röntgenaufnahme, abklärt und Maßnahmen der Entlastung wie etwa die Verordnung von Unterarmgehstützen anordnet. Die Nichtvornahme der medizinisch indizierten Maßnahmen stellt einen **Behandlungsfehler** dar.

Die Einordnung als „einfacher" oder „grober" Behandlungsfehler ist für den Haftungsgrund ohne Belang und daher an dieser Stelle nicht zu erörtern.

K hat diesen Behandlungsfehler nicht selbst begangen. Er hat vertraglich jedoch für eine fehlerfreie, standardgerechte Behandlung einzustehen, egal welche Person in seinem Organisationsbereich diese letztlich konkret durchführt. In diesem Rahmen hat er A als Erfüllungsgehilfen eingesetzt, sodass ihm dessen Behandlungsfehler nach **§ 278 BGB** zuzurechnen ist.[16]

3. Rechtsgutsverletzung

Aufgrund der Strukturgleichheit von vertraglicher und deliktischer Haftung ist auch im Rahmen des vertraglichen Anspruchs das Vorliegen einer Rechtsgutsverletzung zu prüfen.[17] P hat eine **Pseudarthrose** erlitten und ist dadurch in seiner körperlichen Integrität beeinträchtigt. Die dauerhaften Schmerzen im Bereich von Leiste, Hüfte und Gesäß stören zudem in medizinisch erheblicher Weise die körperlichen, geistigen und seelischen Lebensvorgänge des P und sind daher als Gesundheitsverletzung einzuordnen.

4. Objektive Zurechnung

Weiter muss zwischen Behandlungsfehler und Rechtsgutsverletzung ein Kausalzusammenhang bestehen. Bei einem tatbestandsmäßigen Unterlassen muss dazu nach der modifizierten *conditio sine qua non*-Formel das zu erwartende **pflichtgemäße Handeln hinzugedacht** und gefragt werden, ob dieses Handeln den Eintritt des Erfolges mit an Sicherheit grenzender Wahrscheinlichkeit verhindert hätte.

Nach dem Gutachten des medizinischen Sachverständigen hätte ein frühzeitiges Erkennen der Beckenringfraktur wahrscheinlich nichts am Heilungsverlauf geändert. Ein Kausalzusammenhang zwischen dem Unterlassen medizinisch indizierter Maßnahmen und der Rechtsgutsverletzung des P lässt sich daher nicht zur Überzeugung des Gerichts (§ 286 Abs. 1 S. 1 ZPO) nachweisen. Diese Unsicherheit geht

---

[15] Dazu → § 7, Grundlagen, A.
[16] Dazu → § 9, Fall 1, Frage 3.
[17] BGH NJW 1987, 705 (706) = MedR 1987, 42 (43); s. auch BT-Drs. 17/10488, S. 30. Dazu → § 9, Grundlagen, A. I.; → § 9, Fall 1, Frage 1.

entsprechend den allgemeinen Grundsätzen der Beweislastverteilung zulasten des P, er verliert den Prozess.

Etwas anderes würde jedoch gelten, wenn dem A ein **grober Behandlungsfehler** unterlaufen wäre, der nach **§ 630h Abs. 5 S. 1 BGB** zur Umkehr der Beweislast hinsichtlich der Kausalität führt.

Die Beweislastumkehr zielt nicht auf eine Sanktion für Arztverschulden ab. Sie knüpft vielmehr daran an, dass „die **Aufklärung des Behandlungsgeschehens** wegen des Gewichts des Behandlungsfehlers und seiner Bedeutung für die Behandlung in besonderer Weise **erschwert** worden ist" (BGH NJW 1992, 754 (755) = MedR 1992, 214 (216)). Dem Patienten könne daher der volle Beweis nach **Treu und Glauben** nicht zugemutet werden (BGHZ 72, 132 (139) = NJW 1978, 2337 (2339)). Die Beweislastumkehr soll „einen Ausgleich dafür bieten, dass das Spektrum der für die Schädigung in Betracht kommenden Ursachen gerade durch den Fehler besonders verbreitert oder verschoben worden ist" (BGHZ 85, 212 (216) = NJW 1983, 333 (334); BGHZ 132, 47 (52) = NJW 1996, 1589 (1590) = MedR 1996, 316 (317); zu Begründungsdefiziten *Katzenmeier*, Arzthaftung, S. 464 ff.).

Ein grober Behandlungsfehler setzt ein medizinisches Fehlverhalten voraus, das „aus objektiver ärztlicher Sicht bei Anlegung des für einen Arzt geltenden Ausbildungs- und Wissensmaßstabes **nicht mehr verständlich und verantwortbar** erscheint, weil ein solcher Fehler dem behandelnden Arzt aus dieser Sicht ‚**schlechterdings nicht unterlaufen darf**'".[18]

> **Beachte**
> Die Beurteilung hat stets das **ganze Behandlungsgeschehen** zum Gegenstand, sodass auch mehrere Einzelfehler, die für sich genommen nicht besonders schwer wiegen, in der Gesamtwürdigung einen „groben" Fehler begründen können (BGHZ 85, 212 (220) = NJW 1983, 333 (335)).
>
> Bei der Frage, ob ein Behandlungsfehler als grob zu qualifizieren ist, geht es um eine juristische Wertung, die nicht der Sachverständige, sondern das **Gericht zu treffen** hat (vgl. BGHZ 72, 132 (135) = NJW 1978, 2337 (2338); BGHZ 138, 1 (6) = NJW 1998, 1780 (1781); BGHZ 144, 296 (304) = NJW 2000, 2737 (2739) = MedR 2001, 197 (199))._

Gem. **§ 630h Abs. 5 S. 2 BGB** kann sich ein grober Behandlungsfehler auch **mittelbar** aus einer **Verletzung der Befunderhebungs- und Befundsicherungspflicht** ergeben. Befunderhebungspflicht ist die regelmäßig diagnostische Pflicht des Arztes, den Zustand des Patienten zu erkunden, um Konsequenzen für die Therapie ziehen zu können. Ist diese Pflicht verletzt, folgt daraus zunächst zwar nur der Schluss, dass sich bei pflichtgemäßem Vorgehen ein reaktionspflichtiger Befund ergeben hätte. Wäre jedoch mit hinreichender Wahrscheinlichkeit ein so gravierender Befund gewonnen worden, dass dessen Verkennung sich als fundamental fehlerhaft darstellen müsste, wird die Kausalität des Befunderhebungsfehlers für die Rechtsgutsverletzung vermutet.[19]

---

[18] Vgl. etwa BGH NJW 1983, 2080 (2081); 2012, 227 (228) = MedR 2012, 454 (455); 2022, 2747; *Katzenmeier*, in: Laufs/Katzenmeier/Lipp, Arztrecht, Kap. XI Rn. 72.

[19] So bereits vor Inkrafttreten des Patientenrechtegesetzes BGHZ 132, 47 (52 ff.) = NJW 1996, 1589 (1590) = MedR 1996, 316 (317); BGHZ 138, 1 (4 ff.) = NJW 1998, 1780 (1781).

Indem der Arzt keine Röntgenaufnahme anfertigte oder veranlasste, hat er gegen seine Pflicht zur Befunderhebung verstoßen. Zwar handelt es sich hierbei nur um einen **einfachen Befunderhebungsfehler**,[20] auf einem Röntgenbild wäre die Beckenringfraktur jedoch mit hinreichender Wahrscheinlichkeit ohne Weiteres zu diagnostizieren gewesen. Eine Verkennung dieses hypothetischen Befundes oder eine Nichtreaktion darauf würde sich aber als grob fehlerhaft darstellen. Folglich liegt ein **hypothetisch grober Behandlungsfehler** i.S.d. § 630h Abs. 5 S. 2 BGB vor.

> **Beachte**
> Wichtig ist die **Abgrenzung zwischen Befunderhebungsfehler und Diagnosefehler**, weil nur der Befunderhebungsfehler die Folge des § 630h Abs. 5 S. 2 BGB auslöst. Ein **Befunderhebungsfehler** liegt vor, wenn die Erhebung medizinischer Befunde unterlassen wird. Ein **Diagnosefehler** liegt hingegen vor, wenn erhobene Befunde falsch interpretiert und deshalb nicht die gebotenen Maßnahmen ergriffen werden (BGHZ 188, 29 (35) = NJW 2011, 1672 f. = MedR 2011, 645 (647) m. Anm. *Schmidt-Recla* und *Voigt* = JZ 2011, 795 (796) m. Anm. *Katzenmeier*).

Sodann muss der Behandlungsfehler grds. **geeignet** gewesen sein, einen Gesundheitsschaden der tatsächlich eingetretenen Art herbeizuführen, § 630h Abs. 5 S. 1 BGB.[21] Hierzu muss der Fehler nur generell als geeignete Ursache in Betracht kommen, der Zusammenhang mit der Rechtsgutsverletzung muss nicht naheliegend oder gar typisch sein.[22] Die Mobilisierung ohne die medizinisch indizierten Unterarmgehstützen ist grds. geeignet, eine Pseudarthrose hervorzurufen, sodass diese Voraussetzung erfüllt ist.

Folglich ist die Beweislast hinsichtlich der Kausalität nach § 630h Abs. 5 S. 2 BGB umzukehren, sodass **K die Beweislast** trifft, dass die Pseudarthrose **auch bei pflichtgemäßem Verhalten** mit an Sicherheit grenzender Wahrscheinlichkeit eingetreten wäre. Zwar hätte nach dem Gutachten des medizinischen Sachverständigen „ein frühzeitiges Erkennen der Beckenringfraktur wahrscheinlich nichts am Heilungsverlauf geändert", diese einfache Wahrscheinlichkeit liegt allerdings unter der Schwelle der an Sicherheit grenzenden Wahrscheinlichkeit. Der fehlende Kausalzusammenhang zwischen dem Unterlassen medizinisch indizierter Maßnahmen und der Rechtsgutsverletzung des P lässt sich nicht zur Überzeugung des Gerichts nachweisen, sodass nach § 630h Abs. 5 S. 2 BGB von der haftungsbegründenden Kausalität des Befunderhebungsfehlers auszugehen ist.

---

[20] Vgl. BGHZ 159, 48 (55 f.) = NJW 2004, 2011 (2013) = MedR 2004, 561 (562 f.); BGH NJW 2011, 3441 = MedR 2012, 383 (384).
[21] Näher BT-Drs. 17/10488, S. 31; ohne diese Eignung fehlt es am Rechtswidrigkeitszusammenhang, s. *Katzenmeier*, in: Laufs/Katzenmeier/Lipp, Arztrecht, Kap. XI Rn. 75.
[22] BGHZ 85, 212 (216 f.) = NJW 1983, 333 (335); BGH NJW 2005, 427 (428) = MedR 2005, 226 (227).

Im Originalfall BGHZ 159, 48 = NJW 2004, 2011 = MedR 2004, 561 = JZ 2004, 1029 m. Anm. *Katzenmeier* bestand laut Sachverständigem eine Wahrscheinlichkeit „bis 90 %", dass auch bei rechtzeitigem Handeln eine Pseudarthrose entstanden wäre. 90 % grenzen noch nicht an Sicherheit, der Umstand stand einer Beweislastumkehr nicht entgegen. Die Entscheidung zeigt, dass der Beweis fehlender Kausalität der Behandlungsseite in der Praxis erhebliche Probleme bereitet. Daher ist häufig die Rede von einer „*probatio diabolica*".

Hinsichtlich Adäquanz und Schutzzweck der Norm bestehen keine Zweifel, sodass die Rechtsgutsverletzung eine zurechenbare Folge des Behandlungsfehlers darstellt.

5. Vertretenmüssen

Das Vertretenmüssen des K wird nach § 280 Abs. 1 S. 2 BGB vermutet.

Die vormals h.M. hielt die gesetzliche Beweislastumkehr des **§ 280 Abs. 1 S. 2 BGB** auf den ärztlichen Behandlungsvertrag grds. nicht für anwendbar. Begründet wurde die Ansicht damit, dass von einem Ausbleiben des Heilungserfolges nicht auf einen Fehler geschlossen werden kann (vgl. etwa *Kern*, in: *Laufs/Kern/Rehborn*, Handbuch des Arztrechts, § 106 Rn. 16; krit. zu dieser Begründung *Katzenmeier*, Arzthaftung, S. 491 ff.; *Prütting*, in: FS Rüssmann, 2013, S. 609 (618 f.)). Der Gesetzgeber hat jedoch klargestellt, dass im Falle eines **feststehenden Behandlungsfehlers** nach § 280 Abs. 1 S. 2 BGB davon auszugehen ist, dass der Behandelnde diesen auch zu vertreten hat (vgl. BT-Drs. 17/10488, S. 27 f.; → § 12, Grundlagen, C.; s. auch *Katzenmeier*, in: Laufs/Katzenmeier/Lipp, Arztrecht, Kap. XI Rn. 140; *Mansel*, in: Jauernig, BGB, § 630h Rn. 10).

A hat mit der unterlassenen Befunderhebung die im Verkehr erforderliche Sorgfalt eines Mediziners verletzt und damit fahrlässig i.S.d. § 276 Abs. 2 BGB gehandelt. Dieses Verschulden ist dem K nach § 278 BGB zuzurechnen, sodass er sich nicht entlasten kann.

6. Schaden, Haftungsausfüllung

Die für einen Schaden erforderliche unfreiwillige Einbuße bei P liegt in materieller Hinsicht insbesondere in erhöhten Aufwendungen, Folgebehandlungskosten etc., soweit dafür kein Versicherungsträger aufkommt.[23] Ersatzfähig sind diese Vermögenseinbußen nach § 249 Abs. 2 S. 1 BGB, während erlittene Schmerzen als immaterieller Schaden nach § 253 Abs. 2 BGB zu entschädigen sind. Ohne Pseudarthrose entfiele der geltend gemachte Schaden, der zudem typische und unmittelbare Folge dieser Verletzung und folglich unter Äquivalenz-, Adäquanz- und Schutzzweckgesichtspunkten zurechenbar ist.

7. Ergebnis

P hat einen Anspruch auf Zahlung von Schadensersatz sowie eines angemessenen Schmerzensgeldes gegen K aus §§ 630a Abs. 1, 280 Abs. 1 BGB.

II. § 831 Abs. 1 S. 1 BGB

Weiter kann sich ein Schadensersatzanspruch des P gegen K aus § 831 Abs. 1 S. 1 BGB ergeben. Als angestellter Arzt ist A **Verrichtungsgehilfe** des K.[24] A hat bei P

---

[23] Dazu → § 13, Grundlagen, B.
[24] Die Freiberuflichkeit steht dem nicht entgegen, s. → § 9, Fall 1, Frage 3.

pflichtwidrig medizinisch gebotene Befunde nicht erhoben. Von der Ursächlichkeit dieses Befunderhebungsfehlers für die von P erlittene Pseudarthrose ist aufgrund der judiziellen Beweislastumkehr auszugehen.[25] Die Rechtswidrigkeit ist indiziert, sodass A eine widerrechtliche unerlaubte Handlung zum Nachteil des P begangen hat. Diese unerlaubte Handlung ereignete sich auch in Ausführung und nicht bloß bei Gelegenheit der angewiesenen Tätigkeit des A als Arzt. Das Auswahl- und Überwachungsverschulden des K wird nach § 831 Abs. 1 S. 2 BGB vermutet. K trägt nichts zur Entlastung vor, sodass von einem Verschulden des K auszugehen ist. P ist durch die Pseudarthrose ein zurechenbarer und ersatzfähiger Schaden entstanden. P hat gegen K einen Schadensersatzanspruch aus § 831 Abs. 1 S. 1 BGB.

III. Weitere Ansprüche
Da eine über die Auswahl, Anleitung und Überwachung des A hinausgehende Pflichtverletzung des K nicht ersichtlich ist, ist ein Rückgriff auf § 823 Abs. 1 BGB wegen Verletzung einer Organisationspflicht nicht möglich.[26]

IV. Gesamtergebnis
Die zulässige Klage des P gegen K hat Aussicht auf Erfolg, dem P steht ein Anspruch gegen K auf Ersatz der entstandenen Schäden zu gem. §§ 630a Abs. 1, 280 Abs. 1 BGB und gem. § 831 Abs. 1 S. 1 BGB.
Nach Ansprüchen des P gegen A war nicht gefragt.[27]

> Die Beweislastumkehr bei einem groben Behandlungsfehler gilt nicht nur für Ärzte, sondern für **alle medizinisch Behandelnden**. Die Rspr. hat diese Grundsätze im Laufe der Zeit überdies zulasten **weiterer Berufsgruppen** angewandt, soweit deren Berufspflichten dem Schutz des Lebens und der Gesundheit eines anderen dienen, so etwa Krankenpflegepersonal, Hebammen, Rettungssanitäter, Hausnotrufdienst (s. dazu *Katzenmeier*, in: FS Prütting, 2018, S. 361 ff.).

C. Merksätze

- Der Beweis der haftungsbegründenden Kausalität zwischen Behandlungsfehler und Körperverletzung bereitet dem Patienten wegen der Unwägbarkeiten und individuellen Reaktionen des menschlichen Körpers häufig Probleme und stellt den Patienten im Arzthaftungsprozess vor eine hohe Hürde.
- Eine Umkehr der Beweislast kommt bei einem groben Behandlungsfehler (§ 630h Abs. 5 S. 1 BGB) und bei einem einfachen Befunderhebungs- oder -sicherungsfehler (§ 630h Abs. 5 S. 2 BGB) in Betracht. Bei einem einfachen Diagnosefehler hingegen bleibt der Patient beweisbelastet.

---

[25] Vgl. BGHZ 132, 47 (52 ff.) = NJW 1996, 1589 (1590) = MedR 1996, 316 (317); näher erörtert bereits im vertraglichen Anspruch.
[26] → § 9, Fall 1, Frage 2.
[27] S. insoweit → § 9, Fall 1, Frage 3.

Fall 2: Tranfusionsassoziierte Infektion? – Einbeziehung Dritter in den Schutzbereich des Behandlungsvertrags; Sekundäre Darlegungslast; Anscheinsbeweis

In Anlehnung an BGHZ 163, 209

A. Sachverhalt

M hatte im Jahr 1985 einen schweren Motorradunfall, dessentwegen er in das Krankenhaus der K-GmbH (K) eingeliefert wurde. Hier erhielt M mehrere aus Blutspenden hergestellte Produkte, die von einem anderen Krankenhaus angeliefert wurden. Im Jahr 1994 heiratete M die F. Drei Jahre nach der Hochzeit wurden in einer Blutprobe von M HIV-Antikörper festgestellt. Kurz darauf stellte sich heraus, dass auch die F mit HIV infiziert ist. Die Krankheit AIDS ist bei ihr bislang nicht ausgebrochen. F verklagt nunmehr die K auf Schadensersatz, insbesondere Zahlung eines angemessenen Schmerzensgeldes i.H.v. mind. 125.000 €.

In der ersten mündlichen Verhandlung trägt F vor, die dem M verabreichten Blutprodukte seien vor der Vergabe nicht – wie sonst üblich – auf HIV getestet worden. Folglich seien sie HIV-kontaminiert gewesen. Nähere Angaben zu den verabreichten Blutprodukten sind ihr allerdings nicht möglich. Weiter behauptet sie, sie selbst habe sich nach der Infizierung des M bei diesem mit HIV angesteckt. Eine andere Möglichkeit der Infizierung habe es nicht gegeben; insbesondere seien M und sie weder durch die Art ihrer Lebensführung jemals einer gesteigerten Infektionsgefahr ausgesetzt gewesen noch gehörten sie einer HIV-gefährdete Risikogruppe an.

Die K bestreitet, dass die dem M verabreichten Blutprodukte HIV-kontaminiert gewesen sind. Sie behauptet zudem, dass die verwendeten Blutprodukte vor der Vergabe an M ordnungsgemäß kontrolliert worden seien. Folglich habe sich M nicht im Krankenhaus der K mit HIV infiziert.

Hat die Klage der F gegen die K Aussicht auf Erfolg?

B. Lösung

Die Klage hat Erfolg, wenn sie zulässig und soweit sie begründet ist. Von der Zulässigkeit ist mangels entgegenstehender Anhaltspunkte auszugehen. Begründet ist die Klage, wenn der F gegen die K der geltend gemachte Anspruch auf Schadensersatz zusteht.

I. § 280 Abs. 1 BGB
F selbst ist nicht im Krankenhaus der K behandelt worden, ein eigener Vertrag mit der K ist nicht zustande gekommen.

II. § 280 Abs. 1 BGB i.V.m. den Grundsätzen des Vertrags mit Schutzwirkung zugunsten Dritter
Ein Anspruch der F gegen die nach § 13 Abs. 1 GmbHG rechtsfähige und auch im Prozess nach § 35 Abs. 1 GmbHG durch die Geschäftsführer vertretene K auf Zah-

lung eines Schmerzensgeldes i.H.v. 125.000 € könnte sich jedoch aus **§ 280 Abs. 1 BGB i.V.m. Vertrag mit Schutzwirkung zugunsten Dritter**[28] ergeben.

1. Schuldverhältnis
Zwischen M und der K ist ein Behandlungsvertrag geschlossen worden, entweder jedenfalls konkludent mit der Aufnahme im Krankenhaus oder aber der Vertragsschluss wurde nach der Operation nachgeholt. F könnte in den Schutzbereich dieses Vertrags einbezogen sein.

> Die §§ 630a-h BGB sind anwendbar auf Behandlungsverträge, die ab dem 26.2.2013 geschlossen wurden (intertemporaler Anwendungsbereich entspr. Art. 229 § 5 S. 1 EGBGB), vorliegend also nicht. Das Inkrafttreten des PatRG ändert indes nichts an der Lösung des Falls, da der Gesetzgeber im Jahr 2013 nur die bis dahin bereits geltenden Rechtsprechungsgrundsätze in Gesetzesform gegossen hat.

a. Leistungsnähe
Zunächst müsste die erforderliche **Leistungsnähe** bestehen, dazu müsste F als Dritte in gleicher Weise wie der Gläubiger selbst den Gefahren einer Schlechtleistung ausgesetzt sein. Sofern M bei der Fremdblutbehandlung durch kontaminierte Blutpräparate mit HIV infiziert wurde, unterliegt auch die F als dessen Partnerin hoher Ansteckungsgefahr, kommt also bestimmungsgemäß mit den Gefahren der Schlechtleistung ebenso wie der Gläubiger M in Kontakt. Folglich besteht die erforderliche Leistungsnähe der F.

b. Einbeziehungsinteresse
Sodann müsste der Gläubiger ein besonderes **Interesse an der Einbeziehung des Dritten** in den Schutzbereich des geschlossenen Vertrags haben. Dafür ist nach heute h.M. keine Verantwortung des Gläubigers für das Wohl und Wehe des Dritten erforderlich, es reicht vielmehr ein berechtigtes Interesse am Einbezug des Dritten aus. Dieses besteht jedenfalls für feste Lebenspartner. M und F waren zwar zum Behandlungszeitpunkt noch nicht verheiratet, allerdings hat M ein berechtigtes Interesse daran, dass auch sein zukünftiger Lebenspartner geschützt ist.[29] Somit ist ein Einbeziehungsinteresse des M anzunehmen.

c. Erkennbarkeit
Bei einer Fremdblutbehandlung mit möglicherweise HIV-kontaminiertem Blutprodukten ist eine Gefährdung auch eines zukünftigen Lebenspartners für den Behandelnden naheliegend, sodass das Einbeziehungsinteresse des M für die K auch **erkennbar** war.

---
[28] Vgl. *Looschelders*, Schuldrecht AT, 21. Aufl. 2023, § 9 Rn. 8 ff.
[29] Vgl. BGHZ 163, 209 (220 f.) = NJW 2005, 2614 (2617 f.) zur ähnlich gelagerten Frage der Einbeziehung Angehöriger in den Schutzbereich deliktischer Verkehrspflichten gegenüber dem Patienten; zur gleichwohl gebotenen Abgrenzung von vertraglicher und deliktischer Haftung *Katzenmeier*, NJW 2005, 3391 (3393).

d. Schutzbedürftigkeit
F hat – wie gezeigt – keine eigenen vertraglichen Ansprüche gegen die K. Sie hat auch keine vertraglichen Ansprüche gegen sonstige Dritte, sodass sie **schutzbedürftig** ist.

e. Zwischenergebnis
F ist somit in den Schutzbereich des zwischen M und der K geschlossenen Behandlungsvertrags einbezogen, sodass sie selbst vertragliche Sekundäransprüche geltend machen kann.

2. Pflichtverletzung
Im Rahmen des Behandlungsvertrags muss die K eine Pflicht gegenüber M verletzt haben. Der K könnte ein Behandlungsfehler unterlaufen sein, wenn dem M bei der Operation HIV-kontaminiertes Blut verabreicht wurde.[30] Das behauptet F ohne nähere Angaben zu den Blutprodukten.

a. Darlegungslast
Den **Anspruchsteller** trifft die **Darlegungslast** für alle anspruchsbegründenden Tatsachen. Das bloße Aufstellen einer Behauptung reicht nicht aus, der Anspruchstellers ist im Prozess vielmehr grds. gehalten, seinen Tatsachenvortrag zu **substanziieren** (vgl. § 138 Abs. 1 ZPO). F hätte also Genaueres zur behaupteten Kontamination der Blutprodukte darlegen müssen. Nähere Ausführungen sind ihr jedoch nicht möglich.

b. Sekundäre Darlegungslast
Hier könnte ausnahmsweise der **Anspruchsgegner** damit belastet sein, die bloße Behauptung des Anspruchstellers substanziiert zu bestreiten und so seinerseits zur Sachverhaltsaufklärung beizutragen. Grds. besteht eine solche Last des Gegners zu substanziiertem Bestreiten nicht, den Beklagten trifft keine allgemeine prozessuale Mitwirkungs- und Aufklärungspflicht (*„nemo tenetur edere contra se"*).[31] Ausnahmsweise kann aber eine **sekundäre Darlegungslast** des Anspruchsgegners bestehen. Das ist dann der Fall, wenn die an sich darlegungs- und beweisbelastete Partei außerhalb des darzulegenden Geschehensablaufes steht und keine Kenntnis der maßgebenden Tatsachen besitzt, während die an sich nicht darlegungsbelastete Partei den Sachverhalt klären kann und ihr nähere Angaben zumutbar sind.[32]

Die an sich darlegungsbelastete F kann bzgl. des Zustands der verabreichten Blutprodukte keine näheren Angaben machen, weil K keine Dokumentation vorgenommen und die Chargennummer des verwendeten Fremdbluts nicht festgehalten hat. Solche Angaben waren der Behandlungsseite wegen der sie treffenden **Dokumentations-**

---

[30] Fehler von Organen oder sog. Repräsentanten werden der K-GmbH analog § 31 BGB zugerechnet, Fehler von Erfüllungsgehilfen gem. § 278 BGB.
[31] Allgemein BVerfGE 133, 168 (201) = NJW 2013, 1058 (1061).
[32] Näher *Laumen*, in: Baumgärtel/Laumen/Prütting, Handbuch der Beweislast, Bd. 1, 5. Aufl. 2023, Kap. 22.

pflicht aber zumutbar und von ihr erwartbar (vgl. heute § 630f BGB, vor Inkrafttreten der Norm galten entsprechende Rechtsprechungsgrundsätze).[33]

K trifft insoweit eine sekundäre Darlegungslast. Sie hat keine näheren Angaben zu den konkret verwendeten Blutprodukten gemacht, sondern schlicht die von F behauptete Kontamination bestritten. Das reicht nicht aus. Folge ist, dass der Vortrag der F insoweit nach **§ 138 Abs. 2, 3 ZPO** als zugestanden gilt. Folglich ist im Prozess **von der HIV-Kontamination der Blutprodukte auszugehen**, sodass ein Behandlungsfehler der K anzunehmen ist.[34]

Eine Beweislastumkehr wegen Dokumentationsmängeln (→ § 8) kommt vorliegend nicht in Betracht. Die HIV-Kontamination gilt über § 138 Abs. 2, 3 ZPO als zugestanden, ist damit unstreitig. Die Frage der Beweislast stellt sich daher nicht.

In Betracht kommt neben der Verabreichung einer HIV-kontaminierten Blutkonserve als Behandlungsfehler eine **Verletzung der therapeutischen Aufklärungspflicht** (heute klarstellend therapeutische Informationspflicht, § 630c Abs. 2 S. 1 BGB, vgl. → § 10 Grundlagen, B.). Die K hätte M spätestens post-operativ über die Infektionsgefahr informieren müssen, um diesen zu Selbstschutzmaßnahmen zu veranlassen und seine (Lebens- oder Sexual-)Partner vor Ansteckung zu schützen. Auch insoweit ist F in den Schutzbereich des zwischen der K und M geschlossenen Vertrags einbezogen, kann aus der Verletzung dieser Pflicht also eigene vertragliche Ansprüche herleiten.

3. Rechtsgutsverletzung

§ 280 Abs. 1 BGB verlangt dem Wortlaut nach keine Rechtsgutsverletzung, doch zählt diese wegen der Strukturgleichheit mit der deliktischen Haftung auch im Rahmen der vertraglichen Arzthaftung zum Haftungsgrund.[35] Als Rechtsgutsverletzung kommt eine Gesundheitsverletzung in Betracht. Gesundheitsverletzung ist jedes Hervorrufen eines von den normalen körperlichen Funktionen nachteilig abweichenden Zustandes, unabhängig davon, ob Schmerzzustände auftreten oder ob eine tiefgreifende Veränderung der Befindlichkeit eingetreten ist.[36] F trägt vor, mit dem HI-Virus infiziert worden zu sein. Bereits diese Infektion stellt eine medizinisch erhebliche Störung der inneren Lebensvorgänge dar und ist als Gesundheitsverletzung zu qualifizieren, zum Ausbruch der Immunschwächekrankheit AIDS muss es nicht gekommen sein.[37]

---

[33] Näher → § 8, Grundlagen, A.
[34] Vgl. BGHZ 163, 209 (214) = NJW 2005, 2614 (2615) m. Bespr. *Katzenmeier*, NJW 2005, 3391 (3392 f.).
[35] Dazu → § 9, Grundlagen, A. I.; → § 9, Fall 1, Frage 1.
[36] BGHZ 114, 284 (289) = NJW 1991, 1948 (1949) = JZ 1991, 785 (786); BGHZ 163, 209 (212) = NJW 2005, 2614 (2615).
[37] BGHZ 114, 284 (289) = NJW 1991, 1948 (1949) m. Bespr. *Deutsch*, NJW 1991, 1937 = JZ 1991, 785 (786) m. Bespr. *Spickhoff*, JZ 1991, 756; BGHZ 163, 209 (212 f.) = NJW 2005, 2614 (2615).

4. Objektive Zurechnung
Die Verabreichung der Blutkonserve muss auch in objektiv zurechenbarer Weise die HIV-Infektion der F herbeigeführt haben. Dafür dürfte die Verabreichung der Blutkonserve nicht hinweggedacht werden können, ohne dass die HIV-Infektion der F entfiele. Es liegt nahe, dass sich M durch die kontaminierte Blutkonserve mit HIV infiziert und das Virus im Anschluss an F übertragen hat. Es kann jedoch auch nicht ausgeschlossen werden, dass die Infektion von M oder F auf anderen Ursachen in dem langen seit der Operation zurückliegenden Zeitraum beruht oder schon zuvor unentdeckt bestand. Der Beweis der haftungsbegründenden Kausalität gelingt F somit nicht.

F könnte jedoch hinsichtlich der haftungsbegründenden Kausalität ein **Anscheinsbeweis** (*prima facie*-Beweis) als Beweiserleichterung zu Gute kommen. Dieser greift ein, wenn ein bestimmter Tatbestand nach allgemeiner Lebenserfahrung auf eine bestimmte Ursache für den Eintritt eines Erfolges hinweist,[38] ermöglicht also bei **typischen Geschehensverläufen** den Rückschluss vom Erfolg auf die Ursache. Ein solcher typischer Geschehensverlauf läge vor, wenn die Kontaminierung eines verwendeten Blutprodukts feststeht und keine weiteren Ursachen außerhalb des Verantwortungsbereichs der Behandlungsseite für die Ansteckung vorliegen.[39] Die Kontaminierung des Blutprodukts ist als zugestanden anzusehen. An anderen möglichen Ansteckungsursachen fehlt es, wenn der Geschädigte weder zu den HIV-gefährdeten Risikogruppen gehört, noch durch die Art seiner Lebensführung einer gesteigerten Infektionsgefahr ausgesetzt ist. Nach dem unbestrittenen Vortrag der F gehörten weder sie noch M einer HIV-gefährdeten Risikogruppe an und waren auch durch ihre Lebensführung niemals einer gesteigerten Infektionsgefahr ausgesetzt. Folglich spricht die allgemeine Lebenserfahrung dafür, dass die kontaminierte Blutkonserve Ursache der HIV-Infektion des M war und dieser das Virus an F übertragen hat, sodass ein Anscheinsbeweis eingreift.

> Die Gegenseite kann den Anscheinsbeweis **erschüttern**, indem sie einen **atypischen Ablauf** vorträgt. Dann greift der Anscheinsbeweis nicht mehr ein, sodass der beweisbelasteten Partei der Vollbeweis der streitigen Tatsache obliegt. Der Anscheinsbeweis wiegt damit weniger schwer als eine gesetzliche Vermutung, die nach § 292 S. 1 ZPO die Wirkung einer Beweislastumkehr hat und nur durch den Beweis des Gegenteils widerlegt werden kann.

Die K hat diesen Geschehensablauf pauschal bestritten und keine Möglichkeit eines anderweitigen Infektionswegs dargelegt. Somit ist es ihr nicht gelungen, den Anscheinsbeweis zu erschüttern, sodass die haftungsbegründende Kausalität als bewiesen gilt.

---

[38] Eingehend *Laumen*, in: Baumgärtel/Laumen/Prütting, Handbuch der Beweislast, Bd. 1, 5. Aufl. 2023, Kap. 17.
[39] BGHZ 163, 209 (212 f.) = NJW 2005, 2614 (2615), auch zum Folgenden, m. zust. Bespr. *Katzenmeier*, NJW 2005, 3391 (3392); vgl. auch BGHZ 114, 284 (290) = NJW 1991, 1948 (1949) = JZ 1991, 785 (786).

Hinsichtlich Adäquanz und Schutzzweck der Norm bestehen keine Bedenken, sodass die Verabreichung der Blutkonserve in objektiv zurechenbarer Weise die HIV-Infektion der F herbeigeführt hat.

5. Vertretenmüssen
Das Vertretenmüssen der K wird nach § 280 Abs. 1 S. 2 BGB vermutet. K war verpflichtet sicherzustellen, dass in der Klinik nur kontrollierte Blutproben an Patienten verabreicht werden. K hat eine Kontamination lediglich bestritten, aber nichts zu ihrer Entlastung vorgetragen.

6. Schaden
F macht Schadensersatz geltend. Der Umfang des zu ersetzenden Schadens bestimmt sich nach **§§ 249 ff. BGB**. Der Geschädigte ist so zu stellen, wie er ohne das schädigende Ereignis stehen würde (Differenzhypothese, Vergleich des tatsächlichen Kausalverlaufs mit dem hypothetischen Kausalverlauf).

Immaterieller Schaden ist im Rahmen eines vertraglichen Anspruchs erst seit Inkrafttreten des **§ 253 Abs. 2 BGB** durch das Zweite Schadensersatzrechtsänderungsgesetz zum 1.8.2002 zu ersetzen (Art. 229 § 8 Abs. 1 EGBGB; zur Neuregelung vgl. *Katzenmeier* JZ 2002, 1029 ff.). Maßgeblich ist der Zeitpunkt der Verletzungshandlung. Diese unterlief K bereits im Jahr 1994.

7. Ergebnis
F hat einen Anspruch gegen die K aus § 280 Abs. 1 BGB i.V.m. den Grundsätzen des Vertrags mit Schutzwirkung zugunsten Dritter auf Ersatz (nur) des materiellen Schadens.

III. Deliktische Ansprüche
Daneben bestehen deliktische Ansprüche der F gegen die K aus **§ 823 Abs. 1 BGB** sowie aus § 823 Abs. 2 BGB i.V.m. § 229 StGB.

Die deliktisch relevante **Verkehrspflicht**, im Krankenhaus kein HIV-kontaminiertes Blutprodukt zu verabreichen, obliegt der K nicht nur gegenüber dem behandelten M, sondern auch gegenüber der bei Pflichtverletzung in ihrer körperlichen Integrität gefährdeten F.

Im Rahmen des deliktischen Anspruchs konnte auch schon bei Verletzungshandlungen vor dem 1.8.2002 nach § 847 Abs. 1 BGB a.F. (Vorgängervorschrift zu § 253 Abs. 2 BGB) bei einer Körper- oder Gesundheitsverletzung auch wegen des Schadens, der nicht Vermögensschaden ist, eine billige Entschädigung in Geld gefordert werden. Mit dem **Schmerzensgeld** soll der mit der HIV-Infektion verbundene Leidensdruck kompensiert werden.[40] Nach dem Sachverhalt ist davon auszugehen, dass die geforderte Summe von 125.000 € angemessen ist.

---

[40] Vgl. BGHZ 114, 284 (298) = NJW 1991, 1948 (1951) = JZ 1991, 785.

IV. Gesamtergebnis

F stehen Ansprüche gegen die K aus § 280 Abs. 1 BGB i.V.m. den Grundsätzen des Vertrags mit Schutzwirkung zugunsten Dritter auf Ersatz des materiellen Schadens, sowie aus § 823 Abs. 1 BGB sowie § 823 Abs. 2 BGB i.V.m. § 229 StGB auf Ersatz auch des immateriellen Schadens zu.

Verjährung (heute §§ 195, 199 Abs. 1 u. 2 BGB; bis zum 1.1.2002 für den vertraglichen Anspruch § 195 BGB a.F., für den deliktischen Anspruch § 852 Abs. 1 BGB a.F.; zur Neuregelung vgl. *Mansel* NJW 2002, 89 ff.) wäre nur zu prüfen, wenn der Beklagte sich darauf berufen würde (Leistungsverweigerungsrecht gem. **214 Abs. 1 BGB**; § 222 Abs. 1 BGB a.F.). Mit Klageerhebung ist die Verjährung gehemmt gem. § 204 Abs. 1 Nr. 1 BGB (bis zum 1.1.2002 unterbrochen gem. § 209 Abs. 1 BGB a.F.).

Die Klage der F gegen K hat somit Erfolg.

C. Merksätze

- In den Schutzbereich eines Behandlungsvertrags können Lebenspartner des Patienten und auch zukünftige Lebenspartner einbezogen sein.
- Bzgl. der Frage nach dem Vorliegen eines Behandlungsfehlers kann die Behandlungsseite eine sekundäre Darlegungslast treffen. Das ist der Fall, wenn der Patient außerhalb des streitigen Behandlungsgeschehens steht und keine Kenntnis der maßgebenden Tatsachen hat, während diese der Behandlungsseite bekannt und ihr nähere Angaben zumutbar sind.
- Folgt aus einem festgestellten Behandlungsfehler typischerweise eine bestimmte Rechtsgutsverletzung oder beruht umgekehrt eine feststehende Verletzung typischerweise allein auf einem bestimmten Behandlungsfehler, streitet hinsichtlich der Kausalität der Anscheinsbeweis für den Patienten.

Fall 3: Unaufgeklärt? – Beweislast bei behaupteter Aufklärungspflichtverletzung

In Anlehnung an BGH NJW 2014, 1527

A. Sachverhalt

P verklagt A auf Schadensersatz mit der Begründung, er sei über die eingetretenen Risiken einer von A lege artis vorgenommenen Operation nicht aufgeklärt worden. Hätte er davon gewusst, hätte er in den Eingriff niemals eingewilligt. A hingegen behauptet, dies sei sehr wohl geschehen. Gerade auf die Information der Patienten verwende er immer viel Zeit. An das Aufklärungsgespräch mit P könne er sich zwar nicht mehr erinnern, die Pflichterfüllung im konkreten Fall werde aber durch das von P unterschriebene Aufklärungsformular belegt. In der Zeugenvernehmung sagt die Sprechstundenhilfe des A aus, dass dieser es stets sehr genau mit der Aufklärung nehme. Hat die zulässige Klage des P Aussicht auf Erfolg?

B. Lösung

Die zulässige Klage hat Erfolg, soweit sie begründet ist. Begründet ist die Klage, wenn P gegen A der geltend gemachte Anspruch auf Schadensersatz zusteht.

I. §§ 630a Abs. 1, 280 Abs. 1 BGB
P könnte ein Anspruch auf Schadensersatz aus §§ 630a Abs. 1, 280 Abs. 1 BGB gegen A zustehen.

1. Schuldverhältnis
Der Behandlung des P liegt ein Behandlungsvertrag i.S.d. § 630a BGB zugrunde.[41]

2. Pflichtverletzung
A müsste eine Pflicht aus diesem Behandlungsvertrag verletzt haben.

a. Behandlungsfehler
Der Eingriff wurde lege artis durchgeführt, sodass eine Haftung wegen eines Behandlungsfehlers ausscheidet.

b. Aufklärungspflichtverletzung
In Betracht kommt jedoch eine Verletzung der Verpflichtung zur **Selbstbestimmungsaufklärung**. Der Behandelnde ist verpflichtet, den Patienten über sämtliche für die Einwilligung wesentlichen Umstände aufzuklären, § 630e Abs. 1 BGB.[42]

Ob A den P ordnungsgemäß aufgeklärt hat, ist zwischen den Parteien streitig. Damit besteht ein *non liquet* und es stellt sich die Frage nach der Beweislast. Grds. trägt jede Partei die Beweislast für die tatsächlichen Voraussetzungen der ihr günstigen Norm. Danach wäre P für die Verletzung der Aufklärungspflicht beweisbelastet, weil ihm nur dann ein Schadensersatzanspruch zustehen kann. Nach § 630h Abs. 2 S. 1 BGB hat jedoch der Behandelnde – und damit A – im Falle der Behauptung eines Fehlverhaltens die ordnungsgemäße Aufklärung und Einwilligung des Patienten zu beweisen.

Der Beweis erfordert gem. § 286 Abs. 1 S. 1 ZPO die volle richterliche Überzeugung von der Wahrheit. An den von der Behandlungsseite zu erbringenden Nachweis dürfen dabei **keine überzogenen Anforderungen** gestellt werden. Dass sich A nicht an das konkrete Gespräch erinnern kann, ist unschädlich. Nach st. Rspr. ist es ausreichend, wenn A darlegt und beweist, dass er **generell ordnungsgemäß aufklärt** und dass im konkreten Fall überhaupt ein **Aufklärungsgespräch stattgefunden** hat („Immer-so-Rspr.").[43]

Das von P unterschriebene **Aufklärungsformular** erbringt zwar nicht den Beweis einer ordnungsgemäßen Aufklärung, es ist aber ein **Indiz** dafür, dass ein Aufklärungsgespräch stattgefunden hat. Darüber hinaus gibt A an, dass er sich für die Aufklärung seiner Patienten stets viel Zeit nimmt. Seine Sprechstundenhilfe bestätigt dies in ihrer Zeugenaussage. Damit ist auch für den konkreten Fall davon

---

[41] → § 6, Das Behandlungsverhältnis – Grundlagen, A.
[42] Näher zum Umfang → § 10, Grundlagen, D.
[43] BGH NJW 1985, 1399 f.; BGH NJW 2014, 1527 f. = MedR 2015, 594 (595 f.) m. Anm. *Schrag-Slavu*; krit. *J. Prütting*, in: FS Dahm, 2017, S. 359.

auszugehen, dass ordnungsgemäß aufgeklärt wurde und P in die Behandlung wirksam eingewilligt hat. Eine Aufklärungspflichtverletzung des A ist nicht ersichtlich. A hat keine Pflicht aus dem Behandlungsvertrag verletzt.

3. Ergebnis
P steht gegen A kein Anspruch auf Schadensersatz aus §§ 630a Abs. 1, 280 Abs. 1 BGB zu.

II. § 823 Abs. 1 BGB
Im deliktischen Kontext ergibt sich die Beweisbelastung des Behandelnden daraus, dass die – auch im medizinisch indizierten und fachgerecht ausgeführten Heileingriff liegende – **Körperverletzung** nur **gerechtfertigt** ist, wenn der Patient wirksam eingewilligt hat, was seinerseits eine ordnungsgemäße Aufklärung voraussetzt.[44] Die Aufklärung ist als Voraussetzung der Rechtfertigung des Behandelnden ein diesem günstiger Umstand, daher von diesem zu beweisen. Der A hat den Beweis geführt (s.o.), daher scheitert auch ein Anspruch aus § 823 Abs. 1 BGB.

C. Merksätze

- Der Behandelnde hat die ordnungsgemäße Aufklärung und Einwilligung des Patienten darzulegen und zu beweisen, § 630h Abs. 2 S. 1 BGB. Im Deliktsrecht folgt dies aus der Qualifizierung des Heileingriffs als tatbestandsmäßige Körperverletzung.
- Ausreichend ist, dass der Behandelnde beweist, dass er generell ordnungsgemäß aufklärt und im konkreten Fall überhaupt ein Aufklärungsgespräch stattgefunden hat.

Fall 4: Bereute Einwilligung – Zeitpunkt der Aufklärung; Beweislast hinsichtlich der Kausalität eines Aufklärungsfehlers; hypothetische Einwilligung

In Anlehnung an BGH NJW 1998, 2734

A. Sachverhalt

Die P ist infolge einer vom angestellten Chirurgen A im Krankenhaus K durchgeführten Operation (Entfernung eines Tumors im Bereich der Hirnanhangsdrüse) auf dem rechten Auge erblindet. Der Eingriff wurde durch die Schädeldecke durchgeführt. Über diese Vorgehensweise war die P durch A erst am Vorabend der Operation anlässlich der Narkoseaufklärung hingewiesen worden. Auf die Möglichkeit einer Erblindung als typisches Eingriffsrisiko war A dabei eingegangen.

---

[44] St. Rspr., s. → § 10, Grundlagen, C. II.

Fall 4: Bereute Einwilligung – Zeitpunkt der Aufklärung; Beweislast hinsichtlich der ...

P behauptet, aufgrund der erst am Vorabend erfolgten Mitteilung, ihre Schädeldecke müsse geöffnet werden, und des belastenden Eingriffsrisikos, sei sie so in Aufregung geraten, dass sie nur mit Mühe habe beruhigt werden können. Weiter trägt sie vor, dass sie sich im Falle eines angemessenen Überlegungszeitraums gegen den Eingriff entschieden hätte. Eine Öffnung der Schädeldecke hätte sie abgelehnt, weil eine Freundin mit einem ähnlichen Tumor mit Erfolg durch die Nase operiert worden sei.

K trägt vor, P hätte auch im Falle einer früheren Aufklärung den Eingriff durchführen lassen. Die Operation sei wegen der spätestens in zwei Jahren drohenden Gefahr einer Erblindung des rechten Auges und einer fortschreitenden Schädigung des linken Auges derart dringlich gewesen, dass jeder vernünftige Patient eingewilligt hätte.

Laut Sachverständigengutachten ist dem A kein Behandlungsfehler anzulasten. Da beide Operationsmethoden hinsichtlich der Chancen-Risiko-Bilanz gleichwertig seien, habe A die Methode wählen dürfen. P fordert vom Krankenhaus K Schadensersatz. Zu Recht?

B. Lösung

I. §§ 630a Abs. 1, 280 Abs. 1 BGB
Ein Schadensersatzanspruch der P gegen K kann sich aus §§ 630a Abs. 1, 280 Abs. 1 BGB ergeben.

1. Schuldverhältnis
P und K haben jedenfalls konkludent die medizinische Behandlung der P im Krankenhaus vereinbart. Ohne abweichende Absprachen kommt ein totaler Krankenhausvertrag i.S.d. § 630a Abs. 1 BGB zustande.[45]

2. Pflichtverletzung
K müsste eine Pflicht aus diesem Krankenhausvertrag verletzt haben.

a. Behandlungsfehler
In Betracht kommt zunächst die Annahme eines Behandlungsfehlers. Laut Sachverständigengutachten waren die Operationsmethoden durch die Nase und durch die Schädeldecke jedoch hinsichtlich Chancen und Risiken gleichwertig. Zwischen diesen gleichwertigen Behandlungsalternativen konnte A wählen, sodass ihm kein Behandlungsfehler vorzuwerfen ist.[46]

b. Aufklärungspflichtverletzung
Allerdings kommt eine Verletzung der Aufklärungspflicht in Betracht. Die Aufklärung ist durch den bei K beschäftigten und fachlich befähigten Arzt A erfolgt, § 630e Abs. 2 S. 1 Nr. 1 BGB.

---
[45] Dazu § 6, Teil II., Grundlagen, B.
[46] Eingehend *Katzenmeier*, in: Laufs/Katzenmeier/Lipp, Arztrecht, Kap. X Rn. 83 ff.; zur Therapiefreiheit des Arztes → § 5, Grundlagen, B. und → § 5, Fall 2.

Fraglich ist aber, ob die Aufklärung **rechtzeitig** erfolgte, indem P eine angemessene Überlegungsfrist i.S.d. § 630e Abs. 2 S. 1 Nr. 2 BGB blieb. Bei Operationen ist grds. eine Aufklärung spätestens am Vortag geboten. Auch das kann zu spät sein, wenn der Patient erst dann von gravierenden Risiken erfährt, die seine Lebensführung nachhaltig beeinflussen können.[47] Eine Aufklärung über das Risiko der Erblindung erst am Vorabend der Operation ist jedenfalls nicht rechtzeitig.

> Eine Aufklärung ist stets dann verspätet, wenn bereits Vorkehrungen oder Vorbereitungen für die Operation getroffen sind oder die Operation sich nahtlos anschließen soll, sodass der Patient den Eindruck gewinnt, er könne sich von dem Geschehensablauf nicht mehr einfach lösen (*Katzenmeier*, in: Laufs/Katzenmeier/Lipp, Arztrecht, Kap. V Rn. 59 ff.).

Zudem war die Aufklärung hier auch mit Blick auf die nach § 630e Abs. 1 S. 3 BGB gebotene, jedoch unterbliebene Information über die **Behandlungsalternative** eines nasalen Schädelzugangs pflichtwidrig. Dass P durch die Operation ihrer Freundin von der Möglichkeit einer Entfernung des Tumors durch die Nase wusste, macht die Aufklärung über diese Behandlungsalternative nicht entbehrlich.[48]

Die nicht ordnungsgemäße Aufklärung durch A muss sich K gem. § 278 BGB zurechnen lassen.[49]

3. Rechtsgutsverletzung
P ist auf dem rechten Auge erblindet, sodass ihre körperliche Integrität verletzt und eine Rechtsgutsverletzung gegeben ist.[50]

4. Objektive Zurechnung
Weiter muss die Erblindung durch die Aufklärungspflichtverletzung in zurechenbarer Weise verursacht sein. K macht geltend, P hätte auch bei rechtzeitiger Aufklärung in die für die Erblindung ursächliche Behandlung eingewilligt. Ein solcher **Einwand hypothetischer Einwilligung** ist nach § 630h Abs. 2 S. 2 BGB beachtlich.[51] Dazu muss die Behandlungsseite substanziiert darlegen, dass sich der Patient auch bei ordnungsgemäßer Aufklärung für die Behandlung entschieden hätte. Insoweit sind strenge Anforderungen zu stellen, damit das Selbstbestimmungsrecht des Patienten

---

[47] BGH NJW 1992, 2351 (2352) = MedR 1992, 277 (279) = JZ 1993, 312 (313 f.) m. Anm. *Giesen*, auch zum Folgenden; *Katzenmeier*, in: Laufs/Katzenmeier/Lipp, Arztrecht, Kap. V Rn. 63.
[48] Zur Entbehrlichkeit einer Aufklärung eines wissenden Patienten s. *Katzenmeier*, in: BeckOK-BGB, § 630e Rn. 55 f.
[49] → § 9, Fall 1, Frage 3.
[50] Zum Prüfungspunkt Rechtsgutsverletzung im Rahmen des Anspruchs aus § 280 Abs. 1 BGB s. → § 9, Grundlagen, A. I.; → § 9, Fall 1, Frage 1.
[51] Dazu → § 10, Fall 5.

nicht unzulässig verkürzt wird.[52] K bringt vor, dass die Operation wegen der nahenden Erblindung des rechten Auges und der fortschreitenden Schädigung des linken Auges derart dringlich gewesen sei, dass die P auch bei ordnungsgemäßer Aufklärung in die Durchführung des Eingriffs eingewilligt hätte. Damit hat A die Voraussetzungen der hypothetischen Einwilligung hinreichend substanziiert dargelegt.

Diesen Einwand hypothetischer Einwilligung kann der Patient seinerseits ausräumen, indem er darlegt, dass er im Falle ordnungsgemäßer Aufklärung in einen **echten Entscheidungskonflikt** geraten wäre. Dazu muss der Patient nicht darlegen, wie er sich im Ergebnis entschieden hätte, sondern muss nur einsichtig machen, dass er es sich noch einmal überlegt hätte.[53] P hat vorgetragen, dass sie eine Öffnung der Schädeldecke bei ordnungsgemäßer Aufklärung abgelehnt hätte. Damit greift der Einwand hypothetischer Einwilligung des K nicht durch.

Bei rechtzeitiger und ordnungsgemäßer Aufklärung hätte P somit nicht in die verletzungsursächliche Behandlung eingewilligt, diese und die behandlungsinduzierte Erblindung wären unterblieben. Der Aufklärungsfehler ist ursächlich für die Erblindung geworden.

Das nicht außerhalb allgemeiner Lebenserfahrung liegende Geschehen weist auf einen adäquaten Ursachenzusammenhang hin. Als unmittelbare Folge der nicht konsentierten Behandlung unterfällt die Erblindung auch dem Schutzzweck der Haftungsnorm.

> **Merke**
> Bei der Frage nach hypothetischer Einwilligung ist nicht entscheidend, ob ein „vernünftiger Patient" in die Operation eingewilligt hätte, vielmehr kommt es allein auf den **konkret betroffenen Patienten** mit seinen Besonderheiten und Eigenheiten an. Allerdings besteht ein Erfahrungssatz, dass ein Kranker normalerweise einem medizinisch indizierten Eingriff zuzustimmen pflegt. Bringt der Patient vor, er hätte trotz Indikation nicht zugestimmt, muss er plausible Gründe darlegen, die für ihn zu einem **echten Entscheidungskonflikt** geführt hätten. Er muss jedoch nicht darlegen, wie er sich entschieden hätte.
>
> Die dem Patienten zustehende Möglichkeit der Entkräftung des Einwands hypothetischer Einwilligung findet in § 630h Abs. 2 S. 2 BGB zwar keine Erwähnung. Ausweislich der Gesetzesbegründung ist aber keine Änderung der Rechtslage beabsichtigt, vielmehr soll dies weiterhin möglich sein; s. *Katzenmeier*, in: Laufs/Katzenmeier/Lipp, Arztrecht, Kap. V Rn. 71 ff.

---

[52] BGH NJW 1991, 2342 (2343) = MedR 1991, 200 (202) = VersR 1991, 547 (548) = JZ 1991, 675 (676) m. Anm. *Giesen*; BGH NJW 1998, 2734.
[53] BGH NJW 1991, 1543 (1544) = MedR 1991, 137 (138) = JZ 1991, 673 (674); BGH NJW-RR 2022, 462 (463) = VersR 2022, 245 (246 f.) = JZ 2022, 417 (418) m. Anm. *Spickhoff*; *Katzenmeier*, in: Laufs/Katzenmeier/Lipp, Arztrecht, Kap. V Rn. 72.

5. Vertretenmüssen
Das Vertretenmüssen wird nach § 280 Abs. 1 S. 2 BGB vermutet. Vorliegend muss sich K das Verschulden des nicht ordnungsgemäß aufklärenden A nach § 278 BGB zurechnen lassen, kann sich nicht entlasten.

6. Schaden
P ist ein Schaden entstanden, von dessen Zurechenbarkeit und Ersatzfähigkeit mangels gegenteiliger Anhaltspunkte auszugehen ist.

7. Ergebnis
P hat gegen K einen Schadensersatzanspruch aus §§ 630a Abs. 1, 280 Abs. 1 BGB.

II. § 831 Abs. 1 S. 1 BGB
Ein Schadensersatzanspruch der P gegen K kann sich auch aus § 831 Abs. 1 S. 1 BGB ergeben.

Als angestellter Arzt ist A Verrichtungsgehilfe von K. A hat P operiert und dadurch ihre körperliche Integrität beeinträchtigt. Der Eingriff ist mangels wirksamer Einwilligung rechtswidrig. Diese unerlaubte Handlung ereignete sich auch im Rahmen und nicht bloß bei Gelegenheit der angewiesenen Tätigkeit des A als Arzt, sodass sie in Ausführung der Verrichtung erfolgte. Das Auswahl- und Überwachungsverschulden des K wird vermutet. K hat nichts zur Entlastung nach § 831 Abs. 1 S. 2 BGB vorgetragen, sodass von einem Verschulden auszugehen ist. Soweit der P durch die Körperverletzung ein zurechenbarer Schaden entstanden ist, ist dieser nach obigen Grundsätzen auch ersatzfähig.

P hat gegen K somit auch einen Schadensersatzanspruch aus § 831 Abs. 1 S. 1 BGB.

III. Weitere Ansprüche
Soweit K eine über die Auswahl und Überwachung des A hinausgehende Pflicht zur ordnungsgemäßen Organisation der Patientenaufklärung verletzt hat, kommt auch eine Haftung aus § 823 Abs. 1 BGB wegen Organisationsverschuldens in Betracht.[54]

IV. Gesamtergebnis
P hat einen Anspruch gegen K auf Schadensersatz gem. §§ 630a, 280 Abs. 1 BGB und gem. § 831 Abs. 1 S. 1 BGB.

C. Merksätze

- Die Behandlungsseite kann gegenüber dem Vorwurf einer Aufklärungspflichtverletzung den Einwand hypothetischer Einwilligung erheben.
- Der Patient kann diesen Einwand widerlegen, indem er darlegt, dass er im Falle ordnungsgemäßer Aufklärung in einen ernsthaften Entscheidungskonflikt geraten wäre.

---

[54] BGHZ 169, 364 (368) = NJW-RR 2007, 310 (311) = MedR 2007, 169 (170) m. Anm. *Bender* = JZ 2007, 641 (642) m. Anm. *Katzenmeier*. Dazu auch → § 9, Fall 1, Frage 2.

Wiederholungsfragen

▶ Wie lautet die allgemeine Regel der Beweislastverteilung im Zivilprozess?

Jede Partei hat die tatsächlichen Voraussetzungen der ihr günstigen Norm darzulegen und im Fall des Bestreitens zu beweisen.

▶ Was gilt nach dem sog. Anscheinsbeweis (*prima facie*-Beweis)?

Bei typischen Geschehensabläufen kann nach allgemeiner Lebenserfahrung auf eine Pflichtverletzung oder von dem Schadenseintritt auf eine bestimmte Ursache geschlossen werden. Der Anwendungsbereich ist im Arzthaftungsprozess beschränkt, insbesondere lässt der schlechte Ausgang einer Behandlung aufgrund der Eigenarten des menschlichen Körpers nicht den Rückschluss auf einen Behandlungsfehler zu.

▶ Warum sind beweisrechtliche Modifikationen im Arzthaftungsprozess notwendig?

Der Informations- und Kenntnisstand des Patienten bleibt i.d.R. weit hinter dem des Arztes zurück (Wissensgefälle).

Trotz seines Anspruchs auf Einsichtnahme in die Behandlungsunterlagen nach § 630g BGB (→ § 8, Grundlagen, B.) ist der Patient häufig nicht in der Lage, das Behandlungsgeschehen darzulegen.

▶ Was versteht die st. Rspr. unter einem groben Behandlungsfehler?

Der grobe Behandlungsfehler ist ein Fehler, der aus objektiv medizinischer Sicht nicht mehr verständlich erscheint, weil er schlechterdings nicht unterlaufen darf.

▶ Was ist unter der sekundären Behauptungslast im Arzthaftungsprozess zu verstehen?

Auch ein unsubstanziierter Vortrag des Klägers (Patient) muss durch substanziiertes Bestreiten des Beklagten entkräftet werden, sonst gilt der klägerische Vortrag i.S.d. § 138 Abs. 2, 3 ZPO als zugestanden. Einfaches Bestreiten reicht nicht aus.

Die sekundäre Behauptungslast ist für den Fall vorgesehen, dass der Beklagte bzgl. des Behandlungssachverhaltes einen deutlichen Wissensvorsprung hat oder haben muss und ihm eine Preisgabe dieses Wissens zumutbar ist, während die an sich darlegungs- und beweisbelastete Partei außerhalb des darzulegenden Geschehensablaufs steht und keine Kenntnis der maßgebenden Tatsachen besitzt.

▶ Wer trägt die Darlegungs- und Beweislast hinsichtlich der (ordnungsgemäßen oder fehlerhaften) Aufklärung?

Bei behaupteter Aufklärungspflichtverletzung hat der Behandelnde die ordnungsgemäße Aufklärung darzulegen und im Bestreitensfall zu beweisen. Für das Vertragsrecht ist dies in § 630h Abs. 2 S. 1 BGB normiert, für das Deliktsrecht folgt es daraus, dass die ordnungsgemäße Aufklärung Voraussetzung einer wirksamen Einwilligung ist, die den als Körperverletzung qualifizierten Eingriff rechtfertigt, mithin ist sie ein dem Arzt günstiger Umstand.

§ 13: Versicherungsrechtliche Fragen

Grundlagen

A. Berufshaftpflichtversicherung

Die Berufshaftpflichtversicherung des Arztes schafft eine **kollektive Absicherung der persönlichen Haftung** des Arztes gegenüber dem Patienten:

- Für den **Arzt** ist sie ein unverzichtbares Instrument der Haftungsvorsorge. Ohne Versicherungsschutz könnten viele ärztliche Tätigkeiten angesichts ihrer hohen Risikoträchtigkeit bereits heute nicht mehr ausgeübt werden.
- Für den **Patienten** gewährleistet der Versicherungsschutz des Arztes, dass ein Schaden auch dann ersetzt wird, wenn der Arzt nicht über die nötigen finanziellen Mittel verfügt.

Das Recht der Haftpflichtversicherung ist im Versicherungsvertragsgesetz, Teil 2, Kap. 1 normiert: **§§ 100-112 VVG**. Weitere Regelungen sind den allgemeinen Geschäftsbedingungen der Versicherer (AVB), den allgemeinen Versicherungsbedingungen für die Haftpflichtversicherung (AHB) und den besonderen Bedingungen und Risikobeschreibungen zur Haftpflichtversicherung für Ärzte (BBR-Ärzte) zu entnehmen.

Aus **§ 21 MBO-Ä** folgt die berufsrechtliche Verpflichtung, für hinreichenden Versicherungsschutz zu sorgen. Bei Krankenhäusern schließt grds. der Träger eine Betriebshaftpflichtversicherung für das Personal ab, die alle Schäden aus der Erfüllung von Dienstaufgaben abdeckt. Bei unzureichendem Versicherungsschutz sind berufsrechtliche Sanktionen oder Zwangsmaßnahmen der Approbationsbehörde möglich, § 6 Abs. 1 Nr. 5 BÄO.

Seit dem Jahr 2021 besteht zudem eine sozialrechtliche Pflicht des Vertragsarztes, sich ausreichend gegen sich aus seiner Berufsausübung ergebende Haftpflichtgefahren zu versichern, **§ 95e Abs. 1 S. 1 SGB V**. Bei Verstößen wird die vertragsärztliche Zulassung verweigert oder entzogen.

B. Krankenversicherung

Wer bei einer Heilbehandlung eine Körper- oder Gesundheitsverletzung erleidet, genießt Schutz und erhält Versorgung durch die eigene **Krankenversicherung**: Sozialversicherungsträger, private Krankenversicherung oder Beihilfe eines öffentlichen Dienstherrn. So ist das Schadensrisiko im Hinblick auf Personenschäden heute weitgehend sozialisiert.

I. Gesetzliche Krankenversicherung (GKV)

Das Recht der Gesetzlichen Krankenversicherung ist im Sozialgesetzbuch, Fünftes Buch normiert: **SGB V** (vgl. → § 4, Grundlagen).

In der GKV besteht eine **Pflichtmitgliedschaft** nach gesetzlichen Kriterien. Die Beitragshöhe richtet sich nach dem Einkommen, Familienmitglieder sind mitversichert. Der Leistungskatalog ist gesetzlich vorgegeben. Die GKV wird durch folgende Prinzipien gekennzeichnet:

- **Solidaritätsprinzip:** Gleicher Leistungsanspruch aller Versicherten (§ 1 SGB V).
- **Sachleistungsprinzip:** Kostenerstattung erfolgt nur ausnahmsweise (§§ 2, 13 SGB V).
- **Selbstverwaltungsprinzip:** Der vom Gesetzgeber vorgegebene Leistungsrahmen wird von den Akteuren der Selbstverwaltung, insb. dem G-BA (§ 91 SGB V), konkretisiert.

II. Private Krankenversicherung (PKV)

Das Recht der Privaten Krankenversicherung ist im Versicherungsvertragsgesetz, Teil 2, Kap. 8 normiert: **§§ 192-208 VVG**.

Die PKV ist eine **freiwillige Versicherung**. Sie kommt durch Vertragsschluss zustande. Je nach Umfang des vereinbarten Versicherungsschutzes sind eine Voll-, Teil- oder Zusatzversicherung möglich. Die PKV wird durch folgende Prinzipien gekennzeichnet:

- **Äquivalenzprinzip:** Die Beitragshöhe richtet sich nach dem individuellen Risiko (Eintrittsalter, Gesundheitszustand etc.).
- **Kostenerstattungsprinzip:** Der Versicherungsnehmer bezahlt die Arztrechnung und reicht diese bei seinem Versicherer zur Erstattung ein.
- **Kapitaldeckungsprinzip:** Wird erreicht durch Altersrückstellungen.

III. Regressansprüche

Der jeweilige Vorsorgeträger/Versicherer hat gegen denjenigen, der einer bei ihm versicherten Person einen Schaden zufügt, kraft Gesetzes einen Regressanspruch aus übergegangenem Recht (**cessio legis**): **§§ 116 SGB X** (GKV), **86 VVG** (PKV), 76 BBG (Bundesbeamte) etc.

In der Praxis erfolgt die Schadensregulierung dann nicht zwischen Schädiger und Geschädigtem, sondern zwischen dem Haftpflichtversicherer und dem Krankenversicherer – bisweilen auf der Basis von Regressverzichts- und Schadensteilungsabkommen dieser Kollektive.

Literatur zur Vertiefung: *Katzenmeier*, Überlagerungen des Schadensrechts durch das Versicherungsrecht, VersR 2002, 1449–1456; *ders.*, in: Laufs/Katzenmeier/Lipp, Arztrecht, Kap. X Rn. 122–128, zu **Reformüberlegungen** Rn. 129–160; *ders.*, Heilbehandlungsrisikoversicherung, VersR 2007, 137–143; *ders.*, Patientenentschädigungsfonds, VersR 2014, 405–412; *ders.*, Patientenrechtegesetz 2.0? – Haftungsrecht, MedR 2023, 118–126.

Fall 1: Am falschen Ende gespart – Arzthaftpflichtversicherung; berufs- und sozialrechtliche Verpflichtungen und Sanktionen

A. Sachverhalt

A ist seit vielen Jahren als niedergelassener Hausarzt in Bonn tätig und verfügt dort über eine Vertragsarztzulassung. Mit Praxiseröffnung hatte er eine Berufshaftpflichtversicherung bei der V-AG abgeschlossen. Seither sind die Versicherungsprämien erheblich gestiegen. Hierüber ist A zunehmend verärgert, zumal er die Leistungen der Versicherung in all der Zeit nie in Anspruch genommen hat und aufgrund seiner großen ärztlichen Erfahrung ohnehin nicht mehr mit eigenen Fehlern rechnet. Er kündigt daher seine Versicherung unter Einhaltung der gesetzlichen und vertraglichen Kündigungsbestimmungen zum nächstmöglichen Zeitpunkt. Kurz vor Vertragsablauf bekommt er jedoch Bedenken und erkundigt sich bei Rechtsanwältin R, ob sein Vorgehen nicht doch vorschnell war. Was wird ihm die R raten?

Auf § 30 Nr. 4 HeilBerG NRW und § 21 BoÄ-NR wird hingewiesen.

Auszüge aus dem Gesetzestext
§ 30 Nr. 4 HeilBerG NRW

Die Kammerangehörigen, die ihren Beruf ausüben, haben insbesondere die Pflicht, (…)

4. eine Berufshaftpflichtversicherung zur Deckung sich aus ihrer Berufstätigkeit ergebenden Haftpflichtansprüche abzuschließen und während ihrer Berufstätigkeit aufrecht zu erhalten, soweit nicht zur Deckung der Schäden Vorsorge durch eine Betriebshaftpflichtversicherung getroffen ist oder sie nicht nach den Grundsätzen der Amtshaftung von der Haftung freigestellt sind. Das Bestehen des Versicherungsverhältnisses ist der zuständigen Kammer auf Verlangen nachzuweisen. Zuständige Stelle im Sinn von § 117 Absatz 2 VVG (…) ist die jeweilige Kammer.

§ 21 BOÄ-NR

Ärztinnen und Ärzte sind verpflichtet, sich hinreichend gegen Haftpflichtansprüche im Rahmen ihrer beruflichen Tätigkeit zu versichern.

B. Lösung

Der Rechtsrat der R hängt davon ab, ob A zum Abschluss einer Berufshaftpflichtversicherung verpflichtet ist und welche Sanktionen ihm drohen, sollte er über keine Versicherung mehr verfügen.

I. Verpflichtung des A zum Abschluss einer Berufshaftpflichtversicherung

A könnte als approbierter Arzt zum Abschluss einer Berufshaftpflichtversicherung verpflichtet sein. Die normativen Grundlagen der Haftpflichtversicherung ergeben sich allgemein aus den §§ 100 ff. VVG. Dort ist keine Versicherungspflicht für bestimmte Berufe geregelt.

1. Berufsrechtliche Regelung

Allerdings könnte sich eine Verpflichtung zum Abschluss einer Berufshaftpflichtversicherung aus § 21 MBO-Ä ergeben. Hiernach sind Ärzte verpflichtet, sich hinreichend gegen Haftpflichtansprüche im Rahmen ihrer beruflichen Tätigkeit zu versichern. Was „hinreichend" bedeutet, wird nicht konkretisiert,[1] richtet sich vielmehr allgemein nach den drohenden Schäden und dem entsprechend zu leistenden Schadensersatz.

Die bundeseinheitlichen Musterregelungen der MBO-Ä haben indes selbst keinerlei rechtliche Verbindlichkeit.[2] Bei der ärztlichen Versicherungspflicht handelt es sich um eine **Berufsausübungsregelung**, sodass nach Art. 30, 70 GG eine **Gesetzgebungskompetenz der Länder** besteht.[3] Diese haben ihre Kompetenz zum Teil selbst genutzt, zum Teil die Landesärztekammern zum Erlass verbindlicher Berufsordnungen als Satzungsrecht ermächtigt. So folgt für den Bonner Arzt A die standesrechtliche Versicherungspflicht im Ergebnis aus § 30 Nr. 4 HeilBerG NRW sowie § 21 BOÄ-NR.

2. Vertragsarztrechtliche Regelung

Auch das Vertragsarztrecht,[4] mit dem der **Bund** von seiner konkurrierenden Gesetzgebungskompetenz für die **Zulassung von Heilberufen** nach Art. 74 Abs. 1 Nr. 19 GG Gebrauch gemacht hat, sieht eine Pflicht zum Abschluss einer Berufshaftpflichtversicherung vor. Nach **§ 95e Abs. 1 S. 1 SGB V** ist jeder Vertragsarzt verpflichtet, sich ausreichend gegen die sich aus seiner Berufsausübung ergebenden Haftpflichtgefahren zu versichern. Mithin ist A als Vertragsarzt nach dieser bundesgesetzlichen Vorschrift ebenfalls zum Abschluss einer Berufshaftpflichtversicherung verpflichtet. Nach S. 2 ist der Versicherungsschutz dabei „ausreichend", wenn das individuelle Haftungsrisiko des Vertragsarztes versichert ist; die Mindestversicherungssumme nach Abs. 2 – grds. 3 Mio. € pro Versicherungsfall – darf nicht unterschritten werden.

---

[1] Nur eine Mindestversicherungssumme bei einer Pflichtversicherung ist in § 114 Abs. 1 VVG bestimmt.
[2] → § 2, Grundlagen, C. II.
[3] → § 2, Grundlagen, B. II.
[4] Dazu → § 4.

3. Keine Ausnahme von der Versicherungspflicht
Fraglich ist, ob A angesichts seiner langjährigen fehlerfreien Berufsausübung sowie der hohen Versicherungsprämien von der Versicherungspflicht befreit ist. A bringt vor, er habe die Versicherungsleistungen bisher noch nie in Anspruch genommen und auch in Zukunft sei nicht mit einem Versicherungsfall zu rechnen. Eine Ausnahme von der ärztlichen Versicherungspflicht im Einzelfall ist jedoch nicht vorgesehen und auch nicht anzuerkennen angesichts der generell hohe Risikogeneigtheit ärztlicher Tätigkeit und gebotenen Haftungsvorsorge zugunsten der Patienten. Die Versicherungspflicht des A ist demnach nicht ausgeschlossen, auch nicht wegen steigender Versicherungsprämien.

Praxishinweis
Die Haftpflichtversicherer reagieren mit steigenden Versicherungsprämien auf eine kontinuierliche **Zunahme des Schadensaufwands**, insbesondere bei schweren Personenschäden. Gründe für diese Entwicklung sind beständige Ausweitungen des Pflichtenprogramms der Ärzte und Krankenhausträger, zudem Beweiserleichterungen und Beweislastumkehrungen zugunsten der Anspruchsteller. Allgemein erachtet die Rspr. Einbußen in zunehmendem Maße als ersatzfähig und spricht den Geschädigten zugleich immer höhere Beträge zu. So wurden die Schmerzensgeldbeträge von der Rspr. angehoben (maßgeblich für die Entwicklung war u.a. die Entscheidung BGHZ 120, 1 = NJW 1993, 781) und auch materielle Schäden werden in wachsendem Umfang ersetzt (Pflegekosten, Verdienstausfall etc.). Damit werden Dimensionen erreicht, die die **Versicherbarkeit des Heilwesenrisikos** in Frage stellen. Besonders risikoträchtige medizinische Fachrichtungen (etwa die Geburtshilfe) haben Schwierigkeiten, Deckungsschutz zu tragbaren Konditionen zu erlangen (s. dazu *Katzenmeier*, Arzthaftpflicht in der Krise, MedR 2011, 201–216). ◄

II. Mögliche Sanktionen
Zu klären bleibt, welche Sanktionen dem A drohen, wenn er künftig ohne Versicherungsschutz praktizieren würde.

1. Berufsrechtliche Sanktionen
Mögliche berufsrechtliche Sanktionen ergeben sich aus § 6 Abs. 1 Nr. 5 BÄO. Hiernach kann das Ruhen der Approbation angeordnet werden, wenn sich ergibt, dass der Arzt nicht ausreichend gegen die sich aus der Berufsausübung ergebenden Haftpflichtgefahren versichert ist, sofern kraft Landesrechts oder kraft Standesrechts eine Pflicht zur Versicherung besteht.

In § 6 Abs. 1 Nr. 5 BÄO wird eine von der Gesetzgebungskompetenz des Bundes gem. Art. 74 Abs. 1 Nr. 19 GG allein gedeckte Berufszulassungsregelung (das Ruhen der Approbation) an eine dem Landesrecht vorbehaltene Berufsausübungsregelung (den Abschluss einer ausreichenden Haftpflichtversicherung) geknüpft.

Da eine solche Verpflichtung hier besteht (s.o.), kann die für den in Bonn niedergelassenen A zuständige Ärztekammer Nordrhein standesrechtlich das Ruhen seiner Approbation anordnen.

2. Vertragsarztrechtliche Sanktionen

Aus den sozialrechtlichen Regelungen zum Vertragsarztrecht ergeben sich weitere Sanktionen bei einem Verstoß gegen die dort vorgesehene Versicherungspflicht.

So ist der A zunächst gem. § 95e Abs. 3 S. 2 Nr. 2 SGB V dazu verpflichtet, den zuständigen Zulassungsausschuss unverzüglich über die Beendigung seines Versicherungsverhältnisses zu informieren. Spätestens nach Aufforderung durch den Zulassungsausschuss (unter Hinweis auf die drohenden Rechtsfolgen, § 95e Abs. 4 S. 4 SGB V) hat A bis zum Ende des auslaufenden Versicherungsverhältnisses eine neue Versicherungsbescheinigung (vgl. § 113 Abs. 2 VVG) vorzulegen, § 95e Abs. 4 S. 1 u. 3 SGB V. Kommt er dem nicht nach, hat der Zulassungsausschuss das Ruhen der vertragsärztlichen Zulassung mit sofortiger Wirkung zu beschließen,[5] § 95e Abs. 4 S. 2 SGB V. Endet das Ruhen der Zulassung nicht innerhalb von zwei Jahren nach diesem Beschluss, so ist ihm die Zulassung ganz zu entziehen, § 95e Abs. 4 S. 7 SGB V.

Demnach droht dem A nach vertragsarztrechtlichen Vorschriften das Ruhen oder sogar die vollständige Entziehung seiner Zulassung als Vertragsarzt. Er könnte dann nicht länger innerhalb der GKV Leistungen erbringen und abrechnen.

III. Ergebnis

Es besteht sowohl nach berufs- als auch nach vertragsarztrechtlichen Vorschriften die Pflicht des A zum Abschluss einer Berufshaftpflichtversicherung. Bei deren Verletzung drohen dem A das Ruhen seiner Approbation und das Ruhen oder sogar die vollständige Entziehung seiner vertragsärztlichen Zulassung, also äußerst gravierende Sanktionen im Hinblick auf seine berufliche Tätigkeit und sein Einkommen. R wird A deshalb dazu raten, die V-AG um Fortsetzung des wirksam gekündigten Versicherungsvertrags zu bitten oder aber einen neuen Vertrag abzuschließen und dies der Ärztekammer sowie dem Zulassungsausschuss anzuzeigen.

C. Merksätze

- Nach den landes(kammer)rechtlichen Umsetzungen von § 21 MBO-Ä sind Ärzte in Deutschland berufsrechtlich verpflichtet, sich hinreichend gegen Haftpflichtansprüche im Rahmen ihrer beruflichen Tätigkeit zu versichern. Darüber hinaus besteht seit dem Jahr 2021 eine strikte vertragsarztrechtliche Versicherungspflicht, § 95e Abs. 1 S. 1 SGB V.

---

[5] Bei Beendigung eines laufenden Versicherungsverhältnisses spätestens bis zum Ablauf der Nachhaftungsfrist gegenüber Dritten gem. § 117 Abs. 2 VVG. Der Versicherer hat die Beendigung insofern gegenüber dem Zulassungsausschuss als zuständige Stelle i.S.d. Vorschrift anzuzeigen, vgl. auch § 95e Abs. 3 S. 3 SGB V.

- Bei Verstoß gegen die Versicherungspflicht(en) sehen sowohl das Berufsrecht (in § 6 Abs. 1 Nr. 5 BÄO) als auch das Vertragsarztrecht (in § 95e Abs. 4 SGB V) Sanktionen im Hinblick auf die Approbation und die Zulassung des (Vertrags-) Arztes vor.

Fall 2: Schuster bleib bei deinen Leisten – (Prozessuale) Stellung des Arzthaftpflichtversicherers

A. Sachverhalt

Hausarzt A verordnet seiner Patientin P ein falsches Medikament, wodurch diese eine Thrombose im Bein entwickelt und mehrere Wochen im Krankenhaus behandelt werden muss. Nach ihrer Entlassung wendet sich P an Rechtsanwalt R, der sie als Fachanwalt für Verkehrsrecht bereits im Zusammenhang mit ihrem letzten Autounfall sehr erfolgreich vertreten hatte, und erkundigt sich nach Möglichkeiten, gegen den A vorzugehen. R schlägt vor, A auf Zahlung eines angemessenen Schmerzensgeldes in Anspruch zu nehmen, und schickt ein entsprechendes Schreiben an A. A leitet den Brief an seinen Berufshaftpflichtversicherer, die V-AG mit Sitz in Dortmund, weiter, die über ihre Rechtsabteilung die Vorwürfe gegen ihren Versicherungsnehmer entschieden zurückweist. Nach Rücksprache mit seiner Mandantin erhebt R daraufhin Klage vor dem LG Dortmund gegen die V-AG auf Zahlung eines Schmerzensgelds von mind. 10.000 €. Seiner Mandantin hatte R erklärt, dass sich ein Vorgehen gegen A nicht lohne, zumal „das Einkommen eines Vertragsarztes heutzutage auch nicht mehr das ist, was es mal war". In seinen Verkehrsrechtsmandaten würde er i.Ü. auch stets den Haftpflichtversicherer und nicht den eigentlichen Schädiger verklagen.

Wie wird das Gericht entscheiden?

B. Lösung

Das Gericht wird der Klage stattgeben, soweit sie zulässig und begründet ist.

I. Zulässigkeit
1. Ordnungsgemäße Klageerhebung, § 253 ZPO
Die Klage müsste ordnungsgemäß erhoben worden sein. Dafür muss sie den Voraussetzungen des § 253 ZPO genügen. Gem. § 253 Abs. 2 Nr. 2 ZPO müsste ein bestimmter Antrag gestellt werden. Das Leistungsbegehren der P geht aus der Klage klar hervor. Weiterhin wäre jedoch der begehrte Geldbetrag ziffernmäßig anzugeben. Hier hat P mit ihrem Begehren von „mind. 10.000 €" lediglich eine ungefähre Größenordnung angegeben. Fraglich ist, ob dies dem Erfordernis eines bestimmten Klageantrags gem. § 253 Abs. 2 Nr. 2 ZPO genügt.

Bei Schmerzensgeldforderungen gewährt das materielle Recht ausdrücklich einen unbestimmten, vom Gericht zu konkretisierenden Anspruch, vgl. § 253 Abs. 2 BGB („billige Entschädigung"). Daher genügt auch ein nicht genau bezifferter Antrag, sofern die tatsächlichen Grundlagen sowie eine bestimmte Größenordnung des geltend gemachten Betrages benannt werden.[6] P hat mit ihrem Begehren von „mind. 10.000 €" eine Größenordnung angegeben. Der Antrag ist daher hinreichend bestimmt. Die Klageerhebung war ordnungsgemäß.

2. Gerichtsbezogene Sachurteilsvoraussetzungen
Der Rechtsweg zu den ordentlichen Gerichten ist in Zivilsachen gem. § 13 GVG eröffnet. Das LG ist sachlich zuständig, §§ 23 Nr. 1, 71 Abs. 1 GVG.[7] Die V-AG hat ihren allgemeinen Gerichtsstand am Sitz in Dortmund, §§ 12, 17 Abs. 1 S. 1 ZPO, sodass das LG Dortmund örtlich zuständig ist.

3. Parteibezogene Sachurteilsvoraussetzungen
P ist als natürliche Person nach § 50 Abs. 1 ZPO parteifähig und gem. § 52 ZPO prozessfähig. Da sie einen eigenen Anspruch im eigenen Namen geltend macht, ist sie auch prozessführungsbefugt i.S.d. § 51 Abs. 1 ZPO.

Die Prozessführungsbefugnis ist von der Aktiv- und Passivlegitimation zu unterscheiden. Ob die V-AG die richtige Antragsgegnerin ist (Passivlegitimation, s.u.) ist keine Sachurteilsvoraussetzung, sondern eine Frage der Begründetheit der zulässigen Klage.

Die V-AG ist als juristische Person eine Gesellschaft mit eigener Rechtspersönlichkeit, vgl. § 1 Abs. 1 S. 1 AktG. Mithin ist sie gem. § 50 Abs. 1 BGB parteifähig. Die V-AG ist als solche nicht prozessfähig i.S.d. §§ 51 Abs. 1, 52 ZPO. Sie wird durch ihren Vorstand gem. § 78 Abs. 1 S. 1 AktG vertreten.

Die Parteien müssen sich im Verfahren vor dem LG gem. § 78 Abs. 1 S. 1 ZPO durch einen Rechtsanwalt vertreten lassen, sie selbst sind im Anwaltsprozess nicht postulationsfähig.

4. Streitgegenstandsbezogenen Sachurteilsvoraussetzungen
Das Rechtsschutzbedürfnis ist bei Leistungsklagen anzunehmen. Der Streitgegenstand ist nicht anderweitig rechtshängig (§ 261 Abs. 3 Nr. 1 ZPO) und es ist keine bereits ergangene rechtskräftige Entscheidung ersichtlich (§ 322 ZPO).[8]

---

[6] S. bereits → § 11, Fall 1; *Schilken/Brinkmann*, Zivilprozessrecht, 8. Aufl. 2022, § 5 Rn. 57; *Musielak/Voit*, Grundkurs ZPO, 16. Aufl. 2022, Rn. 137 f.

[7] Ab dem 1.1.2026 sollen nach § 71 Abs. 2 Nr. 9 GVG n.F. in „Streitigkeiten aus Heilbehandlungen" die Landgerichte ohne Rücksicht auf den Wert des Streitgegenstandes ausschließlich zuständig sein (Art. 1 des RegE eines Gesetzes zur Änderung des Zuständigkeitsstreitwerts der Amtsgerichte, zum Ausbau der Spezialisierung der Justiz in Zivilsachen sowie zur Änderung weiterer prozessualer Regelungen, BT-Drs. 20/13251).

[8] Beachte insoweit auch die Regelung zur Rechtskrafterstreckung im Verhältnis von Versicherungsnehmer und Versicherer in § 124 VVG.

5. Zwischenergebnis
Die Klage ist zulässig.

II. Begründetheit
Weiterhin müsste die Klage begründet sein. Hierfür müsste der geltend gemachte Anspruch der P auf Zahlung eines Schmerzensgeldes i.H.v. 10.000 € gegen die V-AG bestehen.

1. Anspruch aus § 280 Abs. 1 BGB oder aus § 823 Abs. 1 BGB
Zwischen P und der V-AG besteht keine vertragliche Verbindung. Die V-AG hat auch nicht die Rechtsgüter der P verletzt. Ansprüche aus § 280 Abs. 1 BGB oder § 823 Abs. 1 BGB scheiden daher aus.

2. Anspruch aus § 115 Abs. 1 S. 1 Nr. 1 VVG i. V. m. § 280 Abs. 1 BGB oder § 823 Abs. 1 BGB
Möglicherweise kann P aber einen etwaigen Schadensersatzanspruch aus § 280 Abs. 1 BGB oder § 823 Abs. 1 BGB gegen den behandelnden A auch gegenüber dessen Berufshaftpflichtversicherer, der V-AG, gem. **§ 115 Abs. 1 S. 1 Nr. 1 VVG** durchsetzen (**Direktanspruch**). Hierzu müsste es sich bei der Berufshaftpflichtversicherung um eine Haftpflichtversicherung zur Erfüllung einer nach dem Pflichtversicherungsgesetz bestehenden Versicherungspflicht handeln. Das PflVG ist indes auf die Haftpflichtversicherung des Kfz-Halters zur Deckung der durch den Gebrauch des Fahrzeugs verursachten Personen-, Sach- und sonstigen Vermögensschäden beschränkt (vgl. § 1 PflVG). Die Berufshaftpflichtversicherung des Arztes fällt nicht unter das PflVG, sodass kein Fall des § 115 Abs. 1 S. 1 Nr. 1 VVG gegeben ist.

Die Arzthaftpflichtversicherung ist zwar Pflichtversicherung i.S.d. § 113 Abs. 1 VVG, aber keine Pflichtversicherung i.S.d. PflVG. Anders als bei Unfällen im Straßenverkehr scheidet ein Direktanspruch (frz. „*action directe*") gegen den Haftpflichtversicherer im Arzthaftungsrecht daher von vorn herein aus. Etwas anderes gilt nur bei einer Insolvenz oder bei unbekanntem Aufenthalt des Versicherungsnehmers, § 115 Abs. 1 Nr. 2 u. 3 VVG (*Katzenmeier/Brennecke*, in: Wenzel, Handbuch des Fachanwalts Medizinrecht, 4. Aufl. 2020, Kap. 5 A Rn. 3).

Die V-AG ist somit nicht der richtige Anspruchsgegner. Ihr fehlt die Passivlegitimation.

3. Anspruch aus § 100 VVG
Der in § 100 VVG geregelte Freistellungsanspruch steht nur dem Versicherungsnehmer (A) gegen seinen Versicherer (V-AG) zu. Der Geschädigten P fehlt es insoweit an der Aktivlegitimation, sie kann diesen Anspruch nicht klageweise durchsetzen.

4. Zwischenergebnis
Es besteht kein Anspruch der P gegen die V-AG.

III. Ergebnis
Die Klage ist zwar zulässig, aber unbegründet. Das Gericht wird die Klage abweisen.

Um ihren Anspruch durchzusetzen, muss sich P daher an A halten. Dieser hat dann einen Freistellungsanspruch nach § 100 VVG gegen die V-AG. Da der Versicherer letztlich die Kosten trägt, sollte er in die außergerichtlichen Verhandlungen stets einbezogen werden (der Versicherungsnehmer ist hierzu ohnehin vertraglich verpflichtet). Im Prozess könnte der Versicherer seinem verklagten Versicherungsnehmer als Streithelfer beitreten, § 66 ZPO.

C. Merksatz

- Der geschädigte Patient hat in aller Regel keinen Direktanspruch gegen den Berufshaftpflichtversicherer des behandelnden Arztes. Eine prozessuale Durchsetzung des Schadensersatzbegehrens ist dementsprechend nur gegenüber dem schädigenden Arzt selbst möglich.

Fall 3: Wenn zwei sich streiten – Regressansprüche von Krankenkassen und Krankenversicherern

A. Sachverhalt

Der gesetzlich krankenversicherte P unterzieht sich bei A einer Operation am Herzen. Zwar gelingt der Eingriff, doch vergisst A einen Tupfer in der Operationswunde. Nach nur wenigen Tagen bekommt P zu Hause hohes Fieber und erleidet eine Blutvergiftung. Bei einer Notoperation im nächstgelegenen Krankenhaus B wird der Tupfer entfernt. Die Symptome klingen daraufhin ab. Nach vollständiger Gesundung wendet sich P wegen der nachweislich fehlerhaften Behandlung des A an den hauseigenen Rechtsberatungsservice seiner Krankenkasse K. Diese erfährt dadurch überhaupt erst von der Not-OP und deren Hintergründen. Der Vorgang wird intern weitergeleitet und geprüft. Die Prüfung ergibt (sachlich und rechtlich zutreffend), dass A wegen eines Behandlungsfehlers für die Kosten der Not-OP i.H.v. 8000 € einzustehen hat und P zudem ein Schmerzensgeld i.H.v. 2000 € zusteht.

Kann K, die darauf verweist, dass sie für die Not-OP des P Leistungen zu erbringen habe, die gesamten 10.000 € nun selbst gegenüber A geltend machen?

Abwandlung
P ist nicht gesetzlich krankenversichert, sondern hat eine private Krankheitskostenvollversicherung bei der V-AG abgeschlossen. Die Behandlung durch den A wurde bereits abgerechnet, für die Folgebehandlung im Krankenhaus B hat P aber noch keine Rechnung bei V eingereicht. Was ändert sich an der rechtlichen Beurteilung?

B. Lösung

Ausgangsfall
K könnte gegen A einen Anspruch auf Ersatz der Heilbehandlungskosten i.H.v. 8000 € und Zahlung eines Schmerzensgelds i.H.v. 2000 € haben.

I. Originärer Anspruch der K
Ein eigener vertraglicher Anspruch steht der K mangels Vertragsbeziehung mit A nicht zu. A hat ihr gegenüber auch kein Delikt begangen.

II. Anspruch aus übergegangenem Recht
Allerdings könnte ein etwaiger Anspruch des bei der K versicherten P gegen den A aus §§ 280 Abs. 1, 630a Abs. 1 BGB und aus § 823 Abs. 1 BGB auf die K übergegangen sein, **§ 116 Abs. 1 S. 1 SGB X**.

1. Anspruch des P gegen A
P hat wegen des erlittenen Körperschadens gegen den ihn fehlbehandelnden A einen Anspruch aus §§ 280 Abs. 1, 630a Abs. 1 BGB und aus § 823 Abs. 1 BGB sowohl auf Ersatz der Behandlungskosten als auch auf Zahlung eines angemessenen Schmerzensgeldes.[9] Die Ersatzfähigkeit der bei der Not-OP angefallenen Heilbehandlungskosten ergibt sich aus § 249 Abs. 2 S. 1 BGB, Schmerzensgeld wird nach § 253 Abs. 2 BGB gewährt.

2. Anspruchsübergang auf K
Diese Forderung des P gegen den A könnte nach § 116 Abs. 1 S. 1 SGB X kraft gesetzlicher Anordnung – sog. *cessio legis* – auf die K übergegangen sein.

Der Forderungsübergang kraft Gesetzes ist von dem durch Rechtsgeschäft (Abtretung gem. §§ 398 ff. BGB) zu unterscheiden.

Demnach gehen Schadensersatzansprüche auf den Versicherungsträger über, soweit dieser aufgrund des Schadensereignisses Sozialleistungen zu erbringen hat (Sozialleistungspflicht), die der Behebung eines Schadens der gleichen Art dienen und sich auf denselben Zeitraum wie der vom Schädiger zu leistende Schadensersatz beziehen (Kongruenz).

Der Anspruchsübergang auf den Sozialversicherungsträger erfolgt bereits im Zeitpunkt des Schadenseintritts. Dabei genügt die Möglichkeit, dass der Leistungsträger dem Geschädigten künftig Leistungen zu erbringen haben wird. Die Entstehung einer Leistungspflicht darf mithin nicht völlig unwahrscheinlich, also geradezu ausgeschlossen sein.[10]

---

[9] Zur Entstehung dieses Anspruchs vgl. → § 9, Fall 1, Frage 1.
[10] BGHZ 48, 181 (186) = NJW 1967, 2199 (2201).

a. Heilbehandlungskosten

Aufgrund des Behandlungsfehlers des A hat K als gesetzlicher Krankenversicherer die Heilbehandlungskosten der Not-OP des P zu tragen. Diese dienen der Behebung desselben Schadens und beziehen sich auf denselben Zeitraum wie der vom Schädiger A zu leistende Schadensersatz.[11]

> **Merke**
> Der Schädiger soll durch die Leistungen des Vorsorgeträgers an den Geschädigten, die dessen Schaden mindern, nicht entlastet werden. Vielmehr ist er stattdessen dem Regress des Vorsorgeträgers ausgesetzt, auf den die Forderung kraft Gesetzes übergeht.

Der Anspruch des P gegen A aus §§ 280 Abs. 1, 630a Abs. 1 BGB und aus § 823 Abs. 1 BGB auf Ersatz der Heilbehandlungskosten ist somit kraft Gesetzes (§ 116 Abs. 1 S. 1 SGB X) auf die K übergegangen.

b. Schmerzensgeld

Immaterieller Schaden wird nicht durch die Leistungen der K gedeckt, sodass der Anspruch diesbezüglich auch nicht kraft Gesetzes auf die K übergehen konnte. Die Vorsorgeträger gewähren kein Schmerzensgeld, weshalb Patienten dieses stets selbst gegenüber dem fehlerhaft behandelten Arzt einfordern müssen.

> **Praxishinweis**
>
> Gem. § 66 S. 1 SGB V sollen die Krankenkassen ihre Versicherten bei der Verfolgung von Schadensersatzansprüchen, die bei der Inanspruchnahme von Versicherungsleistungen aus Behandlungsfehlern entstanden sind und nicht nach § 116 Abs. 1 S. 1 SGB X auf die Krankenkassen übergehen, unterstützen (→ § 11, Grundlagen, B. II. 3.; näher *Katzenmeier/Jansen*, NZS 2017, 761). In der PKV können entsprechende Leistungen vereinbart werden (§ 192 Abs. 3 Nr. 4 VVG). ◄

III. Ergebnis

Mithin hat K gegen A nur hinsichtlich des Ersatzes der Heilbehandlungskosten i.H.v. 8000 € einen Anspruch aus §§ 280 Abs. 1, 630a Abs. 1 BGB und aus § 823 Abs. 1 BGB, jeweils i.V.m. § 116 Abs. 1 S. 1 SGB X. Der Anspruch des P auf Schmerzensgeld i.H.v. 2000 € geht hingegen nicht auf K über.

> **Beachte**
> Soweit Vorsorgeträger Leistungen an Geschädigte erbringen, regrediert das Haftungsrecht zu einem „Recht der Regressvoraussetzungen", oder – da der Schädiger seinerseits haftpflichtversichert ist – gar zu einem „Recht der

---

[11] Vgl. allg. BGH NJW 1991, 1546.

> Schadensletztverteilung zwischen konkurrierenden Kollektiven". Faktisch erfolgt die Schadensregulierung insoweit zwischen dem Vorsorgeträger und dem Haftpflichtversicherer des behandelnden Arztes. Zwischen ihnen ist meist nicht nur der eine, sondern es sind viele Einzelfälle zu regulieren. Dabei ist der Aufwand an Zeit und Geld zur Klärung der Haftungsfrage in den meisten Fällen beträchtlich. Wegen des gemeinsamen Interesses von Vorsorgeträgern und Haftpflichtversicherern an einer Reduzierung dieses Verwaltungsaufwands werden Regresse teils nicht mehr auf Einzelfallbasis, stattdessen auf der Basis von **Regressverzichts- und Schadensteilungsabkommen** abgewickelt (vgl. *Katzenmeier*, Überlagerungen des Schadensrechts durch das Versicherungsrecht, VersR 2002, 1449–1456).

Abwandlung
V könnte gegen A einen Anspruch auf Ersatz der Heilbehandlungskosten i.H.v. 8000 € sowie Zahlung eines Schmerzensgelds i.H.v. 2000 € haben.

I. Anspruch des P gegen A
P hat gegen A sowohl einen Anspruch auf Ersatz der Behandlungskosten als auch auf Schmerzensgeld aus §§ 280 Abs. 1, 630a Abs. 1 BGB und aus § 823 Abs. 1 BGB (s.o.).

II. Anspruchsübergang auf V
Diese Forderung des P gegen den A könnte nach **§§ 86 Abs. 1 S. 1, 194 Abs. 1 S. 1 VVG** kraft gesetzlicher Anordnung auf die V übergegangen sein. Steht dem Versicherungsnehmer ein Ersatzanspruch gegen einen Dritten zu, geht dieser Anspruch auf den Versicherer über, soweit der Versicherer den Schaden ersetzt.[12]

1. Schmerzensgeld
Der Nichtvermögensschaden wird auch nicht durch die Leistungen der privaten Krankenversicherung gedeckt, sodass der Anspruch diesbezüglich schon aus diesem Grunde nicht kraft Gesetzes auf die V übergehen kann.

2. Heilbehandlungskosten
Es könnte aber der materielle Schadensersatzanspruch des P gegen A auf Ersatz der bei der Notoperation durch D entstandenen Heilbehandlungskosten auf die V übergegangen sein.

Der Ersatz der Behandlungskosten gegenüber P ist zwar grds. vollumfänglich von den in einer Krankheitskostenvollversicherung zu erbringenden Leistungen der V gedeckt. Allerdings müsste die V diesen dem P entstandenen Schaden bereits ersetzt haben, damit dessen Schadensersatzanspruch gegen A auf den Versicherer

---
[12] I.Ü. ist auch im Beamtenrecht ein gesetzlicher Forderungsübergang auf den jeweils Beihilfeleistungen erbringenden Dienstherrn vorgesehen, s. etwa § 76 BBG für Bundesbeamte.

übergeht, § 86 Abs. 1 S. 1 VVG.[13] P hat noch keine Rechnung zu der Not-OP bei der V eingereicht und somit auch noch keine Versicherungsleistungen erhalten. Mithin ist der Anspruch bislang nicht übergegangen.

> **Praxishinweis**
>
> Im Gegensatz zu § 116 Abs. 1 S. 1 SGB X im Kontext der GKV (dazu der Ausgangsfall) erfordert § 86 Abs. 1 S. 1 VVG im Rahmen der PKV, dass der Versicherer tatsächlich Leistungen erbracht hat. Der Anspruchsübergang gem. § 86 Abs. 1 S. 1 VVG erfolgt mithin erst im **Zeitpunkt der Leistung** und nicht – wie bei § 116 Abs. 1 S. 1 SGB X – bereits im **Zeitpunkt des Schadenseintritts**. Den öffentlich-rechtlichen Krankenkassen wird insofern ein höheres Vertrauen hinsichtlich der Geltendmachung von Regressansprüchen entgegengebracht. ◄

III. Ergebnis

Mithin hat die V gegen A aktuell keine Regressansprüche. Sobald sie P jedoch den Schaden ersetzt, geht die Ersatzforderung hinsichtlich der Behandlungskosten i.H.v. 8000 € kraft Gesetzes auf sie über.

C. Merksätze

- § 116 Abs. 1 S. 1 SGB X (GKV) und § 86 Abs. 1 S. 1 VVG (PKV) regeln die Regressansprüche von Krankenkassen und Krankenversicherern gegen die Schädiger ihrer Versicherten. Die Schadensersatzansprüche gehen kraft Gesetzes auf sie über (*cessio legis*).
- Im Gegensatz zu § 86 Abs. 1 S. 1 VVG in der PKV fordert § 116 Abs. 1 S. 1 SGB X in der GKV nicht, dass der Versicherer bereits Leistungen erbracht hat, bevor Ansprüche des Versicherten auf ihn übergehen. Es genügt die bestehende Leistungspflicht.
- Der immaterielle Schaden (Schmerzensgeld) wird weder durch die Leistungen der GKV noch der PKV gedeckt, sodass der diesbezügliche Anspruch nicht auf den Versicherer übergeht.

Fall 4: Wie gewonnen, so zerronnen – Kostenerstattung und Bereicherungsrecht

A. Sachverhalt

Arzt A stellt seinem privat krankenversicherten Patienten P die Kosten einer umfangreichen Behandlung in Rechnung. P überweist den Betrag, ohne ihn weiter zu hinterfragen, und reicht die Rechnung bei seinem Krankenversicherer, der V-AG,

---

[13] Dazu etwa *Armbrüster*, in: Prölss/Martin, VVG, 31. Aufl. 2021, § 86 Rn. 32 m.w.N.

Fall 4: Wie gewonnen, so zerronnen – Kostenerstattung und Bereicherungsrecht

ein. Unter Verweis auf die hohe Summe (10.000 €) und seine angespannte Finanzsituation bittet P dabei um unverzügliche Kostenerstattung. Dem kommt die Leistungsabteilung der V-AG aus Kulanz gegenüber ihrem langjährigen Versicherungsnehmer nach. Die anschließende Leistungsprüfung durch die zuständige Fachabteilung ergibt aber, dass A einige Leistungspositionen zu Unrecht abgerechnet hat. Kann die V-AG die zu viel erstattete Summe (1000 €) unmittelbar von A zurückverlangen?

B. Lösung

I. Originärer Anspruch der V
1. § 812 Abs. 1 S. 1 Alt. 1 BGB
V könnte gegen A einen Anspruch auf Zahlung von 1000 € aus § 812 Abs. 1 S. 1 Alt. 1 BGB haben.

a. Etwas erlangt
A müsste etwas erlangt haben. Erfasst sind jedenfalls alle vermögenswerten Vorteile. A hat infolge der Lastschriftzahlung eine Gutschrift von 10.000 € auf seinem Konto erlangt.

b. Durch Leistung
Diese Vermögensvorteile müsste A durch Leistung der V erlangt haben. Darunter ist die bewusste und zweckgerichtete Mehrung fremden Vermögens zu verstehen. Nach dem maßgeblichen Empfängerhorizont ist in der Zahlung der V an A indes eine Leistung **des P** an A (und V an P) zu sehen. Die V hat demnach nicht an A geleistet.

c. Zwischenergebnis
Ein Anspruch der V gegen A aus § 812 Abs. 1 S. 1 Alt. 1 BGB scheidet somit aus.

2. § 812 Abs. 1 S. 1 Alt. 2 BGB
V könnte jedoch einen Anspruch gegen A aus § 812 Abs. 1 S. 1 Alt. 2 BGB haben. Dann müsste A die Kontogutschrift in sonstiger Weise, d. h. nicht durch Leistung erlangt haben. V hat nicht an A geleistet. Allerdings darf auch sonst von keiner Seite geleistet worden sein (Subsidiarität der Nichtleistungskondiktion). Hier hat jedoch P an A geleistet, indem er bewusst und zum Zwecke der Begleichung einer (vermeintlich) bestehenden Verbindlichkeit den Rechnungsbetrag an A gezahlt hat. Insofern gilt der Vorrang der Leistungsverhältnisse (Leistung P an A schließt Nichtleistungskondiktion V gegen A aus). Mithin besteht kein Anspruch der V gegen A aus § 812 Abs. 1 S. 1 Alt. 2 BGB.

II. Anspruch der V aus übergegangenem Recht
Es könnte aber ein bereicherungsrechtlicher Anspruch des P gegen A auf die V übergegangen sein. Steht dem Versicherungsnehmer einer privaten Krankheitskostenvollversicherung ein Anspruch auf Rückzahlung ohne rechtlichen Grund gezahlter Entgelte gegen den Erbringer von Leistungen zu, für die der Versicherer aus dem Versicherungsvertrag Erstattungsleistungen erbringt, geht der Anspruch auf den Versicherer über, **§ 194 Abs. 2 i.V.m. § 86 Abs. 1 S. 1 VVG**.

1. Bereicherungsrechtlicher Anspruch des P gegen A
P müsste gegen A einen bereicherungsrechtlichen Anspruch haben. Dieser könnte sich aus § 812 Abs. 1 S. 1 Alt. 1 BGB ergeben.

a. Etwas durch Leistung erlangt
A hat die Kontogutschrift durch Leistung des P erlangt (s.o.).

b. Ohne Rechtsgrund
Es dürfte kein Rechtsgrund für das Behaltendürfen der Leistung bestehen. Ein solcher Rechtsgrund könnte hier in dem zwischen P und A bestehenden Behandlungsvertrag (§ 630a Abs. 1 BGB) zu sehen sein. Dieser Vertrag bietet indes nur einen Rechtsgrund für Leistungen, die wie vereinbart erbracht und zutreffend abgerechnet worden sind.[14] Bzgl. der zu Unrecht abgerechneten Posten, die sich auf 1000 € belaufen, liegt mithin kein Rechtsgrund vor.

c. Kein Ausschluss
P hatte keine positive Kenntnis der Nichtschuld, er hat sich keinerlei Gedanken über die Rechnungshöhe gemacht. Ein Anspruchsausschluss gem. § 814 Alt. 1 BGB kommt daher nicht in Betracht.

d. Zwischenergebnis
P hat gegen A somit einen Anspruch gem. § 812 Abs. 1 S. 1 Alt. 1 BGB auf Rückzahlung von 1000 €.

2. Anspruchsübergang auf V-AG
Diese Forderung des P gegen den A könnte nach § 194 Abs. 2 VVG i.V.m. § 86 Abs. 1 S. 1 VVG kraft gesetzlicher Anordnung auf die V übergegangen sein. Der Anspruch des P geht hiernach auf die V über, wenn sie aufgrund des Versicherungsvertrags entsprechende Erstattungsleistungen erbracht hat. Die V hat dem P aufgrund des zwischen ihnen bestehenden Versicherungsvertrags diejenigen Kosten erstattet, die ihm dadurch entstanden sind, dass er den A als Erbringer der Behandlungsleistung vergütet hat. Somit geht der bereicherungsrechtliche Anspruch des P gegen A im Wege der *cessio legis* auf die V über.

---

[14] Mangels ausdrücklicher Honorarvereinbarungen ist dabei in der Praxis über §§ 630b, 612 BGB vor allem die Gebührenordnung für Ärzte (GOÄ) maßgeblich, dazu → § 6, Fall 1.

III. Ergebnis

Die V hat gegen A einen Anspruch auf Rückzahlung von 1000 € aus § 812 Abs. 1 S. 1 Alt. 1 BGB i.V.m. § 194 Abs. 2 VVG i.V.m. § 86 Abs. 1 S. 1 VVG.

Bei der GKV ist eine entsprechende Regelung wegen des dort geltenden Sachleistungsprinzips und der Besonderheiten des GKV-Vierecks (s. → § 4, Grundlagen, C.) nicht erforderlich.

C. Merksätze

- Dem privaten Krankenversicherer steht bei ohne Rechtsgrund gezahlten Entgelten kein eigener Bereicherungsanspruch gegen den Arzt zu.
- § 194 Abs. 2 VVG sieht für den Fall einen gesetzlichen Forderungsübergang bzgl. bereicherungsrechtlicher Ansprüche des Patienten auf Rückzahlung vor, sodass diese auf den privaten Krankenversicherer übergehen.
- In der gesetzlichen Krankenversicherung ist eine entsprechende Regelung entbehrlich.

Fall 5: Nikolaus komm auch in unser Haus – Anspruch auf Krankenbehandlung in der GKV; allgemeine Leistungsmaßstäbe und Sonderkonstellation lebensbedrohlicher Erkrankungen

In Anlehnung an BVerfGE 115, 25

A. Sachverhalt

V ist bei der K-Krankenkasse gesetzlich krankenversichert. Er leidet an der Duchenne'schen Muskeldystrophie (DMD). Dabei handelt es sich um eine Muskelerkrankung, die durch einen pathologischen Umbau des Gewebes mit erheblichen Funktionsstörungen gekennzeichnet ist. Der Gesundheitszustand des Betroffenen verschlechtert sich zusehends. Es kommt mit der Zeit u.a. zum Verlust der Gehfähigkeit, Ateminsuffizienz sowie Herzmuskelerkrankungen. Die Lebenserwartung ist stark begrenzt. Eine wissenschaftlich anerkannte Therapie, die eine Heilung oder nachhaltige Verzögerung des Krankheitsverlaufs bewirken kann, existiert nicht. Üblicherweise können nur die einzelnen Symptome behandelt werden.

V, der in seiner Beweglichkeit bereits sehr eingeschränkt ist und kaum noch gehen kann, erfährt über das Internet, dass Ärztin A, die über die Zulassung zur vertragsärztlichen Versorgung verfügt, in ihrer Praxis eine neuartige Zelltherapie (im Folgenden: „NZT") anbietet, die in der Lage sein soll, die Gewebeveränderungen durch DMD aufzuhalten oder jedenfalls stark zu verlangsamen. Das NZT-Verfahren hat bisher nicht Eingang in den Leistungskatalog der GKV gefunden, insbesondere hat der G-BA es noch nicht für die vertragsärztliche Versorgung empfohlen. In der wissenschaftlichen Fachliteratur ist die Wirksamkeit des NZT-Verfahrens umstritten. Randomisierte, kontrollierte Studien dazu existieren nicht, jedoch gibt es einige positive Fallberichte aus der klinischen Praxis. Zahlreiche anerkannte DMD-Experten bieten das Verfahren bereits an und erzielen erste Behandlungserfolge.

Nach einigen Voruntersuchungen hält A eine Behandlung des V mit dem NZT-Verfahren für vielversprechend. V, der jederzeit mit einer Verschlechterung seines Gesundheitszustands rechnet, die hohen Kosten der Behandlung (ca. 1 Mio. €) aber nicht selbst tragen kann, erkundigt sich zunächst bei K, ob diese ihm die Behandlung durch A ermöglichen kann.

Hat V gegen K einen Anspruch auf Behandlung mit dem NZT-Verfahren?

B. Lösung

I. Anspruch V gegen K aus § 27 Abs. 1 S. 1 SGB V
V könnte gegen K einen Anspruch auf Behandlung mit dem NZT-Verfahren aus § 27 Abs. 1 S. 1 SGB V (i.V.m. § 11 Abs. 1 Nr. 4 SGB V) haben.

> **Beachte**
> Die Prüfung eines Leistungsanspruchs des Versicherten gegen die Krankenkasse ist unmittelbare Folge des **Sachleistungsprinzips** (→ § 4, Grundlagen, A.). Bei unrechtmäßiger Ablehnung und anschließender Selbstbeschaffung kommt ausnahmsweise ein Anspruch auf Erstattung der entstandenen Kosten nach § 13 Abs. 3 SGB V in Betracht.

Gem. § 27 Abs. 1 S. 1 SGB V haben Versicherte Anspruch auf Krankenbehandlung, wenn sie notwendig ist, um eine Krankheit zu erkennen, zu heilen, ihre Verschlimmerung zu verhüten oder Krankheitsbeschwerden zu lindern. Nach § 27 Abs. 1 S. 2 Nr. 1 SGB V umfasst die Krankenbehandlung insbesondere die ärztliche Behandlung. Nach § 28 Abs. 1 S. 1 SGB V ist darunter jede Tätigkeit des Arztes, die zur Behandlung von Krankheiten nach den Regeln der ärztlichen Kunst ausreichend und zweckmäßig ist, zu verstehen.

Krankheit i.S.d. SGB V ist dabei jeder regelwidrige Körper- oder Geisteszustand, dessen Eintritt die Notwendigkeit von Heilbehandlung (oder Arbeitsunfähigkeit) zur Folge hat.[15] DMD stellt einen solchen behandlungsbedürftigen Körperzustand dar.

Zudem müsste die von V begehrte Behandlung den **allgemeinen Anforderungen an die Leistungen der Krankenkassen** genügen, wie sie in den §§ 27, 28 SGB V („notwendig", „ausreichend und zweckmäßig") letztlich nur in Bezug genommen werden:

---
[15] St. Rspr., vgl. BSGE 123, 144 (148 ff.).

- Qualität und Wirksamkeit der Leistungen haben dem allgemein anerkannten Stand der medizinischen Erkenntnisse zu entsprechen und den medizinischen Fortschritt zu berücksichtigen (§ 2 Abs. 1 S. 3 SGB V, sog. **Qualitätsgebot**).
- Die Leistungen müssen ausreichend, zweckmäßig und wirtschaftlich sein; sie dürfen das Maß des Notwendigen nicht überschreiten (§ 12 Abs. 1 S. 1 SGB V, sog. **Wirtschaftlichkeitsgebot**).[16]

In der vertragsärztlichen Versorgung gesetzlich krankenversicherter Patienten besteht allerdings die Besonderheit, dass Qualität und Wirtschaftlichkeit von Leistungen nicht im Einzelfall von den Krankenkassen (und im Streitfall von den Sozialgerichten) beurteilt werden. Vielmehr werden die **Rahmenrechte des Leistungsrechts** (§§ 11 ff. SGB V) maßgeblich durch die Regelungen des **Leistungserbringungsrechts** (§§ 69 ff. SGB V) und die auf ihrer Basis entstandene **untergesetzliche Rechtsetzung konkretisiert**.[17] Der einzelne Vertragsarzt muss diese seiner Behandlungsentscheidung im Rahmen des GKV-Systems zugrunde legen.

Der Versicherte kann daher grds. nur Leistungen in Anspruch nehmen, die bereits im einheitlichen Bewertungsmaßstab für ärztliche Leistungen (EBM)[18] enthalten sind. Der im Rahmen der Selbstverwaltung von Krankenkassen und Leistungserbringern vereinbarte EBM bestimmt den Inhalt der abrechnungsfähigen Leistungen und ihr wertmäßiges, in Punkten ausgedrücktes Verhältnis zueinander (§ 87 Abs. 1 S. 1, Abs. 2 S. 1 SGB V). Das NZT-Verfahren als neue Behandlungsmethode hat noch keinen Eingang in diesen Leistungskatalog gefunden.

Für neue, noch nicht im EBM enthaltene Untersuchungs- und Behandlungsmethoden gilt gem. § 135 Abs. 1 S. 1 SGB V ein **Verbot mit Erlaubnisvorbehalt**.[19] Sie dürfen in der vertragsärztlichen Versorgung zulasten der Krankenkassen nur erbracht werden, wenn der **G-BA** dies rechtsverbindlich in einer **Richtlinie** (§ 92 SGB V) empfohlen hat. In Ausfüllung allgemeiner Qualitätsanforderungen (s.o.) hat der G-BA die Methodenbewertungsverfahren dabei an der Wissenschaftsmethodik der modernen evidenzbasierten Medizin (EbM)[20] ausgerichtet.[21]

Im Hinblick auf das neuartige NZT-Verfahren hat der G-BA, nicht zuletzt in Anbetracht der unzureichenden wissenschaftlichen Studienlage, noch keine Empfehlung aussprechen können. Aus diesem Grunde ist eine Anwendung und Abrechnung jedenfalls im Rahmen der vertragsärztlichen Versorgung nicht zulässig.

---

[16] Zu den einzelnen Kriterien *Greiner/Benedix*, SGb 2013, 1 ff.
[17] Statt vieler BSGE 81, 54 (61). Zu den Rechtsverhältnissen im vertragsarztrechtlichen GKV-Viereck → § 4, Grundlagen, C.
[18] Die Abkürzung (EBM) ist in diesem Kontext nicht zu verwechseln mit EbM (evidenzbasierte Medizin, s.u.).
[19] S. nur BSGE 81, 73 (76). Im Krankenhaus gilt hingegen eine Erlaubnis mit Verbotsvorbehalt, § 137c SGB V.
[20] Aktuelle Informationen zur EbM in Deutschland unter www.cochrane.de.
[21] Ausführlich *Hart*, MedR 2000, 1 ff.; *Ertl*, NZS 2016, 889 ff.; zum Ganzen auch *Jansen*, JA 2025, i. Ersch.

V hat gegen K mithin keinen Anspruch auf die NZT-Behandlung aus § 27 Abs. 1 S. 1 SGB V.

II. Anspruch V gegen K aus § 2 Abs. 1a S. 1 SGB V

Ein Leistungsanspruch könnte sich jedoch aus § 2 Abs. 1a S. 1 SGB V ergeben.

Hintergrund
In § 2 SGB V wurde Absatz 1a als Reaktion auf den **„Nikolaus-Beschluss" des BVerfG** eingefügt (Beschl. v. 6.12.2005 – 1 BvR 347/98 = BVerfGE 115, 25 = NJW 2006, 891 = MedR 2006, 164; den Namen erhielt die Entscheidung durch *Kingreen* NJW 2006, 877 (880)). Das BVerfG hat darin entschieden, dass es ist mit den Grundrechten aus Art. 2 Abs. 1 GG (allgemeine Handlungsfreiheit) i.V.m. dem Sozialstaatsprinzip (Art. 20 Abs. 1, 28 Abs. 1 S. 1 GG) und aus Art. 2 Abs. 2 S. 1 GG (Leben und körperliche Unversehrtheit) nicht vereinbar ist, einen gesetzlich Krankenversicherten, für dessen lebensbedrohliche oder regelmäßig tödliche Erkrankung eine allgemein anerkannte, medizinischem Standard entsprechende Behandlung nicht zur Verfügung steht, von der Leistung einer von ihm gewählten, ärztlich angewandten Behandlungsmethode auszuschließen, wenn eine nicht ganz entfernt liegende Aussicht auf Heilung oder auf eine spürbare positive Einwirkung auf den Krankheitsverlauf besteht.

Gem. § 2 Abs. 1a S. 1 SGB V können Versicherte mit einer **lebensbedrohlichen oder regelmäßig tödlichen Erkrankung oder mit einer zumindest wertungsmäßig vergleichbaren Erkrankung**, für die eine **allgemein anerkannte, dem medizinischen Standard entsprechende Leistung nicht zur Verfügung** steht, auch eine von § 2 Abs. 1 S. 3 SGB V (s.o.) abweichende Leistung beanspruchen, wenn eine **nicht ganz entfernt liegende Aussicht auf Heilung oder auf eine spürbare positive Einwirkung auf den Krankheitsverlauf** besteht.

DMD ist eine lebensbedrohliche, regelmäßig tödlich verlaufende degenerative Muskelerkrankung. Für sie steht eine allgemein anerkannte, dem medizinischen Standard entsprechende Behandlung nach aktuellem Stand der Wissenschaft nicht zur Verfügung. Das NZT-Verfahren ist in diesem Sinne noch nicht hinreichend erprobt und bewährt.

Das NZT-Verfahren könnte jedoch Gegenstand des grundrechtsorientiert ausgelegten Leistungsanspruchs sein, soweit es in dieser notstandsähnlichen Extremsituation zumindest eine nicht ganz entfernt liegende Aussicht auf Heilung oder auf eine spürbare positive Einwirkung auf den Krankheitsverlauf verspricht. Die anzuwendende Methode muss im Allgemeinen wie auch im konkreten Fall überwiegend positive Wirkungen haben. Insofern gelten herabgesetzte, aber weiterhin wissenschaftliche Maßstäbe.[22]

---

[22] *Scholz*, in Becker/Kingreen, SGB V, § 2 Rn. 9 m.w.N. Die Entscheidung BVerfGE 115, 25 = NJW 2006, 891 = MedR 2006, 164 erging zu einer „Bioresonanztherapie".

Das NZT-Verfahren ist wissenschaftlich umstritten. Hochwertige Studien belegen seine Wirksamkeit nicht, jedoch kann auf Fallberichte und Expertenmeinungen als niedrigere Evidenzklassen verwiesen werden. Die zu Rate gezogene Ärztin hält auf der Grundlage erster Untersuchungen eine Behandlung des V für vielversprechend. Demnach besteht eine nicht ganz entfernt liegende Aussicht auf eine spürbare positive Einwirkung auf den Krankheitsverlauf.

Anmerkung: Gerade dieser Punkt wird im Streitfall regelmäßig Gegenstand einer einzelfallbezogenen sozialgerichtlichen Beweisaufnahme sein.

V hat gegen K folglich einen Anspruch auf die NZT-Behandlung aus § 2 Abs. 1a S. 1 SGB V.

C. Merksätze

- GKV-Versicherte haben gegenüber ihrer Krankenkasse nach dem Sachleistungsprinzip Anspruch auf die in § 11 SGB V genannten Leistungsarten, u.a. Leistungen zur Behandlung einer Krankheit nach § 27 ff. SGB V. Alle Leistungen müssen dem Qualitätsgebot des § 2 Abs. 1 S. 3 SGB V sowie dem Wirtschaftlichkeitsgebot des § 12 SGB V entsprechen.
- Die Rahmenrechte des Leistungsrechts (§§ 11 ff. SGB V) werden dabei durch die Regelungen und untergesetzliche Rechtsetzung des Leistungserbringungsrechts (§§ 69 ff. SGB V) konkretisiert. In der vertragsärztlichen Versorgung dürfen neue Untersuchungs- und Behandlungsmethoden insofern nur nach Empfehlung des G-BA zulasten der Krankenkassen erbracht werden (Verbot mit Erlaubnisvorbehalt, § 135 Abs. 1 S. 1 SGB V).
- Eine verfassungsrechtlich gebotene Sonderregelung bei lebensbedrohlichen oder regelmäßig tödlichen Erkrankungen enthält § 2 Abs. 1a S. 1 SGB V. Steht hier keine allgemein anerkannte, dem medizinischen Standard entsprechende Leistung zur Verfügung, kann auch eine abweichende Leistung beansprucht werden, wenn eine nicht ganz entfernt liegende Aussicht auf Heilung oder auf eine spürbare positive Einwirkung auf den Krankheitsverlauf besteht.

Wiederholungsfragen

▶ Ist es Ärzten gestattet, ohne eine Berufshaftpflichtversicherung zu praktizieren?

Nein, Ärzte sind zum Abschluss einer Berufshaftpflichtversicherung verpflichtet. Diese Verpflichtung ist zum einen in der berufsrechtlichen Vorschrift des § 21 MBO-Ä festgehalten, die durch Umsetzung in landesrechtlichen Regelungen wie etwa § 30 Nr. 4 HeilBerG NRW oder § 21 BOÄ-NR rechtliche Verbindlichkeit erlangt. Zum anderen sind Ärzte seit dem Jahr 2021 auch vertragsarztrechtlich verpflichtet, eine Berufshaftpflichtversicherung abzuschließen, § 95e Abs. 1 S. 1 SGB V.

▶ Wie wird der ärztlichen Versicherungspflicht in Krankenhäusern nachgekommen?

Bei Krankenhäusern ist es üblich, dass der Krankenhausträger eine Betriebshaftpflichtversicherung für das gesamte Personal abschließt, die alle Schäden aus der Erfüllung von Dienstaufgaben abdeckt.

▶ Welche Sanktionen drohen bei einem Verstoß gegen die ärztliche Versicherungspflicht?

Bei fehlender oder unzureichender Haftpflichtversicherung sehen sowohl das Berufs- als auch das Vertragsarztrecht Sanktionen vor. Als berufsrechtliche Sanktion bei fehlender Versicherung droht gem. § 6 Abs. 1 Nr. 5 BÄO das Ruhen der Approbation. Vertragsarztrechtlich hat der Zulassungsausschuss gem. § 95e Abs. 4 S. 2 SGB V das Ruhen der vertragsarztrechtlichen Zulassung anzuordnen, sofern der Arzt auch nach Aufforderung das Bestehen eines ausreichenden Berufshaftpflichtversicherungsschutzes nicht nachweist. Nach einiger Zeit ist dann die Zulassung ganz zu entziehen, § 95e Abs. 4 S. 7 SGB V.

▶ Kann der Patient bei einem ärztlichen Fehler auch den Berufshaftpflichtversicherer des behandelnden Arztes in Anspruch nehmen, anstatt gegen den Arzt selbst vorzugehen?

Nein, ein solches Vorgehen ist grds. nicht möglich. Ein Direktanspruch des Geschädigten gegen den Haftpflichtversicherer des Schädigers ist in § 115 Abs. 1 S. 1 Nr. 1 VVG etwa für den Bereich der Verkehrsunfälle vorgesehen. Da es sich bei der Arzthaftpflichtversicherung zwar um eine Pflichtversicherung i.S.d. § 113 Abs. 1 VVG, nicht aber um eine Pflichtversicherung i.S.d. PflVG handelt, besteht hier kein Direktanspruch.

▶ Inwiefern unterscheiden sich die Regelungen zum gesetzlichen Forderungsübergang in § 116 Abs. 1 S. 1 SGB X sowie in § 86 Abs. 1 S. 1 VVG?

Der gesetzliche Übergang von Forderungen des GKV-Patienten auf seine Krankenkasse richtet sich nach § 116 Abs. 1 S. 1 SGB X. Zu beachten ist, dass der Forderungsübergang bei bestehender Leistungspflicht bereits im Zeitpunkt des Schadenseintritts erfolgt, die Krankenkasse also noch keine Leistungen an den versicherten Patienten erbracht haben muss.

Im Bereich der PKV richtet sich der gesetzliche Forderungsübergang nach § 86 Abs. 1 S. 1 VVG. Damit es zum Forderungsübergang kommt, ist hier erforderlich, dass der Krankenversicherer bereits Leistungen gegenüber dem Patienten erbracht hat. Der Forderungsübergang findet also nicht schon im Zeitpunkt des Schadenseintritts statt.

▶ Gehen auch etwaige Ansprüche des Patienten gegen seinen behandelnden Arzt auf Ersatz immaterieller Schäden im Wege der *cessio legis* auf den jeweiligen Vorsorgeträger über?

Nein, da der immaterielle Schaden weder durch die Leistungen der gesetzlichen noch der privaten Krankenversicherung gedeckt wird, kann es diesbezüglich nicht zu einer cessio legis auf den Vorsorgeträger kommen. Da die Vorsorgeträger kein Schmerzensgeld gewähren, muss sich der Patient insoweit selbst an den Schadensverantwortlichen halten.

▶ Ist der GKV-Patient bei der Durchsetzung von Schmerzensgeldansprüchen gegen seinen Arzt auf sich gestellt?

Nein, gem. § 66 S. 1 SGB V sollen die Krankenkassen ihre Versicherten bei der Verfolgung von Schadensersatzansprüchen, die bei der Inanspruchnahme von Versicherungsleistungen aus Behandlungsfehlern entstanden sind und nicht nach § 116 Abs. 1 S. 1 SGB X auf den Vorsorgeträger übergehen, unterstützen.

▶ Stehen dem privaten Krankenversicherer Ansprüche gegen den behandelnden Arzt zu, sofern dieser zu Unrecht Leistungen in Rechnung gestellt hat?

Ja, dem privaten Krankenversicherer steht ein solcher Anspruch aus übergegangenem Recht zu, sofern er aufgrund des Versicherungsvertrags gegenüber dem Versicherungsnehmer entsprechende Erstattungsleistungen erbracht hat. Die Regelung des § 194 Abs. 2 i.V.m. § 86 Abs. 1 S. 1 VVG sieht für diesen Fall vor, dass ein bereicherungsrechtlicher Rückzahlungsanspruch des Versicherungsnehmers, der ihm gegen den Leistungserbringer zusteht, auf den Versicherer kraft Gesetzes übergeht.

▶ Welchen zentralen gesetzlichen Grundanforderungen müssen alle Leistungen der GKV an ihre Versicherten entsprechen?

Qualität und Wirksamkeit der Leistungen haben dem allgemein anerkannten Stand der medizinischen Erkenntnisse zu entsprechen und den medizinischen Fortschritt zu berücksichtigen (§ 2 Abs. 1 S. 3 SGB V, sog. Qualitätsgebot). Die Leistungen müssen ausreichend, zweckmäßig und wirtschaftlich sein; sie dürfen das Maß des Notwendigen nicht überschreiten (§ 12 Abs. 1 S. 1 SGB V, sog. Wirtschaftlichkeitsgebot).

▶ Auf welche bekannte Entscheidung des BVerfG geht der besondere Leistungsanspruch in § 2 Abs. 1a S. 1 SGB V zurück?

Die gesetzliche Regelung geht zurück auf den sog. „Nikolaus-Beschluss" des BVerfG vom 6.12.2005 (BVerfGE 115, 25). Hiernach ist es mit den Grundrechten aus Art. 2 Abs. 1 und 2 GG sowie dem Sozialstaatsprinzip unvereinbar, einen gesetzlich Krankenversicherten, für dessen lebensbedrohliche oder regelmäßig tödliche Erkrankung eine allgemein anerkannte, medizinischem Standard entsprechende Behandlung nicht zur Verfügung steht, von der Leistung einer von ihm gewählten, ärztlich angewandten Behandlungsmethode auszuschließen, wenn eine nicht ganz entfernt liegende Aussicht auf Heilung oder auf eine spürbare positive Einwirkung auf den Krankheitsverlauf besteht.

§ 14 Klausuren

Klausur 1: Neue Behandlungsmethode[1] – Vertragsschluss mit minderjährigem Patienten; neue Behandlungsmethode; Behandlungs- und Aufklärungsfehler; Beweislast bzgl. Kausalität; grober Behandlungsfehler; Befunderhebungsfehler

A. Sachverhalt

Der 17-jährige gesetzlich krankenversicherte P aus Köln leidet ständig an Rückenschmerzen. Er begibt sich zu dem in Düsseldorf niedergelassenen Arzt A, der einen Bandscheibenvorfall diagnostiziert. P möchte sich in so jungen Jahren nur ungern einer Operation unterziehen. A ist Spezialist für die Behandlung von Bandscheibenbeschwerden mit dem sog. „Racz-Katheter". Dabei handelt es sich um eine neuartige Behandlungsmethode, bei der über einen Katheter ein „Cocktail" in den Spinalkanal in der Wirbelsäule eingespritzt wird.

Eine Woche nach der Erstkonsultation führt A mit P und dessen alleinerziehungsberechtigter Mutter M ein Aufklärungsgespräch in seiner Praxis in Düsseldorf und rät zur Schmerztherapie mit der „Racz-Methode" anstelle einer konventionellen Operation der Bandscheibe. Dabei weist er ausdrücklich auf die Möglichkeit einer Blasen- und Darmstörung hin, belehrt jedoch nicht darüber, dass es sich um eine wissenschaftlich umstrittene Behandlungsmethode handelt, die nicht zum medizinischen Standard gehört, deren Wirksamkeit statistisch nicht abgesichert ist, und deren Risiken noch nicht bekannt sind.

Nachdem A den Katheter gelegt und den ersten „Cocktail" eingespritzt hat, treten bei P starke Schmerzen auf, worüber P den A sofort unterrichtet. Gleichwohl führt A über den liegenden Katheter weitere Infiltrationen durch, bei denen P jeweils starke Krämpfe erleidet. Eine der Infiltrationen erfolgt im Rahmen eines

---

[1] Aktualisierte Fassung der Probeexamen-Klausur von *Katzenmeier/Achterfeld* in JuS 2018, 601. Der Abdruck erfolgt mit freundlicher Genehmigung des Beck-Verlags.

Hausbesuches bei P. Nach zwei Wochen zeigt sich bei P eine Blasen- und Darmstörung, die ihrerseits ärztlich behandelt werden muss.

Da A jede Verantwortung ablehnt, erhebt der inzwischen volljährige P vertreten durch Rechtsanwalt R vor dem LG Köln Klage gegen A und beantragt, ihn zur Zahlung eines angemessenen Schmerzensgeldes, dessen Höhe in das Ermessen des Gerichts gestellt wird, mind. jedoch 10.000 €, zu verurteilen. Er macht geltend, fehlerhaft behandelt und nicht ordnungsgemäß aufgeklärt worden zu sein. Entgegen dem Sachvortrag des A hätte er sich sonst nicht auf die Behandlung eingelassen, jedenfalls aber eine fachärztliche Zweitmeinung zuvor eingeholt.

Der im gerichtlichen Verfahren bestellte medizinische Sachverständige beschreibt in seinem Gutachten, dass das „Racz-Verfahren" bei Schmerzpatienten zum Teil gute Therapieerfolge erzielt. Zahl und Schwere der Nebenwirkungen sind grds. gering. Nach seinen Feststellungen wurde der Katheter bei P auch ordnungsgemäß gelegt, die Fortsetzung der Therapie nach den auftretenden starken Schmerzen bezeichnet der Sachverständige jedoch als unverständlich und unvertretbar. Die Blasen- und Darmstörung wäre bei einem Abbruch der Behandlung mit dem „Racz-Katheter" möglicherweise verhindert worden.

Hat die Klage des P Aussicht auf Erfolg?

B. Lösung

Die Klage hat Aussicht auf Erfolg, soweit sie zulässig und begründet ist.

I. Zulässigkeit der Klage
1. Zivilrechtsweg
Der Zivilrechtsweg ist gem. § 13 GVG bei Vorliegen einer bürgerlichen Rechtsstreitigkeit eröffnet. P macht Ansprüche aus einem mit A geschlossenen Behandlungsvertrag geltend, dafür sind die Zivilgerichte zuständig.[2]

Hingegen leugnet die im Sozialrecht bislang h.M. einen Vertragsschluss zwischen Arzt und GKV-Patient. Sie geht davon aus, dass die Behandlung in Vollzug eines im SGB V geregelten Anspruchs gegen die Krankenversicherung stattfindet („**Versorgungskonzeption**") und nimmt bei Streitigkeiten die Zuständigkeit der Sozialgerichte an (vgl. etwa BSGE 33, 158 (160 f.) = NJW 1972, 359 (360); 59, 172 (177) = NJW 1986, 1574 (1575)). Diese Ansicht dürfte mit der Regelung des Behandlungsverhältnisses im BGB überholt sein (*Katzenmeier*, NJW 2013, 817 ff.; a.A. *Hauck*, SGb 2014, 8 (11 f.); s. → § 6, Fall 2). Kenntnis des Streitstandes wird von Klausurbearbeitern nicht erwartet.

2. Zuständigkeit des angerufenen Gerichts
Das angerufene LG Köln müsste sachlich und örtlich zuständig sein.

---

[2] Vgl. etwa BGHZ 76, 259 (261) = NJW 1980, 1452 (1453); BGHZ 97, 273 (276) = NJW 1986, 2364; BGHZ 163, 42 (51) = NJW 2005, 2069 (2070); *Gutmann*, in: Staudinger, BGB, § 630a Rn. 86 ff.; näher *Katzenmeier*, Arzthaftung, S. 94 ff.

a. Sachliche Zuständigkeit
Das LG ist sachlich zuständig gem. § 1 ZPO i.V.m. §§ 23 Nr. 1, 71 Abs. 1 GVG.[3]

b. Örtliche Zuständigkeit
aa. Allgemeiner Gerichtsstand und Gerichtsstand der Niederlassung
Allgemeiner Gerichtsstand ist nach §§ 12, 13 ZPO der Wohnsitz des Beklagten. Wo A ansässig ist, lässt sich dem Sachverhalt nicht entnehmen. Allerdings befindet sich der besondere Gerichtsstand der Niederlassung gem. § 21 ZPO am Ort seiner Praxis in Düsseldorf.[4]

bb. Besonderer Gerichtsstand des Erfüllungsortes
Der besondere Gerichtsstand des Erfüllungsortes gem. **§ 29 Abs. 1 ZPO** ist dort begründet, wo die streitige Verpflichtung aus einem Vertragsverhältnis zu erfüllen ist. Die Bestimmung erfolgt unter Rückgriff auf das materielle Recht, hier § 269 Abs. 1 BGB. Beim niedergelassenen Arzt ist Erfüllungsort bzgl. Behandlungs- und Aufklärungspflicht grds. am Ort der Praxis, in der die Behandlung durchgeführt wird.[5] Das Aufklärungsgespräch wie auch der Eingriff fanden in Düsseldorf statt.

Allerdings erhielt P nach der Erstinfiltration noch Folgeinjektionen durch den gesetzten Katheter. Diese Injektionen gehören zu dem **einheitlichen Behandlungsgeschehen**, erst mit der letzten Injektion ist die geschuldete Leistung erbracht, daher könnte auch Köln als Erfüllungsort angesehen werden. Doch ist bei einer Leistungserbringung an verschiedenen Orten bei fehlender Vereinbarung auf den **Schwerpunkt** abzustellen und allein dort der Gerichtsstand des Erfüllungsortes zu bejahen, das ist Düsseldorf.

cc. Besonderer Gerichtsstand der unerlaubten Handlung
Der besondere Gerichtsstand der unerlaubten Handlung gem. **§ 32 ZPO** ist an dem Ort eröffnet, an dem die Handlung begangen wurde. Dies umfasst **sowohl den Begehungs- als auch den Erfolgsort**, an dem in das geschützte Rechtsgut eingegriffen wurde (sog. Ubiquitätsprinzip).[6] Da es sich bei dem Vorliegen der Voraussetzungen eines Delikts um sog. doppelrelevante Tatsachen handelt, müssen diese im Rahmen

---

[3] Ab dem 1.1.2026 sollen nach § 71 Abs. 2 Nr. 9 GVG n.F. in „Streitigkeiten aus Heilbehandlungen" die Landgerichte ohne Rücksicht auf den Wert des Streitgegenstandes ausschließlich zuständig sein (Art. 1 des RegE eines Gesetzes zur Änderung des Zuständigkeitsstreitwerts der Amtsgerichte, zum Ausbau der Spezialisierung der Justiz in Zivilsachen sowie zur Änderung weiterer prozessualer Regelungen, BT-Drs. 20/13251).

[4] Die Vorschrift gilt auch für Angehörige freier Berufe, vgl. BGHZ 88, 331 (336) = NJW 1984, 739 (740).

[5] *Patzina*, in: MüKo-ZPO, § 29 Rn. 24 u. 40 m.w.N. Auf § 269 Abs. 2 BGB ist nicht zurückzugreifen, da der Arzt einen freien Beruf ausübt und kein Gewerbe betreibt.

[6] BGHZ 124, 237 (245) = NJW 1994, 1413 (1414 f.); BGHZ 132, 105 (110 f.) = NJW 1996, 1411 (1413); *Roth*, in: Stein/Jonas, ZPO, Bd. I, § 32 Rn. 25; für fehlerhafte Heilbehandlung BGHZ 176, 342 (346) = NJW 2008, 2344 (2345) = MedR 2008, 666 (667) m. Anm. *Seibl*.

der Zulässigkeit nicht abschließend geprüft werden.[7] Ausreichend ist die schlüssige Behauptung einer unerlaubten Handlung.

Hinsichtlich des behaupteten Aufklärungsfehlers ist Handlungsort Düsseldorf, die dadurch bedingte Autonomieverletzung tritt jedoch durch die fortgesetzten Infiltrationen zumindest auch in Köln ein. Behandlungsfehlerhaftes Handeln des P findet in Düsseldorf und durch die weiteren Infiltrationen auch in Köln statt, der deliktische Erfolg in Form der Blasen- und Darmstörung sowie der Schmerzen verwirklicht sich ausschließlich in Köln. Auch in Köln ist folglich der Gerichtsstand der unerlaubten Handlung gem. § 32 ZPO begründet.

Das zuständige Gericht entscheidet den Rechtsstreit gem. § 17 Abs. 2 S. 1 GVG unter allen in Betracht kommenden rechtlichen Gesichtspunkten. Danach sind auch konkurrierende vertragliche Schadensersatzansprüche zu prüfen.[8]

dd. Zuständigkeit infolge rügeloser Verhandlung
Abgesehen davon ist mit der rügelosen Einlassung des A zur Hauptsache gem. **§ 39 S. 1 ZPO** ein Gerichtsstand in Köln begründet.

P kann gem. § 35 ZPO unter mehreren Gerichtsständen, die nicht ausschließlich sind, wählen.

c. Zwischenergebnis
Das LG Köln ist sowohl sachlich als auch örtlich für die Entscheidung des Rechtsstreits zuständig.

3. Ordnungsgemäße Klageerhebung
Der Antrag auf „Zahlung eines angemessenen Schmerzensgeldes" könnte gegen das Bestimmtheitserfordernis des § 253 Abs. 2 Nr. 2 ZPO verstoßen. Jedoch ist bei Schmerzensgeldklagen ausnahmsweise ein **unbezifferter Klageantrag** zulässig, der die Höhe in das billige Ermessen des Gerichts gem. § 253 Abs. 2 BGB stellt.[9] Erforderlich ist nur die Angabe der anspruchsbegründenden Umstände, die für die Bezifferung maßgeblich sind, und die Angabe einer Größenordnung. Diese Voraussetzungen sind erfüllt.

4. Parteifähigkeit
Als natürliche Person ist P nach § 1 BGB rechtsfähig und damit gem. § 50 Abs. 1 ZPO parteifähig.

5. Prozessfähigkeit
P müsste auch prozessfähig i.S.d. §§ 51 Abs. 1, 52 ZPO sein. Prozessfähigkeit bedeutet die Fähigkeit, einen Prozess in eigener Person oder durch einen selbst be-

---

[7] BGH NJW 1996, 1411 (1413); *Roth*, in: Stein/Jonas, ZPO, Bd. I, § 32 Rn. 15; *Patzina*, in: MüKo-ZPO, § 12 Rn. 56.
[8] So BGHZ 153, 173 (176) = NJW 2003, 828; *Wern*, in: Prütting/Gehrlein, ZPO, § 32 Rn. 15.
[9] BGH NJW 1982, 340; 1996, 2425; 2002, 3769; *Schilken/Brinkmann*, Zivilprozessrecht, 8. Aufl. 2022, § 5 Rn. 57; *Musielak/Voit*, Grundkurs ZPO, 16. Aufl. 2022, Rn. 137 f.

stellten Prozessbevollmächtigten zu führen.[10] Da P vor Klageerhebung volljährig nach § 2 BGB und damit unbeschränkt geschäftsfähig geworden ist, kann er vor Gericht seine prozessualen Rechte selbst wahrnehmen und muss sich nicht mehr durch seine alleinsorgeberechtigte Mutter als frühere gesetzliche Vertreterin (§§ 1626 Abs. 1 S. 1, 1627 S. 1, 1629 Abs. 1 S. 3 BGB) vertreten lassen.

6. Postulationsfähigkeit
Bei dem Prozess vor dem LG herrscht gem. § 78 Abs. 1 S. 1 ZPO Anwaltszwang. P lässt sich durch einen Rechtsanwalt als Prozessbevollmächtigten vertreten.

7. Zwischenergebnis
Vom Vorliegen der weiteren Sachurteilsvoraussetzungen ist mangels entgegenstehender Anhaltspunkte auszugehen, die Klage ist damit zulässig.

II. Begründetheit der Klage
Die Klage ist begründet, wenn dem P gegen A der geltend gemachte Anspruch auf Zahlung von Schmerzensgeld zusteht.

Hinsichtlich der durch eine notwendige Folgebehandlung entstandenen Kosten (materieller Schaden), für die die Gesetzliche Krankenversicherung (GKV) aufkommt, steht dem P kein Anspruch gegen A zu. Der Anspruch geht gem. **§ 116 Abs. 1 S. 1 SGB X** kraft Gesetzes auf die GKV über (*cessio legis*, dazu → § 13, Grundlagen, B. III.; → § 13, Fall 3). P ist nicht Anspruchsinhaber, im Prozess wäre er nicht aktivlegitimiert, die Klage wäre insoweit unbegründet.

1. §§ 630a Abs. 1, 280 Abs. 1 BGB
Ein Anspruch auf Schmerzensgeld könnte sich aus dem Behandlungsvertrag gem. §§ 630a Abs. 1, 280 Abs. 1 BGB ergeben.

a. Schuldverhältnis
Zunächst müsste zwischen P und A ein Vertrag zustande gekommen sein.

aa. Rechtsnatur des Vertrags
P und A könnten einen Behandlungsvertrag i.S.d. § 630a BGB geschlossen haben, bei dem es sich um eine spezielle Form des Dienstvertrags handelt.[11] Nur ausnahmsweise liegt der Behandlung des Patienten ein Werkvertrag i.S.d. § 631 BGB zugrunde, wenn ein bestimmter Erfolg geschuldet wird. In aller Regel ist der Arzt lediglich zur Leistung der versprochenen Behandlung verpflichtet, wegen der Unberechenbarkeiten des menschlichen Organismus kann er den Heilungserfolg nicht

---

[10] *Jauernig/Hess*, Zivilprozessrecht, 30. Aufl. 2011, § 20 Rn. 1; *Lindacher/Hau*, in: MüKo-ZPO, § 52 Rn. 1.
[11] Zur Kodifikation des medizinischen Behandlungsvertrags in den §§ 630a ff. BGB durch das Gesetz zur Verbesserung der Rechte von Patientinnen und Patienten (PatRG) v. 20.2.2013, BGBl. I S. 277, s. *Katzenmeier*, NJW 2013, 817 ff.

versprechen.[12] Dies gilt auch im Falle (minimalinvasiver) operativer Eingriffe wie dem Einsetzen eines Racz-Katheters.

bb. Wirksame Einigung

Die Einigung über den Abschluss eines solchen Behandlungsvertrags setzt zwei übereinstimmende Willenserklärungen gem. §§ 145, 147 BGB voraus. Die Einhaltung einer besonderen Form ist grds. nicht erforderlich.[13] P hat hier die Praxis des A zunächst alleine aufgesucht und um ärztliche Behandlung gebeten. Er hat damit eine eigene, auf Abschluss eines Behandlungsvertrags gerichtete Willenserklärung abgegeben.

Je nach den Umständen des Einzelfalles ist es auch möglich, dass der Minderjährige als Bote eine Willenserklärung seines gesetzlichen Vertreters übermittelt und der Vertrag durch Annahme seitens des Arztes zwischen diesem und dem gesetzlichen Vertreter zustande kommt. Es handelt sich dabei um einen Vertrag zugunsten Dritter i.S.d. § 328 BGB, aus dem der Minderjährige als Dritter berechtigt, nicht aber verpflichtet wird (dazu → § 6, Fall 8; näher *Katzenmeier*, in: BeckOK-BGB, § 630a Rn. 88 ff., 95; *Lipp*, in: Laufs/Katzenmeier/Lipp, Arztrecht, Kap. III Rn. 19 m.w.N.).

P war als damals 17-Jähriger gem. §§ 2, 106 BGB nur beschränkt geschäftsfähig. Ein Rechtsgeschäft, das er ohne die gem. **§ 107 BGB** grds. erforderliche Einwilligung seiner alleinsorgeberechtigten Mutter als gesetzliche Vertreterin nach §§ 1626 Abs. 1, 1627, 1629 Abs. 1 S. 3 BGB schloss, war schwebend unwirksam, es sei denn dieses war lediglich rechtlich vorteilhaft. Ob für einen GKV-Patienten der Abschluss eines Behandlungsvertrags **lediglich rechtlich vorteilhaft** ist,[14] wird zum Teil im Hinblick auf die Kostentragung durch die GKV angenommen,[15] teilweise mit Hinweis auf die übrigen vertraglichen Pflichten abgelehnt.[16]

Der Streit kann offen bleiben, wenn eine Einwilligung des gesetzlichen Vertreters vorliegt. Für eine vorherige Zustimmung der alleinsorgeberechtigten Mutter i.S.d. § 183 BGB gibt es keine Anhaltspunkte. Damit kommt es nach § 108 Abs. 1 BGB auf die **Genehmigung** i.S.d. § 184 Abs. 1 BGB an. Hier kann davon ausgegangen werden, dass diese bei Durchführung des Aufklärungsgespräches von M zumindest konkludent erteilt wurde.

Anderenfalls wäre der Vertrag nach Eintritt der Volljährigkeit des P mit dessen Genehmigung wirksam geworden, § 108 Abs. 3 BGB. In der klageweisen Geltendmachung von Ansprüchen aus dem Vertrag liegt eine konkludente Genehmigung.

---

[12] BGHZ 63, 306 (309) = NJW 1975, 305 (306); *Lipp*, in: Laufs/Katzenmeier/Lipp, Arztrecht, Kap. III Rn. 26; s. dazu auch → § 6, Das Behandlungsverhältnis – Grundlagen, A.
[13] Vgl. *Lipp*, in: Laufs/Katzenmeier/Lipp, Arztrecht, Kap. III Rn. 20; *Katzenmeier*, in: BeckOK-BGB, § 630a Rn. 45.
[14] → § 6, Fall 9, Frage 2.
[15] Etwa *Spickhoff*, FamRZ 2018, 412 (415 f.); s. auch *Lauf/Birck*, NJW 2018, 2230 (2232 f.).
[16] *Lipp*, in: Laufs/Katzenmeier/Lipp, Arztrecht, Kap. III Rn. 19.

b. Pflichtverletzung

A müsste eine Pflicht aus dem Behandlungsvertrag verletzt haben. A könnten sowohl ein Behandlungs- als auch ein Aufklärungsfehler unterlaufen sein.

aa. Behandlungsfehler

Die Feststellung eines Behandlungsfehlers erfolgt durch einen Vergleich der tatsächlich durchgeführten Behandlung mit den nach den Regeln der medizinischen Wissenschaft angezeigten Maßnahmen. Entscheidend ist das Zurückbleiben der konkret erbrachten Leistung hinter dem **fachlichen Standard**, vgl. auch § 630a Abs. 2 BGB.[17] Dabei repräsentiert der medizinische Standard den jeweiligen Stand naturwissenschaftlicher Erkenntnis und ärztlicher Erfahrung, der zur Erreichung des ärztlichen Behandlungsziels erforderlich ist und sich in der Erprobung bewährt hat.[18]

Da der Arzt nicht den Heilungserfolg schuldet, darf nicht bereits von einem Misslingen oder dem Auftreten unerwünschter Folgen auf einen Fehler rückgeschlossen werden. Entscheidend ist vielmehr, ob der Arzt unter Einsatz der von ihm zu fordernden medizinischen Kenntnisse und Erfahrungen im konkreten Fall eine **vertretbare Entscheidung** getroffen und die entsprechenden Maßnahmen ordnungsgemäß durchgeführt hat.[19]

(1) Wahl der Behandlungsmethode

Bereits die **Wahl der Behandlungsmethode** könnte einen Behandlungsfehler darstellen, da die Schmerztherapie mittels Racz-Katheter eine neuartige Behandlungsmethode war, die (noch) nicht zum medizinischen Standard zählte.

Im Rahmen der sog. **Therapiefreiheit** ist die Wahl der Behandlungsmethode grds. Sache des Arztes.[20] Die Rspr. räumt ihm dabei zwischen mehreren praktisch gleichwertigen Methoden ein Auswahlermessen ein. Dabei ist der Arzt nicht stets auf den sichersten Weg angewiesen. Geht die gewählte Methode mit einem höheren Risiko einher, muss sich dies aber durch die Umstände des konkreten Falls oder eine günstigere Heilungsprognose sachlich rechtfertigen lassen.[21] Grds. ist damit auch die Anwendung einer nicht allgemein anerkannten Behandlungsmethode erlaubt.[22]

---

[17] Näher *Katzenmeier*, in: Laufs/Katzenmeier/Lipp, Arztrecht, Kap. X Rn. 3 ff.
[18] → § 9, Grundlagen, B. II. 1.; BT-Drs. 17/10488, S. 19; BGH NJW 2015, 1601 = MedR 2015, 724 (725); *Hart*, MedR 1998, 8 (9); *Mansel*, in: Jauernig, BGB, § 630a Rn. 17.
[19] BGH NJW 1987, 2291 (2292).
[20] → § 5, Grundlagen, B.; → § 5, Fall 2; BGHZ 168, 103 (107) = NJW 2006, 2477 (2478); BGHZ 172, 254 (257) = NJW 2007, 2774; BGH NJW 2020, 1358 (1359) = MedR 2020, 379 (380) m. Anm. *Jansen*; *Katzenmeier*, in: Laufs/Katzenmeier/Lipp, Arztrecht, Kap. V Rn. 34 u. ausführlich Kap. X Rn. 83 ff.
[21] Vgl. BGHZ 168, 103 (105) = NJW 2006, 2477 (2478) = MedR 2006, 650; BGHZ 172, 254 (257) = NJW 2007, 2774; BGH NJW 2020, 1358 (1359) = MedR 2020, 379 (380 f.).
[22] → § 9, Fall 2; BGHZ 113, 297 (301) = NJW 1991, 1535 (1536) = MedR 1991, 195 (196); BGHZ 172, 254 (257) = NJW 2007, 2774; BGH NJW 2017, 2685; *Mansel*, in: Jauernig, BGB, § 630a Rn. 20.

Diese Grundsätze könnten in Frage gestellt sein durch das in § 630a Abs. 2 BGB normierte Erfordernis, die Behandlung nach „allgemein anerkannten fachlichen Standards" durchzuführen. Der Gesetzbegründung ist jedoch zu entnehmen, dass der Gesetzgeber die Anwendung neuer Behandlungsmethoden nicht erschweren wollte (vgl. BT-Drs. 17/10488, S. 20: „Die medizinische Behandlung muss außerdem grds. offen sein für neue Behandlungsmethoden.").

§ 630a Abs. 2 Hs. 2 BGB räumt den Parteien überdies die Möglichkeit ein, einen abweichenden Standard zu vereinbaren. Ob es bei Anwendung neuer Behandlungsmethoden jeweils einer entsprechenden Standardvereinbarung bedarf und welchen Anforderungen eine solche Vereinbarung zu entsprechen hat, ob sie ggf. auch konkludent getroffen werden kann, ist bislang nicht geklärt und wird sich in der Praxis zeigen.

Hier hat der medizinische Sachverständige im Rahmen seines Gutachtens ausgeführt, dass das Racz-Verfahren bei Schmerzpatienten zum Teil gute Therapieerfolge erzielt, während Zahl und Schwere der bekannten Nebenwirkungen grds. gering sind. A hat diese Methode bevorzugt in seiner Praxistätigkeit angewandt und kennt sich somit mit der Heilbehandlung hinreichend gut aus. Auch war P noch besonders jung und wollte eine Operation der Bandscheibe möglichst vermeiden. Die Wahl der Schmerztherapie mit der Racz-Methode ist daher im konkreten Fall sachlich gerechtfertigt, auch wenn die Methode neuartig, umstritten und ihre Wirksamkeit statistisch nicht abgesichert ist.

Allerdings war zwischen den Parteien gerade nicht thematisiert worden, dass es sich um eine neuartige Behandlungsmethode handelt. Ob der Eingriff damit mangels Einigung[23] über eine Standardabweichung nach **§ 630a Abs. 2 Hs. 2 BGB** als fehlerhaft zu qualifizieren ist, kann dahinstehen, wenn er aus anderen Gründen behandlungsfehlerhaft war.

(2) Konkrete Behandlung
Ein Fehler könnte dem A bei der **konkreten Anwendung** der Behandlungsmethode unterlaufen sein.

(a) Setzen des Katheters
Der medizinische Sachverständige hat in seinem Gutachten ausdrücklich festgestellt, dass der Racz-Katheter bei P ordnungsgemäß gesetzt wurde. Damit liegt insoweit kein Behandlungsfehler vor.

(b) Fortsetzen der Infiltration
Allerdings könnte A seine ärztlichen Pflichten durch das Fortsetzen der Behandlung verletzt haben. Bei der Anwendung neuartiger Behandlungsmethoden muss der Arzt in besonderem Maße mit bisher unbekannten Risiken und Nebenwirkungen rechnen. Er hat die Behandlung daher permanent zu überprüfen und jedenfalls zu hinterfragen, sobald Komplikationen auftreten.[24]

---

[23] Die Vereinbarung über eine Standardabweichung i.S.d. § 630a Abs. 2 Hs. 2 BGB setzt – anders als die Einwilligung in die Behandlung – die Geschäftsfähigkeit des Patienten oder eine Zustimmung oder Genehmigung der gesetzlichen Vertreter voraus.
[24] Vgl. BGHZ 172, 1 (8) = NJW 2007, 2767 (2768) = MedR 2007, 653 (655); BGHZ 172, 254 (258 f.) = NJW 2007, 2774 (2775).

A hat die Einspritzung des „Cocktails" wiederholt, obwohl bei P jeweils starke Schmerzen und Krämpfe aufgetreten sind. Er hätte die Behandlung aber nur fortsetzen dürfen, wenn auszuschließen gewesen wäre, dass dadurch negative Folgen entstehen. Auch der medizinische Sachverständige hat das Fortsetzen der Infiltration als unverständlich und unvertretbar bezeichnet. Dieses stellt daher einen Behandlungsfehler dar.

Ob es sich um einen „groben" Fehler handelt, muss an dieser Stelle nicht geklärt werden, da auch der einfache Fehler die Haftung begründen kann. Erst bei Ungewissheit hinsichtlich der Kausalität kommt es auf die Qualifizierung des Fehlers als „grob" an.

bb. Aufklärungspflichtverletzung

Neben dem Behandlungsfehler kommt als Haftungsgrund eine Verletzung der ärztlichen **Pflicht zur Aufklärung** des Patienten in Betracht, § 630e BGB. Die ordnungsgemäße Aufklärung des Patienten ist Voraussetzung für eine **wirksame Einwilligung** in die Behandlung, die der Behandelnde nach § 630d BGB einzuholen hat.[25] Der Arzt ist verpflichtet, den Patienten über sämtliche für die Einwilligung wesentlichen Umstände aufzuklären. Damit das Selbstbestimmungsrecht des Patienten gewahrt bleibt, muss dieser „im Großen und Ganzen" wissen, worin er einwilligt.[26]

Fraglich ist hier zunächst, wessen Einwilligung der A einholen muss. Denn P war zum Zeitpunkt der Aufklärung minderjährig und nur beschränkt geschäftsfähig. Bei der Einwilligung handelt es sich jedoch nicht um eine Willenserklärung, sondern um die Disposition über ein höchstpersönliches Rechtsgut. Entscheidend für die Einwilligungsbefugnis ist nicht die Geschäfts-, sondern die **natürliche Einsichts- und Entschlussfähigkeit**.[27] Danach kann der Patient wirksam in eine Behandlung einwilligen, wenn er in der Lage ist, Wesen, Bedeutung, Tragweite und Risiken des fraglichen Eingriffs voll zu erfassen.[28] Das ist bei dem 17-jährigen P anzunehmen.

Die Anforderungen an die Einwilligungsfähigkeit steigen mit der Schwere der Auswirkungen auf das gesundheitliche Wohl des Patienten (*Huber*, in: MüKo-BGB, § 1626 Rn. 42; *Diederichsen*, in: FS Hirsch, 2008, S. 355 ff.; a.A. wohl *Spickhoff*, FamRZ 2018, 412 (419)). Ihre Feststellung obliegt dem behandelnden Arzt.

Als einer der Anhaltspunkte zur Feststellung der Einwilligungsfähigkeit wird unter Verweis auf **§ 36 Abs. 1 SGB I** die Vollendung des 15. Lebensjahres gesehen (*Geiß/Greiner*, Arzthaftpflichtrecht, 8. Aufl. 2022, Rn. C 115; *Weidenkaff*, in: Grüneberg, BGB, § 630d Rn. 3). Angesichts des individuellen Verlaufs der Entwicklungsphasen, darf dem Alter insoweit jedoch keine allein maßgebliche Bedeutung beigemessen werden.

---

[25] Näher zum Erfordernis eines „informed consent" → § 10, Grundlagen, A; *Katzenmeier*, in: Laufs/Katzenmeier/Lipp, Arztrecht, Kap. V.; *Damm*, in: FS Hart, 2020, S. 81.
[26] BGHZ 90, 103 (106) = NJW 1984, 1397 (1398) = MedR 1985, 224 (225); BGHZ 102, 17 (23) = NJW 1988, 763 (764); BGHZ 144, 1 (7) = NJW 2000, 1784 (1786); BGHZ 168, 103 (108) = NJW 2006, 2477 (2478).
[27] BT-Drs. 17/10488, S. 23; *Mansel*, in: Jauernig, BGB, § 630d Rn. 3.
[28] → § 10, Grundlagen, C. II.; → § 10, Fall 1, Variante a); *Katzenmeier*, in: Laufs/Katzenmeier/Lipp, Arztrecht, Kap. V Rn. 51.

Jedenfalls bei erheblicheren Eingriffen ist der Arzt nach h.M. unabhängig von der Einsichtsfähigkeit des Minderjährigen verpflichtet, überdies die Einwilligung der **Personensorgeberechtigten** einzuholen.[29] A hat das Aufklärungsgespräch mit P im Beisein der alleinsorgeberechtigten M geführt, die ebenso wie ihr Sohn in die Behandlung eingewilligt hat.

Die Einwilligung ist jedoch nur wirksam, wenn zuvor eine den Anforderungen des § 630e BGB genügende **Aufklärung** erfolgte, § 630d Abs. 2 BGB. Fraglich ist, ob A hinreichend aufgeklärt hat. Grds. muss der Behandelnde „insbesondere über Art, Umfang, Durchführung, zu erwartende Folgen und Risiken der Maßnahme sowie ihre Notwendigkeit, Dringlichkeit, Eignung und Erfolgsaussichten im Hinblick auf die Diagnose oder die Therapie" aufklären, § 630e Abs. 1 S. 2 BGB. Will ein Arzt eine relativ **neue und noch nicht allgemein anerkannte Methode** anwenden, deren Wirksamkeit statistisch noch nicht abgesichert ist, so hat er den Patienten gerade über das Für und Wider dieser Methode aufzuklären. Der Patient muss wissen, worauf er sich einlässt, um richtig abwägen zu können, ob er konventionell oder mittels einer ggf. auch mit höheren Risiken behafteten Neulandmethode therapiert werden möchte.[30]

Hier hat A den P und M zwar über das Risiko einer Blasen- und Darmstörung aufgeklärt. Er hat jedoch nicht dargelegt, dass es sich bei der Racz-Methode um eine neuartige, wissenschaftlich umstrittene Behandlungsmethode handelt, die (noch) nicht zum medizinischen Standard gehört, deren Wirksamkeit statistisch nicht abgesichert ist und deren Risiken noch nicht bekannt sind. Diese Information ist für Patienten indes wesentlich, um eine eigenverantwortliche Entscheidung treffen zu können. Das Unterlassen stellt eine Aufklärungspflichtverletzung dar.

cc. Zwischenergebnis
A hat seine Pflicht zur standardgerechten Behandlung gem. § 630a Abs. 2 BGB verletzt und dadurch einen Behandlungsfehler begangen. Zudem hat er den P nicht ordnungsgemäß i.S.d. § 630e BGB aufgeklärt, sodass auch keine wirksame Einwilligung des P vorlag, § 630d Abs. 2 BGB.

c. Rechtsgutsverletzung
§ 280 Abs. 1 BGB verlangt dem Wortlaut nach keine Rechtsgutsverletzung, doch zählt diese wegen der Strukturgleichheit mit der deliktischen Haftung auch im Rahmen der vertraglichen Arzthaftung zum Haftungsgrund.[31] P hat mit den starken Schmerzen und der Blasen- und Darmstörung eine Körperverletzung erlitten.

Streitig ist, welches Rechtsgut bei reinen Aufklärungsfehlern verletzt ist. Die Rspr. qualifiziert nicht nur die fehlerhafte Behandlung, sondern auch den medizinisch indizierten und fachgerecht ausgeführten Heileingriff als tatbestandsmäßige

---

[29] So BGHZ 105, 45 (48) = NJW 1988, 2946 = MedR 1989, 81 (83); *Nebendahl*, MedR 2009, 197; *Coester-Waltjen*, MedR 2012, 552 (559); a. A. *Spickhoff*, FamRZ 2018, 412 (422 f.).

[30] Vgl. BGHZ 172, 254 (260) = NJW 2007, 2774 (2775) = MedR 2008, 87 (88 f.); BGH NJW 2020, 1358 (1360) = MedR 2020, 379 (381); *Katzenmeier*, in: Laufs/Katzenmeier/Lipp, Arztrecht, Kap. V Rn. 36.

[31] Dazu → § 9, Grundlagen, A. I.; → § 9, Fall 1, Frage 1.

Körperverletzung.[32] Damit ist – anders als nach einer in der Literatur vertretenen Ansicht, die bei reinen Aufklärungsfehlern nicht den Körper, vielmehr das **Selbstbestimmungsrecht** des Patienten als Ausfluss seines allgemeinen Persönlichkeitsrechts verletzt sieht –[33] bei der weiteren Prüfung keine Differenzierung hinsichtlich des betroffenen Rechtsguts erforderlich.

d. Objektive Zurechnung
Das Verhalten des A müsste äquivalent und adäquat kausal für die Körper-/Gesundheitsverletzung des P sein und der Ersatz dem Schutzzweck der Norm entsprechen.

aa. Behandlungsfehler
Kausal ist das Verhalten des A nach der *conditio sine qua non*-Formel, wenn es nicht hinweggedacht werden kann, ohne dass der konkrete Erfolg entfiele. Die bei streitigem Parteivortrag zu einer entscheidungserheblichen Tatsache erforderliche Beweisaufnahme hat ergeben, dass die Blasen- und Darmstörung durch einen Abbruch der Behandlung mit dem Racz-Katheter nur möglicherweise verhindert worden wäre. Damit ist die haftungsbegründende Kausalität nicht bewiesen, da **§ 286 Abs. 1 S. 1 ZPO** die volle richterliche Überzeugung fordert.[34]

Ist der Beweis nicht geführt, stellt sich die Frage nach der **Beweislast**. Auch im Arzthaftungsprozess gilt im Ausgangspunkt die allgemeine Regel, dass jede Partei die Beweislast hinsichtlich der tatsächlichen Voraussetzungen der ihr günstigen Norm trägt.[35] Danach ist die haftungsbegründende Kausalität des Behandlungsfehlers für die geltend gemachte Körper-/Gesundheitsverletzung vom Anspruch stellenden Patienten zu beweisen.

Etwas anderes gilt im Falle einer **Umkehr der Beweislast**. Die Rspr. hat mit Blick auf die spezifischen Beweisnöte des Patienten verschiedene Fallgruppen herausgebildet.[36] Diese sind für die vertragliche Behandelndenhaftung in § 630h BGB gesetzlich geregelt. Vorliegend könnte eine Beweislastumkehr hinsichtlich der haftungsbegründenden Kausalität gem. § 630h Abs. 5 S. 1 BGB wegen Vorliegens eines **groben Behandlungsfehlers** eingreifen.[37] Der Begriff des „groben Fehlers" ist gesetzlich nicht definiert. Nach allgemeiner Ansicht setzt er einen eindeutigen

---

[32] → § 10, Grundlagen, C. I.; vgl. etwa BGHZ 106, 391 (397 f.) = BGH NJW 1989, 1533 (1535) = MedR 1989, 188 (191).

[33] Aus dem zivilrechtlichen Schrifttum etwa *Larenz/Canaris*, Lehrbuch des Schuldrechts II/2, 13. Aufl. 1994, § 76 Abs. 2 g; *Esser/Weyers*, Schuldrecht II/2, 8. Aufl. 2000, § 55 I 1 b; *Laufs*, NJW 1969, 529 (531 f.); *Katzenmeier*, Arzthaftung, S. 118 ff., 356 ff. Nachweise zum arztstrafrechtlichen Schrifttum bei *Lilie*, in: LK-StGB, VII/1, 12. Aufl. 2017, § 223 Rn. 3 ff.; eindringlich 28 Strafrechtsprofessoren in medstra 2021, 65 ff.

[34] → § 12, Grundlagen, B.; *Prütting*, in: MüKo-ZPO, § 286 Rn. 35 f.

[35] → § 12, Grundlagen, A. Sog. Rosenberg'sche Normentheorie, näher *Prütting*, in: MüKo-ZPO, § 286 Rn. 114.

[36] → § 12, Grundlagen, C.

[37] → § 12, Fall 1. Das Gesetz spricht von einer Vermutung. Gegen diese ist nach § 292 ZPO der Beweis des Gegenteils zulässig, sie hat daher die gleiche Wirkung wie eine Beweislastregelung, vgl. *Prütting*, in: FS Rüßmann, 2013, S. 609 (616); *Mansel*, in: Jauernig, BGB, § 630h Rn. 10.

Verstoß gegen bewährte ärztliche Behandlungsregeln voraus. Der Arzt muss einen Fehler begangen haben, der aus objektiver Sicht nicht mehr verständlich erscheint, weil er schlechterdings nicht unterlaufen darf.[38]

A hat trotz offensichtlicher Komplikationen bei Einspritzung der „Cocktails" bei P die Behandlung fortgesetzt. Der medizinische Sachverständige hat die Fortsetzung der Therapie nach den auftretenden starken Schmerzen als „unverständlich und unvertretbar" bezeichnet. Auf dieser Grundlage ist das Fortsetzen der Behandlung von dem Gericht als grober Fehler zu qualifizieren.

Der grobe Behandlungsfehler muss gem. § 630h Abs. 5 S. 1 BGB grds. geeignet sein, die Rechtsgutsverletzung herbeizuführen. Bei Abbruch der Therapie hätte die Blasen- und Darmstörung nach den Feststellungen des Sachverständigen möglicherweise verhindert werden können. Dies ist für die Vermutung der haftungsbegründenden Kausalität ausreichend. A hat den nach § 292 S. 1 ZPO zulässigen Gegenbeweis nicht geführt, das *non liquet* geht damit zu seinen Lasten. Es ist von der Kausalität i.S.d. *conditio sine qua non*-Formel auszugehen.

Hinsichtlich Adäquanz und Schutzzweck der Norm bestehen keine Bedenken. Die Pflicht zur fehlerfreien Behandlung bezweckt gerade den Schutz vor weiteren Körper- und Gesundheitsschäden.

bb. Aufklärungspflichtverletzung

Fraglich ist, ob die eingetretenen Körperschäden dem A auch unter dem Gesichtspunkt der Aufklärungspflichtverletzung zuzurechnen sind. Ein Aufklärungsmangel begründet die Haftung grds. für alle Risiken, die sich im Verlauf der Behandlung realisieren. Der **Pflichtwidrigkeitszusammenhang** kann aber dann zu verneinen sein, wenn sich ein Risiko verwirklicht, über das tatsächlich aufgeklärt worden ist.[39]

Die Möglichkeit einer Blasen- und Darmstörung war Gegenstand des Aufklärungsgesprächs. Allerdings wurde dem P dieses Risiko nur allgemein und gerade nicht als mögliche Folge der gewählten neuartigen Behandlungsmethode vorgestellt, der Pflichtwidrigkeitszusammenhang bleibt damit bestehen.[40]

Der Einwand des A, dass P auch im Falle einer ordnungsgemäßen Aufklärung in die Maßnahme eingewilligt hätte (**Einwand hypothetischer Einwilligung**), ist beachtlich gem. § 630h Abs. 2 S. 2 BGB. Diesen Einwand der Behandlungsseite kann der Patient jedoch entkräften, indem er plausibel vorträgt, dass er sich bei ordnungs-

---

[38] So etwa BGHZ 159, 48 (53) = NJW 2004, 2011 (2012) = MedR 2004, 561 (562); BGHZ 172, 1 (10) = NJW 2007, 2767 (2769); dazu *Katzenmeier*, in: Laufs/Katzenmeier/Lipp, Arztrecht, Kap. XI Rn. 72 ff.

[39] → § 10, Fall 4; BGHZ 144, 1 (7 f.) = NJW 2000, 1784 (1786) = MedR 2001, 42 (43 f.); BGHZ 168, 103 (111) = NJW 2006, 2477 (2479); dazu *Katzenmeier*, in: Laufs/Katzenmeier/Lipp, Arztrecht, Kap. V Rn. 66 ff.

[40] Abw. BGHZ 168, 103 (111) = NJW 2006, 2477 m. krit. Bespr. *Katzenmeier*, NJW 2006, 2738 = MedR 2006, 650 (651). Einwenden ließe sich vorliegend: Soweit die Behandlungsfehlerhaftung reicht, wirkt sich die Autonomieverletzung nicht aus, schließlich hätte sich die Einwilligung selbst im Falle hinreichender Aufklärung nicht auf die fehlerhafte Behandlung erstreckt.

gemäßer Aufklärung in einem **echten Entscheidungskonflikt** darüber befunden hätte, ob er den Eingriff wie tatsächlich durchgeführt vornehmen lassen solle.[41] P hat vorgetragen, dass er sich dann überhaupt nicht auf die Behandlung eingelassen, jedenfalls aber eine Zweitmeinung eingeholt hätte. Damit ist eine hypothetische Einwilligung zu verneinen, es bleibt bei der objektiven Zurechnung.

e. Vertretenmüssen
A müsste die Pflichtverletzungen gem. §§ 280 Abs. 1 S. 2, 276 Abs. 1. S. 1 BGB auch zu vertreten haben. Bei Vorliegen eines groben Behandlungsfehlers lässt der Arzt in aller Regel die im Verkehr erforderliche Sorgfalt vermissen und handelt daher fahrlässig i.S.d. § 276 Abs. 2 BGB, so auch hier.

Auch hinsichtlich der Aufklärungspflichtverletzung bestehen keine Bedenken. Für A war erkennbar, dass Kenntnis um die Neuartigkeit der Behandlungsmethode von Bedeutung ist für eine selbstbestimmte Entscheidung des P. Indem A den P nicht darüber aufgeklärt hat, hat er die im Verkehr erforderliche Sorgfalt außer Acht gelassen.

f. Schaden
Dem P muss ein ersatzfähiger Schaden entstanden sein. Den durch die Behandlung mit der Racz-Methode entstandenen materiellen Schaden in Form von Behandlungsfolgekosten kann P nicht gem. § 249 Abs. 2 S. 1 BGB ersetzt verlangen, soweit der Anspruch gem. § 116 SGB X auf seine gesetzliche Krankenversicherung übergegangen ist. Für die erlittenen Schmerzen steht P jedoch ein angemessenes Schmerzensgeld gem. **§ 253 Abs. 2 BGB** zu, die GKV hat insoweit keine Leistungen zu erbringen.[42] 10.000 € erscheinen angesichts Erheblichkeit und Dauer der Schmerzen angemessen.

g. Ergebnis
P hat einen Anspruch gegen A gem. §§ 630a Abs. 1, 280 Abs. 1 BGB wegen Behandlungsfehlers und Aufklärungspflichtverletzung auf Zahlung von Schmerzensgeld in der geltend gemachten Höhe.

2. § 823 Abs. 1 BGB
Der Anspruch auf Schmerzensgeld könnte zudem aus § 823 Abs. 1 BGB begründet sein. Deliktische Ansprüche bestehen nach dem Grundsatz der Anspruchskonkurrenz neben vertraglichen Ansprüchen.[43]

---

[41] → § 10, Fall 5; → § 12, Fall 4. St. Rspr., vgl. etwa BGHZ 90, 103 (111 f.) = NJW 1984, 1397 = MedR 1985, 224 (226); *Mansel*, in: Jauernig, BGB, § 630h Rn. 17. Die dem Patienten zustehende Möglichkeit der Entkräftung des Einwands hypothetischer Einwilligung ist in § 630h Abs. 2 BGB zwar nicht erwähnt, der Gesetzgeber will daran aber nichts daran ändern, vgl. BT-Drs. 17/10488, S. 29.

[42] → § 13, Fall 3.

[43] *Katzenmeier*, in: NK-BGB, vor §§ 823 ff Rn. 67 m.w.N.

In der Praxis bleibt auch nach der Kodifikation des Behandlungsvertrags in den §§ 630a ff. BGB der deliktische Anspruch weiter zentrale Anspruchsgrundlage (anders die Erwartung des Gesetzgebers, BT-Drs. 17/10488, S. 17 f.; s. demgegenüber *Hart*, MedR 2013, 159 (165); *Katzenmeier*, NJW 2013, 817 (823); *Mansel*, in: Jauernig, BGB, vor § 630a Rn. 13; sowie die unter Geltung des Patientenrechtegesetzes ergangene Rspr.), der Anspruch ist von Fragen des Zustandekommens eines wirksamen Vertrags unabhängig.

a. Rechtsgutsverletzung
P hat eine Körper- und Gesundheitsverletzung in Form starker Schmerzen und einer Blasen- und Darmstörung erlitten.

Allein im Falle der behandlungsfehlerfrei durchgeführten eigenmächtigen ärztlichen Heilbehandlung ist streitig, ob diese eine tatbestandsmäßige Körperverletzung oder aber Verletzung des Selbstbestimmungsrechts als Ausprägung des allgemeinen Persönlichkeitsrechts darstellt (vgl. dazu *Katzenmeier*, in: Laufs/Katzenmeier/Lipp, Arztrecht, Kap. V Rn. 8 ff.). Bei einer **fehlerhaften** Behandlung ist **unstreitig** die körperliche Integrität des Patienten beeinträchtigt und es wäre falsch, den Meinungsstreit zu präsentieren.

b. Verletzungsverhalten
Dem A ist – wie festgestellt – sowohl ein Behandlungsfehler als auch ein Aufklärungsfehler unterlaufen. Beide Versäumnisse dienen als Anknüpfungspunkt auch für eine deliktische Haftung, denn die Pflichten des Behandelnden sind nicht nur als Vertragspflichten anerkannt, sondern ebenso als außervertragliche **Verkehrspflichten**.

c. Objektive Zurechnung
Die Rechtsgutsverletzung ist dem A objektiv zuzurechnen.

d. Rechtswidrigkeit
Die Rechtswidrigkeit wird grds. durch die Tatbestandsmäßigkeit indiziert. Eine fehlerhafte Behandlung wird auch nicht durch eine Einwilligung des Patienten gerechtfertigt, die zudem mangels ordnungsgemäßer Aufklärung nicht einmal wirksam erklärt wurde.

e. Verschulden
A hat die im Verkehr erforderliche Sorgfalt außer Acht gelassen, mithin fahrlässig gehandelt.

f. Schaden
P hat Schmerzen und damit einen immateriellen Schaden erlitten. Der geltend gemachte Schaden (Schmerzen) resultiert aus der Körper-/Gesundheitsverletzung des P.

g. Ergebnis
P hat einen Anspruch gegen A gem. § 823 Abs. 1 BGB wegen Behandlungsfehlers und Aufklärungspflichtverletzung auf Zahlung von Schmerzensgeld in der geltend gemachten Höhe.

3. § 823 Abs. 2 BGB i.V.m. § 229 StGB
Der Anspruch des P gegen A ist zudem aus § 823 Abs. 2 BGB i.V.m. § 229 StGB begründet. Eine fehlerhafte Heilbehandlung bedeutet unstreitig eine tatbestandsmäßige Körperverletzung, die selbst durch eine Einwilligung des aufgeklärten Patienten nicht gerechtfertigt wäre.

III. Gesamtergebnis
P hat einen Anspruch gegen A auf Zahlung von Schmerzensgeld i.H.v. 10.000 € gem. §§ 630a Abs. 1, 280 Abs. 1, § 823 Abs. 1 BGB sowie § 823 Abs. 2 BGB i.V.m. § 229 StGB. Die zulässige Klage ist begründet.

Klausur 2: „Kind als Schaden" – Schadensersatz bei Geburt eines ungewünschten Kindes („wrongful birth"); Differenzhypothese; Rechtmäßigkeit des Schwangerschaftsabbruchs

A. Sachverhalt

Frauenärztin A betreute die M im Verlauf ihrer Schwangerschaft und nahm insgesamt elf Ultraschall-Untersuchungen vor. Während dieser Untersuchungen fragte die M wiederholt nach, ob mit dem Kind alles in Ordnung sei, was A stets bejahte. Bei einer in der sechzehnten Schwangerschaftswoche durchgeführten Untersuchung übersah A, dass die von ihr erhobenen Messergebnisse den Verdacht auf erhebliche Fehlbildungen des Embryos infolge genetischer Defekte nahelegten. Das Kind kam mit schwersten körperlichen und geistigen Behinderungen zur Welt. Bei M führte dies zu erheblichen psychischen Beeinträchtigungen. Bereits zu Beginn der Schwangerschaft hatte ihre Therapeutin in der Patientenakte festgehalten, dass drohende Missbildungen des Kindes sehr wahrscheinlich eine deutliche Verschlechterung des seelischen Gesundheitszustandes der M zur Folge hätten.

M und ihr Ehemann V klagen gegen A im Namen des Kindes K sowie aus eigenem Recht auf Schadensersatz mit der Begründung, dass sie sich bei zutreffender genetischer Beratung für einen Schwangerschaftsabbruch entschieden hätten. Ist die zulässige Klage begründet?

B. Lösung

Die Klage ist begründet, soweit K oder M und V ein Anspruch gegen A auf Schadensersatz zusteht.

I. Ansprüche des K
Zunächst könnte dem Kind K ein Schadensersatzanspruch gegen A zustehen, die bei der Untersuchung in der sechzehnten Schwangerschaftswoche den genetischen Defekt übersehen hat. Ein Schadensersatzanspruch setzt voraus, dass K einen **Schaden**

erlitten hat. Schaden ist jede unfreiwillige Vermögenseinbuße, materielle Schäden werden mithilfe der **Differenzhypothese** ermittelt, vgl. § 249 Abs. 1 BGB. Es wird der tatsächliche Kausalverlauf mit dem hypothetischen Kausalverlauf ohne das schädigende Ereignis verglichen.[44] K kam mit schwersten Behinderungen zur Welt. Diese beruhen indes nicht auf dem Fehler der A, vielmehr auf genetischen Defekten. K wäre auch dann mit den schwersten Behinderungen zur Welt gekommen, wenn A erkannt hätte, dass die Messergebnisse den Verdacht erheblicher Fehlbildungen des Embryos nahelegten. In einem solchen Fall hätten sich M und V zum Abbruch der Schwangerschaft entschieden. Der hypothetische Kausalverlauf führt also nicht zu einem Leben ohne Behinderungen, vielmehr dazu, dass K nicht auf die Welt gekommen wäre. Es lässt sich aber kein Recht auf die eigene Nichtexistenz postulieren. Die Existenz kann auch **nicht als Nachteil gegenüber der Nichtexistenz** begriffen werden, mag sie noch so beschwerlich sein.[45] K hat somit keinen Schaden im Rechtssinne erlitten, sodass K keine Schadensersatzansprüche gegen A zustehen.

Mit einer ähnlichen Argumentation verneint BGHZ 221, 352 (357 ff.) = NJW 2019, 1741 (1742 f.) = MedR 2019, 722 (723 f.) die Frage, ob die **Verlängerung des Lebens** durch künstliche Ernährung als Schaden zu begreifen ist. Diese Rspr. wurde durch BVerfG NJW 2023, 356 (358) = MedR 2023, 468 (469) m. krit. Anm. *Schmidt-Recla* bestätigt.

Beruhten die Behinderungen des K dagegen auf einer **Schädigung der Leibesfrucht** durch A, könnte K Schadensersatzansprüche gegen A geltend machen. Zwar verlangt § 823 Abs. 1 BGB die Verletzung „eines anderen". Das kann nicht die Leibesfrucht, sondern nur ein rechtsfähiger Mensch sein, vgl. § 1 BGB. Wer allerdings lebend geboren ist, kann Ersatz wegen eines Schadens verlangen, der auf eine Verletzung der Leibesfrucht zurückzuführen ist (BGHZ 8, 243 (247 ff.) = NJW 1953, 417 f.; BGHZ 58, 48 (49 ff.) = NJW 1972, 1126 f.).

II. Ansprüche von M und V
1. §§ 630a Abs. 1, 280 Abs. 1 BGB
M und V könnte gegen A ein Schadensersatzanspruch gem. §§ 630a Abs. 1, 280 Abs. 1 BGB zustehen.

a. Schuldverhältnis
Dann müsste zunächst ein Schuldverhältnis zwischen M und A bestehen. M und A haben einen Vertrag über eine Schwangerschaftsbetreuung geschlossen, der einen **Behandlungsvertrag** gem. § 630a BGB darstellt.

Auch zwischen V und A müsste ein Schuldverhältnis bestehen. V und A haben keinen Vertrag geschlossen, V könnte aber nach den Grundsätzen des **Vertrags mit Schutzwirkung zugunsten Dritter**[46] in den Schutzbereich des zwischen M und A bestehenden Behandlungsvertrags einbezogen sein. Als Ehemann der M ist V den

---

[44] Zur Differenzhypothese s. etwa *Looschelders*, Schuldrecht AT, 21. Aufl. 2023, § 44 Rn. 3.
[45] BGHZ 86, 240 (250 ff.) = NJW 1983, 1371 (1373 f.) = MedR 1983, 101 (102 ff.); *Katzenmeier*, in: Laufs/Katzenmeier/Lipp, Arztrecht, Kap. X Rn. 135; a.A. *Wagner*, in: MüKo-BGB, § 823 Rn. 275.
[46] Zum Behandlungsvertrag mit Schutzwirkung zugunsten Dritter s. etwa bereits → § 12, Fall 2.

Gefahren einer Schlechtleistung der A ebenso ausgesetzt wie M, sodass eine Leistungsnähe gegeben ist. M hatte ein berechtigtes Interesse an der Einbeziehung des V, die Leistungsnähe des V und das Einbeziehungsinteresse der M waren für A auch erkennbar. Mangels eigener vertraglicher Ansprüche ist V schutzbedürftig. Folglich ist V in den Schutzbereich des zwischen M und A geschlossenen Behandlungsvertrags einbezogen.[47]

b. Pflichtverletzung
A müsste eine Pflicht aus dem Behandlungsvertrag verletzt haben. Der Vertrag über die Schwangerschaftsbetreuung umfasst die Pflicht zur **Beratung der M über die erkennbare Gefahr einer Fehlbildung** der Leibesfrucht. A verkannte, dass die von ihr erhobenen Messergebnisse den Verdacht auf erhebliche Fehlbildungen des Embryos nahelegten und informierte M nicht über diese Gefahren. Folglich hat A ihre Pflicht aus dem Behandlungsvertrag verletzt.

Die bei der Arzthaftung betonte „Strukturgleichheit" der vertraglichen mit der deliktischen Haftung (→ § 9, Grundlagen, A. I.; → § 9, Fall 1, Frage 1) führt bei Ansprüchen wegen einer erlittenen Körper-/Gesundheitsverletzung dazu, dass auch im Rahmen des vertraglichen Anspruchs die Rechtsgutsverletzung zum Haftungsgrund zählt, sperrt aber nicht i.Ü. eine Haftung von Ärzten für primäre Vermögensschäden.

c. Vertretenmüssen
A müsste die Pflichtverletzung auch zu vertreten haben, dies wird nach § 280 Abs. 1 S. 2 BGB vermutet. A trägt nichts zu ihrer Entlastung vor. Vielmehr übersah sie den anhand der Messergebnisse naheliegenden Verdacht auf erhebliche Fehlbildungen infolge genetischer Defekte, ließ damit die im Verkehr erforderliche Sorgfalt außer Acht und handelte gem. § 276 Abs. 2 BGB fahrlässig. A hat ihre Pflichtverletzung somit zu vertreten.

d. Schaden
M und V müsste zudem ein nach §§ 249 ff. BGB ersatzfähiger Schaden entstanden sein. Dieser ist nach der Differenzhypothese zu ermitteln. Bei zutreffender Beratung hätte sich M für einen Abbruch der Schwangerschaft entschieden, sodass K nicht geboren worden wäre. Die Geburt und **Existenz eines Kindes** als solche können schon aufgrund der Unantastbarkeit der Menschenwürde aus Art. 1 Abs. 1 GG nicht als Schaden qualifiziert werden.[48] Infolge der Geburt trifft M und V aber eine **Unterhaltspflicht** nach § 1601 ff. BGB. Diese wäre bei pflichtgemäßer Beratung durch A nicht entstanden, sodass nach der Differenzhypothese M und V ein Schaden in Form der Unterhaltspflicht entstanden ist.

---

[47] Vgl. BGHZ 76, 259 (262) = NJW 1980, 1452 (1453).
[48] BVerfGE 88, 203 (LS 14, 296) = NJW 1993, 1751 (LS 14, 1764) = MedR 1993, 301 (LS 14, 315 f.). Da die Existenz des Kindes selbst nicht den Schaden darstellt, ist das Schlagwort „Kind als Schaden" irreführend, BGHZ 76, 249 (253) = NJW 1980, 1450 (1451).

Dieses Ergebnis der Differenzhypothese hängt nicht davon ab, ob das Kind krank oder gesund zur Welt gekommen ist. Die Belastung mit der Unterhaltspflicht tritt bei jeder Geburt eines **ungewollten Kindes** ein („wrongful birth"). Entsprechende Fragestellungen treten daher nicht nur bei gescheiterten Schwangerschaftsabbrüchen, sondern etwa auch bei fehlgeschlagener Sterilisation auf (zu verschiedenen Fallgruppen BGH NJW 2008, 2846 (2847) = MedR 2009, 44 f. m.w.N.; *Katzenmeier*, in: Laufs/Katzenmeier/Lipp, Arztrecht, Kap. X Rn. 134).

Fraglich ist jedoch, ob dieses mittels der Differenzhypothese gefundene Ergebnis einer **normativen Korrektur** bedarf. Dafür spricht, dass die Unterhaltskosten gerade auf der Existenz des Kindes als solcher beruhen, sodass nicht zwischen dem Kind als Wert und seinen Unterhaltskosten als Schaden differenziert werden könne. Die Unterhaltspflicht knüpft an die Abstammung an; sie könne nicht – nach schuldrechtlichen Grundsätzen im Wege der Schadensersatzpflicht – auf Dritte abgewälzt werden. Für das Kind könnten nachteilige seelische Folgen drohen, erführe es später, dass seine Existenz unerwünscht ist und als Schadensereignis gewertet wird.[49]

Allerdings trägt eine Ersatzpflicht gerade dazu bei, die mit der Geburt des Kindes verbundenen wirtschaftlichen Lasten für die Familie zu neutralisieren und wirkt so einer negativen Position des Kindes in der Familie entgegen. Ferner hätte die normative Korrektur eine Freistellung des Arztes von der Haftung für seine Pflichtverletzung und somit einen schwerwiegenden Eingriff in das Gefüge vertraglicher Interessen zur Folge. Als rein schadensrechtliche Betrachtung bleibt die Ersatzpflicht auf die wirtschaftlichen Auswirkungen der Geburt beschränkt und enthält gerade kein Werturteil über die Existenz des Kindes.[50] Folglich ist eine normative Korrektur der Differenzhypothese nicht angezeigt, die Belastung mit der Unterhaltspflicht für K ist ein ersatzfähiger Schaden.[51]

Es handelt sich um eine **Grundsatzfrage**, bzgl. derer das BVerfG mehrfach angerufen worden ist und dessen beide Senate unterschiedlicher Auffassung sind.

Der **Zweite Senat** hat ausgesprochen: „Die Verpflichtung aller staatlichen Gewalt, jeden Menschen in seinem Dasein um seiner selbst willen zu achten (…), verbietet es, die Unterhaltspflicht für ein Kind als Schaden zu begreifen" (BVerfGE 88, 203 (LS 14, 296) = NJW 1993, 1751 (LS 14, 1764) = MedR 1993, 301 (LS 14, 315 f.)).

Wenig später hat der **Erste Senat** jedoch (in einem u.a. gegen die Entscheidung BGHZ 124, 128 = NJW 1994, 788 = MedR 1994, 441 gerichteten Verfahren) entschieden, dass die Rspr. der Zivilgerichte nicht gegen Art. 1 Abs. 1 GG verstoße. Er meint: „Hinsichtlich der Vertragshaftung fußen die angegriffenen Entscheidungen auf dem herkömmlichen Verständnis des Vermögensschadens, wonach grds. auch Unterhaltsverpflichtungen als Schaden i.S.d. § 249 BGB angesehen werden können, sowie auf der Schadensermittlung nach der Differenzmethode" (BVerfGE 96, 375 (395) = NJW 1998, 519 (520) = MedR 1998, 176 (177)).

---

[49] Vgl. *Laufs*, NJW 1998, 796 (797).
[50] BGHZ 124, 128 (139 ff.) = NJW 1994, 788 (791 f.) = MedR 1994, 441 (445 ff.).
[51] Str., ob nach § 249 BGB, so etwa *Schiemann*, in: Staudinger, BGB, Bearb. 2005, § 249 Rn. 206, oder nach § 251 Abs. 1 BGB, so LG München, VersR 1970, 428.

An sich hätte es in dieser Situation einer Entscheidung des **Plenums** bedurft, das vom Ersten Senat jedoch nicht angerufen wurde. Der Zweite Senat hat daraufhin in einer Stellungnahme erklärt, an seiner Auffassung auch für ärztliche Beratungsfehler und fehlgeschlagene Sterilisationen festzuhalten (BVerfGE 96, 409 (413) = NJW 1998, 523 (524)).

Der BGH hat sich durch die verfassungsgerichtliche Kontroverse nicht beirren lassen und hält an seiner Rspr. fest, dass die Belastungen der Eltern mit dem Unterhaltsaufwand für ein ungewünschtes Kind einen Vermögensschaden darstellen können (s. nur BGHZ 149, 236 = NJW 2002, 886 = MedR 2002, 356 m. Anm. *Wolf*; BGHZ 151, 133 = NJW 2002, 2636 = MedR 2002, 640 m. Anm. *Schmidt-Recla/Schumann* = JZ 2003, 151 m. Anm. *Stürner* = JR 2003, 66 m. Anm. *Katzenmeier*; BGH NJW 2023, 1878 = MedR 2023, 732 m. Anm. *Rother*).

e. Objektive Zurechnung
Die Belastung mit der Unterhaltspflicht müsste in objektiv zurechenbarer Weise auf der unterlassenen Information über den Verdacht erheblicher Fehlbildungen des Embryos beruhen.

aa. Kausalität
Kausalität i.S.d. Äquivalenztheorie ist gegeben, wenn die unterlassene Information über den Verdacht erheblicher Fehlbildungen des Embryos nicht hinzugedacht werden kann, ohne dass die Belastung mit der Unterhaltspflicht mit an Sicherheit grenzender Wahrscheinlichkeit entfiele.[52] M gibt an, dass sie sich bei ordnungsgemäßer Information für einen Schwangerschaftsabbruch entschieden hätte, sodass K nicht geboren worden und die Unterhaltspflicht von M und V nicht entstanden wäre.

bb. Adäquanz
Es liegt nicht außerhalb jeglicher Lebenserfahrung, dass eine unterlassene Information über den Verdacht erheblicher Fehlbildungen des Embryos zu einer Belastung der Eltern mit einer Unterhaltspflicht führt, die bei pflichtgemäßer Beratung nicht entstanden wäre, sodass diese eine adäquate Folge der Pflichtverletzung ist.

cc. Schutzzweck der Norm
Eine Unterhaltspflicht gegenüber dem K ist nur dann vom Schutzzweck der Norm umfasst, wenn M die Schwangerschaft bei korrekter Information rechtmäßig hätte abbrechen dürfen und ein solcher Abbruch jedenfalls auch den Schutz der M vor einer Belastung mit der vollen Unterhaltspflicht bezweckt hätte.

(1) Rechtmäßigkeit des Schwangerschaftsabbruchs
Ein Schadensersatzanspruch setzt voraus, dass M die Schwangerschaft bei korrekter Information **von Rechts wegen hätte abbrechen dürfen**. Hingegen kann ein aus einem rechtswidrigen Verhalten resultierender hypothetischer Kausalverlauf nicht zu einem zivilrechtlichen Ersatzanspruch führen.

---

[52] Vgl. BGHZ 192, 298 (302) = NJW 2012, 850 = MedR 2012, 456 (457); *Höpfner*, in: Staudinger, BGB, § 249 Rn. 11 m.w.N.

Aus § 218 Abs. 1 StGB folgt ein grds. Verbot des Schwangerschaftsabbruchs.[53] Insoweit ist auch die zivilrechtliche Haftung für die ungewünschte Geburt eines Kindes eingeschränkt.[54] Der Schwangerschaftsabbruch kann aber nach **§ 218a Abs. 2, 3 StGB gerechtfertigt** werden. Nur dann kommt ein Schadensersatzanspruch bzgl. der Unterhaltslast für ein ungewünschtes Kind in Betracht. Es besteht eine strenge **Anbindung der zivilrechtlichen Haftung an die strafrechtliche Indikationsregelung.**

Ein Schwangerschaftsabbruch bis zur zwölften Woche nach der Beratungslösung des **§ 218a Abs. 1 StGB** bleibt zwar aus dem Tatbestand des § 218 Abs. 1 StGB ausgeklammert und somit straflos, ist aber **rechtswidrig** (zu der unübersichtlichen und schwierig zu durchschauenden Vorschrift s. nur *Satzger*, Jura 2008, 424). Ein nicht ermöglichter Schwangerschaftsabbruch auf Grundlage dieser Beratungslösung begründet somit keinen Schadensersatzanspruch (BGH NJW 2002, 1489 (1490) = MedR 2002, 463 (464)).

Eine Rechtfertigung nach **§ 218a Abs. 2 StGB** setzt voraus, dass der Abbruch der Schwangerschaft durch einen Arzt erfolgt und nach ärztlicher Einschätzung angezeigt ist, um **Gefahren für Leben oder Gesundheit der Schwangeren** abzuwenden, die nicht auf andere zumutbare Weise beseitigt werden können. Zur Feststellung von Gefahren für Leben oder Gesundheit der Schwangeren bedarf es einer nachträglichen, auf den Zeitpunkt des möglichen Schwangerschaftsabbruchs bezogenen Prognoseentscheidung, wobei an die Darlegung keine zu hohen Anforderungen gestellt werden dürfen.[55] Bereits zu Beginn der Schwangerschaft hatte die Therapeutin der M in der Patientenakte festgehalten, dass drohende Missbildungen des Kindes wahrscheinlich eine deutliche Verschlechterung des seelischen Gesundheitszustandes der M nach sich zögen.

Fraglich ist, ob eine aus der Sorge vor schwerer Behinderungen des Kindes resultierende Gesundheitsbeeinträchtigung der Mutter für die Annahme einer medizinischen Indikation nach § 218a Abs. 2 StGB ausreicht. Die embryopathische Indikation nach § 218a Abs. 3 StGB a.F., die einen Schwangerschaftsabbruch wegen Missbildungen des Kindes bis zur 22. Schwangerschaftswoche ermöglichte, wurde im Jahr 1995 aus dem Gesetz gestrichen, um einer Diskriminierung von Menschen mit Behinderung entgegenzuwirken.[56] Erkennt man aufgrund der mit der drohenden Behinderung des Kindes verbundenen Beeinträchtigungen der Mutter eine medizinische Indikation an, lebt die embryopathische Indikation nicht nur fort, sondern ist zeitlich nicht einmal mehr befristet; dies verkehrt die Aufhebung der embryopathischen Indikation in ihr Gegenteil.[57] Allerdings entspricht es dem Willen des Gesetzgebers, Fälle der embryopathischen Indikation durch § 218a Abs. 2 StGB aufzufangen.[58] Zudem verlangt § 218a

---

[53] Aus der Diskussion um eine Entkriminalisierung des Schwangerschaftsabbruchs s. einerseits *Kreß*, MedR 2023, 699, andererseits *Duttge*, MedR 2023, 787

[54] BGHZ 129, 178 (185) = NJW 1995, 1609 (1610) = MedR 1995, 398 (400); *G. Müller*, NJW 2003, 697 (700).

[55] BGH NJW 2006, 1660 (1661) = MedR 2007, 246 (247).

[56] BT-Drs. 13/1850, S. 25 f.

[57] *Katzenmeier*, JR 2003, 70 (71); *Schmidt-Recla/Schumann*, MedR 2002, 643 (645).

[58] BT-Drs. 13/1850, S. 26.

Abs. 2 StGB eine eigene, schwerwiegende und nicht anders abwendbare Gesundheitsgefahr für die Schwangere und bringt somit eigene strenge Voraussetzungen mit sich.[59] Daher können auch Gesundheitsbeeinträchtigungen, die aus der Sorge vor schwerer Behinderungen des Kindes resultieren, eine medizinische Indikation begründen.

M drohte eine schwerwiegende Beeinträchtigung ihres Gesundheitszustands, die nicht anders als durch einen Schwangerschaftsabbruch hätte abgewendet werden können. Eine Frist besteht im Rahmen des § 218a Abs. 2 StGB nicht. Ein Schwangerschaftsabbruch in der sechzehnten Schwangerschaftswoche durch einen Arzt wäre folglich nach § 218a Abs. 2 StGB gerechtfertigt gewesen, kann daher als hypothetischer Kausalverlauf berücksichtigt werden.

(2) Schutzzweck des § 218a Abs. 2 StGB
Für einen Schadensersatzanspruch müsste der Schutzzweck des § 218a Abs. 2 StGB aber jedenfalls auch darin bestehen, M vor Unterhaltszahlungen zu bewahren. Die Regelung zum Schwangerschaftsabbruch aufgrund medizinischer Indikation nach § 218a Abs. 2 StGB soll die Mutter vor **gesundheitlichen Gefahren** bewahren, die ihr durch das Fortbestehen der Schwangerschaft als solcher oder durch die bevorstehende Geburt drohen, nicht aber vor erst nach der Geburt des Kindes eintretenden Lebensumständen.[60] So ist die finanzielle Belastung mit dem Unterhalt, die erst mit der Geburt des Kindes entsteht, grds. nicht vom Schutzzweck der Norm erfasst.

Ein anderes Ergebnis ist aber angezeigt, wenn der Mutter schwerwiegende Gefahren für Leib und Leben nicht nur durch die Schwangerschaft oder die Geburt, sondern gerade auch für die Zeit nach der Geburt drohen. In diesen Fällen erstreckt sich der Schutzzweck des § 218a Abs. 2 StGB auch auf die Gefahren durch das „Haben" des Kindes und somit auch auf die Unterhaltsbelastung.[61] Die Therapeutin der M hatte bereits zu Beginn der Schwangerschaft festgestellt, dass drohende Missbildungen des Kindes sehr wahrscheinlich eine deutliche Verschlechterung des seelischen Gesundheitszustandes der M zur Folge hätten, dieser erfasst auch die Zeit nach der Geburt. Folglich drohten der Mutter auch in diesem Zeitraum schwerwiegende Gesundheitsgefahren, sodass die Belastung mit der Unterhaltspflicht ebenfalls vom Schutzzweck des § 218a Abs. 2 StGB umfasst war.

(3) Begrenzung auf behinderungsbedingten Mehrbedarf?
Der Schutzzweck des § 218a Abs. 2 StGB könnte gebieten, den Ersatzanspruch auf den behinderungsbedingten Mehrbedarf zu begrenzen. Die Schwangerschaft als solche bestand aufgrund des freien Willens von M und V, die somit zur Übernahme der Unterhaltskosten für ein gesundes Kind bereit waren. Die von A durchgeführte

---

[59] *G. Müller*, NJW 2003, 697 (702 ff.).
[60] BGH NJW 1985, 2749 (LS 3, 2751 f.) = MedR 1985, 272 (LS c), 274 f.).
[61] BGHZ 151, 133 (146) = NJW 2002, 2636 (2639) = MedR 2002, 640 (643) m. abl. Anm. *Schmidt-Recla/Schumann* = JZ 2003, 151 (155) m. abl. Anm. *Stürner* = JR 2003, 66 (70) m. Anm. *Katzenmeier*. So auch bereits BGH NJW 1985, 671 (LS 1, 672) auf Grundlage der früheren Notlagenindikation.

Untersuchung könnte so gesehen nur darauf gerichtet sein, behinderungsbedingte Mehrbelastungen zu verhindern.[62]

Nach der Differenzhypothese können aber grds. nur die Situation mit Kind und die ohne Kind verglichen werden, die Geburt eines gesunden Kindes war angesichts der genetischen Fehlbildungen nicht möglich. M und V wollten sich auch nicht nur vor Mehrausgaben für ein behindertes Kind schützen, sondern ein krankes Kind überhaupt nicht zur Welt bringen. Der Respekt vor der Würde des Kindes verbietet es, seinen Unterhaltsbedarf mit demjenigen eines „normalen" Kindes zu vergleichen. Folglich ist der Ersatzanspruch nicht unter Schutzzweckerwägungen auf den behinderungsbedingten Mehrbedarf begrenzt, sondern umfasst den gesamten Unterhalt des K.[63]

dd. Zwischenergebnis
Die Belastung der Eltern mit der Unterhaltspflicht für K ist der Ärztin A, die nicht über den Verdacht erheblicher Fehlbildungen des Embryos informierte, objektiv zuzurechnen.

f. Ergebnis
M und V steht somit gegen A ein Schadensersatzanspruch gem. §§ 630a Abs. 1, 280 Abs. 1 BGB zu, der auf Freistellung von dem gesamten Unterhalt des K gerichtet ist.

2. § 823 Abs. 1 BGB
M und V könnte überdies ein Schadensersatzanspruch gegen A aus § 823 Abs. 1 BGB zustehen.

a. Rechtsgutsverletzung
Dies setzt voraus, dass M und V in einem nach § 823 Abs. 1 BGB geschützten Recht oder Rechtsgut verletzt wurden.

aa. Körperverletzung
In Betracht kommt eine Körperverletzung der M. Indes ist die Ärztin A nicht für den Eintritt der Schwangerschaft der M, sondern nur für den nicht vorzeitigen Abbruch verantwortlich, der nicht den Tatbestand der Körperverletzung erfüllt. M ist somit nicht am Körper verletzt.[64]

Sieht man dies anders, umfasste der Anspruch grds. nur die durch den Fortbestand der Schwangerschaft verursachten Schäden. Dazu kann ein Schmerzensgeld für die Mutter zählen, wenn die mit der Schwangerschaft verbundenen Beschwerden diejenigen einer natürlichen, komplikationslosen Geburt übersteigen (BGHZ 86, 240 (248) = NJW 1983, 1371 (1373) = MedR 1983, 101). Der Kindesunterhalt wird nicht vom Schutzzweck des Körperverletzungsverbots erfasst.

---

[62] Dafür LG Köln MedR 1999, 323 (LS 2, 327) = VersR 1999, 968 (LS 2, 971) m. zust. Bespr. *Büsken*, VersR 1999, 1076.
[63] BGHZ 89, 95 (104 f.) = NJW 1984, 658 (660); BGHZ 124, 128 (145 f.) = NJW 1994, 788 (792 f.) = MedR 1994, 441 (447). Zur Berechnung s. BGHZ 76, 259 (270 ff.) = NJW 1980, 1452 (1455 f.).
[64] Zu den Fällen einer Ersatzpflicht für die Herbeiführung oder das Fortbestehen einer ungewollten Schwangerschaft s. die Nachweise bei *Katzenmeier*, in: NK-BGB, § 823 Rn. 16.

bb. Allgemeines Persönlichkeitsrecht
M und V könnten in ihrem allgemeinen Persönlichkeitsrecht verletzt sein. In Betracht kommt ein „Recht auf selbstbestimmte Familienplanung".[65] Für die Anerkennung eines solchen Rechts spricht die Bedeutung der Entscheidung für die Entfaltung der Persönlichkeit. Folge wäre allerdings eine vom Gesetzgeber nicht gewollte Ausweitung des deliktischen Rechtsgüterschutzes, sodass ein „Recht auf selbstbestimmte Familienplanung" abzulehnen ist.[66] M und V sind nicht in ihrem Allgemeinen Persönlichkeitsrecht verletzt.

cc. Zwischenergebnis
Weder M noch V ist durch die unterbliebene Information der A in einem nach § 823 Abs. 1 BGB geschützten Rechtsgut verletzt.

b. Ergebnis
Weder M noch V steht gegen A ein Schadensersatzanspruch gem. § 823 Abs. 1 BGB zu.

III. Gesamtergebnis
K hat keinen Anspruch gegen A. M und V steht ein Anspruch gegen A gem. §§ 630a Abs. 1, 280 Abs. 1 BGB auf Freistellung von den gesamten Unterhaltskosten für K zu.[67]

Klausur 3: Aufgeklärt oder nicht? – Haftung in der Gemeinschaftspraxis; Medikament-Beipackzettel und ärztliche Aufklärungspflicht; Einwand hypothetischer Einwilligung

A. Sachverhalt

Die im Juli 1995 geborene P befindet sich seit mehreren Jahren wegen einer Dysmenorrhoe (Menstruationsbeschwerden) und einer damit einhergehenden Eisenmangelanämie in Behandlung in der „Gynäkologischen Gemeinschaftspraxis Dres. A, B und C GbR" (G), die Gesellschafter A, B und C sind nach dem Gesellschaftsvertrag jeweils einzelvertretungsberechtigt. Im November 2024 verordnete A der P, die – wie in der elektronischen Patientendatei vermerkt – Raucherin war, das

---

[65] *Hager*, in: Staudinger, BGB, § 823 Rn. C 245; *Neuner*, AcP 214 (2014), 459: Recht auf „reproduktive Selbstbestimmung"; über ein „körperliches Selbstbestimmungsrecht" *Wagner*, in: MüKo-BGB, § 823 Rn. 268.

[66] So OLG Karlsruhe NJW 1979, 599 (601); OLG Frankfurt MedR 1993, 266 (267); OLG Köln VersR 1997, 1006 (1007).

[67] Dieses Ergebnis führt in der Praxis zu besonderen Problemen, wenn die Eltern sterben und ihre Unterhaltsverpflichtung somit wegfällt. Dann steht das Kind ohne Anspruch da, obwohl es einer Versorgung gerade am meisten bedarf. Reformvorschlag bei *Katzenmeier*, in: Laufs/Katzenmeier/Lipp, Arztrecht, Kap. X Rn. 137 ff.

Empfängnisverhütungsmittel Cyclosa zur Regulierung der Menstruationsbeschwerden. P nahm daraufhin das verordnete Medikament seit Ende Dezember 2024 ein. Der Beipackzettel enthielt unter dem Punkt „Nebenwirkungen" folgenden Hinweis: „Warnhinweis: Bei Raucherinnen, die östrogen-gestagen-haltige Arzneimittel anwenden, besteht ein erhöhtes Risiko, an zum Teil schwerwiegenden Folgen von Gefäßveränderungen (z.B. Herzinfarkt, Schlaganfall) zu erkranken. Das Risiko nimmt mit zunehmendem Alter und steigendem Zigarettenkonsum zu. Frauen, die älter als 30 Jahre sind, sollen deshalb nicht rauchen, wenn sie östrogen-gestagen-haltige Arzneimittel einnehmen." Im Februar 2025 erlitt P einen Schlaganfall.

A ist in der Zwischenzeit in den Ruhestand getreten und hat ein Altersdomizil in Saint-Tropez bezogen. P möchte eine Vollstreckung im Ausland vermeiden und erhebt daher Klage auf Schadensersatz gegen C. Im Prozess beruft sich P u.a. darauf, nicht ordnungsgemäß über die Risiken der Medikation aufgeklärt worden zu sein. Lediglich die Sprechstundenhilfe habe bei Aushändigung des Rezeptes geäußert, dass sich Pille und Rauchen nicht vertrügen. C bestreitet, dass A die P nicht über die Risiken informiert habe, jedenfalls aber habe die Sprechstundenhilfe die Wechselwirkungen angesprochen. Außerdem seien Risiken, Neben- und Wechselwirkungen auch der Gebrauchsinformation zu entnehmen. Überdies ist C der Auffassung, angesichts der langwierigen Behandlungsgeschichte hätte P auf jeden Fall in die Behandlung eingewilligt. P gibt glaubhaft an, dass sie bei Kenntnis der schwerwiegenden Risiken mit dem Rauchen aufgehört hätte. Laut dem im Prozess eingeholten Sachverständigengutachten beruht der Infarkt auf einer Wechselwirkung zwischen dem Präparat Cyclosa und dem von P während der Einnahme zugeführten Nikotin.

Hat die zulässige Klage Aussicht auf Erfolg?

B. Lösung

Die zulässige Klage hat Erfolg, soweit sie begründet ist. Begründet ist die Klage, wenn P gegen C der geltend gemachte Anspruch auf Ersatz des materiellen und immateriellen Schadens zusteht.

I. §§ 630a Abs. 1, 280 Abs. 1 i.V.m. § 721 BGB
P könnte gegen C ein Anspruch auf Ersatz des materiellen und immateriellen Schadens gem. §§ 630a Abs. 1, 280 Abs. 1 i.V.m. § 721 BGB zustehen. Nach § 721 BGB haften die Gesellschafter einer rechtsfähigen GbR für die Verbindlichkeiten der Gesellschaft den Gläubigern als Gesamtschuldner persönlich.[68] Hierfür bedarf es einer bestehenden rechtsfähigen GbR, einer diese treffende Verbindlichkeit, sowie der Gesellschafterstellung des C bei Begründung der Verbindlichkeit.

---

[68] Zu den Voraussetzungen im Einzelnen *Schäfer*, in: MüKo-BGB, § 721 Rn. 11 ff. Vor dem 1.1.2024 wurde dieses Ergebnis mit einer Analogie zu § 128 HGB a.F. (heute § 126 HGB) begründet, s. dazu nur BGHZ 146, 341 (358) = NJW 2001, 1056 (1061) = JZ 2001, 655 (660) m. Anm. *Wiedemann*.

1. Bestehen einer GbR
Die G nimmt nach dem gemeinsamen Willen der Gesellschafter A, B und C am Rechtsverkehr teil und ist mithin eine nach § 705 Abs. 2 Alt. 1 BGB rechtsfähige GbR.

2. Verbindlichkeit der G
Es müsste eine Verbindlichkeit der G bestehen. Diese könnte sich aus §§ 630a Abs. 1, 280 Abs. 1 BGB ergeben.

a. Schuldverhältnis
Dazu müsste P mit der G einen wirksamen Behandlungsvertrag geschlossen haben. Hierfür bedarf es zweier übereinstimmender und mit Bezug aufeinander abgegebener Willenserklärungen von G und P, §§ 145, 147 BGB.

aa. Willenserklärung der G
Fraglich ist, ob die G eine entsprechende Willenserklärung abgegeben hat. G ist selbst nicht handlungsfähig, sodass sie zur Begründung einer Verbindlichkeit wirksam vertreten werden muss. In Betracht kommt eine **Vertretung durch A gem. §§ 720, 164 BGB**. Dazu müsste A eine Willenserklärung im Namen der G mit Vertretungsmacht abgegeben haben. A hat die Behandlung der P übernommen und damit jedenfalls konkludent eine auf Abschluss eines Behandlungsvertrags gerichtete Willenserklärung abgegeben.[69] A war auch einzelvertretungsberechtigt, handelte also mit Vertretungsmacht.

A müsste die Willenserklärung auch im Namen der GbR abgegeben haben. A und P haben sich nicht ausdrücklich verständigt, dass der Vertrag mit der G zustande kommen soll. Gem. § 164 Abs. 1 S. 2 BGB kann sich das Handeln in fremdem Namen aber auch aus den Umständen ergeben. A, B und C sind gegenüber P als Gemeinschaftspraxis aufgetreten und haben ein gemeinschaftliches Leistungsangebot unterbreitet. Für P war erkennbar, dass die ärztlichen Leistungen von jedem der Gesellschafter in gleicher Weise erbracht werden können. Nach §§ 133, 157 BGB stellt sich die Behandlungsübernahme durch A für P somit als Erklärung im Namen der G dar.[70]

Die G hat, nach §§ 720, 164 BGB vertreten durch A, eine auf Abschluss eines Behandlungsvertrags mit P gerichtete Willenserklärung abgegeben.

bb. Willenserklärung der P
Auch P müsste eine auf Abschluss eines Behandlungsvertrags mit der G gerichtete Willenserklärung abgegeben haben. P hat keine ausdrückliche Erklärung abgegeben, sondern sich schlicht in die Behandlung des A begeben. Der Erklärungsgehalt dieses Verhaltens ist mittels Auslegung gem. §§ 133, 157 BGB zu bestimmen. P hat die **Vorteile der Gemeinschaftspraxis** wie die Gelegenheit kollegialer Besprechungen und die gesteigerten Möglichkeiten der personellen und apparativen

---
[69] Zum konkludenten Abschluss eines Behandlungsvertrags → § 6, Fall 1.
[70] S. dazu → § 6, Fall 6, Frage 1.

Ausstattung **bewusst in Anspruch genommen**. Zu diesen Vorteilen gehört auch, dass bei Verhinderung eines Arztes ein anderer Arzt-Gesellschafter die Behandlung vornehmen kann. A konnte daher davon ausgehen, dass P nicht einen bestimmten Arzt allein, sondern alle in der Praxis zusammengeschlossenen Ärzte mit den medizinischen Leistungen betrauen will. P hat somit eine auf Abschluss eines Behandlungsvertrags mit der G gerichtete Willenserklärung abgegeben.[71]

cc. Zwischenergebnis
P und G, letztere nach §§ 720, 164 BGB vertreten durch A, haben einen wirksamen Behandlungsvertrag geschlossen.

b. Pflichtverletzung
G müsste eine Pflicht aus dem Behandlungsvertrag verletzt haben. Eine Pflichtverletzung kommt nur durch das individuelle Verhalten des **A** in Betracht, das der G **analog § 31 BGB** zuzurechnen wäre.[72] Pflichtverletzung i.S.d. § 280 Abs. 1 BGB kann sowohl der Verstoß gegen eine Leistungspflicht als auch gegen eine Nebenpflicht i.S.d. § 241 Abs. 2 BGB sein.[73]

aa. Behandlungsfehler
In Betracht kommt ein **Behandlungsfehler** in Form einer **Verletzung der Informationspflichten** aus § 630c Abs. 2 S. 1 BGB.[74] Danach hat der Behandelnde dem Patienten alle Umstände der Behandlung zu erläutern, die zur Sicherstellung des Behandlungserfolgs und der Vermeidung von Selbstgefährdungen erforderlich sind. Bei der Verschreibung von Medikamenten gehört dazu auch der Hinweis auf mögliche Nebenwirkungen.[75]

P macht geltend, A habe sie nicht darüber informiert, dass bei Raucherinnen, die östrogen-gestagen-haltige Arzneimittel anwenden, ein erhöhtes Risiko für schwerwiegende Folgen von Gefäßveränderungen (z. B. Herzinfarkt, Schlaganfall) besteht, dass er mithin gegen seine Informationspflichten aus § 630c Abs. 2 S. 1 BGB verstoßen habe.

C bestreitet die Behauptung der P, dass A diese nicht über das erhöhte Risiko informiert habe. Da es sich um eine zwischen den Parteien streitige, beweiserheblichen Tatsache handelt, stellt sich die Frage nach der Beweislast. Nach dem allgemeinen Grundsatz der Beweislastverteilung, dass jede Partei die tatsächlichen

---

[71] S. dazu → § 6, Fall 6, Frage 1.
[72] Vgl. bereits vor Regelung der Rechtsfähigkeit der Außen-GbR in § 705 Abs. 2 BGB BGHZ 154, 88 (93 ff.) = NJW 2003, 1445 (1446 f.) = MedR 2003, 632 (633) m. Anm. *Walter*; BGHZ 155, 205 (210) = NJW 2003, 2984 (2985); *Schäfer*, in: MüKo-BGB, § 705 Rn. 199.
[73] *Grüneberg*, in: Grüneberg, BGB, § 280 Rn. 12; zur vertraglichen Arzthaftung auch *Voigt*, in: NK-BGB, § 630a Rn. 50 f.
[74] BGHZ 107, 222 (227) = NJW 1989, 2319 (2319) = JZ 1989, 901 (903) m. Anm. *Laufs*; *Katzenmeier*, in: Laufs/Katzenmeier/Lipp, Arztrecht, Kap. V Rn. 16; s. bereits → § 9, Grundlagen, B. IV.
[75] BGHZ 162, 320 (323 f.) = NJW 2005, 1716 (1716); *Geiß/Greiner*, Arzthaftpflichtrecht, 8. Aufl. 2022, Rn. B 96.

Voraussetzungen der ihr günstigen Norm zu beweisen hat, obliegt es P zu beweisen, dass die Informationspflichten verletzt wurden.[76] Einen entsprechenden Beweis hat P nicht geführt, das verbleibende *non liquet* geht zu ihren Lasten. Eine Verurteilung der G zum Schadensersatz wegen Behandlungsfehlers scheidet aus.

bb. Aufklärungspflichtverletzung
Der fehlende Hinweis auf die schwerwiegenden Risiken der Wechselwirkungen von Rauchverhalten und Pilleneinnahme könnte aber zudem auch eine **Verletzung der Pflicht zur Selbstbestimmungsaufklärung** nach § 630e BGB darstellen. Insofern überschneiden sich die Pflichten aus § 630c Abs. 2 S. 1 BGB und **§ 630e Abs. 1 S. 2 BGB**.[77]

Der Eingriff des Arztes in die körperliche Unversehrtheit und die Gesundheit des Patienten ist nur zulässig, wenn er mit Einwilligung des Patienten erfolgt, § 630d Abs. 1 S. 1 BGB. Dies gilt auch für die Verschreibung aggressiver und nicht ungefährlicher Medikamente,[78] die einen ärztlichen Eingriff im weiteren Sinne darstellen.[79] Der Patient kann nur dann ordnungsgemäß in einen solchen Eingriff einwilligen, wenn ihm zuvor ein zutreffendes Bild von der Tragweite, der Schwere des Eingriffs und den damit verbundenen Risiken vermittelt wurde. Die Notwendigkeit zur Aufklärung über ein Risiko hängt dabei nicht in erster Linie davon ab, wie häufig es zu der Komplikation kommt. Maßgeblich ist vielmehr, dass die Lebensführung des Patienten schwer belastet würde, wenn sich das Risiko verwirklicht und es für den Eingriff spezifisch ist.[80] Bei den schwerwiegenden Folgen einer Gefäßverengung durch die Wechselwirkung von Medikament und Rauchen handelt es sich um für die Medikation **spezifische Risiken**. Verwirklicht sich eine solch schwere Komplikation, etwa in Gestalt eines Schlaganfalls oder Herzinfarkts, belastet dies die Lebensführung des Patienten schwer. Nur wenn P über diese typischen Risiken aufgeklärt worden wäre, hätte sie ihr Selbstbestimmungsrecht ordnungsgemäß ausüben können. Sie hätte sich dann für die Einnahme des Medikaments und gegen das Rauchen entschieden oder das Medikament verweigern und das Rauchen fortführen können.[81]

Ob A die P über die schwerwiegenden Risiken ordnungsgemäß informiert hat, ist streitig und nicht erwiesen. Nach **§ 630h Abs. 2 S. 1 BGB** hat **der Behandelnde** die ordnungsgemäße Aufklärung und Einwilligung des Patienten nachzuweisen.[82] Der Beweis erfordert gem. § 286 Abs. 1 S. 1 ZPO die volle richterliche Überzeugung

---

[76] Vgl. → § 12, Grundlagen, A.
[77] *Spickhoff*, VersR 2013, 267 (272 f.); *Katzenmeier*, in: BeckOK-BGB, § 630c Rn. 9.
[78] BGH NJW 1970, 511 (512 f.) = VersR 1970, 324 (325 f.); BGH NJW 1982, 697 (698) = VersR 1982, 147 (148 f.).
[79] BGHZ 162, 320 (324) = NJW 2005, 1716 (1717).
[80] BGHZ 126, 386 (389 ff.) = NJW 1994, 3012 f. = MedR 1995, 25 (26 ff.); BGHZ 162, 320 (324 f.) = NJW 2005, 1716 (1717); BGHZ 166, 336 (343) = NJW 2006, 2108 (2109) = MedR 2006, 588 (589); *Katzenmeier*, in: Laufs/Katzenmeier/Lipp, Arztrecht, Kap. V Rn. 30 f.; zum Umfang der Aufklärungspflicht → § 10, Grundlagen, D.
[81] Vgl. BGHZ 162, 320 (325) = NJW 2005, 1716 (1717).
[82] Dazu → § 12, Grundlagen, C.

von der Wahrheit, wobei an den von der Behandlungsseite zu erbringenden Nachweis keine überzogenen Anforderungen gestellt werden dürfen.[83] Ausreichend ist, wenn C darlegt und beweist, dass A generell ordnungsgemäß aufklärt und dass im konkreten Fall überhaupt ein Aufklärungsgespräch stattgefunden hat. C behauptet aber lediglich, dass A die P ordnungsgemäß aufgeklärt habe. Er kann sich auf keine weiteren Unterlagen, etwa eine Dokumentation des Aufklärungsgesprächs oder Sprechstundenhilfen als Zeugen, berufen. C hat die ordnungsgemäße Aufklärung und wirksame Einwilligung der P damit nicht bewiesen, sodass grds. **von einer Verletzung der Aufklärungspflicht durch A auszugehen** ist.

(1) Inhalt der Aufklärung
Etwas anderes könnte sich daraus ergeben, dass nach Satz 2 des Warnhinweises der Packungsbeilage des Medikaments Frauen, die älter als 30 Jahre alt sind, während der Einnahme des Medikaments auf das Rauchen verzichten sollten. P befand sich zum Zeitpunkt der Verschreibung des Medikaments in ihrem 30. Lebensjahr, war damit nicht älter als 30 Jahre, sodass eine Aufklärung über die Wechselwirkungen von Pilleneinnahme und Rauchverhalten entbehrlich gewesen sein könnte. Satz 1 des Warnhinweises stellt jedoch klar, dass das Risiko zwar mit zunehmendem Alter steigt, allerdings auch bei jüngeren Raucherinnen besteht. Auch P war damit über die **spezifischen Gefahren** der Medikation zu informieren. Das gilt umso mehr, als die Rauchereigenschaft der P in ihrer Patientenakte vermerkt war, A somit von diesem Umstand wusste. Folglich ändert das Alter der P nichts an der Verletzung der Aufklärungspflicht.

(2) Aufklärung durch die Packungsbeilage
Allerdings könnte eine Aufklärung der P mit Blick auf die **Packungsbeilage** zum Medikament entbehrlich sein. Darin fand sich der deutliche Warnhinweis, dass das Medikament in Verbindung mit Nikotin das ernsthafte Risiko eines Herzinfarkts oder Schlaganfalls in sich birgt. Bei solch schwerwiegenden Nebenwirkungen aber kann der Warnhinweis in einer Packungsbeilage das **Aufklärungsgespräch nicht ersetzen**. Bei Rauchern ist auch der Suchtfaktor zu berücksichtigen, sodass sich A nicht darauf verlassen konnte, dass P den Warnhinweis in der Packungsbeilage lesen und befolgen würde.[84] Der Arzt bleibt zur mündlichen Aufklärung über spezifische Risiken verpflichtet.[85]

(3) Aufklärung durch die Sprechstundenhilfe
Fraglich ist, ob der **Hinweis der Sprechstundenhilfe** das Aufklärungsdefizit durch A ausgleichen kann. Bei Aushändigen des Rezepts wies diese P darauf hin, dass sich Pille und Rauchen nicht vertrügen. Zwar muss nicht zwangsläufig der behandelnde Arzt selbst den Patienten aufklären. Gem. **§ 630e Abs. 2 S. 1 Nr. 1 BGB**

---

[83] BGH NJW 2014, 1527 f. = MedR 2015, 594 (595 f.) m. Anm. *Schrag-Slavu*.
[84] BGHZ 162, 320 (325) = NJW 2005, 1716 (1717).
[85] BGHZ 162, 320 (324) = NJW 2005, 1716 (1717); *Katzenmeier*, in: Laufs/Katzenmeier/Lipp, Arztrecht, Kap. V Rn. 40.

kann die Aufklärung auch durch eine Person erfolgen, die „über die zur Durchführung der Maßnahme notwendige Ausbildung verfügt". Dadurch kann die Aufklärung zwar von anderen Ärzten, aber nicht von nichtärztlichem Personal durchgeführt werden.[86] Der Hinweis der Sprechstundenhilfe hilft folglich nicht über die fehlende Aufklärung über spezifische Risiken durch A hinweg.

Hinzu kommt, dass dem Patienten mit einem bloßen Hinweis auf die Unverträglichkeit von Rauchen und Pille, die Schwere der Risiken nicht hinreichend vor Augen geführt wird. Dass es zu einem Schlaganfall oder Herzinfarkt kommen kann, wird so nicht deutlich.[87] Im Ergebnis kann auch der Hinweis der Sprechstundenhilfe ein Defizit bei der Aufklärung der P nicht ausgleichen.

(4) Zwischenergebnis
A hat durch die fehlende Aufklärung über das Risiko schwerwiegender Folgen von Gefäßveränderungen bei Raucherinnen, die östrogen-gestagen-haltige Arzneimittel anwenden, ihre Aufklärungspflichten gegenüber P verletzt. Diese Pflichtverletzung ist der G analog § 31 BGB zuzurechnen.

cc. Zwischenergebnis
Von einer der G zuzurechnenden Aufklärungspflichtverletzung des A ist auszugehen.

c. Rechtsgutsverletzung
Es muss eine Rechtsgutsverletzung der P vorliegen. Obwohl § 280 Abs. 1 BGB dem Wortlaut nach lediglich eine Pflichtverletzung verlangt, zählt bei der Arzthaftung aufgrund der „Strukturgleichheit" von vertraglicher und deliktischer Haftung das Vorliegen einer Rechtsgutsverletzung auch beim vertraglichen Anspruch zum haftungsbegründenden Tatbestand.[88] Der **Schlaganfall** beeinträchtigt das körperliche Wohlbefinden der P nicht nur unerheblich und stellt eine medizinisch erhebliche Störung der körperlichen Funktionen dar, sodass P an Körper und Gesundheit verletzt ist.

d. Objektive Zurechnung
Weiter muss die Rechtsgutsverletzung in zurechenbarer Weise durch den Aufklärungsfehler verursacht worden sein. Das ist der Fall, wenn bei pflichtgemäßem Verhalten des A, also bei ordnungsgemäßer Aufklärung, der Schlaganfall der P mit an Sicherheit grenzender Wahrscheinlichkeit nicht eingetreten wäre.

Demgegenüber macht C geltend, P hätte aufgrund ihrer langwierigen Behandlungsgeschichte auch bei ordnungsgemäßer Aufklärung über die schwerwiegenden Risiken in die Medikation eingewilligt. Ein solcher **Einwand hypothetischer Einwilligung**[89] ist nach § 630h Abs. 2 S. 2 BGB beachtlich. Dazu muss

---
[86] BGH NJW 1974, 604 f. = VersR 1974, 486 (487 f.); BGHZ 169, 364 (366) = MedR 2007, 169 f. = JZ 2007, 641 m. Anm. *Katzenmeier*; näher *Katzenmeier/Achterfeld*, in: FS Bergmann, 2016, 89 (97 ff.) s. auch → § 10, Grundlagen, D.
[87] BGHZ 162, 320 (325 f.) = NJW 2005, 1716 (1717).
[88] → § 9, Grundlagen, A. I.; → § 9, Fall 1, Frage 1.
[89] Dazu → § 10, Fall 5; → § 12, Fall 4.

die Behandlungsseite substanziiert darlegen, dass sich der Patient auch bei ordnungsgemäßer Aufklärung für die Behandlung entschieden hätte. Hierbei werden strenge Anforderungen an den Vortrag der Behandlungsseite gestellt, um einen Leerlauf des Selbstbestimmungsrechts des Patienten zu verhindern.

C trägt vor, dass sich P aufgrund der sonst aussichtslosen Behandlungssituation auch bei ordnungsgemäßer Aufklärung über das Risiko schwerwiegender Folgen einer Gefäßverengung zur Einnahme des Medikaments entschieden hätte. Dies bestreitet P nicht, sie trägt allerdings glaubhaft vor, dass sie im Falle ordnungsgemäßer Aufklärung mit dem **Rauchen aufgehört** hätte. Da der Schlaganfall gerade auf der Wechselwirkung zwischen dem Präparat Cyclosa und dem von P während der Einnahme zugeführten Nikotin beruht, wäre die Rechtsgutsverletzung der P bei ordnungsgemäßer Aufklärung mithin nicht eingetreten. Der Einwand hypothetischer Einwilligung greift damit nicht durch.[90]

Der Eintritt eines Schlaganfalls lag auch nicht außerhalb allgemeiner Lebenserfahrung, er ist somit eine adäquate Folge der unzureichenden Aufklärung. Zudem hat sich mit dem Schlaganfall ein Risiko verwirklicht, das durch die Aufklärungspflicht gerade verhindert werden sollte.

e. Vertretenmüssen
Das Vertretenmüssen wird gem. § 280 Abs. 1 S. 2 BGB vermutet.[91] A hat nichts zu seiner Entlastung vorgetragen. Das Verschulden ist der GbR ebenfalls analog § 31 BGB zuzurechnen.

f. Schaden
Der P ist ein Schaden entstanden, von dessen Zurechenbarkeit und Ersatzfähigkeit mangels gegenteiliger Anhaltspunkte auszugehen ist.

g. Rechtsfolge
P hat gegen G einen Anspruch aus §§ 630a Abs. 1, 280 Abs. 1 BGB auf Ersatz der aus dem Schlaganfall resultierenden Schäden.

h. Zwischenergebnis
Es besteht eine Verbindlichkeit der G aus §§ 630a Abs. 1, 280 Abs. 1 BGB.

3. Gesellschafterstellung des C
Zum Zeitpunkt der unterlassenen Aufklärung der P war C Gesellschafter der G.

4. Ergebnis
P hat gegen C einen Anspruch auf Schadensersatz gem. §§ 630a Abs. 1, 280 Abs. 1 i.V.m. § 721 BGB.

---

[90] BGHZ 162, 320 (326) = NJW 2005, 1716 (1717 f.).
[91] → § 12, Grundlagen, C.

II. § 831 Abs. 1 S. 1 i.V.m. § 721 BGB
P könnte gegen C auch ein Anspruch auf Schadensersatz gem. § 831 Abs. 1 S. 1 i.V.m. § 721 BGB zustehen. Dies setzt voraus, dass ein Anspruch der P gegen G aus § 831 Abs. 1 S. 1 BGB besteht, wozu A Verrichtungsgehilfe der G sein müsste. Verrichtungsgehilfe ist, wer mit Wissen und Wollen des Geschäftsherrn in dessen Interesse tätig wird und von dessen Weisungen abhängig ist.[92] Als Gesellschafter der G ist A nicht weisungsgebunden und somit nicht deren Verrichtungsgehilfe.[93] Mangels Anspruchs der P gegen G aus § 831 Abs. 1 S. 1 BGB scheidet eine Haftung des C gem. § 831 Abs. 1 S. 1 i.V.m. § 721 BGB aus.

III. § 823 Abs. 1 i.V.m. § 721 BGB
P könnte gegen C ein Anspruch auf Schadensersatz gem. § 823 Abs. 1 i.V.m. § 721 BGB zustehen.

1. Bestehen einer GbR
Die G ist eine nach § 705 Abs. 2 Alt. 1 BGB rechtsfähige GbR.

2. Verbindlichkeit der GbR
Ferner müsste G gem. § 823 Abs. 1 BGB gegenüber P zum Ersatz des ihr entstandenen Schadens verpflichtet sein.

a. Rechtsgutsverletzung
P hat einen Schlaganfall und somit eine Körper- und Gesundheitsverletzung erlitten.

b. Verletzungsverhalten
Der Schlaganfall müsste auf ein Verletzungsverhalten des A rückführbar sein, das G analog § 31 BGB zuzurechnen ist.[94] In Betracht kommt hierbei jede pflichtwidrige Handlung oder Unterlassung des A. Dieser hat einerseits der P das Präparat Cyclosa verordnet, andererseits die ordnungsgemäße Aufklärung unterlassen. Das Verletzungsverhalten ist bei mehreren möglichen Anknüpfungspunkten nach dem Schwerpunkt der Vorwerfbarkeit zu bestimmen.[95] Die Schädigung der P beruhte nicht auf der Einnahme des Präparats Cyclosa, sondern erst auf der Wechselwirkung mit dem Nikotin, sodass der Schwerpunkt der Vorwerfbarkeit in der unzureichenden Aufklärung über die für Raucherinnen gesteigerten Gesundheitsgefahren bestand. Diese stellt ein relevantes Verletzungsverhalten des A dar, welches analog § 31 BGB der G zugerechnet wird.

---

[92] RGZ 92, 345 (346); *Brox/Walker*, Besonderes Schuldrecht, 48. Aufl. 2024, § 48 Rn. 3; *Katzenmeier*, in: NK-BGB, § 823 Rn. 14.
[93] → § 6, Fall 6, Frage 1.
[94] Zur analogen Anwendung von § 31 BGB auf deliktische Ansprüche s. BGHZ 154, 88 (93 ff.) = NJW 2003, 1445 (1446 f.) = MedR 2003, 632 (633) m. Anm. *Walter*; *Schäfer*, in: MüKo-BGB, § 705 Rn. 200.
[95] *Wandt*, Gesetzliche Schuldverhältnisse, 11. Aufl. 2022, § 16 Rn. 111.

c. Objektive Zurechnung
Wie dargelegt beruht der Schlaganfall in haftungsbegründend objektiv zurechenbarer Weise auf der unzureichenden Aufklärung durch A.

d. Rechtswidrigkeit
Die Verordnung und Verabreichung des Medikaments stellt als ärztlicher Heileingriff eine tatbestandliche Körperverletzung dar,[96] die zur Rechtfertigung der Einwilligung des aufgeklärten Patienten bedarf. Den *informed consent* hat der Behandelnde als ihm günstige Tatsache zu beweisen.[97] G kann eine ordnungsgemäße Aufklärung durch A nicht beweisen, sodass von einer fehlenden Aufklärung auszugehen ist.

P hat mangels ordnungsgemäßer Aufklärung nicht wirksam in die Behandlung eingewilligt. Da P bei korrekter Aufklärung mit dem Rauchen aufgehört hätte und der Schlaganfall nicht eingetreten wäre, greift auch ein Einwand hypothetischer Einwilligung nicht durch. Die Medikation war somit rechtswidrig.

e. Verschulden
A müsste ein der G zuzurechnendes Verschulden i.S.v. § 823 Abs. 1 BGB treffen. Ein gewissenhafter und besonnener Arzt hätte P über die schwerwiegenden Folgen aufgeklärt, die die Wechselwirkung aus Einnahme des Medikaments und Nikotin mit sich bringt. Durch den Vermerk in der Patientenakte wusste A auch von der Rauchereigenschaft der P, sodass er zumindest fahrlässig i.S.d. § 276 Abs. 2 BGB handelte. Das Verschulden des A ist der G analog § 31 BGB zuzurechnen.

f. Schaden
P ist ein zurechenbarer und ersatzfähiger Schaden entstanden.

g. Rechtsfolge
P hat gegen G einen Anspruch auf Schadensersatz aus § 823 Abs. 1 BGB.

h. Zwischenergebnis
G ist gem. § 823 Abs. 1 BGB gegenüber P zum Ersatz der aus dem erlittenen Schlaganfall resultierenden Schäden verpflichtet.

3. Gesellschafterstellung des C
Zum Zeitpunkt der unterlassenen Aufklärung war C auch Gesellschafter der G.

4. Gesamtergebnis
P hat gegen C einen Anspruch auf Schadensersatz gem. § 823 Abs. 1 i.V.m. § 721 BGB.

---

[96] → § 10, Grundlagen, C. I.
[97] → § 12, Grundlagen, A., C.

IV. § 823 Abs. 2 BGB i.V.m. § 229 StGB i.V.m. § 721 BGB
Die Medikation stellt eine rechtfertigungsbedürftige Körperverletzung dar. Aufgrund der fehlerhaften Aufklärung liegt keine wirksame Einwilligung der P vor. Damit steht ihr in gleichem Umfang ein Anspruch gegen die G und damit gegen C als Gesellschafter aus § 823 Abs. 2 BGB i.V.m. § 229 StGB i.V.m. § 721 BGB zu.

V. Ergebnis
P hat gegen C einen Anspruch auf Schadensersatz gem. §§ 630a Abs. 1, 280 Abs. 1 i.V.m. § 721 BGB, gem. § 823 Abs. 1 i.V.m. § 721 BGB und gem. § 823 Abs. 2 BGB i.V.m. § 229 StGB i.V.m. § 721 BGB. Die zulässige Klage ist somit begründet und wird Erfolg haben.

Glossar

Ambulante Behandlung Ärztliche Versorgung in einer Einrichtung (z.B. Arztpraxis, MVZ, auch Krankenhaus), auf welche die unmittelbare Entlassung des Patienten folgt. Im Gegensatz dazu steht die stationäre Behandlung.

Approbation Staatliche Zulassung zur selbstständigen und eigenverantwortlichen Ausübung bestimmter Heilberufe entsprechend der geltenden Approbations- und Berufsordnungen. Die Approbation befugt zur Führung der jeweiligen Berufsbezeichnung.

Anamnese Ärztliches Gespräch, mit dem die Krankengeschichte des Patienten erfragt werden soll. Die Anamnese ist Bestandteil der Behandlung entsprechend den fachlichen Standards.

Arztvorbehalt Gesetzliche Regelung, die festlegt, dass in einem bestimmten Tätigkeitsbereich Heilkunde nur von approbierten Ärzten ausgeübt werden darf.

Ärztliche Niederlassung Mit den notwendigen räumlichen, sachlichen und personellen Mitteln ausgestattete Stelle, an der eine ärztliche Tätigkeit ausgeübt wird und ärztliche Leistungen angeboten werden.

Beihilfe Anteilige Beteiligung eines öffentlichen Dienstherrn an den Aufwendungen für medizinische Behandlungen und Gesundheitskosten. Beihilfeberechtigt sind Richter, Beamte und weitere in öffentlich-rechtlichen Amtsverhältnissen tätige Personen. Ebenfalls sind deren Kinder und einkommensabhängig auch Ehepartner einbezogen. Nicht abgedeckte Kostenanteile können mit einer privaten Krankenversicherung abgesichert werden.

Belegarzt Vereinbart mit einem Krankenhaus die stationäre oder teilstationäre Behandlung seiner Patienten in sog. Belegbetten unter Inanspruchnahme der Infrastruktur (Dienste, Einrichtungen und Mittel) des Krankenhauses, § 121 Abs. 2 SGB V. Der Belegarzt ist dabei kein Angestellter des Krankenhauses und erhält vom Krankenhaus auch keine Vergütung für seine Arbeit. Vielmehr ist er selbstständig, zumeist niedergelassen in eigener Praxis tätig und hat eigene Patienten.

Berufsgericht Gericht für ein besonderes Sachgebiet, das für die Ahndung von Verstößen gegen Berufsrecht, Standesrecht oder Standesregeln und damit die Ordnung und Integrität des Berufsstandes zuständig ist.

Bestellpraxis Organisationsform der Arztpraxis, bei der Patienten vor dem Arztbesuch zwingend einen Termin vereinbaren müssen (zu einem bestimmten Termin zur Behandlung „bestellt" werden), was für die Patienten meist mit einer kürzeren Wartezeit verbunden ist. Das System einer Bestellpraxis steht im Gegensatz zur offenen Sprechstunde, in der Patienten den Arzt ohne vorherige Terminvereinbarung aufsuchen.

(Rechtlicher) Betreuer Wird durch das Betreuungsgericht bestellt, um die rechtlichen Angelegenheiten einer volljährigen Person zu besorgen, die sich aufgrund einer Krankheit oder Behinderung nicht selbst darum kümmern kann, §§ 1814 Abs. 1, 1821 Abs. 1 BGB.

Bluttransfusion Intravenöse Übertragung von Blut oder Blutbestandteilen, die aus dem Vollblut einer menschlichen Blutspende gewonnen werden. Möglich ist die Verabreichung von Fremdblut oder auch die Rückgabe von durch Eigenblutspende gewonnenen Blutprodukten.

Bundesärztekammer (BÄK) Zusammenschluss der Landesärztekammern als nicht eingetragener Verein, der für einen Erfahrungsaustausch und eine Abstimmung unter den Landesärztekammern sorgt, um möglichst einheitliche Berufspflichten sowie Standesregelungen der Ärzte sicherzustellen und die berufspolitischen Interessen der Ärzte auf Bundesebene zu vertreten.

Deutscher Ärztetag Die (i.d.R. jährliche) Hauptversammlung der Bundesärztekammer, welche u.a. Regelungen zum Berufsrecht (z.B. die (Muster-)Berufsordnung für Ärzte (MBO-Ä)) erarbeitet und verabschiedet sowie sich zu gesundheitspolitischen Fragestellungen positioniert. Die MBO-Ä dient als Vorlage für die Berufsordnungen der Landesärztekammern, welche für die Ärzte rechtsverbindlich sind. Der Deutsche Ärztetag ist auch bekannt als „Parlament der Ärzteschaft".

Delegation Im Einzelfall angeordnete Übertragung von medizinischen Leistungen auf nichtärztliches aber fachlich hinreichend qualifiziertes Personal, wobei die Verantwortung beim Arzt verbleibt. Der Kreis delegationsfähiger Aufgaben ist gesetzlich nicht geregelt, sondern muss einzelfallabhängig bestimmt werden. Die Delegation ist zu unterscheiden von der Substitution.

Diagnose Bestimmung und Feststellung einer Krankheit, regelmäßig anhand der Zusammenfassung der erhobenen medizinischen Befunde. Die Diagnose ist Bestandteil der Behandlung des Patienten entsprechend den fachlichen Standards und Grundlage für die folgende Therapie.

Einheitlicher Bewertungsmaßstab (EBM) Grundlage für die Abrechnung vertragsärztlicher Leistungen im Rahmen der gesetzlichen Krankenversicherung. Der EBM wird von einem Bewertungsausschuss erstellt, welcher sich aus Vertretern der Kassenärztlichen Bundesvereinigung (KBV) und des GKV-Spitzenverbandes zusammensetzt. Außerhalb der gesetzlichen Krankenversicherung bestimmt sich die Abrechnung medizinischer Leistungen nach der Gebührenordnung für Ärzte (GOÄ).

Facharzt Arzt, der eine Weiterbildung mit anschließender Facharztprüfung absolviert hat. Daraus erwächst die Berechtigung zum Führen eines Facharzttitels. Die von der Bundesärztekammer erlassene (Muster-)Weiterbildungsordnung listet mehr als 30 verschiedene Facharztrichtungen. An ihr orientieren sich die Weiterbildungsordnungen der Landesärztekammern, die für jeden Arzt rechtsverbindlich sind.

Familienversicherung Beitragsfreie Mitversicherung von Ehegatten, eingetragenen Lebenspartnern und Kindern im Rahmen der Gesetzlichen Krankenversicherung. Details zur Familienversicherung finden sich in § 10 SGB V.

Gebührenordnung für Ärzte (GOÄ) (Zustimmungsbedürftige) Rechtsverordnung der Bundesregierung auf Basis von § 11 BÄO, in der die Gebühren für ärztliche Tätigkeiten festgelegt werden. Soweit die Behandlungskosten von der Gesetzlichen Krankenversicherung zu tragen sind, kommt anstelle der GOÄ der einheitliche Bewertungsmaßstab (EBM) zur Anwendung.

Gemeinsamer Bundesausschuss (G-BA) Wichtigstes Organ der gemeinsamen Selbstverwaltung im Gesundheitswesen, bestehend aus Vertretern der Vertragsärzteschaft, der Krankenhäuser und der gesetzlichen Krankenkassen, § 91 SGB V. Zu seinen Aufgaben zählen die Sicherstellung der Versorgung gesetzlich Versicherter, die Bestimmung des Leistungskatalogs der gesetzlichen Krankenversicherung sowie die Ausgestaltung der Inhalte der öffentlichen Gesundheitsversorgung in rechtlich verbindlichen Richtlinien.

Gemeinschaftspraxis Organisatorischer Zusammenschluss mind. zweier Ärzte gleicher oder verwandter Fachgebiete zum Zweck der gemeinsamen Nutzung von Einrichtungen und Personal, einer gemeinsamen Praxisorganisation und insbesondere der Bildung eines gemeinsamen Patientenstamms. Die einzelnen ärztlichen Leistungen für den jeweiligen Patienten können von einem wie von dem anderen Arzt erbracht werden. Die Gemeinschaftspraxis ist eine Berufsausübungsgemeinschaft i.S.d. § 18 MBO-Ä und insbesondere von der bloßen Praxisgemeinschaft abzugrenzen.

Gutachterkommission/Schlichtungsstellen Organisatorisch unabhängige Einrichtungen der Landesärztekammern besetzt mit ehrenamtlich tätigen Ärzten und Juristen zur unabhängigen Expertenbegutachtung. Ihre Feststellungen sind häufig Grundlage für eine außergerichtliche Streitbeilegung bei Behandlungsfehlervorwürfen.

Hausarzt Niedergelassener Arzt oder ein in einer ärztlichen Kooperationsgemeinschaft tätiger Arzt, der für die Grund- und Erstversorgung von Patienten zuständig ist. Hausärzte sind häufig als Fachärzte für Allgemeinmedizin oder Innere Medizin tätig. Bei Bedarf stellt der Hausarzt eine Überweisung zum Facharzt aus.

Hippokratischer Eid Erste Formulierung der ethischen Grundlagen der ärztlichen Berufsausübung. Der Eid wird heute nicht mehr geleistet und entfaltet keine Rechtswirkungen, bildet aber weiterhin eine wichtige Quelle für die Formulierung medizinethischer Prinzipien wie Patientenautonomie (Selbstbestimmung), Schadensvermeidung (Non-Malefizienz), Fürsorge (Benefizienz) und Gerechtigkeit (faire Ressourcenverteilung).

Honorar Bezeichnung für die Vergütung freiberuflicher Leistungen, etwa derjenigen eines Arztes.

Honorararzt Facharzt, der (i.d.R. neben seiner Tätigkeit als niedergelassener Vertragsarzt) in anderen medizinischen Einrichtungen zeitlich befristet freiberuflich auf Honorarbasis tätig wird, um vorübergehende Engpässe in der ärztlichen Versorgung zu überbrücken.

(Medizinische) Indikation Fachliches Urteil des Mediziners, dass eine bestimmte medizinische Maßnahme geeignet und angemessen ist. Die Indikation beruht auf einer Abwägung von Nutzen und Risiken, ihr Vorliegen rechtfertigt aus medizinischer Sicht die Anwendung der Maßnahme.

Individuelle Gesundheitsleistungen (IGeL) Medizinische Leistungen, die nicht zum Leistungskatalog der Gesetzlichen Krankenversicherung gehören, etwa weil keine ausreichenden Belege für den Nutzen vorliegen oder sie medizinisch nicht notwendig sind. IGeL müssen von Kassenpatienten selbst bezahlt werden.

Intensivstation Eine Intensivstation ist eine speziell ausgestattete Station in einem Krankenhaus, in welcher akut lebensgefährlich erkrankte Personen unter Anwendung bestimmter lebenserhaltender Sofortmaßnahmen und mit ständiger ärztlicher Überwachung betreut werden. Intensivmedizin ist in Deutschland interdisziplinär oder fachspezifisch strukturiert und stellt kein eigenes Fachgebiet dar.

Kassenärztliche Vereinigung (KV) Körperschaft des öffentlichen Rechts, in welcher die im jeweiligen Zuständigkeitsbereich tätigen, zur vertragsärztlichen Versorgung zugelassenen Ärzte Pflichtmitglieder sind. Die insgesamt 17 Kassenärztlichen Vereinigungen organisieren die ambulante Versorgung der gesetzlich Krankenversicherten, einigen sich mit den Landesverbänden der Krankenkasse auf die Vergütung der vertragsärztlichen Leistungen und überwachen die Einhaltung der vertragsärztlichen Pflichten durch ihre Mitglieder. Die landesärztlichen KVen bilden gemeinsam die Kassenärztliche Bundesvereinigung (KBV).

Kassenpatient Patient, der in der gesetzlichen Krankenversicherung versichert ist.

Kontrazeptivum Empfängnisverhütendes Mittel.

Krankenhausträger Natürliche oder juristische Person, die ein Krankenhaus betreibt und bewirtschaftet.

Krankenkassen Öffentlich-rechtliche Körperschaften, die Träger einer Gesetzlichen Krankenversicherung sind. Sie übernehmen ganz oder teilweise die Kosten ihrer Versicherten bei Krankheit, Unfall oder Mutterschaft. Sie sind zu unterscheiden von privatwirtschaftlichen Krankenversicherern.

Laborarzt (Facharzt für Laboratoriumsmedizin) Arzt, der in einem Labor tätig ist und regelmäßig keinen direkten Kontakt zu Patienten hat. Laborärzte analysieren im Auftrag anderer Ärzte Patientenmaterial (etwa Blut- oder Gewebeproben) und wirken so an deren Diagnose oder Behandlung mit. Die Erbringung von Laborleistungen erfolgt regelmäßig auf Basis eines Werkvertrags (§§ 631 ff. BGB).

Landesärztekammer (LÄK) Selbstverwaltungskörperschaft des öffentlichen Rechts, deren Zuständigkeitsbereich sind grds. auf ein Bundesland bezieht (lediglich in NRW gibt es mit der ÄK Nordrhein und der ÄK Westfalen-Lippe zwei Ärztekammern). Alle Ärzte (nicht nur Vertragsärzte) müssen Mitglied in einer der Landesärztekammern sein (Pflichtmitgliedschaft), welche ihre beruflichen Belange wahrnimmt, regelt und überwacht. Im Gegensatz zu den Kassenärztlichen Vereinigungen sind sie nicht für Verhandlungen mit den Gesetzlichen Krankenkassen zuständig. Auf Bundesebene schließen sich die Landesärztekammern zur Bundesärztekammer (BÄK) zusammen.

Leistungserbringer Anbieter von Gesundheitsleistungen im Rahmen der Gesetzlichen Krankenversicherung.

Ärztliche Leitlinien Vornehmlich durch medizinische Fachgesellschaften entwickelte Entscheidungshilfen über die angemessene ärztliche Vorgehensweise. Die Leitlinien lassen sich in unterschiedliche Qualitätsstufen einteilen, an deren Spitze die S3-Leitlinien stehen, bei denen die verfügbaren Informationen systematisch zusammengetragen und auf wissenschaftlicher Grundlage bewertet werden.

Liquidationsrecht Recht des Arztes, auch eines im Krankenhaus angestellten Arztes (insbesondere Chefarztes), die von ihm erbrachten Leistungen unmittelbar und im eigenen Namen gegenüber dem Patienten abzurechnen. Dieses Recht muss bei der Krankenhausbehandlung mit dem Krankenhausträger gesondert vereinbart werden.

Medizinisches Versorgungszentrum (MVZ) Einrichtung zur ambulanten Versorgung, in der mehrere Ärzte als Vertragsärzte oder angestellte Ärzte kooperativ und so enger und schneller zusammenarbeiten. Inhaberschaft und Arzttätigkeit sind dabei organisatorisch getrennt.

Medizinischer Dienst (MD) Pflegefachlicher und sozialmedizinischer Beratungs- und Begutachtungsdienst der gesetzlichen Krankenversicherung. Der MD stellt etwa die Pflegebedürftigkeit von Personen fest oder unterstützt auf Antrag den Patienten bei der Anspruchsdurchsetzung im Arzthaftungsprozess durch ein kostenfreies Gutachten. Der Medizinische Dienst Bund koordiniert dabei die Zusammenarbeit der Medizinischen Dienste der Länder und stellt eine einheitliche Begutachtung sicher.

Notfallbehandlung Medizinische Behandlung, ohne deren sofortige Einleitung es zu schweren oder bleibenden Schäden bis hin zum Tod kommen würde. In dieser Situation ist der Arzt zur Behandlung des Patienten verpflichtet und hat nicht die Freiheit, diese abzulehnen.

Patientenverfügung Schriftliche Erklärung eines einwilligungsfähigen Volljährigen, in welcher dieser für den Fall seiner Einwilligungsunfähigkeit festlegt, ob er in bestimmte, zum Zeitpunkt der Erklärung noch nicht unmittelbar bevorstehende Untersuchungen seines Gesundheitszustands, Heilbehandlungen oder ärztliche Eingriffe einwilligt oder sie untersagt, § 1827 Abs. 1 BGB.

Personensorge Umfasst als Teil der elterlichen Sorge die rechtliche Vertretung des Kindes in persönlichen Angelegenheiten sowie die tatsächliche Sorge für das Kind, §§ 1626, 1629 BGB. Nach §§ 1631 ff. BGB gehört dazu insbesondere die Pflicht und das Recht, das Kind zu pflegen, zu erziehen, zu beaufsichtigen und seinen Aufenthalt zu bestimmen.

Praxisgemeinschaft Zusammenschluss mind. zweier Ärzte zur gemeinsamen Praxisorganisation bei i.Ü. eigenständiger Berufsausübung. Die einzelnen Ärzte führen einen separaten Patientenstamm und jeweils eigene Patientenakten. Die Praxisgemeinschaft ist eine Organisationsgemeinschaft i.S.d. § 18 Abs. 1 S. 1 MBO-Ä und insbesondere von der Gemeinschaftspraxis abzugrenzen.

Privatpatient Patient, der nicht in einer Gesetzlichen Krankenversicherung versichert ist und daher im Verhältnis zum Arzt zunächst als Selbstzahler auftritt. Wegen § 193 Abs. 3 VVG wird regelmäßig eine private Krankenversicherung bestehen.

Radiologie Ärztlicher Fachbereich, der sich mit der Diagnose von Krankheiten mittels bildgebender Verfahren beschäftigt. Dazu gehören das Röntgen, die Computertomografie (CT), die Magnetresonanztomografie (MRT) sowie die Sonografie (Ultraschalluntersuchung).

Regelleistungen Medizinische Leistungen, deren Kosten alle Gesetzlichen Krankenversicherungen übernehmen müssen, sofern beim Patienten individuell die Voraussetzungen hierfür gegeben sind. Vorgaben zu dem Leistungskatalog der Gesetzlichen Krankenversicherung finden sich im SGB V.

Selbstbestimmungsaufklärung Aufklärung gem. § 630e BGB, die zumeist in Risikoaufklärung, Diagnoseaufklärung und Verlaufsaufklärung unterteilt wird. Ziel ist es, dem Patienten eine freie und autonome Entscheidung über die Durchführung der Behandlung unter Wahrung seines Selbstbestimmungsrechts zu ermöglichen. Anders als ein Verstoß gegen die Pflichten aus § 630c Abs. 2 S. 1 BGB, stellt eine unzureichende Selbstbestimmungsaufklärung keinen Behandlungsfehler dar.

Sepsis Lebensbedrohliches Multiorganversagen, das durch eine fehlgesteuerte Immunreaktion auf eine Infektion ausgelöst wird. Gemeinhin wird sie auch als Blutvergiftung bezeichnet.

Stationäre Behandlung Behandlung, bei der die Aufnahme des Patienten in eine Behandlungs- oder Pflegeeinrichtung (z.B. Krankenhaus) notwendig ist. Bei einer vollstationären Behandlung befindet sich der Patient mind. einen Tag, bei der teilstationären Behandlung nicht durchgängig aber dennoch regelmäßig zu gewissen Zeiten in der medizinischen Einrichtung. Die Behandlungsleistung umfasst auch die Unterbringung und Verpflegung des Patienten.

Sterbehilfe, aktiv Alle Maßnahmen, die selbstständig eine neue Ursache für den Tod des Patienten setzen und nicht lediglich einem Krankheitsgeschehen seinen Lauf lassen. Innerhalb der aktiven Sterbehilfe wird zwischen direkter und indirekter Sterbehilfe unterschieden. Die direkte Sterbehilfe bezeichnet gezielte Eingriffe zur Verkürzung des Lebens ohne Zusammenhang mit einer medizinischen Behandlung und ist einer Rechtfertigung nicht zugänglich, sondern nach den §§ 211, 212, 216 StGB strafbar. Die indirekte Sterbehilfe erfasst Eingriffe, bei denen die Beschleunigung des Todeseintritts vom Arzt nicht angestrebt ist, sondern lediglich als mögliche oder unvermeidbare Nebenfolge der medizinisch gebotenen Schmerzbekämpfung hingenommen wird (sog. palliative Maßnahmen mit lebensverkürzender Wirkung). Diese sind einer Rechtfertigung zugänglich, wenn sie im Einklang mit dem Willen des Patienten stehen.

Sterbehilfe, passiv Unterlassen, Begrenzen oder Beenden einer begonnenen medizinischen Behandlung, infolgedessen der Patient an seiner Krankheit verstirbt. Im Unterschied zur aktiven Sterbehilfe wird hier also keine neue Ursache für den (früheren) Tod gesetzt, sondern lediglich auf lebensverlängernde Maßnahmen verzichtet. Dabei wird nicht (mehr) strikt zwischen aktivem Tun und Unterlassen differenziert, zur passiven Sterbehilfe zählt etwa auch das aktive Abstellen von lebenserhaltenden Geräten. Solche Maßnahmen sind gerechtfertigt, wenn sie dem tatsächlichen oder mutmaßlichen Patientenwillen entsprechen (vgl. § 1827 BGB).

Substitution Zuweisung vormals ärztlicher Leistungen an nichtärztliche Berufsgruppen, welche diese eigenständig und somit ohne Anordnung und Überwachung eines Arztes ausführen. Anders als bei der Delegation wird nicht nur das „Wie", sondern auch das „Ob" der Behandlung übertragen. Nach § 63 Abs. 3c SGB V kann eine Substitution im Rahmen von Modellversuchen erfolgen, welche in der vom G-BA erlassenen Heilkundeübertragungsrichtlinie konkretisiert werden.

Therapeutische Aufklärung/Sicherungsaufklärung In § 630c Abs. 2 S. 1 BGB geregelte Verpflichtung des Arztes, den Patienten über alle wesentlichen Behandlungsumstände aufzuklären, die für die Sicherstellung des Behandlungserfolgs durch therapiegerechtes Verhalten und zur Vermeidung möglicher Selbstgefährdungen erforderlich sind. Anders als die Selbstbestimmungsaufklärung nach § 630e BGB, dient die Sicherungsaufklärung nicht dem Selbstbestimmungsrecht, sondern allein dem gesundheitlichen Wohl des Patienten, weshalb besser von „therapeutischer Information" gesprochen werden sollte. Sie ist Teil der fachgerechten ärztlichen Behandlung, die Verletzung der Pflicht begründet einen Behandlungsfehler.

Therapie Durchführung der zuvor durch Anamnese und Diagnose ermittelten erforderlichen medizinischen Maßnahmen zur positiven Beeinflussung des Krankheitsbildes. Ziel kann die vollständige Wiederherstellung der physischen oder psychischen Gesundheit durch Beseitigung der Krankheitsursache oder zumindest die Linderung der Symptome sein.

Vertragsarzt Approbierter Arzt, der von der örtlichen Kassenärztlichen Vereinigung zur Behandlung gesetzlich krankenversicherter Patienten und damit der Abrechnung von Leistungen im Rahmen der vertraglichen Vereinbarungen mit den Krankenkassen öffentlich-rechtlich zugelassen ist. Der Status geht mit besonderen Rechten und Pflichten einher und ist u.a. an einen Registereintrag und einen Vertragsarztsitz geknüpft.

Vertragsarztsitz Ort der Niederlassung des Arztes oder MVZ, für den die Zulassung zur vertragsärztlichen Versorgung erteilt wurde, § 95 Abs. 1 S. 5 SGB V.

(Ärztlicher) Vertreter Arzt, der nach Maßgabe der §§ 32 Abs. 1 Ärzte-ZV, 14 Abs. 1 BMV-Ä einen wegen Krankheit, Urlaub, Fortbildung oder Wehrübung verhinderten Vertragsarzt vertritt. Der Vertreter muss grds. Facharzt des gleichen Fachgebiets sein, die Vertretung ist zeitlich auf drei Monate im Jahr begrenzt.

Voll beherrschbare Risiken Risiken aus einem Bereich, dessen Gefahren von der Behandelndenseite voll beherrscht werden können und deshalb vermieden werden müssen. Dazu gehören insbesondere die Organisation und Koordination des Behandlungsgeschehens und der technisch-apparative Sektor. Resultiert die Schädigung des Patienten aus einem solchen Gefahrenbereich, wird gem. § 630h Abs. 1 BGB das Vorliegen eines Behandlungsfehlers vermutet.

Wahlleistung In § 17 KHEntG geregelte Leistungen, die über die allgemeinen Krankenhausleistungen hinausgehen und gesondert schriftlich vereinbart werden müssen. Die Kosten für die Wahlleistung bestimmen sich nach der GOÄ und müssen grds. vom Patienten getragen werden. Typische Wahlleistungen sind die Unterbringung im Einzelzimmer oder Behandlung durch den Chefarzt.

Wirtschaftliche Aufklärung In § 630c Abs. 3 BGB geregelte Verpflichtung des Arztes, den Patienten über die voraussichtlichen Kosten einer Behandlung zu informieren, wenn hinreichende Anhaltspunkte dafür bestehen, dass diese nicht oder nicht vollständig von der Krankenversicherung übernommen werden. Verstößt der Arzt gegen seine Pflicht zur wirtschaftlichen Aufklärung (besser „wirtschaftliche Information"), können die anfallenden Kosten der Behandlung nicht gegenüber dem Patienten liquidiert werden.

The manufacturer's authorised representative in the EU is Springer Nature Customer Service Centre GmbH, Europaplatz 3, 69115 Heidelberg, Germany. If you have any concerns regarding our products, please contact ProductSafety@springernature.com

Printed and bound by CPI Group (UK) Ltd, Croydon, CR0 4YY

23/03/2026

02076457-0015